ESTRATOS DO TEMPO

PUC RIO

Reitor
Pe. Josafá Carlos de Siqueira, S.J.

Vice-Reitor
Pe. Francisco Ivern Simó, S.J.

Vice-Reitor para Assuntos Acadêmicos
Prof. José Ricardo Bergmann

Vice-Reitor para Assuntos Administrativos
Prof. Luiz Carlos Scavarda do Carmo

Vice-Reitor para Assuntos Comunitários
Prof. Augusto Luiz Duarte Lopes Sampaio

Vice-Reitor para Assuntos de Desenvolvimento
Prof. Sergio Bruni

Decanos
Prof. Paulo Fernando Carneiro de Andrade (CTCH)
Prof. Luiz Roberto A. Cunha (CCS)
Prof. Luiz Alencar Reis da Silva Mello (CTC)
Prof. Hilton Augusto Koch (CCBM)

Reinhart Koselleck

ESTRATOS DO TEMPO
ESTUDOS SOBRE HISTÓRIA

COM UMA CONTRIBUIÇÃO DE
Hans-Georg Gadamer

TRADUÇÃO
Markus Hediger

CONTRAPONTO

Editora
PUC
RIO

© Suhrkamp Verlag Frankfurt am Main, 2000
Todos os direitos reservados e controlados por Suhrkamp Verlag Berlim
Título original: *Zeitschichten. Studien zur Historik. Mit einem Beitrag von Hans-Georg Gadamer*

Direitos adquiridos para a língua portuguesa por Contraponto Editora Ltda.

Vedada, nos termos da lei, a reprodução total ou parcial deste livro, por quaisquer meios, sem autorização, por escrito, da Editora.

Contraponto Editora Ltda.
Av. Franklin Roosevelt 23 / 1405
Centro – Rio de Janeiro, RJ – Brasil
Cep 20021-120
Telefax: (21) 2544-0206
Site: www.contrapontoeditora.com.br
E-mail: contato@contrapontoeditora.com.br

Editora PUC-Rio
Rua Marquês de S. Vicente, 225
Projeto Comunicar – Casa Agência / Editora
Gávea – Rio de Janeiro, RJ – CEP 22453-900
Telefax: (21) 3527-1760/1838
Site: www.puc-rio.br/editorapucrio
E-mail: edpucrio@puc-rio.br

Conselho Editorial
Augusto Sampaio, Cesar Romero Jacob, Fernando Sá, Hilton Augusto Koch, José Ricardo Bergmann, Luiz Alencar Reis da Silva Mello, Luiz Roberto Cunha, Miguel Pereira e Paulo Fernando Carneiro de Andrade

1ª edição: agosto de 2014
Tiragem: 2.000 exemplares

Preparação de originais: César Benjamin
Revisão tipográfica: Tereza da Rocha
Projeto gráfico: Regina Ferraz

CIP-BRASIL CATALOGAÇÃO NA PUBLICAÇÃO
SINDICATO NACIONAL DOS EDITORES DE LIVROS, RJ

K88e Koselleck, Reinhart, 1923-2006
Estratos do tempo : estudos sobre história / Reinhart Koselleck ; tradução Markus Hediger. – 1. ed. – Rio de Janeiro : Contraponto : PUC-Rio, 2014.
352 p. ; 23 cm

Tradução de: Zeitschichten. Studien zur Historik. Mit einem Beitrag von Hans-Georg Gadamer
ISBN (Contraponto) 978-85-7866-099-4
ISBN (Ed. PUC-Rio) 978-85-8006-135-2

1. História. 2. Historiografia. I. Título.

14-11503

CDD: 901
CDU: 931.1

Sumário

Prefácio 7
Introdução 9

I. Sobre a antropologia de experiências históricas do tempo

Estratos do tempo 19
Mudança de experiência e mudança de método.
    Um esboço histórico-antropológico 27
Espaço e história 73
Teoria da história e hermenêutica 91
Teoria da história e linguagem.
    Uma réplica de Hans-Georg Gadamer 111

II. O entrelaçamento e a mudança das três dimensões temporais

A temporalização da utopia 121
Existe uma aceleração da história? 139
Abreviação do tempo e aceleração.
    Um estudo sobre a secularização 165
O futuro desconhecido e a arte do prognóstico 189

III. Atualidades e estruturas de repetição

Quão nova é a modernidade? 209
Indícios de um "novo tempo" no calendário da Revolução Francesa 223
Continuidade e mudança de todas as histórias contemporâneas.
    Notas referentes à história dos conceitos 229
Eclusas da memória e estratos da experiência.
    A influência das duas guerras mundiais na consciência social 247

IV. Perspectivas historiográficas sobre os diferentes níveis do tempo

Os tempos da historiografia 267

Sobre a indigência teórica da ciência da história 277

A história social moderna e os tempos históricos 295

História, direito e justiça 313

Alemanha, uma nação atrasada? 333

Prefácio

Os estudos, palestras e ensaios aqui reunidos foram elaborados ao longo das três últimas décadas, sobre assuntos amplamente dispersos no espaço e no tempo, mas com uma problemática comum: as estruturas temporais da história humana, de suas experiências e de suas narrativas. Todos tratam de uma teoria dos estratos dos tempos históricos. Brevemente serão publicados dois outros volumes, um sobre a teoria e a prática da história dos conceitos, o outro com estudos historiográficos sobre a história como percepção; cada um dos três títulos remeterá aos outros.

Este primeiro volume teria sido impensável sem o auxílio de muitos, a quem desejo expressar meus agradecimentos. No Netherlands Institute for Advanced Study in the Humanities and Social Sciences encontrei tranquilidade para reler, organizar e discutir trabalhos anteriores. Sem a amável insistência de Siegfried Unseld e suas cobranças, muito teria sido deixado de lado. E sem a decisiva e competente ajuda de Wolfgang Kaußen este trabalho não teria chegado ao fim. Agradeço a Florian Buch pela elaboração dos índices.

Bielefeld, janeiro de 2000

R. K.

Introdução

Precisamos usar metáforas ao falar sobre o tempo, pois só podemos representá-lo por meio do movimento em unidades espaciais. O caminho que é percorrido daqui até lá, a progressão, assim como o progresso ou o desenvolvimento contêm imagens que nos propiciam conhecimentos temporais. O historiador precisa servir-se dessas metáforas retiradas da noção espacial se quiser tratar adequadamente as perguntas sobre diferentes tempos. A história sempre tem a ver com o tempo, com tempos que permanecem vinculados a uma condição espacial, não só metafórica, mas também empiricamente. De maneira semelhante, "acontecer" [*geschehen*], verbo que antecede a "história" [*Geschichte*], nos remete primeiramente a "apressar-se, correr ou voar", ou seja, ao deslocamento espacial.* Os espaços históricos se constituem graças ao tempo, que nos permite percorrê-los e compreendê-los, seja do ponto de vista político ou do econômico. Mesmo quando a força metafórica das imagens temporais tem origem em noções espaciais, as questões espaciais e temporais permanecem entrelaçadas.

Poderíamos descartar como mero jogo de palavras o fato de que a "história" também permite uma conotação espacial, a de conter estratos [*Schichten*].** Mas a metáfora espacial traz consigo uma vantagem. Assim como ocorre no modelo geológico, os "estratos de tempo" também remetem a diversos planos, com durações diferentes e origens distintas, mas que, apesar disso, estão presentes e atuam simultaneamente. Graças aos "estratos de tempo" podemos reunir em um mesmo conceito a contemporaneidade do não contemporâneo, um dos fenômenos históricos mais reveladores. Muitas coisas acontecem ao mesmo tempo, emergindo, em diacronia ou em sincronia, de contextos completamente heterogêneos. Em uma teoria do tempo, todos os conflitos, compromissos e formações

---

* Em alemão, o verbo *geschehen* [acontecer] tem a mesma raiz que o substantivo *Geschichte* [história], fato que permite a este substantivo designar não apenas a ciência histórica, mas também "histórias" no plural e aquilo que aconteceu. [N.T.]

** *Schichten* significa "estratos" ou "camadas". *Geschichtet* significaria, portanto, "estratificado". [N.T.]

de consenso podem ser atribuídos a tensões e rupturas – não há como escapar das metáforas espaciais – contidas em diferentes estratos de tempo e que podem ser causadas por eles.

Com isso, delineei *grosso modo* os limites nos quais os estudos a seguir foram elaborados. Pus à parte todos os meus trabalhos dedicados exclusivamente à história dos conceitos, à historiografia e à história social, que estão destinados a uma edição separada. Priorizei aqui ensaios que expõem as linhas de fuga da teoria do tempo.

Uma das teses que constituem meu ponto de partida é a de que os tempos históricos podem ser distinguidos claramente dos tempos naturais, embora ambos se influenciem reciprocamente. O percurso regular e repetitivo do Sol, dos planetas, da Lua e das estrelas, assim como a rotação da Terra, remetem a medidas temporais constantes – anos, meses, dias e "constelações" –, bem como à sucessão das estações do ano. Todos esses decursos de tempo foram impostos ao ser humano, mesmo que ele tenha aprendido a interpretá-los e, sobretudo, a calculá-los graças a realizações culturais e intelectuais. Calendários e cronologias, séries de dados e estatísticas se apoiam nessas medidas de tempo derivadas da natureza, que os seres humanos descobriram como usar, mas das quais não podem dispor ao seu bel-prazer. Por isso, a linguagem dos tempos naturais preestabelecidos conserva um sentido incontestável.

A metáfora dos "estratos do tempo" só pôde ser usada a partir do século XVIII, após a temporalização da velha e respeitável história natural, a "*historia naturalis*". Kant e Buffon inauguraram o novo horizonte temporal, submetendo a Terra e todos os seres biológicos – animais e seres humanos – a uma perspectiva histórica. Kant procurou várias vezes um novo termo que lhe permitisse separar a assim chamada (também por ele) "história natural" e a história humana. Mas nem "fisiogênese" nem "arqueologia da natureza" conseguiram se impor na linguagem científica. Manteve-se então "história natural", agora temporalizada.[1]

Kant temporalizou o ato da criação, até então singular na teologia. "A criação não é obra de um momento" – ela abrange e estrutura o pro-

---

[1] Veja R. Koselleck, artigo "Geschichte, Historie", in Otto Brunner *et alii* (orgs.), *Geschichtliche Grundbegriffe*, v. 3, Stuttgart, 1975, p. 678-682: "Von der 'historia naturalis' zur 'Naturgeschichte'".

cesso da natureza, infinitamente aberto ao futuro. "A criação jamais termina. [...] Realiza uma obra que estabelece uma relação com o tempo, que se desdobra nela." Nesse contexto, Kant recorreu a condições visíveis e terrestres para deduzir uma metáfora temporal aplicável ao processo progressivo de formação da natureza: "Para que se alcance a perfeição, decorrerão milhões e montanhas de milhões de séculos, durante os quais sempre surgirão novos mundos e novas ordens cósmicas nos âmbitos naturais mais distantes."[2] A figura de estratos terrestres que se desdobram em montanhas disponibiliza decursos temporais de milhões de séculos, até então inimagináveis para o uso metafórico.

Carus fez retroceder a história da Terra, agora temporalizada, para "conciliar certas formas de montanhas com a estrutura interior de sua massa", deparando-se com "o fato necessário de que essa estrutura interior decorre da história dessas montanhas". Aqui se torna evidente a origem geológica do conceito de história em nosso uso linguístico.[3] Portanto, não surpreende que, em outra retrocessão, a história humana também seja interpretada por meio de novas metáforas que abarcam períodos de longa duração. Quando Görres buscou esclarecer o "caráter do moderno" em seu próprio tempo – que, na época, era "o nosso tempo" –, usou parábolas geológicas: "Na história da Terra, o período de formação das primeiras montanhas está para as montanhas de estratos sedimentares assim como o tempo antigo está para o tempo novo."[4] Montanhas compactas e homogêneas, que se estenderam sobre a Terra, passaram a conter todas as formações posteriores – ou seja, os estratos sedimentares mais recentes e mais maleáveis – como o novo tempo. Malgrado as especulações românticas nas quais Görres incorre, uma coisa se torna clara: o que antes se baseava em mitos de criação e cosmogonias, agora adquire estruturas históricas. Longos prazos de tempo da história da Terra, bem como suas sedimentações ou erupções, agora se associam a uma "pré-história"

---

[2] Kant, *Allgemeine Naturgeschichte und Theorie des Himmels*, in Wilhelm Weischedel (org.), *Werke*, v. 1: *Vorkritische Schriften*, p. 335.
[3] Carl Gustav Carus, *Neun Briefe über Landschaftsmalerei*, 8, in Friedmar Apel (org.), *Romantische Kunstlehre*, Frankfurt am Main 1992, p. 265 (Bibliothek der Kunstliteratur).
[4] Joseph Görres, *Korruskationen* [=coriscos], in Wolfgang Frühwald (org.), *Ausgewählte Werke*, v. 1, Freiburg, Basileia e Viena, 1978, p. 97ss.

da humanidade que nem só em sentido metafórico apresenta características estruturais análogas.

Existem, pois, fatores meta-históricos que fogem ao controle humano. Além da história da Terra, pertencem a essa categoria todas as condições geográficas e climáticas que o ser humano talvez possa influenciar, mas nunca poderá dominar. Isso nos leva àquelas precondições naturais que possibilitam as experiências temporais especificamente antropológicas. Do ponto de vista zoológico, compartilhamos tais precondições com os animais: o relógio biológico inserido em nossos corpos; o instinto sexual, condição da reprodução de gerações enquadradas entre nascimento e morte e que, segundo Heidegger, moldam a temporalidade da nossa existência. Todos os aspectos naturais que temos em comum com os animais são culturalmente transformados, é claro: a morte, pelas mortes politicamente motivadas; a sexualidade, por sua potencialização no prazer e no terror; a necessidade de alimentar-se, pela ascese ou pelo aumento do prazer culinário.

Um traço comum a esses modos de conduta antropológicos e também condicionados pela natureza é sua recorrência. Apesar da enorme variabilidade dos desdobramentos culturais possíveis, os chamados instintos ou necessidades nutrem-se da repetibilidade, sem a qual não poderiam se manifestar nem ser satisfeitos. O padrão temporal básico dessa repetibilidade atesta a constância de histórias humanas que retrocedem aos cerca de 2 milhões de anos da nossa chamada pré-história.

Aquilo que Fernand Braudel chamou de *longue durée*, a longa duração que subjaz ou precede estruturalmente toda história individual, precisa ser diferenciado a partir de aspectos temporais. Ou são precondições que podem ser delimitadas geográfica ou biologicamente e cuja duração escapa à intervenção humana ou são estruturas de repetição adotadas conscientemente pelo ser humano, que as ritualiza, as enriquece culturalmente e as assimila, tendo em vista ajudar a estabilizar as sociedades. A região mediterrânea investigada por Braudel, cujas condições extra-humanas determinam histórias seculares, tem uma duração diferente da continuidade que surge das ações humanas. Com isso, já distinguimos dois estratos de tempo que aparentemente remetem a durações semelhantes. No entanto, uma delas, a duração que garante a continuidade das condições naturais, pode agir de modos que escapem à nossa consciência, que só aos poucos a apreende. Não podemos controlar inteiramente as precondições geográficas e biológicas das histórias humanas, embora isso aconteça cada vez mais, graças ao progresso das ciências naturais. O outro tipo de duração vive da repetição que nasce da vontade e da intenção. Ele garante a durabilidade e a constância dos modos de conduta social. Do ponto de vista empírico, as estruturas de repetição naturais e aquelas reguladas pelos seres humanos se interpenetram, mas precisam ser claramente separadas do ponto de vista da teoria do tempo.

Nossas estruturas de repetição não podem ser reduzidas àqueles movimentos circulares que encontramos nas órbitas cósmicas. Essa metáfora circular tem desempenhado um papel proeminente em inúmeras interpretações históricas desde a Antiguidade, mas ela não consegue captar a peculiaridade temporal que não deve ser chamada de retorno (eterno), mas sim de repetição (executada sempre na atualidade). Estratos de tempo que sempre se repetem estão contidos em todas as ações singulares e em todas as constelações únicas, executadas ou suportadas por seres humanos igualmente singulares e únicos. Tais estratos permitem, condicionam e limitam as possibilidades de ação humana e, ao mesmo tempo, as geram. Embora cada casamento constitua um ato individual e único para os participantes – sobretudo para os noivos –, os rituais de organização e realização do casamento, que também orientam as consequências que dele resultam, ou seja, os hábitos, costumes e leis, asseguram um tipo particular de constância. Sua repetibilidade é uma precondição de todos os casos individuais.

Por isso, nos estudos que se seguem investigaremos a duração e os prazos curto, médio e longo, e o que efetivamente se repete neles de modo a permitir ações e atividades singulares. A abordagem metodológica de Fernand Braudel será desconectada do circuito paralelo das durações longas, curtas e situacionais para ser reconduzida a um padrão antropológico comum, básico, que comporta distintos estratos de tempo. Sem esse tipo de diferenciação, nenhuma história pode ser reconhecida ou representada. Ritos ou dogmas dependem de repetibilidade para garantir sua constância. Costumes, regras e leis repousam na aplicabilidade repetida, sem a qual não pode haver ordem e justiça – qualquer que seja o risco a que estejam expostos. Cada constituição, instituição e organização no âmbito político, social ou econômico depende de um mínimo de repetição, sem a qual elas não seriam capazes de se adaptar nem de se renovar. Mesmo as artes, por mais originais que possam ser, vivem do reaproveitamento de possibilidades preexistentes. Toda recepção contém ou revela repetições.

O mesmo vale para a história da linguagem. A pragmática da linguagem é sempre singular e situacional, considerada como ato de fala que gera eventos ou a eles se refere. A semântica, ao contrário, persiste por mais tempo, é menos variável e sofre alterações em ritmo mais lento. Pois toda semântica contém potenciais de interpretação que permanecem efetivos durante muitas gerações. Sem seu conhecimento prévio, nenhuma comunicação – nem a simultânea, nem aquela que transcende os tempos – seria possível. A estrutura básica da gramática e da sintaxe sofre mudanças ainda mais lentas, sendo praticamente impossível influenciá-la diretamente.

Assim, todos os âmbitos de vida e ação humanas contêm diferentes estruturas de repetição, que, escalonadas, se modificam em diferentes ritmos. Seria incorreto supor que todos eles se modifiquem ao mesmo tempo ou em paralelo, ainda que aconteçam ao mesmo tempo, no sentido cronológico, e estejam entrelaçados.

A argumentação divergente com a qual meu mestre Hans-Georg Gadamer intervém no desenvolvimento da tese demonstra como e onde a apreensão linguística do mundo se desvia da chamada história real, ao mesmo tempo que a condiciona e a possibilita. Sigo inclinado a interpretar de forma aporética a relação entre a história da linguagem e a história factual: a linguagem contém e pode expressar sempre mais (ou menos) conteúdo do que aquele que existe na história real. Inversamente, cada história contém mais (ou menos) do que se diz dela. Por isso, a narrativa histórica sempre precisa reformular a história passada.

Sem a pluralidade de estratos do tempo histórico tampouco seria possível arriscar prognósticos. Por sua singularidade, os acontecimentos e os indivíduos, bem como suas ações e omissões, dificilmente podem ser previstos. Mas podemos analisar as condições gerais, mais ou menos passíveis de repetição, nas quais acontecimentos futuros podem ocorrer. Esse potencial de prognósticos depende de um mínimo de repetibilidade, que precisa ser estipulado. Se assim não fosse, a humanidade despencaria paulatinamente em um nada sem fundo.

Mas os limites da calculabilidade se revelam logo que as antigas utopias são temporalizadas e projetadas para o futuro: elas criam o contrário daquilo que, aparentemente, buscam alcançar.

Uma vez que as estruturas de repetição nunca se reproduzem de forma homogênea, impõe-se obrigatoriamente, do ponto de vista teórico, a questão das diferentes velocidades de mudança, dos atrasos e acelerações. Só podemos responder a essa pergunta se distinguirmos estritamente as atitudes subjetivas que dizem respeito às expectativas e seus objetivos (frustrados ou alcançados) e aqueles outros fatores que, na sociedade industrial tecnificada, impõem aos seres humanos acelerações cientificamente calculáveis.

Expectativas de aceleração, no sentido de uma abreviação do tempo, existem desde a apocalíptica judaico-cristã. Mas acelerações reais, capazes de transformar a realidade, só tomaram forma no mundo moderno, tecnicamente reconfigurado. Na percepção dos envolvidos e afetados por essa aceleração, os dois tipos estão interligados, mas não podem ser deduzidos um do outro de forma causal. "O homem efêmero quer vivenciar plenamente esse desenvolvimento acelerado, pela metade do salário de uma metade de século" – é assim que Jean Paul recria a expectativa da parúsia do apocalipse cristão como fator abreviador do tempo e a transforma na moderna aceleração da experiência.[5] Mas uma formulação mais aguda do "desenvolvimento acelerado" não é idêntica a uma aceleração da história real. Para fazermos afirmações justificáveis, também aqui precisamos distinguir metodologicamente a forma linguística e os fatos.

Nos últimos estudos deste livro mostraremos como as perspectivas historiográficas remetem a premissas relacionadas a teorias do tempo, a partir das quais se deve compreender a história real. Sempre precisaremos de categorias formais que permitam reconstruir e, sobretudo, comparar histórias concretas. O conteúdo das determinações temporais abstratas precisa ser complementado. As categorias formais dentro/fora, acima/abaixo, antes/depois pertencem às figuras básicas que permitem deduzir todas as histórias, mesmo que o conteúdo delas se diferencie infinitamente. São determinações antropológicas de diferença, das quais brotam consequências temporais. Pretendemos comparar cinco tipos de decurso

---

[5] Jean Paul, *Werke*, v. 5, org. N. Miller, Munique, 1980, p. 929.

temporal que, cada um ao seu modo, buscam relacionar formas distintas de justiça e a experiência histórica.

Um caso muito específico ocorre quando algo aconteceu não apenas mais cedo que..., ao mesmo tempo que..., ou mais tarde que..., mas sim cedo ou tarde demais. Essa determinação visa a uma ação singular com um *kairós* que pode ser aproveitado, desperdiçado ou perdido de uma vez por todas. Por isso, a categoria do atraso, hoje tão frequentemente aplicada à história alemã, só pode ser usada para se referir a um momento determinado, relevante para aquela ação. Ela é inadequada para ser aplicada a formações sociais, como Estados ou sociedades, ou mesmo culturas e linguagens. Quando se lamenta um atraso, há sempre referência a uma oportunidade perdida, a um desejo projetado sobre o passado a fim de se programar ideologicamente uma recuperação acelerada. Tal categoria pertence à linguagem do programa político, mas carece de rigor analítico. Pois, com Herder, podemos supor que toda história contenha em si sua própria medida de tempo. Os julgamentos morais são necessários, mas não são constitutivos daquilo que já aconteceu.

I.
Sobre a antropologia de experiências históricas do tempo

Estratos do tempo

Meu tema é "estratos do tempo". Na condição de historiador, devo adiantar que não tenho capacidade para fazer afirmações de natureza física ou biológica. Situo-me no campo das metáforas: a expressão "estratos do tempo" remete a formações geológicas que remontam a tempos e profundidades diferentes, que se transformaram e se diferenciaram umas das outras em velocidades distintas no decurso da chamada história geológica. É uma metáfora que só pôde ser usada a partir do século XVIII, depois que a antiga ciência natural, a *historia naturalis*, foi temporalizada e, com isso, historicizada. Sua transposição para a história humana, política ou social, permite separar analiticamente os diversos planos temporais em que as pessoas se movimentam, os acontecimentos se desenrolam e os pressupostos de duração mais longa são investigados.

Normalmente os historiadores organizam o tratamento do tempo em torno de dois polos: o primeiro concebe o tempo de forma linear, como uma flecha, quer teleologicamente, quer com um futuro indefinido; nesse caso, trata-se de uma forma irreversível de decurso. O outro imagina o tempo como algo recorrente e circular. Esse modelo, que destaca o retorno do tempo, é frequentemente atribuído aos gregos; em contraposição, judeus e cristãos teriam desenvolvido o modelo linear. Momigliano já demonstrou que essa oposição é ideologicamente enviesada.[1] Ambos os modelos são insuficientes, pois toda sequência histórica contém elementos lineares e elementos recorrentes. A circularidade também deve ser pensada em termos teleológicos, pois o fim do movimento é o destino previsto desde o início: o decurso circular é uma linha que remete a si mesma.

Tentarei em seguida compreender os resultados históricos por meio de uma estratificação temporal que pretende solapar a oposição entre o linear e o circular. Os tempos históricos consistem em vários estratos que reme-

---

[1] Arnaldo Momigliano, *Time in Ancient Historiography*, in History and Theory, caderno complementar 6, 1966, p. 1-23, trad. alemã Hosrt Günther, in A. M., *Wege in die Alte Welt*, introdução Karl Christ, Berlim, 1991, p. 38-58. Cf. também A. M., *On Pagans, Jews and Christians*, Wesleyan University Press, 1987 (Paperback, 1989).

tem uns aos outros, mas que não dependem completamente uns dos outros. Antes, porém, uma observação etimológica: Herder já afirmara a existência de tempos próprios e enfatizara que cada organismo vivo contém sua própria medida do tempo, criticando assim a determinação apriorística de Kant. Outra observação etimológica, importante para a orientação da narrativa histórica [*Historie*]:* "*historia*", em grego, significava originalmente o que nós, alemães, denominamos "experiência". "Ter uma experiência" significa ir daqui para lá a fim de experimentar e conhecer algo: trata-se, de certo modo, de uma viagem de descoberta.** Mas a narrativa histórica só surge como ciência a partir do relato dessa viagem e da reflexão sobre esse relato. Ela é, por definição, a expressão mais pura de uma ciência da experiência. Daqui em diante, quando falarmos em estratos do tempo, sempre estaremos nos referindo também a vestígios da experiência, mesmo que estes sejam ordenados analiticamente em três estratos.

* Em *Futuro passado*, ao referir-se ao termo *Historie*, Koselleck diz que *Historie* "significava predominantemente o relato, a narrativa de algo acontecido, designando especialmente as ciências históricas" (*Futuro passado: contribuição à semântica dos tempos históricos*. Rio de Janeiro: Contraponto/Editora da PUC-Rio, 2006, p. 48). Koselleck usa as palavras *vornehmlich* ("predominantemente") e *speziell* ("especialmente"), que, em alemão, são praticamente sinônimas, gerando assim um dilema quanto ao significado principal: *Historie* seria primeiramente a "narrativa histórica" ou a "ciência histórica"? No entanto, o termo *speziell* é, em alemão, também usado no sentido de "em casos especiais", o que permite assim interpretar *Historie* primeiramente como "narrativa histórica" – e apenas em casos especiais como "ciência histórica". Mas o caso não é tão simples: na introdução ao artigo "Geschichte/Historie", da obra *Geschichtliche Grundbegriffe*, organizada por Koselleck *et alii*, o termo *Historie* é descrito como um método histórico aplicado por historiadores antigos, como Heródoto ou Tucídides. Nesse artigo, Koselleck quase não fala de "narrativa". Mesmo assim, decidimos traduzir *Historie* quase sempre por "narrativa histórica": primeiro, porque nos casos em que Koselleck usa o termo *Historie* neste livro, ele o faz quase sempre no contexto de uma narrativa histórica específica, seja de Heródoto, Tucídides ou outros, explicitando sempre o método que eles usaram; segundo, porque a expressão "narrativa histórica" conota uma dimensão "histórica" no sentido de "antiga", indicando assim que se trata de uma prática "antiga". [N.T.]

** Aqui há um trocadilho que só é possível em alemão: o substantivo *Erfahrung* ("experiência") é formado a partir do verbo *erfahren* ("experimentar", mas também "tomar conhecimento de algo"), sendo este, por sua vez, composto pelo prefixo *er-* e o verbo *fahren*, que significa "viajar". [N.T.]

I. Quando investigamos o tempo nos processos históricos, a primeira constatação experiencial é, evidentemente, a singularidade. Em um primeiro momento, experimentamos os acontecimentos como ocorrências surpreendentes e irreversíveis; podemos confirmar isso em nossas biografias. O mesmo vale para conjuntos de ações que se desenvolvem como uma sucessão de constelações singulares ao longo de histórias políticas e militares. Vale também para todos os domínios que podem ser tratados historicamente. A história das religiões conhece o caso exemplar da conversão de Saulo em Paulo; a história política conhece a grande virada de 1789 ou, mais recentemente, a de 1989. Todos esses casos representam reviravoltas singulares, que estabelecem e liberam, irreversivelmente, forças que estavam represadas. O mesmo vale *eo ipso* para vitórias e derrotas militares que alteraram fundamentalmente as constelações anteriores. Vale também para as crises econômicas ou para as descobertas na história da técnica ou da indústria, cujas inovações produziram consequências irreversíveis. Podemos enumerar linearmente as sucessões singulares vinculadas a acontecimentos, inscrevendo nessa linha todas as inovações. O progresso é pensável e possível, pois o tempo, ao transcorrer como sucessão de singularidades, também libera inovações que podem ser interpretadas progressivamente.

II. Mas essas singularidades são apenas parte da verdade. Vista como um todo, a história também repousa em estruturas de repetição que não se esgotam nas singularidades. Consideremos o caso banal do carteiro que chega de manhã e traz a notícia da morte de um parente. Ele nos comunica uma ocorrência singular. Mas o fato de aparecer em determinado horário é um acontecimento recorrente, possibilitado pela administração dos correios, que dispõe de um orçamento anual. O carteiro volta em cada manhã, no mesmo horário, para trazer notícias singulares. O mesmo vale para as redes de transporte e os meios de comunicação. Também o fato de estarmos reunidos neste congresso, de termos chegado juntos ou em momentos oportunos, deve-se aos itinerários que asseguram acontecimentos recorrentes na rede ferroviária. Sem o retorno do mesmo – ou, pelo menos, de algo semelhante, conforme um planejamento – e sem organização seria impossível que eventos singulares (como o nosso encontro) se realizassem. Aparentemente, trata-se aqui de processos simples e cotidianos. Mas existem provas mais drásticas da recorrência como precondição da singularidade.

Consideremos a relação entre fala e linguagem. Quem deseja expressar algo e fazer-se entender recorre a uma linguagem que o ouvinte, por suposto, conhece; só assim é possível comunicar-se. Mesmo quem deseja dizer algo novo precisa se expressar na linguagem existente. Para que um ato singular de fala possa ser compreendido, o patrimônio linguístico precisa estar à disposição como algo preestabelecido. Os atos de fala singulares repousam na recorrência da linguagem, que é atualizada na realização de cada fala e só sofre mudanças lentas, mesmo quando surge algo completamente novo.

O mesmo ocorre, para citar outro exemplo, na relação entre as leis e a justiça. As leis precisam ser formuladas de modo tão geral que possam ser aplicadas repetidamente; só assim se pode assegurar a justiça. Todos os casos individuais se distinguem em sua singularidade, mas, para que as leis possam ser aplicadas a eles, é necessário que haja um mínimo de recorrência. Todas as teorias da justiça baseiam-se na duração relativa dos textos legais e na sua replicabilidade. O mesmo vale para a teologia e para os ritos e dogmas da Igreja, que só podem oferecer garantias de verdade graças à repetição.

Basta de exemplos. Fenômenos de recorrência podem ser demonstrados como condição da singularidade em todos os âmbitos da vida. Mas encontramos uma dificuldade quando nos perguntamos se e como essas estruturas de repetição se alteram. Na medida em que se mostram mutáveis, até mesmo estruturas de repetição duradouras adquirem um caráter singular. Aqui surge um fenômeno que torna tão interessante a história: não só acontecimentos súbitos e singulares produzem mudanças; as estruturas de maior duração – que possibilitam as mudanças – parecem estáticas, mas também mudam. O proveito de uma teoria dos estratos do tempo consiste em sua capacidade de medir diferentes velocidades, acelerações ou atrasos, tornando visíveis os diferentes modos de mudança, que exibem grande complexidade temporal.

Um caso que vem sendo muito destacado é a queda do Muro de Berlim. A República Democrática Alemã (RDA) foi incorporada de forma relativamente rápida à antiga República Federal da Alemanha por meio de procedimentos que, embora polêmicos, fizeram da antiga RDA parte politicamente indissociável da nova república federativa. A história constitucional – compreendida como história de eventos realizados – não permite dúvidas. Evidentemente, isso não se aplica quando indagamos sobre as condições econômicas e a mentalidade dos ex-cidadãos da RDA. O ato político, executado de forma rápida e irreversível em um ano, com notável mestria diplomática, não foi capaz de modificar de imediato as condições econômicas e, menos ainda, a postura mental daqueles que vivem nessa região. As dificuldades de adaptação socioeconômica não podem ser resolvidas diretamente por meios políticos. Só poderão ser remediadas por meio de mudanças de conduta, por adaptações ou por uma sintonização mútua entre as populações do oeste e do leste, o que exige um prazo que provavelmente excederá meia geração. Não sabemos quanto tempo será necessário. Mas qualquer pesquisa empírica precisará trabalhar, pelo menos implicitamente, com uma teoria de vários estratos do tempo.

Até agora temos falado de acontecimentos singulares e de estruturas de repetição sem as quais os acontecimentos singulares não seriam possíveis. Os diferentes estratos do tempo foram relacionados a experiências acumuladas por indivíduos e gerações contemporâneas. Examinemos mais detidamente essa relação. A singularidade de uma sequência de eventos pode ser vista empiricamente onde se experimentam surpresas. Ser surpreendido significa que as coisas não aconteceram da forma esperada. "As coisas sempre acontecem de forma diferente da que se esperava" (Wilhelm Busch). De repente nos deparamos com um *novum* e, portanto, com um *minimum* temporal que define o antes e o depois. Rompe-se, e precisa ser reconstituído, o *continuum* entre a experiência adquirida e a expectativa daquilo que virá. Esse mínimo temporal entre um antes e um depois irreversíveis cria surpresas. Por isso, nunca desistimos de tentar entendê-las. A comunidade dos historiadores pergunta não só pelo que ocorreu, pela singularidade do evento, mas também indaga como aquilo pôde ocorrer. Nesse sentido, procura causas cuja força probatória reside em sua repetibilidade; a singularidade só pode ser explicada por meio de causas se estas se repetirem. Validamos o conhecimento dessas causas com expressões como: "Ah! Poderíamos ter sabido antes", ou "Isso aconteceu por causa daquilo". Nisso consiste a reação *ex post*, que recorre a causas que podem ser invocadas sempre. Do ponto de vista estritamente histórico, causas singulares também podem fornecer explicações para a sucessão temporal. De toda forma, à experiência obtida de forma singular, com surpresas, soma-se um conhecimento crescente da possibilidade de essas surpresas singulares ocorrerem. Uma pessoa mais velha não se surpreende tão facilmente quanto um jovem. Podemos caracterizar o envelhecimento pela diminuição da capacidade de se surpreender. Quanto maior tiver sido o acúmulo interiorizado de surpresas possíveis, menor será a capacidade de surpreender-se, tão própria dos jovens. Esse aspecto biológico da experiência histórica humana não se esgota completamente na história política e econômica.

A arrogância da idade pode levar à cegueira, pois a resistência a surpresas bloqueia possíveis experiências novas. Com a repetição de experiências rotineiras, desperdiçam-se as chances de se perceber algo novo. Nesse sentido, os tempos históricos se apoiam em limites biológicos. O conjunto de experiências acumuladas e a capacidade de processar as surpresas constituem um patrimônio finito que se estende entre o nascimento e a morte de um ser humano, não podendo ultrapassar esses limites nem sobrecarregar-se. Um único ser humano não consegue processar tudo. Reside aí a determinação individual de cada geração, que pode ser facilmente estendida a todos os que vivem em um mesmo tempo e cujas condições sociais ou experiências políticas se assemelham. Formam-se assim unidades geracionais, mesmo que mortes e nascimentos as alterem continuamente. O que podemos dizer sobre a experiência de repetição e o processamento de singularidades sempre se refere a gerações contemporâneas, que se comunicam e trocam experiências.

III. A fundamentação biológica, que esboçamos, e a limitação concomitante das experiências históricas nos remetem a outro estrato do tempo. Existem tempos históricos que transcendem a experiência de indivíduos e de gerações. Nesse caso, trata-se de experiências que já estavam disponíveis *antes* das gerações contemporâneas e que provavelmente continuarão a atuar *depois* do desaparecimento delas. A contínua reprodução biológica é somente um caso simples e ilustrativo que age além das unidades geracionais. Trata-se aqui daquele ciclo recorrente de concepção, nascimento e morte, que acolhe todas as histórias de amor e de ódio, todos os conflitos geracionais. Esse ciclo se repete em determinados ritmos, os quais nunca se alteraram substancialmente, do ponto de vista biológico, desde que a humanidade existe, no decurso de mais ou menos 2 milhões de anos.

Os processos recursivos diminuem quando passamos do âmbito biológico para o cultural. Contudo, existem numerosas repetibilidades que se estendem bem além de uma geração, além até daquela sucessão empiricamente evidente das gerações que ainda conseguem se comunicar oralmente. Esses fenômenos de repetição que ultrapassam os limites do cotidiano podem ser chamados de "transcendentes". Situam-se aqui verdades religiosas ou metafísicas que se fundamentam em enunciados básicos que só muito lentamente se modificam ao longo dos séculos e permanecem disponíveis, mesmo que nem todos os compartilhem. Conhecemos a sucessão de comportamentos mágicos e de diferentes atitudes religiosas ou científicas que se estendem além das gerações hoje contemporâneas. Essas concepções de mundo se repetem em ritmos tão lentos que suas mudanças não podem ser vivenciadas diretamente pelas gerações. Tais explicações de longa duração, que só se modificam muito lentamente, podem ser chamadas de "transcendentes" em relação aos dados empíricos. "Transcendentes" não no sentido de um além, mas no sentido de que se estendem por várias gerações. Todas as unidades de experiência precisam de um mínimo de transcendência: sem ela não haveria uma explicação última – por mais provisória que esta possa ser – e nenhuma experiência poderia ser convertida em ciência.

Assim, aquilo que na linguagem cotidiana podemos definir como longo, médio e curto prazos exige uma complexa teoria dos tempos históricos. A proposta de diferentes estratos do tempo permite tratar de diferentes velocidades de mudança sem cair na falsa alternativa entre decursos temporais lineares ou circulares.[2]

---

[2] Após essa conferência tomei conhecimento do livro de Friedrich Cramer, *Der Zeitbaum. Grundlegung einer allgemeinen Zeittheorie*, Frankfurt am Main e Leipzig, 1993. Suas teses coincidem em larga medida com as orientações histórico-antropológicas aqui apresentadas, mas ele as fundamenta, do ponto de vista tanto das ciências naturais como da história da ciência, de forma muito mais ampla e com dados empíricos muito mais ricos.

Mudança de experiência e mudança de método
Um esboço histórico-antropológico

O que é buscado, encontrado e apresentado como verdade histórica nunca depende somente das experiências feitas por um historiador, tampouco somente dos métodos que ele usa. Experiência e método interagem quando se cria uma obra histórica, mas é difícil definir essa relação. Em primeiro lugar, ela se transformou continuamente ao longo da história; em segundo, até agora não existe uma história da experiência histórica antropologicamente fundamentada, nem uma história compreensiva dos métodos históricos.[1] Por isso, a proposta deste ensaio é mais formular perguntas do que fornecer respostas.

1. Nota preliminar de caráter semântico

Em um de seus mais belos artigos, Jacob Grimm trata da alteração no significado de "experimentar" e de "experiência". Primeiro ressalta o conteúdo ativo, processual, que antigamente era inerente a essas palavras. Experiência significava reconhecimento, investigação, exame. Assim, o antigo sentido da palavra era muito próximo ao do termo grego *historein*, que significava "narrar", mas também "reconhecer" e "investigar". Em relação aos fatos e à sua investigação, a "experiência" coincidia em boa parte com a "narrativa histórica" e até mesmo com o método histórico, pois o desenvolvimento da pesquisa e a verificação também eram considerados. "Aquele que experimenta é alguém que vai aonde deve ir para pesquisar."[2] Adquirir experiência significaria "pesquisar". No entanto,

---

[1] Eduard Fueter, *Geschichte der neueren Historiographie*, Munique e Berlim, 1936, reimpressão Nova York, 1969, trata das etapas metodológicas como parte da historiografia, sem fazer uma distinção clara entre retórica e metodologia; Jerzy Topolski, *Methodology of History*, Dordrecht e Boston, 1976 (trad. ingl. da edição polonesa: Varsóvia, 1973), obra sistemática com perspectivas históricas, que inclui na teoria metodológica as premissas teóricas como elementos implícitos.

[2] Jacob und Wilhelm Grimm, *Deutsches Wörterbuch*, v. 3, Leipzig, 1892, nova impressão Munique, 1984, esp. p. 789.

Jacob Grimm também registra um deslocamento, para não dizer uma diferenciação, do conceito de experiência na modernidade. Um significado mais passivo e receptivo se insinua: "Desviando-se do significado original do experimentar, o entendimento hoje mais comum é o da mera percepção e apreensão das coisas, sem que antes tenha havido um movimento e uma pesquisa."[3] Por isso, Grimm constata com certa lástima que a "experiência de vida", originalmente compreendida como resultado da experimentação ativa, foi absorvida pela noção, de certo modo neutralizada, de experiência.

Durante a primeira modernidade, podou-se da "experiência" a dimensão ativa, voltada para a investigação, isolando-a e apartando-a do caminho "métodico" da verificação. Mesmo levando em consideração que Grimm só cita fontes literárias e teológicas, a linguagem coloquial se restringe, reduzindo a "experiência" à percepção sensorial, à vivência. O "experimentado" é o "real" e se estabelece em oposição ao "meramente pensado".[4] Do ponto de vista da história da linguagem, separam-se duas atividades que antes eram mencionadas em um só termo: a experiência, como experiência da realidade vivenciada, e a atividade mental, na acepção da pesquisa histórica pré-moderna. "O bem e o mal como nos couberam" – também a isso se refere desde o século XVIII o conceito de experiência, que já não inclui o processo de exploração e investigação, nem o método como guia do conhecimento. Grimm lamenta essa diferenciação, que, no âmbito da língua alemã, prefigura o desafio permanente do historicismo: como se relacionam a "vida" e a narrativa histórica. Nas palavras moderadas do idoso Jacob Grimm: "Em tudo deve ser difícil separar pesquisa e descoberta, percepção ativa e passiva."[5]

Grimm estava certo. Ele procurou resgatar a unidade abrangente do antigo conceito de experiência, pois a experiência receptiva da realidade, de um lado, e a exploração e verificação dessa realidade vivida, de outro, se condicionam reciprocamente, são indissociáveis. Ele se insurgia contra a separação analítica entre a percepção sensorial, o ver e o ouvir, e a atividade consciente de explorar e investigar, que Heródoto ainda reunia sob

---

[3] Ibid., esp. p. 790.
[4] Ibid.
[5] Ibid., esp. p. 794.

um conceito de "*historia*" para o qual a língua alemã oferecia o termo "experiência" [*Erfahrung*], que englobava, ao mesmo tempo, os aspectos ativo e passivo.

Surpreende ainda mais o fato de Jacob Grimm descartar as definições de Kant como expressões técnicas, que seriam equivalentes à "empiria". Pois, em termos semânticos, Kant articulara os conceitos já diferenciados de percepção, experiência e formação de juízo, de modo que experiência e formação de juízo não seriam possíveis sem percepção sensorial. Como Grimm escreveu: "Se se adianta um juízo antes que uma experiência possa resultar da percepção, a intuição precisa ser subsumida a um conceito."[6]

A despeito de suas definições estarem vinculadas ao conhecimento da natureza, Kant, de uma perspectiva puramente semântica, devolveu ao conceito de experiência sua antiga plenitude, ou seja, a de ser ao mesmo tempo receptivo e ativo, ou ainda, nas palavras de Grimm, de abarcar tanto a descoberta quanto a pesquisa. Embora todo conhecimento comece com a experiência, esta, dizia Kant, depende da formação do juízo, de conceitos, para que possa ser feita.[7]

Do ponto de vista da teoria da ciência, o duplo sentido do conceito kantiano de experiência, que remete tanto à realidade quanto ao seu conhecimento, encontra uma surpreendente analogia no novo conceito de "história" que se desenvolveu na mesma época. Por volta de 1780, o conceito de história [*Geschichte*], que até então se referia apenas ao acontecido, absorve o conceito correspondente à narrativa histórica [*Historie*]. Daí em diante, a linguagem corrente passa a comportar um único termo tanto para a realidade experimentada quanto para seu conhecimento científico: a "história" [*Geschichte*]. Quando comparamos o moderno conceito de história com a compreensão que Grimm tinha do antigo

---

[6] Ibid., esp. p. 793.
[7] "De uma perspectiva empírico-prática", Kant chega a definir experiências como juízos que "são confirmados continuamente por tentativa e êxito". Immanuel Kant, *Werke*, v. 6, org. Wilhelm Wieschedel, Darmstadt, 1964, p. 424; *Antropologia*, parte I, § 6. Para a semântica do conceito de experiência em Kant, permanece sendo de grande utilidade: Rudolf Eisler, *Kant-Lexikon*, Berlim, 1930, reimpressão Hildesheim, 1964, p. 123-131. Para a determinação da relação entre história e experiência na primeira modernidade: Arno Seifert, *Cognitio Historica. Die Geschichte als Namensgeberin der frühneuzeitlichen Empirie*, Berlim, 1976.

conceito de experiência, podemos dizer que aquele conceito acolheu a unidade da "experiência", ao significar tanto a apreensão da realidade, mediada pelos sentidos, quanto a sua investigação.

Encontramos esses indícios na história da linguagem. Um resultado deles pode ser visto na surpreendente continuidade que acompanha todas as mutações e substituições conceituais. A "história" é e continua a ser uma "ciência da experiência", quer seja concebida, com Heródoto, como reconhecimento e pesquisa ou, em termos modernos, como transposição de uma dada realidade em expressões históricas por meio de métodos sutis. Em ambos os casos trata-se de uma "história" que articula experiência e conhecimento. Nenhum deles pode ser obtido ou realizado sem o outro.

Não obstante, aquilo que, na vida, está unido a ponto de ser indistinguível exige uma separação analítica, mesmo que seja somente para esclarecer o entrelaçamento recíproco de experiência e pesquisa. Não por acaso, a separação dos dois âmbitos, observada por Grimm, ocorreu justamente no período em que a história começou a ser vista como ciência autônoma nas regiões de língua alemã. Desde então, a experiência da realidade precisava ser metodologicamente separada de sua elaboração cientificamente controlada. Mas o diagnóstico semântico nos remete também a um período anterior ao limiar [*Schwellenzeit*] a partir do qual surgiu o nosso moderno conceito de história. Justamente sua imprecisão analítica, ao se referir tanto à realidade quanto ao conhecimento dela, nos permite aplicá-lo – com o cuidado metodológico necessário – também a todas as histórias anteriores e a seus modos de conhecimento, ou seja, às *res gestae* e às *historiae*, que precisam ser compreendidas separadamente.

Por isso, as considerações seguintes partem da hipótese de que em qualquer mudança de experiência ou de métodos existem traços antropológicos mínimos que são comuns e que permitem relacionar ambos sem precisar renunciar à unidade daquilo que chamamos história.

2. Nota preliminar de caráter metodológico

Se aceitarmos a separação semântica entre, de um lado, os *pragmata*, as *res gestae*, os acontecimentos e, de outro, as histórias ou a disciplina da história, poderemos – em teoria – estabelecer sua interação recíproca a partir de qualquer um dos lados. Oferecem-se então duas possibilidades de analisar autonomamente, também partindo de uma perspectiva temporal, as alterações de experiências ou de métodos, de modo a considerá-las como fator primário das mudanças. Normalmente, o historiador tenderá a conceder primazia à mutação da experiência, definindo-se como mero analista ou como narrador, aquele que somente registra. Mas não pode haver dúvida de que uma experiência histórica, quando enquadrada metodologicamente, se transforma em um fator autônomo, causando efeitos muito significativos. Sem a interpretação teológica e escatológica do mundo, feita pela Igreja cristã, nem a controvérsia das investiduras,* com todas as suas consequências políticas, nem as Cruzadas teriam sido possíveis; tampouco as conquistas ultramarinas pela navegação cristã, nem, evidentemente, a história das guerras civis religiosas no início da era moderna. É possível menosprezar a influência direta de Maquiavel na história, mesmo que ela seja onipresente de forma indireta, mas é impossível negar que a visão histórica de Marx, elaborada com método, rigoroso ou não, tenha tido consequências históricas de caráter mundial, inimagináveis sem Marx.

Assim, em primeiro lugar, seria possível elaborar uma história imanente dos métodos que se alimente primordialmente de suas inovações, as quais, apesar dos pressupostos que as condicionam, não seriam completamente dedutíveis deles. Uma história desse tipo viveria, sobretudo, de seus grandes descobridores: de Heródoto, pai da historiografia, de Tucídides, descobridor do mundo político, de Agostinho, fundador de uma história da salvação dirigida por Deus, talvez de Niebuhr, mestre de métodos filológicos que permitiram compreender um passado que se tornara estranho, dos escoceses até Max Weber, passando por Marx, para explicar a história a partir de suas condições sociais. Esta lista quase aleatória poderia ser completada sem deixar lacunas para caracterizar o progresso indubitável, irreversível e imanente do método.

A segunda possibilidade consistiria em fazer a alteração no método decorrer de alterações parciais na experiência. É fácil verificar essa hipótese, pois modificações comprováveis no ambiente social ou político coincidem com inovações metodológicas. Experiências suscitam novas

---

* Referência ao conflito, agudo nos séculos XI e XII, em que papas e monarcas disputavam o direito de nomear bispos e outros dignitários da Igreja. [N.T.]

perguntas, e novas perguntas abrem novos caminhos de pesquisa. Esse tipo de argumentação sempre poderá reivindicar plausibilidade. Da mesma forma, porém, é possível deduzir novas experiências de métodos novos. Assim, em termos da sociologia do conhecimento, temos aqui, em última instância, uma circularidade da qual não se pode sair.

Ambas as linhas de pesquisa podem gerar suas evidências. De um lado, destacar-se-ia o progresso do conhecimento assegurado pelo método, que é impulsionado por força própria ou pelos grandes inovadores. De outro, investigar-se-ia primariamente a mudança da experiência histórica, que tampouco pode ser negada e leva à elaboração de novos métodos. Ambos os procedimentos usam axiomas que não podem ser questionados. Permanecem, porém, tão parciais e arbitrários como, por exemplo, a redução alternativa de uma mudança de método a fatores internos *ou* externos.

O ensaio que se segue não tenta fundamentar esses axiomas. Lançando mão de diferenciações antropológicas nos conceitos de experiência e de método, tentaremos possibilitar a articulação entre ambos e estabelecer correlações baseadas na premissa de que a história [*Geschichte*] e a narrativa histórica [*Historie*], a realidade e seu processamento consciente, sempre remetem uma à outra e se constituem reciprocamente, mas não são completamente derivadas uma da outra.

Portanto, as considerações seguintes usam hipóteses histórico-antropológicas[8] que pretendem esclarecer as relações entre os modos de experiência histórica e a aquisição de conhecimentos históricos. Se daí emergirem inícios ou "origens" históricas de determinados métodos, tal aspecto genético permanecerá em plano secundário. A intenção visa primeiramente a uma direção sistemática. Queremos encontrar as condições antropológicas que possibilitam as experiências e seus resultados metodológicos. Mas, considerando que as próprias condições antropológicas, em certa medida, se modificam historicamente, toda abordagem sistemática está sujeita à diacronia.

---

[8] Veja os trabalhos de Thomas Luckman. O mais recente: Thomas Luckmann, *Lebensweltliche Zeitkategorien, Zeitstrukturen des Alltags und der Ort des "historischen Bewusstseins"*, Heidelberg, 1986 (*Grundriss der Romanischen Literaturen des Mittelalters*, v. II, I), p. 117-126.

Por isso, seria indispensável remeter a assim chamada mudança de realidade e suas correspondentes alterações de conhecimento à teoria da história que, implícita ou explicitamente, relaciona uma à outra. No entanto, esse tipo de teoria também sofre mudanças ao longo do tempo, estejam elas presentes em uma crítica racional dos mitos, em axiomas filosóficos, em teologias, em filosofias da história ou até mesmo em teorias explícitas da história. Não discutiremos aqui essa mudança de teoria, que abarca igualmente saltos de experiência e inovações metodológicas. Antes, este ensaio visa a encontrar aspectos formais comuns que talvez fundamentem todas as experiências e seus acréscimos, bem como todos os métodos e suas diferenciações. Portanto, a distinção entre alteração de experiência e alteração de método serve à clareza argumentativa, a fim de iluminar os seus pressupostos histórico-antropológicos. Esses pressupostos garantem – talvez – a unidade de toda a história, unidade que impulsiona cada história concreta.

3. Três tipos de aquisição de experiência

O fato de histórias surgirem primariamente das experiências das pessoas envolvidas e atingidas é condição de sua narratividade e, portanto, também condição da narratividade de experiências alheias, cuja análise domina a historiografia moderna. Direta ou indiretamente, toda história trata de experiências próprias ou alheias. Por isso, podemos supor que os modos de contar histórias ou de elaborá-las com método possam ser relacionados aos modos como adquirimos, reunimos ou modificamos as experiências. Cada aquisição ou modificação de experiência se desdobra no tempo, e assim surge uma história. Se quisermos determinar o limiar de cada aquisição ou modificação, aparecem três modos de experiência.

O primeiro modo é sempre tão singular como irrepetível. É a experiência que ocorre como surpresa: "As coisas sempre acontecem de forma diferente da que se esperava." Poderíamos chamar esse tipo de experiência de primordial, pois sem ela não existiria nem biografia nem história. Somente quem é pego de surpresa pode ter uma experiência. Quando ocorre ou se impõe, esse tipo de experiência mantém seu caráter singular. Por isso, toda experiência contém *in nuce* sua própria história. Essa história está contida na aquisição de conhecimento provocada por uma surpresa, naquela diferença mínima de tempo entre o antes e o depois, ou entre o cedo demais e o tarde demais que, em retrospectiva, constitui a história de uma experiência. Trata-se, então, de um tipo de experiência que é vivido ou sofrido de novo por cada ser humano, consciente ou inconscientemente, e que sempre se repete. Isso não quer dizer que esse tipo de experiência só deva ocorrer com pessoas individuais, pois normalmente várias ou muitas pessoas se surpreendem, mas ele marca individualmente cada pessoa. Por isso, faz sentido remeter as metodologias escolhidas pelos historiadores às experiências pessoais que eles tiveram, sem as quais não seria possível entender as eventuais inovações que propuseram.

No entanto, experiências não são adquiridas só quando ocorrem, mas também quando se repetem. Essa seria a segunda possibilidade de adquirir experiências. Experiências também são reunidas, resultam de um processo de acumulação, na medida em que se confirmam ou se consolidam por meio de correções recíprocas. Como diz o ditado popular alemão: "Quem não experimenta algo novo, certamente experimenta algo já conhecido."[9] Uma pessoa experiente não se surpreende com tanta facilidade, pois sabe com antecedência, por experiência própria, o que a espera ou, pelo menos, o que pode esperar. Então, o intervalo de tempo mínimo para adquirir uma experiência original se estende aos períodos que estruturam, reorganizam ou estabilizam uma vida, cuja extensão máxima é o percurso do nascimento à morte, pois experiências não se transferem diretamente. Se voltarmos a atenção para o círculo de pessoas atingidas por experiências que se consolidaram a médio prazo, veremos que, naturalmente, elas sempre afetam indivíduos. Porém, podemos supor que os prazos de experiência são, em grande medida, específicos de cada geração.

Os períodos específicos de cada geração resultam do fato biológico de que as vidas são marcadas pela diferença temporal entre pais e filhos. Entre educação e emancipação, entre experiência oferecida e experiência própria existe uma tensão que caracteriza cada história individual. Nos limites de suas unidades sociais, as experiências condicionadas pela biologia e escalonadas temporalmente de acordo com os anos dos nascimen-

---

[9] *Die deutschen Sprichwörter*, reunidos por Karl Simrock, Frankfurt am Main, 1846, reimpressão 1978, posfácio Hermann Bausinger, p. 97, nº 2.105.

tos adquirem marcas comuns. Elas perduram e sofrem alterações conforme as unidades geracionais nascem e morrem. Além disso, com os acontecimentos políticos vivenciados ou compartilhados, as experiências acumuladas se rompem ou se intensificam. As experiências políticas são percebidas e processadas de maneira diferente conforme a idade e a posição social. Mesmo assim, tais experiências evocam um mínimo de aspectos comuns a todas as faixas etárias, de modo que também podemos falar em unidades geracionais políticas, e não apenas biológicas ou sociais. Sua marca comum se mantém até que a geração seja extinta pelo tempo, de maneira escalonada. Diferentemente das surpresas singulares, que também podem afetar muitas pessoas ao mesmo tempo, as confirmações de experiências remetem a experiências semelhantes dos contemporâneos – caso contrário, dificilmente poderiam ser coletadas.

Por isso, existem, além da experiência pessoal, também prazos e limiares de experiência geracional. Uma vez institucionalizados ou assumidos, eles estabelecem uma história comum. Abarcam todas as pessoas que compartilham o mesmo convívio, seja famílias, categorias profissionais, moradores da mesma cidade ou soldados de um exército, cidadãos de Estados ou integrantes de classes sociais, crentes ou não crentes de igrejas, membros de associações políticas de todo tipo, seja partidos, seitas, facções, estados-maiores, círculos, grêmios ou comunidades. Qualquer comunidade de ação reunida por trajetórias biográficas, pelo acaso ou por uma organização ajuda a consolidar experiências vivenciadas. Por isso, do ponto de vista temporal, podemos falar em unidades geracionais políticas e sociais, cuja característica comum consiste em vivenciar, reunir e organizar experiências singulares ou recorrentes, ou então em viver experiências comuns.

Encontramos bons exemplos disso na vida política. Basta pensar nas mudanças constitucionais provocadas por guerras civis e outras guerras, na Guerra do Peloponeso ou na transição da República Romana para a Monarquia de Augusto, na passagem do Império Romano para os Estados de sucessão hereditária, na Reforma ou nas revoluções modernas (que já deveriam ser chamadas de clássicas) de holandeses, britânicos, norte-americanos, franceses ou russos e dos numerosos povos de seu império continental.

O entrelaçamento das respectivas experiências geracionais abarca vitoriosos e derrotados, mesmo que elas sejam percebidas e elaboradas de forma distinta, na medida em que possam ser elaboradas. Até mesmo gerações biologicamente distintas podem ser marcadas por experiências relativamente comuns, experiências que nunca mais poderão ser compartilhadas pelas gerações posteriores, salvo por analogias. Por isso, toda narrativa histórica precisa recorrer, desde o início, a fontes primárias a fim de desvelar não apenas o caráter inconfundível das experiências singulares, mas das experiências adquiridas por gerações específicas. Essa regra é obedecida desde Heródoto e está implícita no trabalho de historiadores que usam fontes secundárias. Voltaremos a falar sobre isso.

As experiências são singulares na medida em que ocorrem e são replicáveis na medida em que são acumuladas. Por isso, toda história possui um duplo aspecto, aquele constituído pela experiência e aquele que pode ser derivado dela. Assim como acontecimentos singulares e surpreendentes evocam experiências e provocam histórias, também experiências acumuladas ajudam a estruturar as histórias em médio prazo. Existem condições e processos específicos de cada geração que se sobrepõem às histórias pessoais, mas que, mesmo assim, remetem a prazos maiores, que configuram um espaço de experiência comum. Qualquer que seja o "espírito da época" [*Zeitgeist*], é aqui que ele está. Foi por isso que Clarendon enfatizou aquele aspecto da história que seria mais "útil" do que a história pessoal:

> É mais útil deixar para a posteridade uma caracterização da época. Uma caracterização das pessoas ou uma narrativa do corriqueiro só podem ser bem compreendidas se conhecermos o espírito que prevalecia naquele momento.[10]

Nossa dupla perspectiva temporal sobre experiências possíveis permite estabelecer uma conclusão preliminar. A mudança de experiência, apesar de ser sempre singular *in situ*, sempre se efetua em distintos níveis temporais: no jogo cambiante das circunstâncias, que produzem novas experiências concretas e espontâneas, ou, de modo mais lento, fazem

---

[10] Edward Clarendon, *Selections of the History of the Rebellion and Civil Wars*, org. G. Huehns, Oxford, 1955, p. 7.

com que as experiências se somem, confirmem ou reajam a mudanças em um conjunto de condições relativamente constantes, dentro do qual os acontecimentos se tornam possíveis. Então, na medida em que experiências e suas mudanças geram histórias, essas histórias permanecem vinculadas a duas precondições: os homens adquirem experiências de forma singular, e tais experiências se articulam de maneira geracional. Por isso, permanece lícita a prática de organizar as histórias de maneiras que transcendem as crônicas que registram períodos de governo ou eventos políticos. Por isso, toda história social moderna recorrerá a aspectos comuns concretos, que delimitam em termos temporais as unidades geracionais de experiência.

Mas, em terceiro lugar, a mudança de experiência também pode se efetuar a longo prazo, em passos lentos ou em surtos, transpondo imprevisibilidades e perplexidades espontâneas, nisso deslocando experiências geracionais consolidadas ou interiorizadas. Então se transforma a curto ou médio prazo todo o modo de lidar com as experiências.

Exemplos frequentemente discutidos são a dissolução do Império Romano, causada pelas invasões dos povos germânicos, ou, na mesma época, a substituição e transformação dos cultos pagãos pela cristianização. A despeito das experiências originárias de caráter individual e geracional, todo o sistema social foi transformado, algo que só metaforicamente pôde ser experimentado, quer como ocaso, quer como esperança escatológica em uma salvação vindoura. Outro exemplo é o desenvolvimento do sistema econômico mundial, que, partindo da Europa, transformou toda a estrutura estatal e social do globo, tanto em termos de política interna como externa. Esses processos de longo prazo, que atuam em cada conflito ou ajudam a provocá-los, permanecem presentes como experiência de fundo, mesmo que muitas vezes só possam ser trazidos à consciência por meio de investigações históricas.

Esses casos sempre representam, em termos bem gerais, uma mudança de sistema que transcende indivíduos e gerações e só pode ser compreendida retrospectivamente por meio da reflexão histórica, a qual, como Karl Ferdinand Werner enfatizou repetidamente, desde Orósio foi definida como uma incursão confiante ao futuro. A transmissão oral de avós a netos não basta para que se perceba a mudança em longo prazo. A aquisição e a mudança de experiência, que descrevemos antes, eram sincrônicas na medida em que estavam vinculadas a gerações que conviviam. Este terceiro caso de mudança de sistema em longo prazo é estritamente diacrônico, disposto em sequências que ultrapassam gerações e fogem à experiência imediata.

Em sentido restrito ou específico, esse tipo de experiência alheia, que se transforma em experiência própria, é a experiência "histórica". O passado é invocado para explicar a particularidade do presente ou para dissecar a alteridade específica da história anterior. Em termos antropológicos, ambos os casos representam a incorporação de experiências alheias, que transcendem as gerações, ao conjunto de experiências próprias. Esse tipo de mudança de sistema, antigamente acolhido em imagens míticas, só pode ser detectado por meio de certas técnicas de investigação histórica. Sem métodos históricos, nosso terceiro tipo de mudança de experiência – a de longo prazo – não pode sequer ser percebido. Trataremos disso adiante com mais detalhes. Uma mudança de experiência que transcende as gerações, que remete a fatores inalcançáveis para a experiência vivida, só pode ser processada por métodos que façam analogia com a experiência. Nesse sentido, poderíamos nos aventurar a dizer que se trata de uma experiência histórica que sustenta toda experiência primária.

Quando antigas narrativas históricas pagãs são incorporadas por perspectivas cristãs, quando histórias cristãs são reinterpretadas à luz da racionalidade iluminista, quando experiências alheias do passado são introduzidas na compreensão de si mesmo ou quando toda a história é interpretada a partir da experiência do condicionamento econômico – em todos esses casos a participação da ciência histórica é indispensável para incorporar a mudança de experiência de longo prazo à experiência própria.

Porém, seria um equívoco acreditar que as mudanças de sistema de longo prazo só foram tratadas metodicamente a partir da modernidade, ou seja, desde a decoberta da Idade Média ou desde a acelerada mudança de experiência que acompanha a industrialização. Há muitos argumentos a favor da hipótese de que a descoberta de um passado totalmente diferente é a experiência peculiar da nossa própria história, tal como processada pela hermenêutica e a ciência social. A periodização da história em Antiguidade, Idade Média e Modernidade foi proposta pelo humanismo e continuada pelos modernos critérios de classificar a produção, de modo que a história parte das tribos caçadoras e coletoras, passa pela agricultura e as culturas desenvolvidas para chegar à civilização técnico-industrial. Também é certo que essa periodização hipostasia um espaço de experiência suprageracional que se estabiliza no longo prazo, além dos séculos e dos milênios, e que só se havia modificado silenciosamente.

Se prestarmos atenção nos pressupostos antropológicos dessas perspectivas que abarcam períodos tão longos, veremos que elas estiveram presentes na narrativa histórica não só na modernidade, mas já desde os primórdios. Mesmo que Heródoto tenha mencionado a experiência singular e específica de uma geração – a luta entre gregos e persas – como o grande tema histórico de suas narrativas, suas pesquisas se estendiam por duas ou três gerações, em direção a um passado distante que ele só pôde processar criticamente ao investigar experiências alheias. O desafio de historicizar mitos e lendas da maneira mais racional possível o forçara a absorver experiências anteriores de forma narrativa ou interpretativa.

Em sua introdução, Tucídides realizou explicitamente uma profunda mudança estrutural na história helênica já centenária: a acumulação de poder pelos atenienses havia possibilitado essa grande guerra.

Para representar os horrores do período imperial, o método de Tácito reside em refletir explicitamente sobre a diferença entre esse período e os séculos precedentes da República romana.

Joachim von Fiore elaborou a teoria das três eras que se sobrepõem. Para a reflexão, elas implicam necessariamente unidades de experiência e mudanças na experiência em longo prazo. Basta de exemplos da era pré-moderna.

Uma vez aceitas as três modalidades de experiência aqui formalizadas, podemos concluir que os intervalos de experiência de curto, médio e longo prazos possibilitam histórias de forma igualmente originária.

A pressão da experiência atual, aquela em que os homens atuam, tem profundidades distintas em cada época. Supomos, então, que isso se reflita nos métodos históricos que correspondem aos três modos de experiência mencionados. Pois os métodos aplicados pelo historiador para transpor experiências históricas para a narrativa e a ciência sempre estão vinculados à experiência atual, na qual precisam comprovar sua eficácia, mesmo quando o fato investigado está no passado. Por isso, tentaremos investigar alguns métodos, destacando a estrutura temporal da experiência.

4. Registrar, continuar e reformular a história: condições metodológicas mínimas

Se transferirmos o foco das estruturas temporais da experiência histórica para os modos de sua narração, de sua representação na escrita e de sua elaboração metodológica, podemos – a despeito de qualquer teoria – estabelecer três tipos: o registro, a continuação e a reformulação da história. O registro é um ato originário; a continuação acumula os tempos; a reformulação corrige ambos, tendo em vista gerar retroativamente uma nova história. Assim, poderíamos relacionar os três tipos de historiografia, que estudaremos a seguir, com os três modos de aquisição de experiência como tipos ideais. Contudo, cabe antecipar que uma correlação tão simples não faria jus aos entrelaçamentos reais das três extensões temporais. Antes, é característico da unidade da história que os três modos de experiência, de duração curta, média ou longa, não obstante uma ponderação unilateral, influam em todos os tipos de historiografia. Os aspectos metodológicos comuns, mesmo mínimos, não podem abdicar do registro singular, da continuação acumulativa e da reformulação repetidamente evocada. É evidente que as relações se transformam ao longo do tempo e, com isso, também sua classificação metodológica. No entanto, queremos prestar atenção àquelas condições antropológicas duradouras que possibilitam os métodos históricos e caracterizam sua concordância formal.

O registro da história

Num primeiro passo, podemos definir o ato do registro como procedimento primário. Através da narração ou da redação constitui-se uma história, sempre sob influência das experiências imediatas dos historiadores. Daí procede também o predomínio da chamada historiografia contemporânea ou, para usar as palavras de Fritz Ernst, da crônica da atualidade, que conseguiu preservar uma prioridade epistemológica até o século XVIII.[11] Cada história pode reclamar para si uma novidade que

---

[11] Fritz Ernst, *Zeitgeschehen und Geschichtsschreibung*, in *Welt als Geschichte* 17 (1957), p. 137-189, e Reinhart Koselleck, *Das achtzehnte Jahrhundert als Beginn der Neuzeit*, in Reinhart Herzog e Reinhart Koselleck (orgs.), *Epochenschwelle und Epochenbewusstsein*, Munique, 1987, p. 269-282.

não exige uma explicação adicional para o processamento historiográfico do evento surpreendente, até então imprevisível. Portanto, não é de admirar que, desde Heródoto e Tucídides, sempre tenha sido realçada a singularidade dos eventos relatados e que esse *topos* tenha sido invocado reiteradamente com tanta convicção. O axioma historicista da singularidade pertence às experiências originárias que constituem todas as histórias consideradas memoráveis.

A inatingibilidade daquilo que foi vivenciado como algo singular funda a historiografia. São registradas a glória ou a desonra das pessoas, enredadas em suas histórias, suas conquistas e seus sofrimentos. O tema básico permanece a aquisição da experiência que vale ser lembrada. Aqui reside o lugar histórico dos métodos históricos, no sentido geral do termo. As experiências também podem ser transformadas em narrativas sem investigação prévia; essa, aliás, é a regra na vida cotididana. Só podemos falar de métodos quando perguntas específicas acionam procedimentos de investigação para a aquisição de conhecimentos que, sem eles, não poderiam ser adquiridos. Implícita ou explicitamente, duas perguntas têm sido formuladas desde a Antiguidade: o que aconteceu? Como isso veio a acontecer?[12] Só assim a experiência singular pode ser transformada em conhecimento e sobreviver. Para tanto, são necessários caminhos mínimos de investigação, que transcendem a mera notícia.

Heródoto e Tucídides abriram vias de pesquisa que, a despeito das novas experiências continuamente introduzidas na historiografia, têm preservado sua força e validade. Sobretudo, devemos mencionar o método que hoje é chamado de "*oral history*", sem o qual nenhum conteúdo de experiência e nenhum fato pode ser apurado. Podemos apresentar os depoimentos das testemunhas lado a lado, como Heródoto gostava de fazer, ou verificar sua credibilidade por comparação; podemos usar testemunhos escritos – como inscrições, já usadas por Heródoto e Tucídides – para realizar uma verificação cruzada; ou empregar questionários como os distribuídos por Robertson no século XVIII;[13] ou usar técnicas de pes-

---

[12] Cícero, *De oratore* II 15, 63.
[13] Veja Manfred Schlenke, *William Robertson als Geschichtsschreiber des Europäischen Staatensystems*, Diss. (Masch.) Marburg, 1953, graças à generosa indicação de Georg G. Iggers.

quisa oral que reúnem coortes de gerações específicas, cujas lembranças são confrontadas com diários ou cartas disponíveis. Em princípio, os métodos aplicados para transformar experiências em conhecimento são os mesmos. A averiguação dos fatos – "O que aconteceu?" –, que procura estabelecer a singularidade concreta, serve-se de métodos gerais adequados para determinar a singularidade de um acontecimento, tanto no caso de Tucídides, que só pretendia *narrar* como algo havia ocorrido,[14] quanto no caso de Ranke, que procurava *descobrir* como algo havia ocorrido.[15]

A estratificação metodológica leva da entrevista direta de testemunhas oculares e de testemunhas intermediárias, que ouviram falar do ocorrido, à verificação por meio de testemunhos escritos. Essa diversa profundidade temporal foi dissecada por Heródoto tão bem quanto por Beda ou pelos historiadores atuais. Adquirir conhecimento sobre fatos exige condições antropológicas que se constituem a partir de experiências pessoais e que, uma vez descobertas, não podem ser abandonadas. Isso caracteriza a metodologia.

Para reconhecer os fatos em sua singularidade, um passo adicional é necessário, a saber, a pergunta: por que algo aconteceu justamente assim e não de outra forma? Isso leva, em termos modernos, à elaboração de hipóteses, que não indagam somente sobre o que ocorreu, mas também por que ocorreu. Por trás de cada pergunta "Como aconteceu?" se esconde a pergunta "Como pôde acontecer?".

Heródoto perguntou qual teria sido o resultado da guerra contra os persas se os atenienses não tivessem participado dela, para então concluir que a participação deles foi decisiva. Em termos metodológicos, é o mesmo argumento usado por Montesquieu ao indagar por que uma única batalha pode decidir uma guerra. Para explicar, ele recorre às circunstân-

---

[14] Tucídides, II 48; cf. Luciano, Hist. Conscrib. 39 e 41.
[15] Leopold von Ranke, *Geschichten der romanischen und germanischen Völker von 1494 bis 1514*, Leipzig, 1872, p. vii. Aqui, também, a diferenciação clássica entre o "o quê" e o "como": "A representação rigorosa do fato, quão limitado ou desagradável seja, é, sem dúvida, lei suprema. Minha segunda preocupação foi o desenvolvimento da unidade e do decurso dos eventos." Konrad Repgen demonstrou que a máxima de Ranke representa uma tradução da expressão de Tucídides *"ego de hoion te egigneto lexo"*: *Über Rankes Diktum von 1824; "Bloss sagen, wie es eigentlich gewesen"*, in Historisches Jahrbuch 102 (1982), p. 439-449.

cias que permitiram isso.¹⁶ Como se vê, a pergunta sobre como se constituiu uma realidade vivenciada como singular leva à distinção entre motivos de longo prazo e motivos ocasionais. Toda a obra de Tucídides exibe essa abordagem dupla. Ele não só descreve as causas e os efeitos no plano das sequências de eventos que mantêm sua singularidade; sobretudo, confronta os acontecimentos singulares e supreendentes com suas precondições duradouras e de longo prazo – que ele identifica na patologia do poder humano –, as quais devem explicar por que aquilo ocorreu dessa forma, não de outra.

Heródoto também usa esse duplo enfoque, mas com outras justificativas. Nele, encontramos, por exemplo, um modelo de explicação análogo, quando relata do Egito que Helena não fora sequestrada e levada para Troia, mas sim para as margens do Nilo.¹⁷ "Se Helena tivesse sido levada para Ílion [Troia], ela teria sido devolvida aos gregos." Todos os motivos racionais falariam a favor disso. Por isso os troianos não puderam devolver Helena e evitar a guerra. Os gregos não acreditaram neles, pois queriam realizar a vingança. Assim, a guerra foi travada por um fantasma. O motivo verdadeiro, mais importante que qualquer outro, foi a cegueira dos homens, que os deuses costumam castigar.

Quando um historiador transforma experiências surpreendentes – assombrosas ou felizes – em conhecimento, seja de que forma for, vê-se forçado a aduzir razões duradouras, de prazo médio ou longo, para explicar experiências singulares. A análise do caso o força a elaborar hipóteses, as quais exigem explicações ao serem confrontadas com a realidade. Aparece assim, no jogo dos argumentos, a distinção temporal entre singularidade conjuntural e razões de longo prazo, distinção sem a qual nenhuma história pode ser conhecida. Ela subsiste em qualquer mudança de paradigmas.

A multiplicidade dos estratos temporais das modalidades de experiência encontra correspondência no processamento metodológico. A impre-

---

[16] Heródoto, Hist. VII 139; Montesquieu, *Considérations sur les causes de la grandeur des Romains et de leur décadence*, org. Henri Faguet, Paris, 1951, cap. XVIII, p. 475 [Ed. bras.: *Considerações sobre as causas da grandeza dos romanos e de sua decadência*. Rio de Janeiro: Contraponto, 2002].

[17] Heródoto, Hist. II 113-121.

visibilidade dos eventos singulares só pode ser representada se também sofrer influência das experiências acumuladas, de prazo médio ou longo, ou mesmo quase duradouras. Somente assim as perguntas sobre o que e como aconteceu podem ser respondidas. A distinção entre os eventos únicos e suas condições mais duradouras, formulada desde Heródoto e Tucídides, constitui uma constante antropológica de todo método.

Para explicar a singularidade das experiências originárias, uma antropologia formal da história exige que se introduzam, na cadeia dos acontecimentos, derivações causais, condições de longo prazo ou contextos duradouros. A multiplicidade de estratos temporais – o fato de que as experiências são únicas, mas, mesmo assim, se acumulam – sempre se traduz nos métodos que reconstroem os fatos e indagam como eles se tornaram possíveis. Trata-se da condição metodológica mínima, sem a qual as novidades e as surpresas das histórias não poderiam ser transpostas para o conhecimento. Por isso, Heródoto pôde extrair de todas as suas histórias uma justiça que lhes era imanente, enquanto Tucídides pôde interpretar a singularidade da Guerra do Peloponeso, que teria revelado a natureza humana, como *ktema es aiei*. Por isso, as histórias singulares podem, desde então, ser usadas como *exempla* para os casos seguintes.

O método sobrevive ao evento para o qual foi desenvolvido. Ele pode se tornar autônomo em relação às suas condições iniciais, pode ser formalizado e transmitido separado delas. As análises de casos singulares, que usam entrevistas com testemunhas e exegese de fontes, sempre recorrem a conhecimentos experienciais *a posteriori* para justificar ou entender o caso singular, ou até mesmo para extrair dele algum sentido.

Essa diretriz histórico-antropológica se cumpre de modos diferentes se a experiência que se realiza no decorrer da história for alterada. Isso se revela nitidamente quando perguntamos pelas justificativas últimas que sustentam a singularidade e o caráter surpreendente do evento. Então surgem instâncias que, sobrepostas ou separadas, ajudam a assegurar a repetibilidade das experiências. Quer sejam os deuses ou um *fatum* que os rege (Heródoto, Políbio), quer seja a ambição de poder inata ao homem (Tucídides, Maquiavel, Lord Acton), a Fortuna (Políbio, Tácito, Otto von Freising, Maquiavel, Voltaire) ou o Deus dos cristãos, que serve como fundamento a todas as justificativas duradouras acima mencionadas para remeter à eternidade a contínua reprodução da finitude do homem[18] (Agostinho, Beda, Otto von Freising), quer sejam forças, ideias ou princípios que atuam em longo prazo (Herder, Humboldt, Ranke), potências persistentes (Jacob Burckhardt), condições de produção, constantes jurídicas, determinantes econômicas ou institucionais ou movimentos conjunturais que atropelam o ser humano (Ferguson, Smith, Marx); quer sejam combinações modernas e elaborações teóricas de experiências acumuladas em longo prazo – a preocupação metodológica é sempre interpretar as experiências primárias singulares, surpreendentes e inovadoras, relacionando-as à sua possibilidade em longo prazo.

Malgrado o fato de as justificativas últimas terem sofrido transformações fundamentais, seja pelos helenos, romanos, cristãos ou, na modernidade, por pesquisadores que se veem como cientistas, a estrutura formal do processamento metodológico das experiências permanece a mesma. Ela se baseia na refração temporal de toda experiência primária, que – de forma mais ou menos consciente – é analisada para comparar o que é singular e o que é duradouro. Nisso residem os traços comuns mínimos de toda pesquisa histórica, que nos permitem falar também da unidade da história, independentemente de como as experiências concretas ocorreram ou se transformaram, de como foram reunidas ou refratadas em seu conteúdo.

A continuação da história

No decurso diacrônico da história, as aquisições de experiência se acumulam em termos puramente quantitativos. Isso não representa necessariamente um acréscimo de experiência. As pessoas esquecem e tendem a aceitar apenas as próprias vivências como única fonte de experiência. Para podermos falar em acréscimo de experiência, precisamos do método histórico, aquele que ordena sistematicamente o decurso diacrônico. A precondição mínima é uma ampliação do tempo, que, em retrospectiva, se torna passível de apreensão e objeto de reflexão.

O caso mais simples é, evidentemente, o ato de transcrever e inventariar narrativas históricas precedentes, para então acrescentar eventuais ocorrên-

---

[18] Veja a análise da historiografia medieval por Gert Melville, *Der Zugriff auf Geschichte in der Gelehrtenkultur des Mittelalters. Vorgaben und Leistungen* (Grundriss der romanischen Literaturen, como a anotação 8), p. 157-228.

cias novas. Os anais e, em parte, as crônicas seguem esse procedimento, apesar de ele sempre ter sido questionado com argumentos cada vez mais sistemáticos. De qualquer forma, da prática mais ou menos ingênua de copiar e inventariar podemos deduzir que o saber experiencial não se modificou no fundamental: permanece vinculado à repetição de casos singulares. Por isso, durante um milênio e meio fazia sentido tratar a narrativa histórica como matéria da retórica, conforme as regras habituais de uma representação e uma narração verossímil.[19] A subordinação da narrativa histórica à retórica pode ser vista até mesmo como um estabilizador das experiências processadas historiograficamente. Se representados de forma correta, os fatos deixam de ser problemáticos. Mesmo que as regras de representação devam ser consideradas como equivalentes aos métodos históricos de elaborar experiências, nossa atenção se concentra naqueles conhecimentos que resultaram ou até foram impostos pela fixação da história.

Independentemente de como se julgue o tom professoral de Políbio, é fato que, graças à expansão romana, ele deu um passo adiante ao buscar a unidade de histórias geograficamente distintas.[20] Ele trata esse avanço, explicitamente, como a aquisição de uma experiência específica de sua geração, mas sabe consolidá-lo metodologicamente. Espaços de ação disparatados são reunidos num contexto geral que foge ao alcance da experiência individual, e a narrativa histórica se organiza num nível superior. Desde então, a geografia já não é mais uma precondição dessa narrativa, mas um elemento integrante dela. A história pode aproveitar, aqui e ali, esse acréscimo de conhecimento desenvolvido metodologicamente. Lembro a transposição das histórias isoladas dos Estados europeus, de Spittler, para a história compreensiva do sistema estatal europeu e de seus impérios coloniais, por Heeren.

Desde então, a aquisição de conhecimento, feita por Políbio – que reuniu histórias aparentemente disparatadas, cada uma com suas próprias experiências primárias imediatas –, está disponível como método. Hoje, esse tipo de conhecimento integra os pressupostos implícitos de ínumeras

---

[19] Veja, como desafio, sem tratar ou responder à pergunta referente à veracidade metódica: Hayden White, *Auch Klio dichtet oder die Fiktion des Faktischen. Studien zur Typologie des historischen Diskurses*, Stuttgart, 1986 (Topics of discours. Essays in cultural criticism, Balitmore e Londres, 1982).

[20] Políbio, Hist. I 3-4; V 31; VIII 4.

histórias individuais, que, desde o século XVIII, só podem ser compreendidas de maneira adequada se forem integradas em contextos globais. Experiências primárias de curto ou médio prazo permanecem alojadas – muitas vezes, sem uma reflexão metodológica adequada – em condições alheias à geografia, como, por exemplo, a economia, sem a qual muitas delas seriam impensáveis. O princípio metodológico de fazer história apenas como "história universal", praticado por Políbio e Poseidônio,[21] desde então pode e deve ser aplicado, pois é crescente a pressão por experiências universais.

Como resultado da criação de contextos a partir da geografia, surgiu a necessidade de sincronização. O que Heródoto fez implicitamente, de maneira sutil,[22] ao coordenar as diversas sequências de dados das dinastias, com Políbio tornou-se um método consciente. A experiência acumulada em espaços históricos separados e interpretados de maneiras diferentes aumentou a exigência de desenvolver uma datação metodologicamente unificada – basta lembrar Dionísio, o Exíguo e Beda em suas fases posteriores –, até que Scaliger finalmente elaborou uma cronologia natural absoluta, com fundamentos astronômicos, para todas as culturas heterogêneas do globo. Aqui também podemos dizer que o conhecimento de culturas ordenadas por cronologias distintas só se transformou em conhecimento histórico quando a cronologia se estabeleceu e se diferenciou metodologicamente, como ciência auxiliar.

No entanto, precisamos mencionar outros conhecimentos estabelecidos com método e que pressupõem um mínimo de histórias já transcorridas, que então podem ser postas lado a lado ou em sucessão. Só assim podemos fazer comparações que permitem confrontar experiências próprias com experiências alheias.

A comparação mais comum, até hoje exercitada com surpreendente continuidade, é a constitucional. Apresentada por Heródoto como disputa sofística,[23] já aqui emergem argumentos que podem ser rastreados de Platão e Aristóteles a Políbio e que, desde então, aparecem em todas as

---

[21] Christian Meier, o artigo "Geschichte, Historie", in Otto Brunner, Werner Conze e Reinhart Koselleck (orgs.), *Geschichtliche Grundbegriffe. Historisches Lexikon zur politisch-sozialen Sprache*, v. 2, Stuttgart, 1975, p. 605.
[22] Hermann Strasburger, *Herodot als Geschichtsforscher*, Zurique e Munique, 1980, esp. p. 39ss.
[23] Heródoto, Hist. III 80-82.

narrativas históricas – as de Roscher,[24] por exemplo – que se aventuram em comparações. Encontramos, então, o caso clássico de repetibilidade de experiências humanas singulares e de procedimentos regulares.

Aqui, nossa determinação da diferença antropológica – a saber: a novidade surpreendente de todas as histórias concretas só pode ser transposta para o conhecimento se for referida a experiências de médio ou longo prazo – encontra sua aplicação na história universal até hoje. Intervalos mínimos, que podem ser identificados quando se percorre a história, possibilitam comparações que não estariam disponíveis de outra forma. Uma vez adquiridos – e aqui realmente se trata de um acréscimo de conhecimento –, os resultados são transferíveis. Cabe supor que todas as tipologias modernas – por exemplo, a teoria dos tipos ideais de Max Weber, tão frutífera em termos heurísticos – também podem ser reduzidas à mesma figura fundamental.

A continuação da história não liberou apenas a comparabilidade e, com ela, a repetibilidade estrutural de histórias semelhantes ou análogas: também as regras de sucessão puramente diacrônicas, que correspondem à experiência acumulada, precisam ser incluídas aqui. A máxima aristotélica de que pequenas causas podem ter grandes efeitos – introduzida na narrativa histórica por Políbio e por Tácito de forma mais argumentativa[25] – foi retomada com muita ênfase no século XVIII por Bayle, Voltaire e Frederico, o Grande[26] para explicar inúmeros eventos de médio prazo. A ironia se transformou em método.

Hesito em mencionar aqui a interpretação medieval da história, mas muitos argumentos sustentam a afirmação de que a interpretação múlti-

---

[24] Apenas como exemplo da analogia estrutural aqui elaborada, que remete constituições singulares a máximas experienciais de médio e longo prazo: Wilhelm Roscher, *Umrisse zur Naturlehre des Cäsarismus*, Leipzig, 1888, e idem, *Umrisse zur Naturlehre der Demokratie*, Leipzig, 1890. Por isso, Marx zombou dele, chamando-o de "Wilhelm Thukydides Roscher" (Karl Marx, *Das Kapital*, v. 1, Berlim, 1955, p. 225; v. 3, cap. 7, nota 30 – graças à generosa indicação de H. D. Kittsteiner).

[25] Aristóteles, Pol. V 1.303ª; Políbio, Hist. III 7; Tácito, Ann. 4, 32.

[26] Pierre Bayle, *Dictionnaire historique et politique*, v. 4, Amsterdã, 1730, p. 789: "Révolutions d'Etat, les plus grandes n'ont la plupart du temps pour principe qu'une bagatelle", v. 2, p. 321b. Cf. também Reinhart Koselleck, *Vergangene Zukunft*, Frankfurt am Main, 1979, p. 161ss [Ed. bras.: *Futuro passado: contribuição à semântica dos tempos históricos*. Rio de Janeiro: Contraponto/Editora da PUC-Rio, 2006].

pla das Escrituras permitiu ler os textos tanto em sua singularidade quanto em sua relação com contextos que transcendem o tempo. Em primeiro lugar, ela comprovava a durabilidade da Providência divina, que conferia sentido aos casos singulares. Assim, Condorcet pôde elaborar um procedimento análogo para reunir a pluralidade de progressos concretos singulares, porém heterogêneos, em um *tableau* de toda a história. O povo escolhido por Deus foi substituído por um povo hipotético como construção epistemológica:

> Aqui o *tableau* começa a se apoiar, em grande parte, na sequência de fatos que a história nos transmitiu. Mas é necessário escolhê-los em diferentes povos, aproximá-los, combiná-los, para extrair deles a história hipotética de um povo único e construir o *tableau* de seus progressos.[27]

Em ambos os casos, usa-se um procedimento que interpreta os sentidos múltiplos de uma fonte escrita para situar os casos singulares em contextos maiores. Tanto no caso do reconhecimento da providência divina como no da interpretação progressiva de conquistas singulares, a experiência é processada por métodos analógicos que projetam o caso singular nos contextos de longo prazo, evitando, porém, que a singularidade desapareça. Ao contrário: a história somente se constitui por meio dessa dupla leitura.

Todos os casos mencionados demonstram que, com o acúmulo empírico dos tempos, desenvolveram-se métodos para satisfazer as exigências do crescente entrelaçamento espacial e da sua concordância temporal. Assim, tendo em vista possíveis repetibilidades, as comparações, analogias e paralelos se transformaram, quase sincronicamente, tanto em instrumentos de pesquisa como em tentativas de descobrir regularidades diacrônicas de certas sequências ou de todo o decurso da história. Esses procedimentos permanecem intimamente vinculados a concepções prévias de natureza filosófica e teológica ou a ideias da filosofia da história. Muitos deles passaram no teste da transferência, da repetibilidade e, com isso, da confiabilidade. Representam um verdadeiro acréscimo no conhe-

---

[27] Condorcet, *Esquisse d'un tableau historique des progrès de l'esprit humain* (1793), org. Wilhelm Alff, Frankfurt am Main, 1963, p. 38.

cimento, que se dissiparia se não fosse acompanhado de um mínimo de método, graças ao qual adquire uma durabilidade potencial. Nunca se pode justificar suficientemente por que um conhecimento histórico aparece em dado momento. Mas, uma vez constituído, ele permanece disponível. As percepções de Tucídides podem ser completadas, mas não superadas; aos poucos, a comparação constitucional de Heródoto foi diferenciada e enriquecida, mas não completamente abandonada. Nesse sentido, talvez seja permitido falar em progresso do conhecimento, que não poderia ocorrer sem a repetida aplicação de conhecimentos já obtidos. O progresso no processamento metodológico de experiências históricas não consiste na chamada mudança de paradigmas, mas no fato de que tal mudança, que procura processar experiências novas, continua a depender da aplicação repetida de procedimentos já adquiridos.

No entanto, a história, com todo o acréscimo de conhecimento obtido pelo refinamento dos métodos, não é escrita, copiada e expandida apenas uma única vez; com igual frequência, a história é também reformulada e, na retrospectiva crítica, até mesmo reconstruída. Com isso, o ônus da prova aumenta muito, pois sem ele não é possível explicar por que a história foi completamente diferente da forma que até então vinha sendo relatada ou escrita.

A reformulação da história

A reformulação da história é tão singular quanto o primeiro registro da própria história. É sempre inovadora, pois está em uma oposição consciente com a história até então relatada ou escrita. Podemos deduzir que ela corresponde a uma mudança de experiência, equivalente a uma experiência nova. E, conforme as três extensões temporais com as quais classificamos a aquisição de experiência – de curto, médio e longo prazos, com as respectivas perdas de experiência –, podemos esperar que, também aqui, os procedimentos metodológicos possam ser relacionados aos três tipos de experiência. O levantamento dos fatos, como também sua fundamentação, precisa ser articulado de modo novo ou, pelo menos, diferente; se não for assim, temos apenas uma cópia ou continuação da tradição anterior.

No entanto, nenhuma reformulação da história é pensável ou possível sem que também ocorra cópia e continuação, sem que se recorra a acervos de experiência já registrados. Isso não vale apenas para os anais e as crônicas medievais, cujas fontes são editadas extensamente em pequenas tiragens; vale para toda a historiografia, até hoje. Nem tudo pode ser "revisto". Mas onde se faz uma revisão, novos métodos precisam ser aplicados, partindo ou não de uma reflexão rigorosa. Muitas vezes, eles se escondem por trás de novas expressões, das quais se podem deduzir implicações metodológicas inovadoras – como, por exemplo, na historiografia simbólica da Alta Idade Média. Outras vezes a cópia é recusada, pois o relato provém de livros e não se baseia em uma fonte primária, em participantes, em testemunhas oculares ou, pelo menos, em uma experiência com suficiente densidade para que o historiador possa fazer as perguntas pertinentes.[28] Desde a Antiguidade, o recurso a experiências primárias, verdadeiras ou supostas, faz parte das obrigações mínimas da narrativa histórica para separar a verdade e o equívoco. Mas, em termos puramente epistemológicos, ainda não se trata aqui de uma reformulação, pois, em última instância, a busca de experiências primárias transmitidas de forma autêntica ainda se atém a testemunhas oculares imediatas, que, adequadamente entrevistadas, permaneçam merecedoras de transcrição. Como vimos, nesse recurso metodológico, válido até hoje, reside o mínimo de continuidade. Desde os tempos de Heródoto, nenhum historiador pode abandoná-lo sem perder credibilidade.

A reformulação da história remete a uma mudança de experiência que, sem reflexão metodológica, ficaria perdida para o conhecimento. Tucídides diz que os três modos de experiência temporal são – ou, pelo menos, podem ser – afetados por isso. Heródoto relata inúmeras histórias individuais de um passado distante que permanece vinculado a um sentido religioso. Tucídides, por sua vez, realiza uma rigorosa mudança de perspectiva. Em sua arqueologia de longo prazo, ele levanta – como Heródoto, aparentemente – uma pluralidade de perguntas de natureza econômica, técnica, demográfica, política, arqueológica, semântica e cultural, mas apenas para estruturar – quase poderíamos dizer, de forma processual – toda a pré-história helênica até a guerra contra os persas. Em Tucídides, o passado distante não é concebido de forma aditiva, como em Heródoto, mas como unidade diacrônica, na qual interagem os mais di-

---

[28] Políbio, Hist. XII: Crítica a Timeu.

versos fatores. Nele, o "iluminismo" grego reduziu o sentido religioso, também transmitido pelo mito, a um elemento que só é eficaz por causa da crença dos participantes, em um cenário em que diversos elementos históricos interagem. Com isso, o passado distante, que em Heródoto ainda era fundamentado religiosamente, foi liberado para uma reconstrução argumentativa, hipotética, conforme a nova experiência de Tucídides. Sua arqueologia contém as precondições de longo prazo, recém-descobertas, que tornam possível uma história da atualidade.

Mas a alteração de método também é comprovada pelo acúmulo de experiências de médio prazo, que distingue Tucídides e Heródoto em termos geracionais. A *pentekontaetia** entre a guerra contra os persas e a Guerra do Peloponeso é interpretada a partir da oposição constitucional entre as *poleis*, das diferentes percepções dos cidadãos e do equilíbrio entre as políticas interna e externa das cidades-estado. Assim, lançando mão de uma teleologia imanente, Heródoto traz à luz o motivo da guerra: o acúmulo de poder imperial dos atenienses, que gerava um medo crescente nos espartanos.[29]

Finalmente, deve-se observar uma singular mudança de experiência em Tucídides. Falaremos depois sobre seu fracasso como general. Strasburger atribui um valor especial à abordagem pessoal específica de Tucídides, que pouco a pouco revelou o aspecto político, e apenas o político, de sua geração, retirando as camadas impregnadas de tradição.[30] Tucídides introduz o efeito de desencantamento e o utiliza como arma argumentativa contra todos os conceitos tradicionais de moral e de direito para desvelar uma verdade histórica válida para todos os eventos históricos.

Temos aqui aquele realismo que permanece vinculado ao seu nome até hoje, reafirmado pelas traduções de Valla e de Hobbes desde o início da modernidade. Um exemplo: a reinterpretação do tiranicídio – os assassinos haviam sido transformados em heróis de um culto legitimado

---

* Período de cinquenta anos. [N.T.]

[29] Cf. Christian Meier, *Die Entstehung des Politischen bei den Griechen*, Frankfurt am Main, 1980, esp. parte C: "Das Politische und die Zeit". Mais recentemente, idem, *Die Entdeckung der Ereignisgeschichte bei Herodot*, in Storia della Storiografia. Rivista Internationale 10 (1986), p. 5-23.

[30] Hermann Strasburger, *Die Entdeckung der politischen Geschichte durch Thukydides*, in Hans Herter (org.), *Thukydides*, Darmstadt, 1968, p. 412-476.

democraticamente – mostra o procedimento de desmascaramento que Tucídides consolida metodologicamente como sua contribuição mais específica. Heródoto havia narrado a expulsão dos tiranos de forma multifacetada, relatando sonhos, oráculos, formas de culto, extorsões, subornos e, sobretudo, o papel das principais famílias nobres e das cidades vizinhas, mas sem enfatizar o papel dos dois assassinos de Hiparco. Tucídides deu o passo decisivo e foi além, despindo o assassinato de sua função heroica, relatada publicamente, que Heródoto não havia questionado. Tucídides despolitiza o assassinato, reduzindo-o a motivos de ciúme homossexual. Para usar termos modernos, a política se realiza entre dois extremos: precondições naturais e cegueiras ideológicas. Quem adentra a política precisa saber desmascarar. Heródoto nunca se arriscara ao ponto de usar o "iluminismo" contra as experiências antigas.[31] Tucídides revida que nem todo testemunho merece ser levado em conta com o mesmo peso. Ele hierarquiza suas fontes para extrair da história uma conflituosidade que pode ser demonstrada de forma imanente, que é equivalente em sua natureza às vezes trágica e que sempre se oculta de novo. Independentemente de como lemos Tucídides hoje,[32] ele continua a ser o exemplo clássico de uma reformulação metodologicamente refletida de notícias históricas anteriores, que não conseguiam mais resistir às experiências dele. Mesmo que sua recepção tenha oscilado e ocorrido de forma seletiva, o método do desmascaramento e do desencantamento, que ele fundou e desenvolveu sistematicamente, passou a orientar toda reformulação histórica.

Tanto em retrospectiva, na análise estrutural diacrônica de sua arqueologia, quanto no processamento especificamente geracional, típico da *pentekontaetia*, das novas experiências políticas dos diversos sujeitos e de suas características linguísticas, como finalmente também no próprio processamento de experiências pessoais da Guerra do Peloponeso, Tucídides reformulou a história. Quando a reescreveu, o fez de forma até então inédita.

---

[31] Heródoto, Hist. V 55-56; VI 109, 123ss; Tucídides, I 20, VI 54, 59.
[32] Hans Jürgen Diesner retraça criticamente as linhas partidárias vinculadas ao tempo de simpatia e antipatia na interpretação do tiranicídio de Tucídides: *Peisistratidenexkurs und Peisistratidenbild*, in Hans Herter (org.), *Thukydides* (anotação 30), p. 531-545.

Podemos nos arriscar a dizer que até mesmo os levantamentos dos fatos, que ele realizou ao entrevistar testemunhas e controlar as fontes escritas, tentavam reformular tudo que até então fora dito ou escrito. Fez isso com consciência metodológica. Por isso – e não só por transpor experiências adquiridas para conhecimento histórico duradouro –, sua obra continua sendo um *ktema es aiei* também do ponto de vista metodológico. Isso nos leva a outra condição antropológica, que permite processar metodologicamente a mudança de experiência de curto e de médio prazos e alterar a perspectiva de longo prazo.

Tucídides nos ensinou por que a história pode ser reescrita. Demonstrou que a determinação de um fato não é idêntica àquilo que se diz e se transmite sobre ele. Além disso, mostrou que a pergunta "Por que algo ocorreu desta e não daquela forma?" só pode ser respondida dialogicamente, com um mergulho na perspectiva dos envolvidos. Em outras palavras: ele foi o primeiro a reconhecer a recorrente contradição entre a história factual e suas interpretação e assimilação linguísticas; reconheceu que essa diferença é constitutiva da experiência histórica. Ter transmitido isso foi seu grande feito metodológico. Certamente, essa abordagem – até hoje insuperável – se deve a um processamento específico da experiência da política grega no século V, que mostrou a influência recíproca e o confronto entre religião e iluminismo sofístico, entre a grande potência persa e as cidades-estado, entre as liberdades dos cidadãos e a pluralidade constitucional, entre estabelecimentos coloniais e alianças, entre poder econômico e moral, entre direito e proveito.[33] Tucídides obteve disso um benefício metodológico que consistia em determinar permanentemente a diferença entre agir e falar, entre *logoi* e *erga*.[34]

Em termos metodológicos, a estabilidade antropológica de todas as premissas históricas, que Tucídides procurou comprovar, reside na tensão reflexiva que rege a fala e a ação, o discurso e a opinião, a linguagem e a realidade, e que assim, somente assim, constitui a história. Tucídides "reformulou" a *História da Guerra do Peloponeso* no mesmo momento em

---

[33] Meier, *Entstehung des Politischen* (anotação 29).
[34] Cf. o estudo revelador de James Boyd White, *When Words Lose Their Meaning. Constitutions and Reconstitutions of Language, Character and Community*. Chicago e Londres, 1984, esp. cap. 2, "The dissolution of meaning. Thucydides' History of the world".

que redigiu as condições de longo prazo, as estruturas de médio prazo e as experiências singulares de curto prazo. Ele articulou a "experiência antropológica primordial": existe um hiato entre todos os eventos que caracterizam uma história e aquilo que deles se relata, quando essa história é construída. Tucídides, de certa forma, transformou esse hiato no tema de sua *Guerra do Peloponeso*, confrontando as falas monológicas e dialógicas com os eventos cronológicos, sem, porém, deduzir completamente uns dos outros. Graças a esse método, nos entregou uma explicação antropológica duradoura para a pergunta sobre por que a história pode ser reescrita. O que libera seu texto para outras interpretações não é apenas o fato de ele ter tomado partido aqui e ali, por exemplo, da Atenas de Péricles. Seu feito inovador consistiu, sobretudo, em haver estabelecido a diferença entre as sequências de eventos e o discurso – de antes, de durante e de depois – como precondição de toda história. Com isso, destacou implicitamente uma condição necessária à reformulação de toda história, uma precondição para qualquer processamento de experiências históricas.

Se retraçarmos a história dos métodos usados ao longo do tempo até o método histórico-filológico, podemos interpretá-los como desdobramentos das premissas antropológicas usadas por Tucídides. Ele levou ao abandono – que se torna definitivo a partir do século XVIII – dos chamados discursos inventados: nem mesmo a fonte escrita mais bem editada e comentada é idêntica à história que o historiador busca conhecer. Nenhum método filológico pode superar a diferença estabelecida por Tucídides entre linguagem e história, tematizada *expressis verbis* em seus discursos. Pois ele visa à crítica textual, à reconstituição do texto, à explicação e à interpretação, mas sem definir critérios – algo enfatizado explicitamente por Niebuhr[35] – sobre como se constitui a história que decorre daí.

---

[35] Barthold Georg Niebuhr, Römische Geschichte, v. 1, Berlim, 1811, prefácio: "A história dos primeiros quatro séculos de Roma é reconhecidamente incerta e adulterada. Seria uma grande tolice repreender Lívio por isso. [...] A qualidade de sua narrativa é sua justificativa. [...] Nós, porém, temos outro conceito de história [...] precisamos [...] empreender um trabalho completamente diverso da narrativa necessariamente malograda daquilo que o historiador romano elevou à crença da história. Precisamos nos empenhar para separar poesia e adulteração e esforçar nossa visão para reconhecer os traços da verdade, libertados daquelas falsas aparências. Que os

A continuidade mínima a ser conservada pelo historiador, na medida em que recorre a testemunhos orais imediatos das ações ou dos eventos (ou de sua representação), nunca é suficiente para garantir a verdade da história que eles testemunham. Graças à plasticidade linguística, ela sempre pode ser interpretada de outra maneira e reformulada. Tucídides mostrou onde as palavras perdem eficácia, como seu sentido é invertido durante as guerras civis, como argumentos podem transformar as situações sem que sejam adequados a elas.[36] Políbio questionou por que os verdadeiros motivos de um evento não são idênticos aos motivos ou pretextos que os homens usam para provocá-los.[37] Tácito tentou mostrar, com método, que a realidade é constituída pela percepção dos envolvidos, estando contida tanto nos boatos e temores, nas diposições dos agentes e dos atingidos, quanto nos eventos assim relatados. Com sua confiança em Deus, o iluminismo cristão pôde ler os textos pagãos – mitos, fábulas e narrativas históricas – como enganos e autoenganos, de forma ainda mais sarcástica do que a praticada pelos próprios críticos pagãos. A diferença entre linguagem e realidade permanece inesgotável quando se processam experiências novas. Por isso, Bodin pôde instruir o leitor de documentos históricos a ler os textos levando em conta o ponto de vista dos interesses recém-descobertos e de condições sociais que se escondem por trás das declarações dos autores.[38] Por isso, Niebuhr foi capaz de interrogar as fontes em relação àquilo que, contra a intenção narrativa de seus autores, elas revelavam do ponto de vista linguístico ou político.

---

críticos se contentem com isso, com a separação da fábula, com a destruição da enganação: só deseja desvelar uma história enganosa e se contenta com a estipulação de algumas suposições, enquanto a maior parte do todo permanece em ruínas.

O historiador, no entanto, necessita do positivo: precisa descobrir pelo menos um contexto provável e uma narrativa mais crível no lugar daquela, à qual sacrifica a sua convicção."

[36] Tucídides, III 82.
[37] Políbio, Hist. III 6.
[38] Julian H. Franklin, *Jean Bodin and the 16th Century Revolution in the Methodology of Law and History*, Nova York e Londres, 1966, esp. p. 137ss; Erich Hassinger, *Empirisch-rationaler Historismus. Seine Ausbildung in der Literatur Westeuropas von Guicciardini bis Saint-Evremond*, Berna e Munique, 1978; Fritz Wagner, *Die Anfänge der modernen Geschichtswissenschaft im 17. Jahrhundert* (Bayerische Akademie der Wissenschaften, Phil.-hist. Kl. [1979], 2).

Enfim, toda crítica moderna à ideologia, invocada para reformular também a nossa história, já está contida no pressuposto antropológico de que língua e história, fala e ação não coincidem. Todo texto diz, ao mesmo tempo, mais e menos e, em todo caso, também algo diferente daquilo que realmente possa ter sido o caso. Nessa diferença reside a multiplicidade das explicações possíveis. Por isso, Tucídides foi capaz de demonstrar – em oposição a Heródoto – que escrever história é reescrevê-la.

No entanto, seria absurdo atribuir a Tucídides todos os desenvolvimentos posteriores da crítica de fontes, pois a estrutura dialógica com a qual ele processou as experiências deixou de ter papel predominante desde que o uso de discursos foi transformado em tabu pela moderna reivindicação de objetividade – algo que não devemos ver como um progresso do conhecimento.[39] Tucídides não foi um relativista cético. Buscava descobrir nas refrações da linguagem um traço comum do homem, ser que age e se emaranha em aporias insolúveis. Mas o que nos interessa não é o caso singular de um historiador, e sim a possibilidade antropológica de reinterpretar toda a história. Ao manter a diferença entre discurso e ação como eixo metodológico de sua obra, Tucídides nos apresentou um pressuposto meta-histórico.

No que se refere ao procedimento em relação às fontes, três possibilidades podem provocar uma reformulação. Primeiro: podem surgir novos testemunhos, que lançam nova luz sobre a tradição recebida. Com isso, até o historiador que se limita a contar a história se vê diante da necessidade de escolher, fato que, *nolens volens*, o obriga a uma reformulação. De certa forma, a experiência do próprio historiador em sua disciplina exige uma crítica das fontes. A partir do humanismo, essa crítica tornou-se cada vez mais refinada e sistematizada.

---

[39] Ranke, aluno erudito de Tucídides, ainda soube, pela introdução de discursos e cartas originais, criar a tensão que se dá sempre de novo entre a interpretação linguística *in actu* e a própria ação e só assim gera uma história. Cf., por exemplo, o cap. 4 no segundo livro de sua *Preußische Geschichte* (Leopold von Ranke, *Werke*. Gesamtausgabe der Deutschen Akademie: *Zwölf Bücher Preußischer Geschichte*, v. 3, org. Paul Joachimsen e Georg Küntzel, Munique, 1930, p. 165-185), no qual Ranke combina com mestria todas as dimensões de experiência por nós mencionadas de longo e de médio prazos e de natureza situacional, tematizando simultaneamente a interação entre a autointerpretação linguística dos envolvidos e os eventos incongruentes com esta.

Segundo: novas perguntas podem ajudar a identificar e encontrar novos testemunhos. Nesse caso, toda a tradição até então registrada e reiterada é vista sob nova perspectiva. O abandono das fontes puramente narrativas e a focalização nas certidões, atas e inscrições, que desde o humanismo vinham sendo processadas em número crescente pelas ciências antigas e pela história do direito,[40] propiciaram um enriquecimento metodológico do qual não podemos mais abdicar. É uma conquista que acrescenta os tão invocados critérios de autenticidade. Aqui residem aqueles progressos que sobrevivem também aos motivos liberais e políticos da escola histórica alemã, que ajudara a abrir novos caminhos científicos.

Terceiro: os testemunhos disponíveis podem ser lidos e interpretados de maneira nova, seja para redescobrir o suposto sentido original, seja para deles excluir afirmações que seus autores não podem ter feito. Basta lembrar os desvelamentos das chamadas falsificações, que, desde Valla, são uma preocupação constante dos historiadores para descobrir intenções ocultas;[41] ou as contradições na Escritura Sagrada, expostas por Richard Simon para deduzir daí a inevitabilidade da tradição e a autoridade eclesiástica, o que não evitou que fosse condenado como herege pela Igreja Católica e também pelos calvinistas, entre os quais procurou refúgio, em vão. As contradições do texto – como, por exemplo, os dois relatos sobre a criação do primeiro homem – permaneceram um *skandalon*, que só pôde ser resolvido por explicações extratextuais ou por uma aquisição de experiência posterior. Todas as experiências modernas que destacam como a economia condiciona mudanças sociais e políticas só podem ser verificadas no passado distante se a leitura das fontes é feita na direção contrária à intenção original.

Na prática atual, esses três métodos de utilização de testemunhos escritos são combinados e aplicados simultaneamente. Em termos diacrô-

---

[40] Notker Hammerstein, *Jus und Historie*, Göttingen, 1972.

[41] Cf. as ressalvas político-teológicas, ainda não fundamentadas metodicamente, contra a Doação de Constantino, in Otto von Freising, *Chronica sive Historia de duabus civitatibus*, org. Walter Lammers, v. 4, 3, Darmstadt, 1960, p. 306, e Horst Fuhrmann, *Konstantinische Schenkung und Sylvesterlegende in neuer Sicht*, in Deutsches Archiv für Erforschung des Mittelalters 15 (1959), p. 523-540, como testemunho brilhante para uma argumentação filológica e textualmente fundamentada para desvelar a falsificação.

nicos, porém, podemos supor que temos aqui um progresso cumulativo de conhecimento. A expansão do registro de fontes, efetuada por Ranke, e a intensificação de sua exegese produziram conhecimentos que não foram refutados, mas sim ampliados pela nova interpretação que Marx fez de outras fontes estatísticas e econômicas. Ele recompôs metodologicamente experiências diferentes das de Ranke. Assim, conhecemos mais e, em termos metodológicos, melhor o nosso passado do que as gerações anteriores.

Por outro lado, não podemos negar que os progressos do conhecimento, uma vez realizados, também acarretam perdas. Um exemplo grave é a já mencionada renúncia à história da experiência, quando formulada através da linguagem e da perspectiva refratada, que Tucídides nos legou. Hoje, essa forma talvez reapareça nos romances, nas obras de William Faulkner ou de Christa Wolf, por exemplo, ou na *Descrição da batalha* [*Schlachtbeschreibung*], de Alexander Kluge, que podem ser lidos como textos históricos. Talvez a história das mentalidades caminhe no sentido de alcançar uma aquisição de experiência que, em termos puramente metodológicos, já fora alcançada por Tucídides e Tácito. Pois as mentalidades, mesmo quando abarcam modos de comportamento, só podem ser descobertas por meio de experiências – do mundo e do ambiente – possibilitadas especificamente pela linguagem.

Os conteúdos desses conhecimentos permitem supor que os três modos de usar testemunhos escritos correspondem a três mudanças específicas de experiência, provocadas pela descoberta de novas fontes ou por novas leituras de fontes antigas. Quando a experiência se eleva a conceito, todo o passado é reescrito, ou pode ser reescrito, para esclarecer as condições de surgimento das novas experiências. Por isso, à mudança de perspectiva com Tucídides podem-se acrescentar mudanças análogas ao longo da história.

Com o texto bíblico transformado em dogma, foi possível sincronizar também todas as histórias pagãs (mesmo as considerando "falsas") e compreendê-las como uma unidade; a necessidade de homogeneizá-las teologicamente se estendia para além daquilo que os autores pagãos poderiam ter imaginado. Tornou-se possível reinterpretar o declínio do Império Romano sem renunciar à continuidade da sucessão geracional, pois esta remontava à história singular da criação e ao pecado original, que davam sentido à unidade da espécie humana. Os textos da revelação permitiam uma experiência cristã suprapolítica, que também influenciaria as teorias posteriores sobre a história mundial, como, por exemplo, em Voltaire e seus herdeiros.

Outra alteração de experiência provocou no sistema das cidades-estado italianas e nas grandes potências europeias a redescoberta de um mundo genuinamente político. Esse mundo inspirou Maquiavel a desenvolver seus paralelismos, os grandes e os pequenos, que permitiram compreender a história antiga e moderna a partir de suas precondições sociais e das possibilidades de conduta política semelhante.

Encontramos outra mudança de experiência no esfacelamento da Igreja, que pode ser relacionado com leituras diferentes da Bíblia. Produziram-se interpretações bíblicas que se refutavam reciprocamente, o que fez com que todos os textos pudessem ser lidos como fontes singulares de revelação histórica, mesmo que apenas para relativizar os textos dogmáticos da Igreja. Das heranças da teologia e da história do direito, cada vez mais controversas, nasceu a hermenêutica moderna, que finalmente ajudou a institucionalizar os métodos filológicos. Desapareceram as restrições a novas interpretações retroativas da história mundial. Até a contribuição específica dos nossos métodos hermenêuticos, que mergulham no exotismo e na alteridade do passado para poder compreendê-los, depende da transposição desse passado para a nossa própria linguagem. Portanto, também aqui vale a condição antropológica, segundo a qual toda reformulação da tradição precisa ser integrada à própria experiência, mesmo que ela seja interpretada hermeneuticamente.

Outra alteração de experiência remete à emancipação dos interesses particulares. Num primeiro momento, esse passo instaurou a autonomia dos Estados em relação aos mandamentos religiosos; depois, justificou a autonomia dos cidadãos diante dos vínculos estamentais, para finalmente fornecer uma legitimação duradoura às expansões colonial, industrial e imperial. Todas as explicações funcionais que reduzem a mudança de experiência da modernidade à defesa de interesses e ao aumento das demandas econômicas permitem uma reinterpretação retroativa para – de modo análogo à arqueologia de Tucídides – esclarecer as condições da experiência própria da modernidade.

Sejam quais forem os métodos usados, mesmo que sejam métodos estatísticos, a preocupação continua a mesma: descobrir alterações ou pressupostos duradouros que permitam compreender a singularidade das nossas próprias surpresas. As séries estatísticas do século XVIII eram, ao mesmo tempo, evidências da Providência divina e ferramentas de planejamento do poder de Estado.[42] Ambos os aspectos – tanto as condições diacrônicas, que escapam à experiência própria espontânea, como a tentativa de, partindo de um diagnóstico, influenciar ativamente os eventos – caracterizam ainda hoje os métodos estatísticos.

Tais procedimentos podem ser aplicados retroativamente a todo o passado, algo que nenhum historiador teria imaginado antes do século XVII, talvez com exceção de Tucídides. Nos casos em que não existem estatísticas, as fontes disponíveis são processadas estatisticamente para se reescrever o passado de modo análogo à experiência. Há resultados empíricos comprováveis. Basta lembrar as análises prosopográficas ou demográficas que permitem obter conhecimentos sobre classes sociais, regiões, confissões, história da medicina ou qualquer outro aspecto; ou as reconstituições familiares, que já não estão mais limitadas à nobreza, mas chegam às classes inferiores; ou as análises de frequência de palavras, que revelam mudanças linguísticas de longo prazo que transcendem os textos individuais examinados pela hermenêutica.

Se tentarmos deduzir um resultado das reformulações retroativas, há, como mencionamos, duas respostas unilaterais: toda a história do presente e do passado poderia ser reduzida às experiências primárias de cada geração. Nesse caso, a história nada mais seria do que a história reescrita em cada momento, confirmada pelas experiências próprias. Essa resposta não seria errada, mas insuficiente. O resultado seria um relativismo consequente que reivindica o caráter absoluto da interpretação, que, por experiência, inevitavelmente será ultrapassada.

A outra resposta transferiria o ônus da prova para a história imanente dos métodos. Sem dúvida, métodos, uma vez formulados, podem ser examinados racionalmente, aplicados repetidamente e corrigidos. Assim,

---

[42] Horst Dreitzel, *J. P. Süßmilchs Beitrag zur politischen Diskussion der deutschen Aufklärung*, in Herwig Birg (org.), *Ursprünge der Demographie in Deutschland*, Frankfurt am Main e Nova York, 1986, p. 29-141.

graças a inovações e diferenciações metodológicas, pode ocorrer um progresso no conhecimento acumulado. As alternativas entre o certo e o errado precisam ser respondidas com maior nitidez e precisão. Essa resposta também não estaria errada, mas também seria insuficiente.

Este ensaio pretende destacar uma articulação antropológica na qual não coincidem a história dos métodos e a história da experiência. Em termos formais, os modos de experiência humanos precedem, em suas três estratificações temporais, todas as aquisições concretas de experiência. Só assim as experiências podem ser feitas, acumuladas e transformadas. Na medida em que refletimos conscientemente sobre isso, podemos chegar a métodos que possibilitem uma compreensão racional desses processos. A pretensão de todos os métodos à formalização provavelmente corresponde aos modos formalizáveis de adquirir experiência.

O decurso da história depende do fato de que as experiências feitas podem ser repetidas, pelo menos potencialmente, não só por uma reelaboração metodológica, mas porque os modos de experiência se repetem estruturalmente – se não fosse assim, a história seria incompreensível. O que realmente muda é muito menos do que sugerem as surpresas subjetivas singulares das pessoas envolvidas. Os métodos permitem compreender as experiências realizadas, e a alteração de métodos permite elaborar e transferir as experiências novas.

Em termos antropológicos, existem, pois, estruturas duradouras e de longo prazo que contêm as condições de possibilidade das histórias individuais. Essas condições – as razões pelas quais algo ocorreu dessa e não de outra forma – precisam ser definidas teórica e meta-historicamente, e só então manuseadas metodologicamente, mas elas pertencem à história real tanto quanto as surpresas singulares que geram as histórias concretas. A história decorre sempre em diferentes ritmos temporais, que se repetem ou se modificam lentamente; por isso, as experiências humanas são preservadas, mudadas ou refratadas em tempos escalonados. É compreensível que a narrativa histórica tenha privilegiado a singularidade diacrônica dos eventos, pois cada ser humano faz suas próprias experiências. Por que, então, todo acontecimento não deveria ser tão singular quanto a experiência individual? Temos aqui um erro igualmente unilateral. Cada história singular abriga estruturas que a possibilitam, que se desenvolvem em espaços limitados e que se transformam em velocidades diferentes da velocidade dos próprios eventos. Se voltarmos o nosso foco para essa pluralidade de estratos temporais, então toda a história também se revela como o espaço da repetibilidade possível. Ela nunca é apenas diacrônica; de acordo com a percepção e a experiência temporal, é igualmente sincrônica. Essa é uma das lições de Tucídides, que devemos incorporar em nossos diferentes métodos. Para finalizar, quero apresentar uma tentativa nesse sentido. Muitas alterações de experiência, acima discutidas, que forçaram reformulações na história precedente foram percebidas e elaboradas pelos derrotados. Isso permite supor que aqui há uma constante antropológica cujo critério formal consiste em sua repetição sincrônica.

5. A história dos vencedores: uma narrativa histórica dos derrotados

Em curto prazo, a história é feita pelos vencedores, que talvez consigam sustentá-la também em médio prazo. Mas ninguém a domina em longo prazo; eis um axioma da experiência que sempre se confirmou. Nossa última série de exemplos, que se referia às reinterpretações do passado longínquo, o demonstra. A mudança estrutural da arqueologia de Tucídides, a Providência divina, os modos de conduta maquiavélicos, o condicionamento socioeconômico dos interesses, as constantes e as tendências: o ser humano ativo pode até reagir a essas condições de longo prazo, mas elas sempre fogem ao seu controle. Os vencedores não têm interesse em tratar delas. Sua narrativa histórica é elaborada para curto prazo, concentrando-se naquelas sequências de eventos que, graças à sua ação, lhes propiciaram a vitória. Nos casos em que eles recorrem a tendências de longo prazo – à Providência divina, a um caminho inevitável que, por exemplo, leva ao estado nacional, ao socialismo ou à liberdade –, a visão do passado é facilmente deformada. Basta lembrar a história da civilização, de Guizot,[43] ou a história da Prússia, de Droysen,[44] que dificilmente resistem à crítica ideológica textual. O historiador dos vencedores tende

---

[43] François Guizot, *Histoire générale de la civilisation en Europe* (1827), Paris, 1842.
[44] Gustav Droysen, *Geschichte der Preußischen Politik*, 5 partes em 14 volumes, Leipzig, 1855-1886.

a interpretar como duradouros os sucessos de curto prazo, lançando mão de uma teleologia *ex post* de longo prazo.

Os derrotados não. Sua experiência primária é a de que as coisas não aconteceram como foram planejadas e esperadas. Ao refletir sobre isso, eles se veem diante da necessidade de explicar por que algo ocorreu de modo diferente do que havia sido pensado. Isso pode desencadear uma busca por razões de médio e de longo prazos, que enquadrem o acaso da surpresa singular e que, talvez, o expliquem. Conhecimentos duradouros, dotados de maior poder explicativo, nascem justamente dessas experiências singulares e impostas. A história – de curto prazo – pode ser escrita pelos vencedores, mas as aquisições de conhecimento histórico provêm – em longo prazo – dos derrotados.[45]

È claro que tal hipótese não permite concluir, *a contrario sensu*, que toda história escrita pelos derrotados seja, por isso, mais produtiva. Após 1918, os alemães fixaram a atenção no artigo 231 do Tratado de Versalhes, que estabelecia sua culpa pela guerra, para então desencadear uma discussão moralizadora sobre sua inocência. Isso os impediu de investigar as razões mais profundas e duradouras da derrota. Hippolyte Taine, por sua vez, fez uma análise autocrítica muito mais amadurecida das precondições da derrota francesa de 1871, justamente por causa de sua temática de longo prazo e de caráter psicológico-antropológico: tratava-se de buscar *Les Origines de la France contemporaine* no Iluminismo e na Revolução: "Escrevi como se meu tema fosse as revoluções de Florença ou de Atenas."[46] O caráter anti-historicista de sua comparação potencial com outras revoluções remete à nossa hipótese. A experiência de ser derrotado contém oportunidades de conhecimento que ultrapassam os seus motivos, especialmente quando o derrotado se vê obrigado a reescrever toda a história por causa da sua própria história. Assim se explicam inúmeras

---

[45] A meu ver, os judeus e os gregos foram os únicos que, ao contrário de todas as representações oficiais dos sucessos obtidos, conseguiram incorporar também as derrotas, a fim de delas extrair conhecimento. Talvez isso ajude a explicar a antecedência com que a narrativa histórica europeia aprendeu a processar metodicamente a sua história, precisando ser mencionada também a narrativa histórica islâmica de, por exemplo, Ibn Chaldun, que pode ser deduzida da mesma herança.

[46] Hippolyte Taine, *Les Origines de la France contemporaine. La Révolution*, v. 1: *L'anarchie*, Paris, 1893, p. iii.

interpretações históricas novas e inovações metodológicas baseadas em derrotas pessoais e em alterações nas experiências de uma geração.

A primeira experiência política de Heródoto foi o banimento da sua família pelo tirano Ligdamis de Halicarnasso. Também a expansão do império marítimo ático foi, no início, uma experiência imposta; talvez para poder interpretá-la, ele se deslocou para Atenas, de onde então se transferiu para a colônia ática de Túrio. Heródoto não pode ser considerado um derrotado, mas Christian Meier demonstrou[47] que ele estava ao lado daqueles que se viam questionados durante a rápida alteração de experiências do século V. Cidades antes grandes agora eram pequenas; cidades antes pequenas agora haviam crescido. "A ventura não perdura" – esse axioma que antecede todas as suas narrativas históricas também pode ser lido como uma resposta duradoura que ele havia extraído das histórias individuais.[48]

O general Tucídides afastou a cidade de Anfípolis de sua aliada Atenas porque se atrasou algumas horas, tendo sido, por isso, banido por vinte anos. "Conheci os dois lados", acrescenta laconicamente.[49] Após a surpresa por os fatos não terem saído como pretendia, ele foi forçado a assumir uma perspectiva que lhe permitiu reconstruir toda a guerra à distância, observando o ponto de vista das duas partes. Tucídides aproveitou ao máximo aquela mínima imposição de objetividade que ensina a compreender uma história a partir da experiência de todos os envolvidos. Mantido à distância, ele conseguiu reconhecer que cada história contém mais do que os envolvidos conseguem reconhecer individualmente, pois ela é governada por forças de efeito mais duradouro. Era a distância reflexiva do derrotado e do banido. Como ateniense, estava do lado dos perdedores, mas, pela maneira como elaborou aquela experiência, ele ainda pode ser lido como se fosse um contemporâneo nosso. Existem histórias que resistem a qualquer crítica ideológica, estão metodologicamente blindadas, pois transformaram experiências primárias em algo inconfundível e insubstituível.

Políbio, levado a Roma como refém, precisou primeiro passar pela alienação absoluta, como derrotado, antes de aprender a se identificar

---

[47] Meier, *Entstehung des Politischen* (anotação 29), p. 434.
[48] Heródoto, Hist. I 5.
[49] Tucídides, V 26; IV 102-108.

com o vencedor a ponto de poder descrever a ascensão deste à condição de potência mundial, usando uma perspectiva simultaneamente interna e externa – algo que os próprios romanos vitoriosos nunca teriam conseguido fazer.[50]

Do ponto de vista empírico, muitas razões de natureza psicológica, social ou religiosa levam um historiador, como exigia Luciano, a exercer sua história *apolis*,[51] para articular proximidade e distância tanto do ponto de vista espacial como temporal. Mas ser derrotado é uma experiência histórica específica que não se aprende nem se transmite. É uma experiência genuína, que, como nos casos mencionados, possibilitou um método que conferiu duração à experiência adquirida.

O mesmo vale também para os historiadores romanos. Salústio, discípulo espiritual de Tucídides, no momento em que não mais conseguiu agir como político nos conflitos insolúveis do século das guerras civis, retirou-se para investigar, como historiador, as razões da decadência. Em Tácito, encontramos a experiência originária de uma situação de guerra civil, aberta ou dissimulada. Como adolescente que testemunhou o ano dos quatro imperadores (68-69) e como senador que se envolveu no sistema de terror de Domiciano, Tácito remete aos limites das possibilidades humanas, que, mesmo assim, sempre podem ser transpostos e ampliados. Graças a um método sutil, ele traduziu em conhecimento geracional o modo como a mentira se converte em costume, e o medo e o valor, em delito no qual criminosos, espectadores e pessoas não envolvidas agem em conjunto para intensificar e perpetuar o terror. "*Reperies qui ob similitudinem morum aliena malefacta sibi ojectari putent.*"[52] Era o conhecimento de uma pessoa amarrada às circunstâncias, uma pessoa existencialmente vencida.[53] Por isso, em situações análogas, cabe apelar

---

[50] Mais tarde, Plutarco elogia Filisto, pois Clio teria completado a obra do autor por meio do banimento. Veja Renate Zöpffel, *Untersuchungen zum Geschichtswerk des Philistos von Syrakus*, Diss. Freiburg, 1965, p. 65.

[51] Luciano (anotação 14), 41.

[52] Tácito (anotação 25), Ann. 4, 33. Cf. mais recentemente Albrecht Dihle, *Die Entstehung der historischen Biographie,* Heidelberg, 1987 (Sitzungsberichte der Heidelberger Akademie. Phil.-hist. Kl. [1986], 3), p. 46.

[53] Veja a introdução às narrativas históricas, de Viktor Pöschl, Stuttgart, 1959, e Reinhart Koselleck, o artigo "Revolution", in *Geschichtliche Grundbegriffe* (anotação 21), v. 5, p. 69.

à experiência sem que ela perca verdade ou atualidade. Por isso, Lipsius baseou seu sistema político nos anais e nas narrativas históricas de Tácito para apontar saídas para as guerras civis religiosas sem ter que citar a tão controvertida Bíblia. A experiência de Tácito havia tornado previsíveis os limiares que separavam as confissões fanáticas. Isso não só levou a novos conhecimentos, tornados possíveis graças ao recurso a conhecimentos de longo prazo, como tornou possível justificar historicamente respostas racionais, políticas.

O cidadão romano Agostinho também foi um derrotado. Em 410, quando a onda de fugitivos de Roma, recém-conquistada por Alarico, alcançou o norte da África, ele entendeu que a cristianização do Império Romano não estava assegurada. A resposta de Agostinho foi única naquele momento, mas obteve recepção duradoura. Com a doutrina dos dois mundos, buscou a salvação além da história, relativizando com muita sobriedade as tentativas terrenas de auto-organização. Elaborou a experiência política da catástrofe, primeiramente, de modo teológico, só indiretamente histórico. Mas sua interpretação continha a oportunidade de soluções institucionais para o futuro – na formulação dual de *sacerdotium* e *imperium* – e ensinou a ler todo o passado (em linguagem moderna) sob a perspectiva da finitude estrutural do domínio e da socialização humanos. Mesmo quem não concorda com seu método de exegese das Escrituras pode adotar os princípios de experiência histórica que ele produziu.

No limiar da modernidade encontramos outros três derrotados que nos ensinaram a reescrever a atualidade e o passado com concepções que serviram de exemplo para todo o período seguinte. Houve 123 edições de Commynes até o fim do século XIX. Ele criou um gênero novo, as memórias. Nelas, ganham forma as assombrosas experiências de um mundo que está sendo politicamente gerado. Elas foram traduzidas em conhecimentos duradouros pelas reflexões sobre a conquista do poder, sua extensão e seus limites (ainda estabelecidos por Deus). Depois da anexação da Borgonha por Luís XI, ele aprendeu a julgar a França de modo "estereoscópico"[54] – mas só escreveu suas memórias depois de ser banido da corte francesa. O mesmo destino tiveram Maquiavel, expulso de Florença

---

[54] Fritz Ernst, *Philippe de Commynes*, in Fritz Ernst, *Gesammelte Schriften*, org. Gunther G. Wolf, Heidelberg, 1985, p. 263-288.

pelos Medici em 1512, e Guiccardini, exilado e proscrito pela República de Florença em 1530. Ambos perderam suas destacadas posições na diplomacia, no exército e na administração após terem buscado em vão uma saída republicana moderada para a crise permanente de sua cidade-estado. Ambos escreveram suas grandes obras no exílio e encontraram razões que escapam ao controle direto dos homens. Ambos descrevem mudanças de comportamentos sociais, de mentalidades e de formas constitucionais, inserindo-as ao mesmo tempo nos crescentes embaralhamentos das políticas interna e externa. O que começou como ceticismo forçado pelas circunstâncias se transformou em método, e assim ambos se tornaram mestres da política moderna e da historiografia política que dela nasceu.[55]

Nossa experiência especificamente moderna de que os eventos são sempre ultrapassados por outros e de que também mudam os pressupostos desses eventos, as próprias estruturas – não somente em retrospectiva, mas já na percepção imediata –, levou toda a história a um perspectivismo temporal. Ela agora se torna objeto de reflexão consciente e metódica. O grande tema da história passou a ser não só a mutabilidade de todas as coisas, os *mutatio rerum*, mas a própria mudança. Desde então, temos um novo tipo de vencidos: os que se veem ultrapassados pela história ou pelo progresso, ou que assumiram a tarefa de alcançar ou ultrapassar esse processo. Desde então, a visão da história não é influenciada apenas pelo vínculo entre política e geografia, como, de uma forma ou de outra, já foi o caso. A posição social e econômica é que decide quem fica para trás e quem avança. É a história "burguesa" no horizonte da experiência primária do progresso e de suas consequências. Coube aos escoceses o mérito de terem sido os primeiros a compreender isso e a tirar suas conclusões metodológicas.

---

[55] Rudolf von Albertini, *Das florentinische Staatsbewußtsein im Übergang von der Republik zum Prinzipat*, Berna, 1955; um livro que aponta justamente para o paralelo fundamental com a história romana incorporado por ambos os historiadores a seus métodos. Cf. mais recentemente Gisela Bock, *Machiavelli als Geschichtsschreiber*, in Quellen und Forschungen aus italienischen Archiven und Bibliotheken 66 (1986), p. 153-191. Na p. 187, a afirmação "de que a técnica do discurso fictício talvez o tenha aproximado mais da verdade histórica do que a técnica moderna da citação aplicada por historiadores posteriores".

Talvez a grande alteração de métodos realizada pelos historiadores escoceses só tenha sido possível à sombra da Inglaterra, pois eles tentaram explicar a mudança estrutural de longo prazo que podia ser observada na transição de uma nação comercial para a predominância da indústria. Os escoceses ainda viviam na arcaica constituição dos clãs, cujos representantes haviam sido integrados ao Parlamento inglês, em 1707, num clima de suspeitas jacobitas antes e depois da sangrenta derrota dos Stuart em 1745-1746. Eles possuíam instituições teológicas e filosóficas muito desenvolvidas, especialmente universidades, de onde todos esses processos podiam ser observados à distância, sem participação direta neles.

O avanço da Inglaterra foi a experiência primária de Kames, Hume, Robertson, Ferguson, Smith, Millar e Stewart, que fizeram da diferença temporal o ponto de partida metodológico de sua nova história, na visão daqueles que estavam ficando para trás. Aproveitando-se de todos os historiadores inovadores do passado e usando antigos e novos relatórios de viagens, os escoceses buscaram descobrir e analisar pressupostos jurídicos, econômicos, religiosos, morais, histórico-educacionais – ou seja, "sociais" – para destacar um máximo de mudança evidente a partir de um mínimo de constantes naturais. Já que era difícil encontrar fontes imediatas para esse tipo de perguntas – que transformam a história política e seus eventos em epifenômenos da mudança estrutural –, os escoceses incluíram também hipóteses e conjecturas em sua argumentação. A elaboração teórica se transformou em postulado do método. Como, senão assim, por meio da hipótese teórica de uma "história natural da sociedade burguesa", as "experiências" que não são originárias nem imediatas poderiam ser verificadas, tanto no passado como no presente? O recurso à "natureza" das transformações sociais e institucionais permitiu então um procedimento sistemático e comparativo, remetendo para a pesquisa científica posterior as confirmações empíricas e decorrentes de fontes. Desde então, com a ajuda de teorias e análises de fatores econômicos e sociológicos, mas também políticos e antropológicos, tornou-se gradualmente possível projetar toda a história com um futuro aberto.[56]

---

[56] Cf. Hans Medick, *Naturzustand und Naturgeschichte der bürgerlichen Gesellschaft. Die Ursprünge der bürgerlichen Sozialtheorie als Geschichtsphilosopie und Sozialwissenschaft bei Samuel Pufendorf, John Locke und Adam Smith*, Göttingen, 1973; e

Deixemos apenas registrada a pergunta sobre em que medida o trabalho metodológico da escola histórica alemã pode ser compreendido por meio de uma analogia à contribuição dos escoceses. Podemos afirmar que Niebuhr e Wilhelm von Humboldt, os iniciadores teóricos e empíricos do método filológico reflexivo, não podem ser compreendidos sem os exemplos do precedente britânico e da Revolução Francesa. A política e a economia, que se expandiam do oeste para o leste, obrigaram a inteligência alemã a refletir. Podemos duvidar de que o recurso exclusivo a fontes verificadas apenas por métodos da linguística histórica tenha sido suficiente para assegurar um conhecimento racional. Niebuhr, pelo menos, se viu como derrotado "como Tácito".[57] E ambos, Humboldt e Niebuhr, a despeito de suas grandes conquistas administrativas e políticas, fracassaram como homens de Estado. Suas obras revolucionárias sobre a teoria da história e a história das línguas, das constituições, do direito e da economia podem ser interpretadas também como compensações para as renúncias que lhes foram impostas.

---

idem, em coautoria com Zwi Batscha, Einleitung zu Adam Ferguson, *Versuch über die Geschichte der bürgerlichen Gesellschaft*, trad. Hans Medick, Frankfurt am Main, 1986. Por último, Michel Foure, *Le Scottish Enlightenment. Naissance d'une anthropologie sociale*, in Revue de la Synthese 4 (1986), p. 411-425.

[57] "O período infeliz da humilhação da Prússia influiu na produção da minha história. [...] Retornei à minha grande, mas há muito esvaída nação para fortalecer o meu espírito e também o espírito dos meus ouvintes. Sucedeu-nos o mesmo que sucedera a Tácito"; Franz Lieber, *Erinnerungen aus meinem Zusammenleben mit B. G. Niebuhr*. Trad. do inglês por Dr. K. Thibaut, Heidelberg, 1837, p. 199, cit. Conforme Franz X. von Wegele, *Geschichte der deutschen Historiographie*, Munique e Leipzig, 1885, p. 998. A análise de Alfred Heuß chega a esta conclusão: "Aquilo, que fora meio para a superação de uma situação política e nisso se dissolvera por completo, em suas mãos permaneceu um instrumento frutífero do conhecimento histórico. Ocorrera uma transformação. O que de nada servia para promover a atualidade adquiriu em si um valor próprio, e Niebuhr, de certa forma abandonado como 'político', obteve uma nova arma como historiador: havia descoberto um princípio hermenêutico novo, a partir de então indispensável para o tratamento da história." Alfred Heuss, *Barthold Georg Niebuhrs wissenschaftliche Anfänge. Untersuchungen und Mitteilungen über die Kopenhagener Manuscripte und zur europäischen Tradition der lex agraria (loi agraire)*, Göttingen, 1981, p. 455; um exemplo excitante de como a consternação política, que está à procura de fundamentações e analogias históricas, levou a procedimentos de conhecimento, que se autonomizam, transcendendo *nolens volens* as perguntas iniciais. Quanto à "derrota" de Humboldt como estadista, veja Siegfried H. Kaehler, *Wilhelm von Humboldt und der Staat*, Göttingen, 1963, cap. 6.

A experiência primária da historiografia francesa, no entanto, continua sendo a própria Grande Revolução e suas investidas renovadas. Toda a narrativa histórica francesa após 1789 pode ser classificada, em compasso decrescente, conforme quem se aliava a qual fase da Revolução, juntando-se aos derrotados ou aos vencedores provisórios. Em relação a essas refrações temporais, a figura mais destacada, evidentemente, é o aristocrata Tocqueville,[58] que aceitou a decadência de seu estamento privilegiado e permaneceu um derrotado. Dele provém a primeira interpretação de longo prazo da Revolução, cujos argumentos foram confirmados pelos acontecimentos, com a crescente organização administrativa de uma sociedade cada vez mais igualitária. A Revolução passou a acelerar as tendências que a impulsionavam, o que os vencedores provisórios interpretavam como conquista sua e os derrotados vivenciavam como "história".

De certa forma, Marx pode ser lido inversamente. Ele interpretou o decurso da história como um caminho que leva à vitória das classes até então inferiores; os vencedores provisórios seriam superados pelo proletariado. No entanto, malgrado todas as premissas histórico-filosóficas que orientavam suas interpretações, os escritos especificamente históricos sobre a Revolução de 1848-1849 e a Comuna foram redigidos por ele *como* derrotado, embora não *à maneira* de um derrotado. Partindo da derrota singular, que fora forçado a aceitar como representante intelectual do proletariado, ele buscou explicações de longo prazo com o propósito de garantir o êxito futuro. Por isso, foi capaz de desenvolver métodos de crítica ideológica que buscavam vincular processos econômicos de longo prazo à política de sua época. Seu método perdurou mesmo quando o decurso da história factual não seguiu o rumo que ele antecipou.

Permanece em aberto a pergunta se Max Weber também deve ser considerado existencialmente derrotado. Podemos supor com boas razões que ele foi, de fato, um derrotado, pois não pôde intervir na história real e por isso – de modo quase fatalista – elaborou teorias que possibilitaram uma análise metodologicamente verificável das mudanças estruturais de longo prazo, aquelas que transcendem as experiências individuais.

---

[58] Veja Carl Schmitt, *Historiographie in nuce. Alexis de Tocqueville*, in *Ex captivitate salus*, Colônia, 1950, p. 25-33. Aí também a afirmação em tom de desprezo: "C'est un vaincu que accepte sa défaite."

Chega de exemplos. Todo historiador poderá considerar que os grandes inovadores da compreensão metodológica de experiências históricas foram casos individuais. Então as inovações metodológicas serão remetidas ao próprio texto ou a habilidades pessoais, a disposições sociais, psicológicas ou outras. Este ensaio também usou tais argumentos. Mas a questão dos vencidos buscou proporcionar uma interpretação antropológica estável. Aparentemente, a derrota contém um potencial inesgotável para a aquisição de conhecimento.

A mudança histórica se nutre dos derrotados. Contanto que tenham sobrevivido, eles tiveram a experiência primordial e insubstituível de todas as histórias: elas não ocorrem como os participantes pretendem. A experiência singular não pode ser escolhida e permanece irrepetível. Mas pode ser elaborada, buscando-se os motivos que perduram em médio ou longo prazo e, portanto, podem ser repetidos. É isso que caracteriza os métodos. Eles podem ser desvinculados da causa singular e reaplicados. A experiência que os derrotados adquirem – e qual vencedor não se viu no lado derrotado em algum momento? – e que convertem em conhecimento permanece disponível a despeito de qualquer mudança de experiência. Nisso podemos encontrar um consolo, talvez até mesmo um ganho. Na prática, este consistiria em evitarmos as vitórias. Mas contra isso depõe toda experiência.

Espaço e história

Falar sobre espaço e história e estabelecer uma relação entre eles significa servir-se de dois conceitos bem conhecidos e correntes na língua coloquial. No âmbito da ciência, porém, eles não são nada claros, e não há consenso a seu respeito. Posso falar de espaço como uma realidade com quatro dimensões, defini-lo como campo de forças ou como forma de intuição pura, ou então posso falar em espaço vital ou espaço do coração. Se, por outro lado, defino a história como narrativa ou como criadora de identidade, ou se a enquadro como área de pesquisa das ciências sociais, todas essas decisões levam a estabelecer diferentes relações entre história e espaço. Ninguém negará que a história, seja lá o que for, tem a ver com espaço, ou melhor, que as histórias têm a ver com espaços. Mas a pretensão de generalidade de ambas as categorias é tão grande que correm perigo ou de perderem o vigor ou de serem confrontadas com exigências emocionais exageradas.

A confusão aumenta quando passamos os olhos na literatura científica. Em primeiro lugar, percebemos que a antiga historiografia tematizava tanto o mundo dos homens, suas obras e ações, quanto a natureza, sem estabelecer uma distinção rígida entre os dois.[1] Por isso, surpreende constatar que, no Japão, a mesma expressão é usada para história e espaço. Desde o século XVIII, natureza e história se distanciam na Europa. Ao mesmo tempo, a natureza, até então compreendida como algo estático, é historicizada e sujeita a leis de desenvolvimento diacrônicas. A *historia naturalis*, a "ciência natural", que até então fora tratada como subcategoria da antiga e abrangente *historia*, adquire independência como história da natureza; ela é temporalizada e, desde então, investigada com métodos próprios da ciência natural, que se distinguem dos métodos das ciências da cultura e das humanidades.[2] Assim, cria-se uma oposição duvidosa

---

[1] Arno Seifert, *Cognitio Historica, Die Geschichte als Namensgeberin der frühneuzeitlichen Empirie*, Berlim, 1976.
[2] Wolf Lepenies, *Das Ende der Naturgeschichte und der Beginn der Moderne. Verzeitlichung und Enthistorisierung in der Wissenschaftsgeschichte des 18. und 19. Jahrhunderts*, in R. Koselleck (org.), *Studien zum Beginn der modernen Welt*, Stuttgart,

entre natureza e história, que ainda hoje nos assombra – hoje talvez até mais do que antigamente por causa dos desafios dos problemas ecológicos. Excluí deste esboço o conceito de "espaço", pois dele as ciências sociais elaboram representações muito boas.[3] Mas falta uma história conceitual meticulosa do conceito de espaço. Portanto, o fundamento das minhas considerações sobre espaço e história é um tanto inseguro, o que vale também para a parte final, onde tentarei relacionar tempo e espaço.

1.

Dou início à primeira parte. Desde o século XVIII estabelecem-se relações entre espaço e tempo; não, porém, entre espaço e história. As ciências naturais desenvolveram suas teorias e procedimentos de medida para analisar espaço e tempo, assim como as ciências humanas também têm suas próprias teorias e procedimentos de medida para manejar tempo e espaço como conceitos históricos. Essa contraposição entre as categorias científicas e históricas do espaço e do tempo é moderna. A antiga "*historia*", como ciência geral da experiência, abarcava a história natural, a geografia em sentido estrito e também a cronologia. Pelo menos desde Kant e Herder, os historiadores incluem em sua declaração de princípios o fato de trabalharem com tempo e espaço, referindo-se a um espaço histórico e um tempo histórico no horizonte da própria historicidade.

1977, p. 317-351, e Reinhart Koselleck, artigo "Geschichte, Historie", in *Geschichtliche Grundbegriffe*, org. Otto Brunner *et alii*, Stuttgart 1975, v. 2, aqui p. 678-682, "Von der 'historia naturalis' zur 'Naturgeschichte'".

[3] C. F. V. Weizsäcker, *Die Geschichte der Natur*, Göttingen, 1948, 1964; Max Jammer, *Das Problem des Raumes. Die Entwicklung der Raumtheorien*, Darmstadt, 1960 (trad. da edição norte-americana, Nova York, 1954); Elisabeth Ströker, *Philosophische Untersuchungen zum Raum*, Frankfurt am Main, 1965 – com a tematização da dimensão antropológica do conceito de espaço. O verbete "Lebensraum" [espaço de vida] já oferece uma história psicológica e política breve e clara do conceito, de A. Lang e J. Debus, in *Historisches Wörterbuch der Philosophie*, Basileia, 1980, v. 5, col. 143-147. No ínterim, foram publicados também, no mesmo dicionário, a história filosófica e natural-científica do conceito "*Raum*" [espaço], Basileia, 1992, v. 8, col. 67-111, uma história conceitual psicológica, col. 111-121, e uma história conceitual do espaço político, de W. Köster, col. 122-131.

Desde então, a geografia está em uma situação precária, vendo-se forçada a integrar as ciências naturais puras e também – como geografia humana, geografia cultural etc. – as ciências humanas e sociais.[4] Assim, ela só pode ser entendida como ciência interdisciplinar, enquanto a antiga historiografia, tão autoconfiante, a classificava apenas como ciência auxiliar.

Vejamos algumas declarações de historiadores que consideram espaço e tempo como premissas de sua própria ciência. Droysen, graças a uma interpretação peculiar, se coloca na tradição kantiana quando define espaço e tempo como "registros da nossa concepção" e declara que seus sistemas de signos, "como tais", não repousam no mundo exterior. Ele adota a perspectiva transcendental de Kant e diz que espaço e tempo "mantêm tamanha correlação que sua separação jogaria por terra tudo o que conhecemos por meio da percepção [...]. As concepções absolutamente gerais de espaço e de tempo são vazias",[5] pois precisam ser preenchidas empiricamente. Droysen não menciona o fato de que os sujeitos históricos e suas interações remetem a espaços e tempos próprios, ideia que Herder usara de forma crítica contra Kant. Cabe a Humboldt, Ritter, Kapp e Ratzel o mérito de terem tematizado a constituição espaçotemporal das histórias empíricas. Encontraram herdeiros em Lamprecht e colegas, que aplicaram o conceito à história regional – como esboço de uma história social passível de ser empiricamente fundamentada, que procurava reunir todas as condições e fatores de uma totalidade delimitada.[6]

Confrontada com a alternativa formal entre espaço e tempo, a maioria esmagadora dos historiadores optou por uma dominância, pouco funda-

---

[4] Hermann Overbeck, *Kulturlandschaftsforschung und Landeskunde*, Heidelberg, 1965 (Heidelberger Geographische Arbeiten, org. G. Pfeifer e H. Graul, H. 14); idem, *Die Entwicklung der Anthropogeographie (insbesondere in Deutschland) seit der Jahrhundertwende und ihre Bedeutung für die geschichtliche Landesforschung*, in Blätter für die deutsche Landesgeschichte 91 (1954), p. 182-244; ND in Pankraz Fried (org.), *Probleme und Methoden der Landesgeschichte*, Darmstadt, 1978, p. 190-271.

[5] Johann Gustav Droysen, *Historik*, org. Rudolf Hübner, Munique e Berlim, 1943, p. 8ss, e também "Natur und Geschichte", p. 406-415.

[6] Cf. Karl-Georg Faber, *Was ist eine Geschichtslandschaft?*, in *Festschrift Ludwig Petry*, Wiesbaden, 1968, p. 1-28, e idem, *Geschichtslandschaft – Région historique – Section in History. Ein Beitrag zur vergleichenden Wissenschaftsgeschichte*, in Saeculum 30/I (1979), p. 4-21.

mentada, do tempo. Bernheim, por exemplo, afirmou que a matéria histórica não permitia uma ordenação sistemática. Por isso, escreveu apenas sobre o método histórico, usando "filosofia da história" como subtítulo. Pois, como diz, a história se fundamenta na sequência temporal. Os acontecimentos, sendo mudanças no tempo, escapariam de qualquer sistemática. Prevalece o axioma da singularidade histórica, mesmo que isso não seja visível. Mas o que realmente surpreende é sua conclusão de que uma sistemática espacial seria ainda muito menos possível:

> A forma de manifestação no espaço, apesar de sua importância eminente, tem um valor muito menos constante para a reflexão histórica, de modo que não se pode fundamentar nela uma ordenação geral; é preciso subordiná-la ao temporal.[7]

Nem mesmo a história do mundo de Helmolt, geograficamente concebida, ordena a matéria espacialmente, mas sim de acordo com as etnias e as culturas, cronologicamente.

Em sua teoria da história, impregnada do positivismo, Rieß profere em 1912 o mesmo veredicto. Em apenas uma das quatrocentas páginas ele menciona as condições geográficas de constelações históricas e conclui: "Mas uma metodologia séria da historiografia não deve se deter nesse tipo de pressusposto evidente do pensamento histórico." Ele deixa essas evidências aos cuidados de geógrafos e de estatísticos.[8] À primeira vista, é plausível a preferência pelo tempo, em detrimento do espaço, nas teorias da história. Primeiro, por uma razão geral: desde sempre, o historiador, ao perguntar como chegamos à situação atual, diferente da anterior, se interessa por novidades, pela mudança, por alterações. Junta-se a isso uma razão particular: a experiência da singularidade, que se impôs na Europa a partir de 1770, com o horizonte do progresso técnico-industrial e de sua veemente pressão pela mudança. Desde então, os acontecimentos se atropelam. Toda a história é tratada como sequência singular sob o primado da cronologia, não apenas por isso – o que sempre ocorreu –, mas pelo fato de que também as formações sociais, ou seja,

---

[7] Ernst Bernheim, *Lehrbuch der Historischen Methode und der Geschichtsphilosophie*, Leipzig [1889], 1903, p. 46.
[8] Ludwig Rieß, *Historik. Ein Organon geschichtlichen Denkens und Forschens*, Berlim e Leipzig, 1912, p. 69.

as precondições estruturais dos acontecimentos, se alteram. Esse princípio de experiência não conduz necessariamente a privilegiar a história dos acontecimentos. Por isso, o congresso dos historiadores em 1986 pôde ser organizado sob o lema "espaço e história".

Minha tese inicial é a seguinte: espaço e tempo representam, como categorias, as condições de possibilidade da história. Mas também o "espaço" tem uma história. O espaço é algo que precisamos pressupor meta-historicamente para qualquer história possível e, ao mesmo tempo, é historicizado, pois se modifica social, econômica e politicamente. Esse duplo uso da categoria espaço motivou numerosas ambiguidades que tentarei esclarecer um pouco.

Primeiro: a história das concepções que descrevem o espaço como algo autônomo é bem conhecida; não vou repeti-la aqui. O caminho que nos levou das cosmogonias míticas às cosmologias cada vez mais pesquisadas e empiricamente verificadas, bem como a descoberta da esfericidade da Terra, até então concebida como um disco, possibilitou o avanço do espaço absoluto e infinito de Newton até sua relativização, que começou com Leibniz e levou a Einstein, seja esse espaço quadridimensional relativístico definido como magnitude constante ou dinâmica. Nós, os historiadores, devemos essa história das representações do espaço às histórias da filosofia e da ciência natural, que exerceram grande influência sobre a economia e a política, mas que não abarcam aquela história do espaço que é o tema dos historiadores da geografia política ou histórica.

O segundo aspecto: a geografia histórica foi sendo elaborada a partir dos trabalhos estatísticos das unidades estatais do início da modernidade. Eles reconstroem os espaços de vida e ação de unidades políticas, jurídicas, econômicas, eclesiásticas ou sociais do passado nos marcos de suas cambiantes condições e consequências geográficas. Reconstroem as chamadas realidades do passado sem reconstruir as antigas concepções de espaço. A cartografia atual do mundo antigo, por exemplo, não introduz seus dados e registros nas concepções espaciais da época, mas os inscreve em mapas elaborados de acordo com os atuais procedimentos de medida, e assim leva em consideração as mudanças geológicas ou climáticas que o mundo antigo desconhecia. Na busca de sua autofundamentação, os geógrafos históricos estiveram em persistente disputa com seus colegas das ciências naturais, que estudam geografia sem considerar a atividade dos homens. Em termos científicos, essa discussão é obsoleta,[9] pois nem a geologia científica nem a geografia humana precisam ser justificadas.

Por isso, pretendo ver a nossa própria investigação da relação entre espaço e história de forma bipolar. Em um extremo da escala está a precondição de toda história humana, que remete a seus condicionamentos naturais ou, nas palavras de Ratzel, às situações geográficas em sentido estrito. No outro extremo surgem os espaços que o próprio ser humano cria, ou é forçado a criar, para poder viver. Entre esses dois extremos surge a tensão produtiva entre os geólogos e morfólogos, de um lado, e os geógrafos humanos e planejadores de espaço, de outro.

Deixem-me explicar isso em relação à história: as condições naturais da história humana se fundamentam naquilo que a astrofísica, a geologia, a geografia, a biologia e a zoologia estudam. Todas essas condições naturais têm sua própria história, com linhas de evolução calculadas em milhões ou bilhões de anos. Trata-se de histórias que independem da consciência humana, mas só podem ser reconstruídas por meio dela. Todos os dados colhidos por essas histórias naturais devem ser definidos como meta-históricos em relação à história humana. Portanto, chamamos de meta-históricas as condições de possibilidade da história que fogem à nossa influência, mas que, como precondições das nossas ações, se transformam em desafio para a atividade humana. Mencionamos a terra e o mar, as regiões costeiras e os rios, as montanhas e as planícies, as formações geológicas e seus recursos minerais. Estes também fazem parte das condições meta-históricas, pois podem ser explorados, mas não reconstituídos. Incluímos aqui também o clima e as mudanças climáticas, sem os quais não poderiam ser explicadas nem as mudanças na flora e na fauna nem a gênese das culturas humanas mais desenvolvidas. Sempre se trata de condições de possibilidade das histórias; não estão ao alcance da influência humana, mas, mesmo assim, o homem pode aproveitá-las.

No século XX, o clima se torna, *nolens volens*, mais acessível às disposições humanas, como já havia ocorrido há milênios com a flora e a fauna. Talvez o nosso globo se transforme em breve em um único jardim

---

[9] Novamente acesa por Hermann Hambloch, *Der Mensch als Störfaktor im Geosystem*, Opladen, 1986 (Rheinisch-Westfälische Akademie der Wissenschaften, G 280).

zoológico, restando apenas a dúvida de quem está por trás das grades, os animais ou os homens. Os limites do que está disponível para nós, do que podemos explorar, sofrem deslocamentos enormes, e seria muito interessante enfocar esse assunto como um projeto comum das ciências naturais e da história social e política – também seria uma contribuição para a ecologia atual. Do ponto de vista científico, isso significaria investigar onde as condições meta-históricas do espaço vital humano se transformam (ou são transformadas) em condições históricas, sobre as quais o ser humano exerce influência, domina ou explora. Evidentemente, ainda hoje o clima pode causar grandes crises de fome ou ajudar a decidir batalhas. Portanto, a escala da relação entre espaço e história se altera conforme as condições espaciais sejam consideradas meta-históricas ou históricas.

Isso me leva ao polo oposto, o dos espaços puramente humanos e históricos. Designamos assim o espaço que o ser humano cria, ou aquele em que se introduz para caçar, ou o que ele apropria, ocupa, lavra e configura, ou o que ele precisa abandonar por causa de incursões inimigas. Sempre se trata de espaços diferentes, que podem ser delimitados reciprocamente – e que, na modernidade, se sobrepõem cada vez mais, dependendo dos raios de ação ou das unidades de ação humanas de que tratamos. Lembro aqui as rotas de comércio e as redes de transporte, que abriram novos espaços, ou as peregrinações da Idade Média e do início da modernidade, cujo percurso atravessava espaços com organização política e jurídica bem diversa ou até inexistente, como, por exemplo, o alto-mar. Lembro também a conquista da terceira dimensão desde a Antiguidade, pela mineração, e, mais recentemente, no mar profundo ou no espaço aéreo, para indicar o entrelaçamento econômico e militar dos espaços de ação humanos, cuja crescente superposição é tema e desafio da nossa história mundial.

Numerosos projetos científicos tratam dos vários tipos de dependência dos espaços em relação à ação humana, ou dos homens em relação às condições geográficas. Faber mostrou que, na história regional, geógrafos e historiadores pesquisam questões convergentes e que, desde Ratzel, Turner, Vidal de la Blanche e Henry Berr, o projeto de uma história total da sociedade encontrou seu campo de experimentação na história regional.[10]

---

[10] Cf. nota 6.

Como já mencionamos, trata-se aqui de espaços de pesquisa suficientemente pequenos para permitir uma consideração de todos os fatores – climáticos, geológicos, econômicos e políticos. Mas essa delimitação regional só é cientificamente correta se o isolamento de espaços individuais ainda puder ser justificado. Isso certamente já não vale mais para a modernidade: aqui, cada espaço se relaciona com a globalidade humana.

Isso me leva ao terceiro aspecto, com uma observação sobre a chamada geopolítica, cada vez mais controvertida. Do ponto de vista da história da ciência, ela não surgiu por acaso, mas sim no horizonte de uma interdependência global e empiricamente verificável de todas as ações econômicas e políticas. Permitam-me economizar a restrição ideológica realizada pelos geopolíticos alemães das décadas de 1920 e 1930, e também pela germanística e a história dessa época, e voltar a atenção para o Ocidente, para os autores impregnados do naturalismo e do darwinismo social, como Homer Lea, Mahan, Mackinder ou Goblet. Schöller já reconduziu a habitual crítica ideológica ao terreno de argumentos científicos.[11] Resta mencionar os argumentos que enquadram as perguntas da geopolítica numa teoria da história.

Nossa distinção entre condições espaciais meta-históricas e espaços históricos da organização humana pode ser útil aqui. Há condições espaciais naturais que, por sua disponibilidade técnica, econômica ou política, devem ser levadas em conta como condições de possibilidade da ação. O fato de a África do Sul não ter um litoral europeu à sua frente, como a Argélia, modifica fundamentalmente o *status* da guerra civil que ameaça o sul da África. A solução política que De Gaulle adotou não poderia ser obtida tão facilmente na África do Sul. Portanto, a situação geográfica é uma das condições do desesperado domínio da minoria branca, diferentemente do que ocorreu com o domínio dos franceses na Argélia.

Outro exemplo: a condição geográfica do Canal da Mancha protegeu o Império Britânico; foi eficaz pela primeira vez na derrota da armada espanhola em 1588 e só foi superada uma vez, em 1688, na bem-sucedida invasão liderada por Guilherme de Orange. Hoje ela já não vale, por cau-

---

[11] Peter Schöller, *Wege und Irrwege der Politischen Geographie und Geopolitik* (1957), in Josef Matznetter (org.), *Politische Geographie*, Darmstadt, 1977, com fontes e ensaios representativos sobre a história da ciência e suas mudanças de posição.

sa das mudanças econômicas e militares, com os novos sistemas de armamento balístico e nuclear. Em termos políticos, o Canal da Mancha transformou-se em um rio. Mas, ainda em 1940, a impossibilidade de ocupar um trecho de trinta quilômetros do outro lado dele foi a primeira derrota militar que levou Hitler – e, com ele, todos os alemães – à catástrofe. A condição meta-histórica do canal se coverteu em fator histórico, pois ultrapassou a capacidade de ação de um dos atores políticos – nesse caso, a força aérea e a marinha alemãs.

Terceiro exemplo: a calota de gelo sobre o Polo Norte é uma condição geográfica que, no espaço de operação da estratégia de mísseis, adquiriu – e aqui podemos nos arriscar a empregar a expressão – importância geopolítica. Os submarinos russos e norte-americanos, equipados com mísseis nucleares intercontinentais, operam ali, sob o gelo, para, em caso de emergência, emergir e atacar a partir de uma posição dificilmente alcançável.

Quarto exemplo: Tucídides explica a longa duração da Guerra de Troia pelo número insuficiente de embarcações capazes de atravessar o Mar Egeu para conquistar a cidade.

Como se vê, as condições geográficas meta-históricas dos espaços de ação humanos se modificam, dependendo de como estão sujeitos ao domínio econômico, político ou militar. Ou, formulando-se de modo teórico: a repentina transformação de situações meta-históricas (para usar uma expressão de Ratzel) em espaços históricos faz parte da investigação de uma teoria da história. Sua utilização, implícita ou explícita, se manifesta em toda a historiografia. No entanto, não se trata de usar ou não a palavra "geopolítica", que foi desacreditada por seus formuladores, mas de salientar que há fatos históricos que precisam ser teoricamente conceitualizados. Ranke, por exemplo, afirmou corretamente que a oposição Ásia-Europa, que Heródoto propôs e que perdura até hoje, é uma oposição histórica e não geográfica.[12]

Uma última nota: em sua terminologia melodramática, Mackinder, em 1919, interpretou a oposição entre terra e mar, enfatizando as condi-

---

[12] O debate polêmico e irresolvido sobre a fronteira oriental da União Europeia – deveria ela correr ao longo da vertente sul do Cáucaso ou na Crimeia? – mostra como as condições geográficas devem influir diretamente em cálculos políticos, como, então, a "geopolítica" preserva sua importância incontestável (complemento de 1999).

ções militares e econômicas da época, de forma que a fronteira potencial na Europa levava de Lübeck a Trieste. Essa seria a região de fronteira entre o domínio marítimo anglo-saxão e o domínio terrestre russo.[13] Pergunto-me se esse prognóstico se baseava em mero acaso ou se Mackinder diagnosticou aqui, sob condições singulares, como uma condição geográfica meta-histórica se transforma em uma determinação histórica do espaço político. À época, Mackinder exigiu a evacuação de todos os prussianos orientais que estavam sob o domínio dos *junkers* prussianos. Esperava assim, à custa da Alemanha, erguer na Polônia uma barreira politicamente mais forte contra a Ásia, ou seja, contra a Rússia comunista, aventurando-se em cenários cuja realização escapava ao controle dos alemães – com o resultado prognosticado por Mackinder.

Disso, quero tirar duas conclusões.

Primeira: enquadrada numa teoria geral da história, a chamada geopolítica se ocupa com questões que têm a ver com os determinantes da liberdade humana. Há numerosos determinantes de natureza social, econômica ou política que tanto criam quanto delimitam o espaço de manobra. Esses determinantes incluem também condições extra-históricas, geograficamente condicionadas, que precisam ser incorporadas ao cânone das questões historiográficas, talvez hoje mais do que nunca, em face da crise ecológica. O erro, para não dizer a tolice, dos assim chamados geopolíticos consistiu em transformar esses determinantes que possibilitam a ação em leis naturais ou ontologicamente fixadas, que supostamente orientam ou dominam a história. No entanto, essa crítica não se dirige apenas à geopolítica ou às numerosas passagens formuladas de forma ambígua na importante obra de Ratzel, mas também a muitos erros análogos cometidos pelos historiadores, na medida em que atribuem um caráter determinante a condições de natureza econômica, o que tampouco pode ser comprovado. Nenhum evento passou a ocorrer com maior frequência só por ter sido definido como necessário.

A segunda conclusão também é de natureza geral. A geopolítica se via como ciência prática, como assessoramento político. Aqui, basta acrescentar que a política alemã foi mal aconselhada na época de Hitler. À luz dos critérios racionais de uma análise geográfica e histórica do espaço e

---

[13] Halford J. Mackinder, *Democratic Ideals and Reality*, Nova York, 1919.

de suas potencialidades militares, Hitler não deveria sequer ter iniciado a guerra. Supondo-se que a geopolítica era, de fato, um fator decisivo, então essa decisão partiu de premissas teóricas erradas, na medida em que a geopolítica se comprometeu a colocar as condições geográficas à disposição de agentes que ou já exerciam ou ainda exerceriam poderes inexoráveis. Desvelar esse tipo de equívoco significa possibilitar a fundamentação científica da crítica ideológica. Disso, porém, não resulta que a assessoria da ciência à política seja errada, como tal. A retirada dos geógrafos de hoje para a geografia cultural e a geografia humana, passando a atuar como planejadores do espaço, seja para estabelecer novos limites administrativos, seja para fundir unidades administrativas, apenas confirma em âmbito reduzido o que permanece sendo o nosso desafio constante em âmbito maior, como, por exemplo, ocorre na União Europeia.

Resumindo: as perguntas que a geopolítica formulou erroneamente e suas premissas quase ontológicas assinalam condições naturais das possibilidades de ação humanas que ainda hoje precisam ser incorporadas em qualquer análise de condições históricas ou políticas.

2.

Num segundo percurso, quero correlacionar nossa indagação sobre as condições espaciais (meta-históricas e históricas) com o tempo. Cada espaço de ação humano, público ou particular, seja no âmbito da observação e da interação interpessoal ou no âmbito das interdependências globais, sempre tem também, é claro, uma dimensão temporal para que possa ser vivenciado. As condições diacrônicas, que constituem o espaço da experiência, participam dele tanto quanto as expectativas que, razoáveis ou incertas, lhe são vinculadas. Proximidade e distância, que delimitam um espaço de diversas maneiras, só podem ser experimentadas no tempo, a partir do qual a proximidade imediata ou a distância mediada podem ser exploradas ou transpostas. Remeto-me a esses diagnósticos antropológicos para mencionar a relação cambiante entre espaço e tempo como contexto que fundamenta qualquer interpretação ou autointerpretação humana. Os trabalhos de Simmel, sua sociologia do espaço, as obras de Plessner, Gehlen, Heidegger ou Viktor von Weizsäcker confrontam os historiadores com muitas perguntas que ainda precisam ser respondidas.

A bela palavra alemã *Zeitraum* [espaço de tempo] não seria apenas uma metáfora para a cronologia ou a divisão das épocas, mas ofereceria a possibilidade de investigar a relação recíproca entre tempo e espaço em suas articulações históricas correspondentes. Aqui, pretendo apresentar apenas um esboço diacrônico que mais suscita perguntas do que fornece respostas. É banal dizer que as relações espaçotemporais sofreram mudanças aparentemente cada vez mais aceleradas ao longo da história da humanidade. Isso se manifesta em três curvas temporais exponenciais, às quais correspondem três espaços completamente diferentes.

Em primeiro lugar, a diferenciação da espécie humana ocorre em períodos cada vez mais curtos.[14] Comparados com os 5 bilhões de anos da nossa crosta planetária e comparados com o 1 bilhão de anos de vida orgânica nessa crosta, os cerca de 10 milhões de anos de existência do homem simiano representam um período curto, e os 2 milhões de anos dos quais temos prova da produção de ferramentas são ainda mais curtos. Sem dúvida, as condições geológicas e geográficas, biológicas e zoológicas, ou seja, todas as condições meta-históricas de determinação do espaço humano, exercem uma influência muito mais marcante durante essa época do que em fases posteriores da nossa história. O ser humano sabe se aproveitar do ambiente mesmo sem poder controlá-lo. A isso corresponde o fato de que os espaços de ação mínimos para alimentar famílias ou grupos de caçadores precisavam ser muito maiores do que o espaço disponível aos grupos humanos de hoje. Os historiadores da Pré-história calculam em vários quilômetros quadrados a área necessária para a alimentação *per capita* nos períodos Paleolítico e Mesolítico.[15] Os determinantes meta-históricos – a vegetação para os coletores e os trajetos migratórios e as pistas de caça para os caçadores – também impunham limites mínimos que precisavam ser mais amplos e oferecer espaços de ação muito maiores para a vida do que aqueles da fase seguinte. Esse processo perdura até o nosso século, em que as culturas de caçadores e colecionadores são superadas em prol de um adensamento dos espaços humanos baseados na agricultura e na indústria.

---

[14] Karl J. Narr, *Vom Wesen des Frühmenschen: Halbtier oder Mensch?*, in Saeculum 25/4 (1974), p. 293-324.

[15] *Handbuch der Urgeschichte*, v. 1, org. Karl J. Narr, Berna, 1966, p. 236.

Isso nos leva à segunda fase, que (contra Bernheim) poderíamos chamar de período estruturado da nossa história. Relativamente aos 2 milhões de anos de história humana comprovada, a criação de uma arte diferenciada e reflexiva bem como a invenção de armas letais, há mais ou menos 30 mil anos, ocorreram em um período relativamente curto. A introdução da agricultura e da pecuária há 12 mil anos e, finalmente, o desenvolvimento de grandes civilizações há 6 mil anos remetem, novamente em comparação com a Pré-história, a períodos cada vez mais encurtados, dentro dos quais surgem coisas novas – coisas que, para nós, já se transformaram em precondições da própria vida. Nesse período se desenvolveu a capacidade humana de organização e estruturação espacial, que possibilitou as condições de todas as nossas histórias até o início da modernidade. Desde o final do século XVIII as condições geográficas e outras condições meta-históricas ficaram cada vez mais disponíveis. As condições meta-históricas foram cada vez mais integradas na história – com limites, é claro, limites que até o início da modernidade não podiam ser ultrapassados. Rios foram canalizados; canais, construídos; represas, erguidas; sistemas de drenagem e irrigação foram planejados e realizados; construíram-se milhares de quilômetros de estradas; mares interiores e águas costeiras tornaram-se navegáveis. A organização dos meios de comunicação, dos correios e dos sistemas de transporte alcançou as maiores densidade e eficiência já nos grandes impérios orientais; ela não foi superada nem pelos romanos nem pelos mongóis de Genghis Khan. Podem ter ocorrido aperfeiçoamentos, mas sempre em um campo de possibilidades finito e limitado. A natureza continuava a condicionar as velocidades com que se percorriam os trajetos, construídos ou melhorados. Nem mesmo a invenção da carroça pôde acelerar o desempenho de cavalos e bois. Quando estafetas a cavalo passaram a percorrer duzentos quilômetros por dia, chegou-se a um auge que não seria ultrapassado até o período pré-industrial. As três semanas que uma carta de Cícero levava para chegar às mãos do destinatário em Atenas era o mesmo tempo que um comerciante hanseático precisava para enviar uma notícia de Danzig a Brügge ou um comerciante florentino precisava para que sua mensagem alcançasse Paris. Os bens físicos levavam o dobro, o triplo ou o quádruplo do tempo que levava uma carta, mesmo pelo caminho marítimo, mais rápido e mais barato, mas também mais perigoso. Podemos acrescentar, porém, que as pessoas dessa época tinham tempo para si mesmas e podiam usá-lo. As relações entre tempo e espaço haviam se estabilizado num nível que podia até ser abalado ou destruído por guerras – quando as vias de comunicação eram interrompidas e caminhos alternativos mais tortuosos se tornavam necessários –, mas esse nível não pôde ser superado durante mais ou menos 5 mil anos. Era o período dos grandes impérios regionais, e todos eles acreditavam ser o centro do mundo. Nem a bússola, nem a impressão, nem a pólvora, conhecidas na China, motivaram os chineses a explorar o Pacífico.

Isso nos leva à terceira fase. Se nos voltarmos para os cerca de 6 mil anos das culturas mais avançadas, reconheceremos novamente uma curva temporal exponencial. Nesses seis milênios, só nos últimos duzentos anos, mais ou menos, ocorre aquela aceleração que caracteriza o mundo em que vivemos.[16] Desde então, o mundo reconfigurado pela ciência, a técnica e a indústria conhece processos de aceleração que modificam radicalmente as relações espaçotemporais, tornando-as mais fluidas. Menciono aqui apenas o aumento da população mundial: de mais ou menos meio bilhão no século XVII para mais ou menos 6 bilhões no ano 2000. Vinculado a isso, partindo da Europa e graças ao desenvolvimento da ciência e da técnica, ocorre um adensamento que transforma o nosso globo em uma nave espacial fechada; o globo como nave espacial: metáfora ou realidade? Eis a pergunta que nos desafia.

Para finalizar, quero mencionar alguns aspectos que marcam a mudança das relações espaçotemporais em nossa terceira fase. Para dar continuidade ao nosso exemplo, foram os Estados europeus que, já antes da Revolução Industrial, ampliaram e aceleraram enormemente a rede de comunicações. Nas estradas, a velocidade de viagem pôde ser duplicada; depois, graças às ferrovias, o dia se transformou em hora, e a noite, em dia. O clíper dobrou a velocidade da navegação a vela, muito antes de ser ultrapassado pelo navio a vapor. A rede de comunicações se tornou mais densa, e os correios passaram a alcançar cada vez mais lugares.[17] Os siste-

---

[16] Wolfgang Zorn, *Verdichtung und Beschleunigung des Verkehrs als Beitrag zur Entwicklung der "modernen Welt"*, in R. Koselleck (org.), *Studien zum Beginn der modernen Welt*, Stuttgart, 1977, p. 115-134.

[17] Ainda indispensável é H. Stephan, *Geschichte der preußischen Post von ihren Ursprüngen bis auf die Gegenwart*, Berlim, 1859 (reimpressão Glashütten/Taunus, 1976).

mas de transporte foram regulados para que estivessem nos lugares em determinadas horas; depois a precisão alcançou os minutos. As unidades cronológicas foram padronizadas; o direito regulou as taxas, os impostos de importação e os salários dos funcionários dos correios e dos transportes. No século XVI existiam em Paris apenas três carruagens: uma para o rei, outra para a rainha e mais uma para um nobre que era gordo demais para montar um cavalo. Muito depois a rede de transportes ficou acessível a todos, pelo menos àqueles que tinham condições de pagar. A conjunção desses fatores possibilitou estender o alcance do poder, aumentar os controles e fiscalizar melhor qualquer pessoa. Esse complexo, que também tinha seus pressupostos e suas condições econômicas, pode ser mencionado como paradigmático para o que podemos denominar desnaturalização do espaço geográfico dado; este é um processo que, desde então, atinge todas as unidades estatais no nosso globo.

Os efeitos da Revolução Industrial não pararam aí. Os tamanhos ótimos dos agentes se modificaram em termos absolutos. Dependendo de sua densidade interior, as entidades mais adequadas podem ser maiores ou menores. Sabemos que Portugal no século XVI, a Holanda no século XVII e a Inglaterra nos séculos XVIII e XIX, e ainda no início do século XX, podiam ser potênciais mundiais ao mesmo tempo que intensificavam seu poder interno.

Hoje, em vez de Estados isolados, temos blocos continentais que se defrontam: grandes espaços, de cujas economias depende a maior parte da população mundial. *Cuius regio, eius oeconomia.* Ou melhor: *cuius oeconomia, eius regio.*

Isso suscita uma pergunta que diz respeito a todo o planeta. Mesmo que o dia a dia normal da população terrestre ainda dependa completamente da organização estatal – lembro os democratas no Chile, os sindicalistas poloneses, os palestinos em Israel ou os negros na África do Sul –, os espaços controlados por Estados se tornaram muito mais permeáveis do que no passado. Em outras palavras: Estado e soberania já não coincidem como ocorria na fase inicial da aceleração da modernidade.

Também Schweiger-Lerchenfeld, *Das neue Buch von der Weltpost. Geschichte, Organisation und Technik des Postwesens von den ältesten Zeiten bis auf die Gegenwart*, Leipzig o. D. (por volta de 1900).

Para a maioria dos Estados, a autarquia econômica – o ideal do mercantilismo – significaria a ruína. Um retorno ao que denominamos segunda fase da história mundial teria que ser pago com infinitas catástrofes. Isso significa que a interdependência econômica está instalada no mundo, mesmo que este seja organizado politicamente de formas variadas. O mesmo vale para outros aspectos: em termos técnico-militares, a conquista do espaço aéreo já unificou o mundo, graças a aviões, mísseis e satélites. O ar, como a água para Justiniano, pertence a todos: isso acarreta obrigações de ação em escala global. Mesmo que as plataformas de lançamento continuem presas à terra ou aos navios, os alvos que podem ser alcançados estão em todos os lugares.

Assim, os elementos mudaram sua qualidade histórica. O espaço marítimo tem sido cada vez mais territorializado pelo direito internacional com a ampliação das zonas de controle exclusivo, seja para explorar os recursos minerais submarinos, seja para aproveitar a flora aquática, seja ainda para, no futuro, criar cardumes oceânicos destinados à alimentação. Mas, mesmo que toda a água seja transformada em território no século XXI – no sentido de sua adjudicação a poderes terrestres –, o ar, a despeito dos direitos de soberania, nunca terá o mesmo destino. Mais do que qualquer outro elemento, o ar remete à unidade do nosso espaço vital, independentemente de como as fronteiras políticas sejam traçadas. Ele é também o veículo do nosso sistema de comunicação de rádio, televisão e satélites. Com isso, ocorre uma diminuição espaçotemporal que não caracteriza apenas o nosso dia a dia em frente à televisão, mas também, e talvez ainda mais, a política. Os acontecimentos e as notícias sobre eles coincidem cada vez mais. Por volta de 1500, durante alguns anos, a cidade de Veneza não quis acreditar que os portugueses já haviam descoberto a rota marítima direta para a Índia,[18] uma ameaça econômica de primeira ordem, temida como catástrofe e ignorada. Hoje não é mais possível esse tipo de recalque e retardamento na percepção. Vivemos sob grande pressão perceptiva. Isso força os políticos a se evadirem para o futuro na mesma medida em que o espaço diminui.

---

[18] Alberto Tenenti, *The sense of space and time in the Venetian world of the fifteenth and sixteenth centuries*, in J. R. Hale (org.), *Renaissance Venice*, Londres, 1973, p. 17-46.

A necessidade de planejar o futuro aumenta ainda mais na medida em que as decisões têm de ser tomadas logo que as notícias chegam, tendo em vista desencadear reações instantâneas. Chernobyl, que invadiu nossas casas pelo ar, é um pequeno caso exemplar da interdependência do espaço global em que estamos condenados a viver.

Com isso, esbocei três curvas temporais exponenciais, às quais correspondem espaços de vida e de ação completamente diferentes. O primeiro corresponde a grandes superfícies onde as condições naturais predominavam. Na segunda fase, as condições meta-históricas se tornaram cada vez mais disponíveis e exploráveis; os determinantes naturais da liberdade humana e os espaços de ação políticos foram ultrapassados e reconfigurados historicamente. Surgiram cidades, reinos e finalmente Estados com espaços de ação que precisavam ser organizados da melhor forma possível, mas cujas condições naturais não podiam ser anuladas: impérios desapareceram por causa de sua extensão.

Por fim, esboçamos uma terceira fase: a aceleração do nosso próprio espaço temporal, que transformou o mundo numa única unidade de experiência. Cabe à política, e não à geografia, responder à pergunta de como ele será moldado como unidade de ação. Mas recordar que, em maior ou menor medida, as condições naturais da nossa vida seguem presentes é uma das mais nobres mensagens da narrativa histórica, que sempre compreendeu a natureza e o mundo dos homens como unidade.

Teoria da história e hermenêutica

Uma vida pode ser longa ou curta. Quando é curta, como a de Schiller, Kleist ou Büchner, alguma tristeza invade a biografia, pois a vida não pôde continuar sua obra. Quando é longa, como a de Kant ou Heidegger, tem-se a impressão de que a obra tardia contém e desdobra o futuro histórico. Nunca saberemos o que poderiam ter dito Schiller em 1813, Kleist em 1830 e Büchner em 1848, mas podemos deduzir o que Kant teria dito sobre esses anos. Heidegger chegou a apresentar formulações sobre o nosso futuro.

A longevidade de uma pessoa, com a consciência do pouco tempo de vida que resta, confere à vida novas qualidades e uma densidade de experiência que as vidas interrompidas precocemente nunca puderam conhecer. Como Schiller, pode-se buscar por todos os meios atingir tal densidade; como Kleist, pode-se evitar isso conscientemente; Büchner conheceu uma forma dessa intensidade como efeito da enfermidade que o conduziria à morte.

O caso de Gadamer, nosso aniversariante, é muito especial. Quanto mais envelhece, mais jovem, mais cheio de vida se torna. Terminou *Verdade e método*, sua principal obra, aos sessenta anos. Apoiando-se nela, dirigiu a atenção, muito mais que nos anos precedentes, para o passado e o futuro. Essa observação já nos leva ao problema central do seu trabalho científico: o da relação entre hermenêutica e tempo. Sem uma referência temporal, qualquer compreensão permanece muda. A compreensão – seja de um texto ou, no sentido ontológico, entendida como o projeto existencial humano da busca de um sentido – está fundamentalmente vinculada ao tempo, não apenas às circunstâncias ou ao espírito da época [*Zeitgeist*]. Para Gadamer, a compreensão remete à história dos resultados [*Wirkungsgeschichte*], cujas origens não podem ser determinadas diacronicamente e cujo aspecto central consiste em só poder ser experimentada no tempo de cada um. A vida de Gadamer ilustra sua experiência hermenêutica. O tempo não é apenas uma sucessão linear de dados ônticos; ele se completa na produção daquele que, pela compreensão, toma consciência de seu tempo, reunindo em si todas as dimensões temporais e, por conseguinte, esgotando a própria experiência. A filosofia hermenêutica elaborada por Gadamer e a pergunta sobre as condições históricas – por que precisamos compreender permanentemente, se queremos viver? – estão entrelaçadas. Por isso, a hermenêutica de Gadamer tem a ver com aquilo que a ciência histórica [*historische Wissenschaft*] reivindica para si como teoria da história [*Historik*]: debater as condições de possibilidade das histórias, levando em conta as aporias da finitude do homem em sua temporalidade.

A pergunta que levanto e à qual tentarei responder com algumas reflexões diz respeito à relação entre a teoria da história e a hermenêutica.

Implícita e, às vezes, explicitamente, a hermenêutica de Gadamer pretende abarcar a teoria da história. Assim como a teologia, a jurisprudência, a poesia e suas interpretações, também a história [*Geschichte*] é vista como uma subdivisão da compreensão da existência. O homem, projetado para compreender, não tem outra opção senão conferir sentido à experiência da história, ou, por assim dizer, assimilá-la hermeneuticamente.

Admitamos desde já que a narrativa histórica [*Historie*], como ciência da história [*Wissenschaft von der Geschichte*] e como arte de sua representação ou sua narração, faz parte do cosmo hermenêutico elaborado por Gadamer. Através da audição, da fala e dos textos, o historiador se move no mesmo terreno em que também se movem as outras figuras paradigmáticas da hermenêutica de Gadamer, como o teólogo, o jurista e o exegeta de textos poéticos. Admitamos, portanto, que a hermenêutica existencial de Gadamer engloba elasticamente a narrativa histórica, a qual dificilmente consegue se livrar dela. Quem depende da linguagem e de textos não pode escapar à reivindicação dessa hermenêutica. Isso vale para a narrativa histórica. Mas será que vale também para uma teoria da história [*Theorie der Geschichte*] que não tenta conhecer empiricamente as histórias passadas, mas indaga quais são as condições de possibilidade da história? Será que essas condições se esgotam na linguagem e nos textos? Ou será que existem condições extralinguísticas, pré-linguísticas, mesmo que tenhamos de usar a linguagem para nomeá-las? Se existem essas precondições da história, que não se esgotam na linguagem nem dependem de textos, o estatuto epistemológico da teoria da história não pode ser enquadrado como uma divisão da hermenêutica. Essa é a tese que tentarei justificar. Prosseguirei em dois passos.

Primeiro, esboçarei uma teoria da história que destaca seus atributos pré-linguísticos. Tentarei fazê-lo através da leitura de *Ser e tempo*, pois sem essa obra não podemos pensar a hermenêutica existencial de Gadamer. Num segundo passo, esboçados os resultados de uma teoria da história que aspira a um estatuto de anterioridade em relação à linguagem, eu os confrontarei com algumas ideias apresentadas na grande obra de Gadamer, *Verdade e método*.

1. Teoria da história

Tentarei apontar algumas observações que visam a uma teoria da história pré-linguística. Ao contrário da narrativa histórica [*Historie*] empírica, a teoria da história não se ocupa com as histórias [*Geschichten*] como tais, cujas realidades passadas, atuais e talvez futuras são tratadas e examinadas pelas ciências históricas [*Geschichtswissenschaften*]. A teoria da história é, antes, a teoria das condições de possibilidade da história. Ela trata dos elementos prévios, no plano teórico, que permitem compreender por que as histórias ocorrem, como elas podem ocorrer e também por que e como devem ser analisadas, representadas ou narradas. A teoria da história, portanto, aponta para o caráter duplo de toda história, ou seja, tanto para os nexos entre os acontecimentos como para a maneira de representá-los.

Em *Ser e tempo*, Heidegger apresentou um esboço de ontologia fundamental que, a partir da analítica existencial da finitude do *Dasein*,* tenta, entre outras coisas, explicitar a condições de possibilidade da história, seja como narrativa histórica [*Historie*] ou como devir [*Geschichte*]. Delimitada pelo nascimento e a morte, a estrutura básica do *Dasein* é sua temporalidade. Ela decorre da experiência inultrapassável de finitude que só pode ser vivenciada pela antevisão da morte – como dizia Inocêncio III: "Morremos durante todo o tempo em que vivemos; só deixamos de morrer quando deixamos de viver."[1]

Heidegger quis tratar, de forma sistemática, da possibilidade do não--ser na antecipação da morte, de modo que o horizonte de sentido de

---

* Termo que Heidegger usa em *Ser e tempo* para referir-se ao "ser-aí" humano. [N.T.]
[1] Inocêncio III, *De contemptu mundi*, Lib. I cap. XXIV (Migne, PL 217, col. 714A).

toda experiência do ser se manifestasse no advento do *Dasein*. Mas, na sua análise da finitude humana, numerosas categorias e interpretações, que podiam ser ampliadas e expandidas, induziam a uma leitura antropológica, apesar dos seus esforços para evitar essa "antropologização". Assim, suas análises incluíram termos como "cuidado" [*Sorge*] e "angústia" [*Angst*], ou como "assumir o destino" [*Schicksals*] e "história como destino" [*Geschick*]; também "autenticidade" [*Eigentlichkeit*] e "inautenticidade" [*Uneigentlichkeit*], "povo", "fidelidade", "herança", "ser livre para a morte" [*Freisen zum Tode*], finalmente também "morte", "culpa" [*Schuld*], "consciência" [*Gewissen*] e "liberdade" [*Freiheit*]. Nenhuma medida preventiva, metodologicamente formulada, poderia eliminar a possibilidade de interpretar essa terminologia em termos políticos. Quem, antes de 1933, falava em "consciência determinada pela antecipação da morte" [*zum Tode vorlaufender Entschlossenheit*] não podia mais, depois de 1945, fugir de uma interpretação ideológica. Hoje, muitas dessas determinações já esmaeceram, soam enfadonhas ou ultrapassadas e necessitam de uma tradução histórica para que permaneçam legíveis como categorias de uma ontologia fundamental e reivindiquem validade duradoura. No entanto, aqui não queremos analisar criticamente o *páthos* da década de 1920. Antes, queremos perguntar se essas determinações introduzidas por Heidegger bastam para desenvolver uma teoria da história que permita deduzir as condições de possibilidade da história a partir da determinação fundamental da finitude e da historicidade. É justamente isso que me parece não ser o caso.

Como *Dasein*, o homem ainda não se abriu ao próximo – eis uma temática de Löwith – e tampouco se viu livre em sua conflituosidade com seus semelhantes. As temporalidades da história não são idênticas nem podem ser completamente deduzidas das modalidades existenciais elaboradas a partir da noção de homem como *Dasein*. As temporalidades da história são constituídas, desde sempre, pelas relações humanas. Sempre se trata da simultaneidade do não contemporâneo, de relações de diferença que contêm sua própria finitude, a qual não pode ser reduzida a uma "existência" particular.

Por isso, quero primeiramente ampliar as categorias propostas. Para estabelecer a possibilidade de histórias factuais, parece-me especialmente oportuno completar a concepção de finitude da analítica existencial de Heidegger. O par antitético central de Heidegger – o "ser-arremessado" [*Geworfenheit*] (em termos empíricos, o nascimento) e a "antecipação da morte" [*Vorlaufen zum Tode*] (em termos empíricos, a inevitabilidade da morte) – pode ser complementado por pares antitéticos que estabelecem com maior rigor – e, certamente, de outro modo – o horizonte temporal das nossas experiências de finitude. O fato de se tratar de categorias que sugerem uma ampliação para a antropologia histórica não deve nos incomodar. As categorias do próprio Heidegger sugeriram a legibilidade e a interpretabilidade antropológica de uma teoria da história que elas mesmas não foram capazes de fundar satisfatoriamente. Pois é impossível fundar satisfatoriamente as condições de possibilidade da história a partir de noções como "origem", "herança", "fidelidade", "destino", "povo", "cuidado" e "angústia" – para repetir algumas categorias importantes.

Quero me servir de cinco categorias bem conhecidas, que me parecem apropriadas como pares antitéticos para destacar a estrutura temporal fundamental de qualquer história possível.

1. Para que a história seja possível, a noção de "antecipação da morte", central no pensamento de Heidegger, precisa ser complementada pela categoria do "poder matar" [*Totschlagenkönnen*]. Os homens fizeram da sobrevivência o objeto constante de seus esforços ao longo da história, mas não somente por causa do horizonte da morte. Desde os bandos de coletores e caçadores até as superpotências nucleares, a luta pela sobrevivência sempre se dá sob ameaça da morte do outro ou, mais ainda, pelo outro. Essa ameaça, como se sabe, pode limitar o uso efetivo da violência. A possibilidade de sobreviver implica que os homens organizados possam matar uns aos outros e que acreditem na necessidade de matar.

> De certa forma, uma carga de cavalaria parece a vida real. Enquanto você se mantém firmemente na sela, consegue controlar o cavalo e pode usar as armas, os inimigos, na maioria das vezes, saem da frente. Mas quando você perde um estribo, a rédea se rompe, deixa cair a arma ou está ferido, os inimigos atacam de todos os lados.

Assim Churchill descreve uma das últimas batalhas a cavalo, da qual ele mesmo participou no Sudão. "Bloqueados pela massa de inimigos, agarrados por todos os lados, perfurados e mutilados por lanças e espadas, [meus camaradas] foram derrubados dos cavalos e dilacerados pelo inimigo em fúria."[2]

Seguindo a terminologia de Heidegger, poderíamos dizer que o "poder-matar recíproco" [*das gegenseitige Sichumbringenkönnen*] é tão originário quanto a "antecipação da morte", contanto que se trate o *Dasein* como um *Dasein* histórico. Por isso, manter e assegurar a paz ou estabecê-la após uma guerra é um feito histórico.

Que manifestações históricas ajudam a investigar o que torna possíveis a guerra e a paz, seus artifícios e suas vilezas? Se não existisse a capacidade de matar os semelhantes, de poder encurtar violentamente o período de vida dos outros, não existiriam as histórias que conhecemos.

2. Por trás do par antitético do "dever-morrer" e do "poder-matar" há outra oposição, a de "amigo" e "inimigo". Este par conceitual provém do mesmo contexto político que conferiu a *Ser e tempo* as nuances específicas de sua época, aquelas que o tornam legível como texto histórico. Malgrado, porém, o viés político-ideológico desses termos e seu uso ideológico, precisamos estar cientes de que, em termos puramente formais, o par antitético amigo-inimigo expressa finitudes que se manifestam por trás de toda a história da auto-organização humana. O desenvolvimento empírico, em sua sucessão diacrônica, sempre pressupõe o par antitético amigo-inimigo, quer se trate de gregos combatendo contra bárbaros ou contra os próprios gregos, de cristãos combatendo contra pagãos ou contra os próprios cristãos, das entidades modernas que falam em nome da humanidade combatendo o adversário que elas excluem do âmbito humano, ou de entidades que se compreendem como sujeitos de uma classe lutando para abolir as classes. Do ponto de vista das categorias, trata-se de uma oposição formal que pode ser preenchida com qualquer conteúdo; representa, pois, uma espécie de categoria transcendental de qualquer história possível. Insistir, por inteligência ou simpatia humanitária, no mandamento cristão do amor ao próximo – e hoje, por motivos puramente maquiavélicos, cumpri-lo talvez seja um imperativo da autopreservação neste planeta – ou pretender se aproveitar desse amor pressupõe que o par antitético amigo-inimigo é necessário ao pensamento. Como

---

[2] Winston S. Churchill, *My Early Life*, ed. alemã, *Weltabenteuer im Dienst*, Hamburgo, 1954, p. 122.

determinações existenciais, as categorias têm uma consistência que resiste ao simples uso ideológico que se poderia fazer delas. Amigo e inimigo contêm determinações temporais de futuro, nas quais o "ser-para-a--morte" [*Sein zum Tode*] pode ser ultrapassado a qualquer momento pelo "ser-para-matar" [*Sein zum Totschlagen*]. Quem conhece a fronteira movediça entre Israel e Líbano ou quem imagina as negociações sobre desarmamento em Genebra sabe que nenhuma crítica ideológica consegue impedir que as categorias existenciais possam ser realizadas a qualquer momento no plano existencial. Já no reconhecimento do outro como inimigo, e não como encarnação do mal a ser aniquilado, há uma esperança de paz.

3. Por trás desse desvelamento dos papéis está um par antitético de natureza mais geral: a oposição entre "interior" e "exterior", que constitui a espacialidade histórica. Se Heidegger demonstrou que a espacialidade do *Dasein* é tão originária quanto o "ser-no-mundo" [*In-der-Welt-Sein*], então uma teoria da história precisa completar essa determinação, de modo que todo *Dasein* histórico seja dividido em um espaço interior e um espaço exterior. Todas as entidades sociais ou políticas se constituem por delimitação com outras entidades. É incontestável que todos os homens são o nosso próximo, mas, do ponto de vista histórico, o são de formas diferentes. Não existe história de amor que não crie relações entre interior e exterior, e que não seja suportada por essa tensão. Tal oposição emerge em todas as histórias, mesmo quando as entidades envolvidas são agregados de muitas pessoas. Para fixar o limite entre interior e exterior, para decidir os diferentes planos que os organizam no espaço, é preciso recorrer a certos critérios. É claro que, em termos diacrônicos, modificam-se os espaços, sua densidade e seu tamanho, além de suas fronteiras. Também mudam os conflitos causados pelas definições de fronteiras e novamente regulados ou resolvidos pelo deslocamento destas.

Em termos de conteúdo, podemos estabelecer as épocas da história mundial segundo suas definições de espaço interior e exterior, a começar pelos grupos nômades e caçadores, passando pelas complexas formas de organização das culturas avançadas, para finalmente chegar à sociedade mundial atual, plural e cheia de contenciosos. Hoje, parece que as fronteiras se tornaram osmóticas, pois os laços econômicos e técnicos exercem uma pressão crescente que aumenta a interdependência de todas as entidades do globo. Mas fronteiras osmóticas continuam sendo fronteiras; o controle político de sua permeabilidade é mais severo hoje do que era no passado. A estratificação de múltiplos espaços sobrepostos não anula a oposição fundamental entre as categorias "interno" e "externo"; ao contrário, a pressupõe. Isso é mais evidente nas entidades militares que abrangem grandes territórios no Oriente e no Ocidente. A interdependência global cria espaços biológica ou economicamente complexos e estratificados, também condicionados pela ecologia, mas não basta para dissolver as fronteiras nacionais.

Uma variante da oposição entre "interior" e "exterior" é a oposição entre "público" e "secreto". Também essa oposição estrutura as condições de possibilidade da história, quer se trate de ritos de iniciação em comunidades de culto, associações profissionais e grupos de interesse econômicos, processos eleitorais (inclusive suas compensações clientelistas) ou órgãos de decisão em política interna ou externa. Cada segredo exclui *per definitionem* um espaço não acessível à opinião pública, exterior a ela; e cada espaço público, uma vez institucionalizado, reproduz novos espaços secretos a fim de possibilitar a continuidade da política. Isso abarca desde a política da ONU até a de nossas universidades. Nestas, a diversidade corporativa leva necessariamente a debates secretos nos grupos organizados, que precisam preceder as reuniões para que estas continuem a funcionar. Assim, na medida em que delimitam espaços secretos e espaços públicos, as relações existentes entre interior e exterior sempre têm uma influência temporal maior ou menor. Não é possível manter de outra forma a capacidade de ação dos agentes. Naturalmente, a interação pode ter dosagens variadas. Nas democracias do Ocidente, a fronteira entre segredo e publicidade é muito mais permeável e permite um ajuste recíproco, fazendo com que a ação se torne relativamente mais lenta. Nas regiões sob domínio comunista, a fixação dessa fronteira serve preferencialmente para controlar a opinião pública segundo a impenetrável vontade dos órgãos do comitê central. Ali, talvez seja possível uma ação mais rápida, mas ela sofre de rigidez e de falta de elasticidade.

Kant exige o teste moral da publicidade para ordenamentos jurídicos racionais. Mas nem mesmo esse teste pode evitar que o planejamento de certas reformas seja mantido em segredo. Se assim não fosse, toda reforma fracassaria, justamente por causa dos princípios que a inspiram.

A história das reformas prussianas é um bom exemplo de que os princípios da liberalização, que exigem debates públicos, só puderam ser implementados porque a opinião pública da época, dominada pela nobreza, foi mantida afastada dos centros de decisão até que se tornou possível fazer as reformas em nome de uma opinião pública futura, que ainda não estava constituída. As reformas nunca teriam sido implantadas se os antigos estamentos tivessem sido envolvidos nelas desde a fase de planejamento.

Quem postula uma discussão livre de qualquer dominação abstrai a dimensão temporal, que, como vimos, existe necessariamente por causa de determinações indispensáveis à ação, como as noções de segredo e publicidade. Assim, a antítese entre "secreto" e "público", variante da antítese entre "interior" e "exterior", faz parte das condições estruturais de qualquer história. Toda história está sob a pressão do tempo. Para aliviar e corrigir essa pressão, a fronteira entre segredo e publicidade sempre precisa ser redefinida e restabelecida. O caso Watergate foi uma violação criminosa dessa fronteira.

4. A análise da finitude, a partir da qual Heidegger explorou o horizonte da temporalidade [*Zeitlichkeitshorizont*] e da historicidade [*Geschichtlichkeitshorizont*] para demonstrar a possibilidade da história, exige uma diferenciação adicional. Malgrado suas associações com o mundo animal, o conceito de "ser-arremessado" [*Geworfenheit*],* proposto por Heidegger, refere-se à necessidade de cada um aceitar a própria existência, ou seja, aceitar o nascimento, com o qual se iniciam a vida e a morte. Para fundamentar as condições de possibilidade da história é preciso introduzir distinções em relação à premissa da finitude, a partir da qual se pode entender o advento do *Dasein*. Sugiro a categoria da "geratividade" [*Generativität*], se me permitem esse neologismo. Em sentido análogo, Hannah Arendt fala de natividade [*Gebürtlichkeit*] ou natalidade [*Natalität*]. Em termos biológicos, a geração dos filhos resulta da sexualidade natural. Nisso se fundamenta a transformação antropológica que transforma a condição zoológica em uma realidade humana. Aqui só quero demonstrar que as relações entre homem e mulher determinam, pela

---

* O verbo *werfen*, a partir do qual o substantivo *Geworfenheit* é formado, significa, além de "lançar, jogar", também "parir", que, em alemão, é usado apenas para referir-se ao parto animal. [N.T.]

geratividade, a relação entre pais e filhos, entre gerações. À geratividade – como determinação transcendental – correspondem, em termos empíricos, a sexualidade humana e também a realidade e a atividade das gerações em sua sucessão diacrônica. A noção de geratividade contém a de finitude, a qual integra as condições temporais que permitem engendrar novas histórias. Imbricando-se e perpetuando-se no tempo, as gerações se sucedem, o que implica exclusões sempre novas, determinações diacrônicas de interior e exterior e experiências específicas de cada geração. Sem essas exclusões nenhuma história seria pensável. Mudanças e choques geracionais constituem diferentes horizontes temporais finitos que se deslocam e se imbricam, produzindo histórias. Sendo específicas de cada geração, as experiências não são imediatamente transmissíveis.

A revolta estudantil do fim da década de 1960 foi conduzida pela primeira geração que não havia vivenciado a Segunda Guerra Mundial. Ora, essa geração foi confrontada com as experiências dos pais, que haviam vivido no período nazista e permaneceram marcados por isso. A ruptura geracional estava praticamente programada, por assim dizer, como acusação; os conflitos estavam contidos na ruptura geracional, embora pudessem receber uma fundamentação histórica. A única coisa que não pôde ser diretamente dissipada foi a estrutura acusatória inerente a esse conflito de gerações.

Assim, as histórias podem ser divididas de dois modos: ou se consegue superar a ruptura geracional sempre presente ou não. Lembro aqui os rituais que procuram regular o ingresso das sucessivas gerações no mundo dos adultos por meio de iniciações ou de provas, isto é, com o acesso a novas relações entre interior e exterior; ou as institucionalizações criadas a partir de juramentos, que inicialmente eram de natureza pessoal, para renovar a identidade da entidade com cada nova geração. Lembro também os atos eleitorais recorrentes, que visam a integrar as experiências das novas gerações em um sistema democrático. Ou o instituto da emancipação, cuja estrutura iterativa possibilita a duração. Seria um equívoco acreditar que a emancipação, que está sempre condicionada pela geração, possa vir a ser definitiva e geral. A maioridade não pode ser eternizada ou materializada como tal, ontologicamente. A expressão comovente "Não confie em ninguém com mais de trinta anos", motivo de tanto orgulho para os estudantes, só poderia ter sido válida se, dez anos mais tarde, não colocasse esses mesmos estudantes no lado dos inconfiáveis.

Tendo em vista o advento das gerações, qualquer tipo de emancipação, entendida como uma determinação jurídica, política ou social, só pode ser realizada se preencher a dupla condição de ser repetível no plano formal e, no que diz respeito ao conteúdo, não poder ser fixada por escrito ou eternizada, por exemplo, como um destino presumido da história.

É claro que a experiência de ruptura, contida na noção de geratividade, também pode levar a transformações violentas, comuns nas guerras civis ou nas revoluções. O embate entre gerações é uma das condições elementares de cada história que amadurece, seja canalizada por instituições ou transformada de modo revolucionário. Mas isso é uma questão que diz respeito à história factual. A determinação de suas possibilidades está contida no conceito de geratividade.

5. Nossa reflexão conduz a outro par antitético que, apesar de ser visto como um anacronismo da antiga Europa, preservou o mesmo grau de formalidade e o poder explicativo de todas as categorias já mencionadas. Refiro-me a "senhor" e "servo". Platão enumera seis diferentes relações que engendram vínculos de dependência. Apenas uma delas – viver de acordo com as leis – não suscita relações de dominação ou conflitos políticos. Em termos formais, estamos nos referindo a relações entre "acima" e "abaixo", que também pertencem às determinações de finitude, sem as quais, a despeito de todos os artifícios da auto-organização política, nenhuma história é possível. Uma das variantes é a que desnuda a relação de poder entre fortes e fracos. Sem dúvida, o diálogo dos mélios, de Tucídides, foi repetido em Moscou quando Dubček tentou salvar a liberdade de Praga. Podemos demonstrar empiricamente quem estava acima e quem estava abaixo, tanto no diálogo entre os atenienses e os mélios como no diálogo entre Moscou e Praga. Novas relações de dependência sempre se introduzem, mas isso não muda nada. O despotismo e a tirania, como formas abertas de injustiça, são apenas casos extremos que chamam atenção para perigos possíveis, mas não necessários; já as relações de dependência – oriundas da autoridade, dos costumes, da tradição, de acordos ou do direito – podem ser alteradas e revertidas em uma dada

situação. Cada revolução que transforma violentamente as relações de poder estabelece novas relações de poder. A legitimação pode ser nova, as relações jurídicas podem ser outras e até melhores, mas nada muda quanto ao retorno de formas de dependência reorganizadas e juridicamente regulamentadas na relação acima-abaixo. Até mesmo um acordo entre iguais recorre à força política para estabilizar as novas relações.

O que, então, têm em comum os cinco pares antitéticos? Como esse aspecto comum pode conduzir a uma teoria da história? Em termos heideggerianos, trata-se de determinações existenciais, isto é, categorias transcendentais que indicam as condições de possibilidade da história, embora não sejam suficientes para fornecer descrições concretas, pois não permitem apreender a diversidade da história real. Como sempre, são necessárias condições suplementares. Basta mencionar os muitos âmbitos da vida que precisam ser acrescentados – as esferas religiosa, cultural, econômica, política, social ou qualquer outra – para que se obtenha uma representação satisfatória da história.

Por que, então, devemos mencionar as condições transcendentais mínimas da história? Elas servem para apontar as estruturas da finitude como pares antitéticos. Por se excluírem reciprocamente, suscitam tensões temporais entre as entidades políticas e dentro delas. As histórias que se realizam são a efetivação de variantes entre muitas outras possíveis. É necessário se libertar desse excesso de possibilidades para poder realizar algo "no tempo". Por isso, precisamos dessas determinações antitéticas que evidenciam aquela finitude temporal em cujo horizonte surgem tensões, conflitos, rupturas e inconsistências que, quando colocados, permanecem insolúveis, mas forçam as entidades políticas a trabalhar para uma solução diacrônica, seja para que possam sobreviver ou, nisso, perecer. Amigo e inimigo, pais e filhos, sequências geracionais, antes e depois, as tensões entre acima e abaixo ou entre interno e externo, entre secreto e público – todos esses pares são constitutivos da formação, do desenvolvimento e da eficácia das histórias.

Até agora apresentei um esboço teórico simplificado que pretende desenvolver a analítica existencial de Heidegger em uma direção que ele mesmo não levou em consideração: compreender o que torna possíveis as histórias, enquanto Heidegger se contentou com a categoria da historicidade [*Geschichtlichkeit*]. Essa categoria conferiu uma interpretação positiva à experiência do relativismo, própria do historicismo, mas não ajudou a fundamentar de forma transcendental a multiplicidade das histórias reais.

2. Teoria da história e hermenêutica

Nesse esboço sobre a possibilidade de uma teoria da história, excluí até agora, deliberadamente, uma categoria que as pessoas aqui presentes esperam ouvir, tendo em vista o nosso tema: a categoria da linguagem. Partindo de Heidegger, mas indo além dele, Gadamer pôs esse aspecto no centro da sua hermenêutica filosófica – graças à sua *grandezza* humanística e científica. Considerando que a parte e o todo se pressupõem reciprocamente para que possam ser compreendidos, o círculo hermenêutico tradicional, inerente ao ato de compreender qualquer texto ou discurso, já fora estabelecido por Dilthey e Heidegger. A existência humana é um *Dasein* histórico porque desde sempre exigiu a compreensão de um mundo que é, ao mesmo tempo, apreendido e constituído pela linguagem. Remeter toda experiência à sua significação no mundo é tão originário quanto o ato de interpretá-la e expressá-la linguisticamente. Antes de quaisquer diferenciações científicas ou procedimentos metodológicos está a hermenêutica, a teoria da integração existencial naquilo que podemos chamar de história [*Geschichte*], possibilitada e transmitida pela linguagem. A preocupação de Gadamer é com a verdade histórica; o método tem apenas um sentido subsidiário. O título *Verdade e método* carrega consigo uma produtiva indução ao erro. A conjunção "e" não liga verdade e método como o faz no caso de homem e mulher. Mas o método também não é um esmiuçamento da verdade em todos os seus pormenores. Permitam-me uma comparação: o livro trata de uma teoria geral do clima, na qual uma pequena chuva encontra seu lugar.

A hermenêutica, como teoria da interpretação, possui então um estatuto histórico-ontológico, enquanto a categoria da linguagem é o modo de execução que lhe é inerente; ela não se deixa reificar pelo recurso a um método. Esse tipo de possibilidade prévia de experiência do mundo é indispensável para se pensar o *Dasein* humano; ela é anterior a todas as formas de ciência. Assim, a determinação da relação entre hermenêutica e teoria da história aparece, sem dúvida, sob nova luz.

O que caracterizava o projeto categorial por meio do qual a teoria da história delineia as condições transcendentais de possibilidade da história? Tratava-se sempre de determinações que apontavam para estruturas pré-liguísticas ou extralinguísticas. Pois, por meio dessas determinações formais universais (dentro e fora, acima e abaixo, antes e depois) ou das determinações formais mais concretas (amigo e inimigo, geratividade, senhor e servo, público e secreto), sempre se tratava de determinações categoriais que apontam modos de ser que, embora mediados pela linguagem, nunca se esgotam nessa mediação linguística, pois também têm algo de irredutível. Trata-se de categorias que apontam para um modo de ser particular de histórias possíveis e suscitam algo como compreensão e inteligência. Então, a hermenêutica estaria condenada a reagir a um acontecimento que foi predeterminado pela teoria da história. Logo, para usar termos simples, a teoria da história remete a contextos de ação, a formações de finitude situadas em um âmbito ao mesmo tempo intra e extra-linguístico; a hermenêutica remete à sua compreensão. Essa resposta tem algum valor, mas é simples demais para ser verdadeira.

Por isso, para finalizar, perguntamos mais uma vez pelo *status* linguístico das categorias usadas em nossa descrição das condições transcendentais de possibilidade da história. A hermenêutica poderia fazer a seguinte objeção: os pares antitéticos mencionados só podem ser apreendidos linguisticamente, enquanto o tipo de teoria da história aqui esboçado é apenas um resumo linguístico, uma teoria da história entre outras igualmente possíveis. Ou é uma teoria da história que visa às condições meta--históricas que o homem compartilha com os animais. Assim, não é uma teoria da história que, por exemplo, possa ser deduzida das categorias do trabalho e da divisão do trabalho, como em Marx. Mas, em termos hermenêuticos, a maneira como surgiu essa ou outra teoria da história só pode ser compreendida no horizonte de sua gênese linguística. Na correnteza da tradição flutuam alguns restos textuais, fragmentos teóricos, que provêm principalmente dos efeitos históricos da teoria política, de Platão a Carl Schmitt. Às margens do rio está, ou acredita estar, um pobre historiador que recolhe dos restos aquilo que lhe convém para continuar a nadar na correnteza dos acontecimentos, estando reequipado com uma teoria nova.

A despeito da metáfora oblíqua, essa descrição não é inteiramente falsa. Ela permanece válida em relação à proveniência linguística, à recuperação da tradição anterior das teorias da história e às definições conexas no horizonte da continuidade. Mas com isso a teoria da história, desenvolvida aqui apenas como exemplo, ainda não se transformou, no que diz respeito ao seu conteúdo, em um caso particular da hermenêutica: não basta que a origem da teoria da história possa ser demonstrada linguisticamente ou ser compreendida como uma resposta linguística a uma pergunta dada.

Do ponto de vista da tarefa científica de uma teoria da história, importa saber qual será seu rendimento analítico a fim de encontrar uma ordem racional no caos de diagnósticos e previsões históricas. A história em si mesma, se estamos dispostos a aceitar esse termo carregado de ideologia, é irracional – racional é, no máximo, a sua análise. O importante, portanto, parece ser o seguinte: será que uma teoria da história trata de estruturas de possibilidade de histórias, às quais uma teoria da compreensão só pode reagir? Mesmo que se possa demonstrar o caminho que o historiador usou para chegar à sua teoria da história, isso ainda não significa que o resultado possa ser aplicado ao diagnóstico proposto; ou, dito de outro modo, que ele torne a verdade visível e, ao mesmo tempo, a faça controlável pelo método. A experiência primária reside na diferença entre linguagem e fato.

A determinação da relação entre a hermenêutica e a teoria da história se torna ainda mais complicada se partirmos da premissa de que ambas só podem refletir sobre seu estatuto recíproco se remeterem permanentemente à linguagem.

Partamos de duas teses fortes e esclarecedoras, que Gadamer defende repetidamente. Em primeiro lugar, ele diz que nosso mundo de experiência é viabilizado e mediado pela linguagem, mas nunca é apenas um processo linguístico nem se esgota na linguagem. Ao contrário, em cada processamento linguístico importa sempre o objeto que é expresso linguisticamente. Nesse sentido, o objeto da teoria da história permanece na esfera da hermenêutica geral. Porém, em seu debate com Habermas e Apel, Gadamer enfatiza que buscar um sentido inerente à história, um sentido que se imporia a todo ato de compreensão e poria a história num plano superior a todo esforço hermenêutico, é um objetivo inatingível. "Isso nada mais é do que explicitar a verdadeira temática hermenêutica. Ela encontra sua completa legitimação na experiência da história."[3] A superioridade daquilo que deve ser compreendido nunca pode ser completamente alcançada por qualquer interpretação. A temática da teoria da história é um caso especial, que toda linguagem tenta, em vão, esgotar.

Em segundo lugar, Gadamer enfatiza que, também nos limites metodologicamente mais restritos das ciências que trabalham com textos e com suas interpretações, a atitude do historiador em relação às fontes difere consideravelmente da atitude das ciências humanas adjacentes. Entre as ciências que interpretam textos, a ciência histórica ocupa uma posição que supera todos os procedimentos hermenêuticos. Explicarei isso em poucas palavras.

Os procedimentos do jurista, do teólogo e do filólogo têm em comum o fato de atribuir ao texto uma posição genuína, em certo sentido incontestável.

Para que uma decisão jurídica justa possa ser emitida, a exegese da lei trata qualquer caso específico de tal forma que os fatos possam ser subsumidos à afirmação da lei. Um caso jurídico, subsumido à lei, é formatado linguisticamente de modo diferente de um caso investigado pela psicologia ou pela história social. A submissão aos termos da lei pré-formata o caso, de modo a facilitar a aplicação da lei. O texto da lei tem, portanto, uma função reguladora na interpretação do caso particular. O mesmo caso que termina em um veredicto de culpa pode, sob outros aspectos – os da psicologia, da moral ou da crítica da ideologia –, revelar inocência, contrariando a interpretação jurídica.

Quando, em decorrência de mudanças nas condições políticas e sociais, a interpretação da lei é alterada, a exegese do texto se modifica com algum atraso. Devem existir fatores que precedam à mudança da interpretação e da aplicação da lei. Quando um caso é apresentado sob nova luz, contrariando a exegese jurídica vigente, então a parte produtiva, que reage à história, passa a ser mais forte do que a parte interpretativa e re-

---

[3] Hans Georg Gadamer, réplica in *Hermeneutik und Ideologiekritik*, Theorie-Diskussion, Frankfurt am Main, 1971, p. 302.

ceptiva da hermenêutica jurídica. Mas a decisão sobre se um texto precisa ser reinterpretado ou até mesmo se uma lei precisa ser mudada porque surgiu um novo estado de coisas pertence primariamente à teoria da história e só secundariamente à hermenêutica. Uma das teses de Gadamer afirma que a história se cumpre sem levar os homens em consideração. A compreensão linguística de um texto legal precisa ser precedida por uma compreensão – de certa forma, também linguística – da história, ou, melhor, da mudança histórica, que então se manifesta em novas leis ou em reinterpretações radicais de textos antigos.

Em comparação com os textos jurídicos, os teólogos e filólogos estão ainda mais presos ao *status* de suas fontes. O teólogo permanece preso à palavra de Deus tal como foi revelada no texto bíblico. E mesmo que, como afirmou Nietzsche, Deus tenha aprendido mal a língua grega quando ditou o Novo Testamento, o texto da revelação preserva sua força dogmática. O caso tratado pelo texto bíblico pode ser relativizado em termos históricos e reconsiderado, tendo em vista os novos desafios, mas, como texto revelado, a Bíblia mantém sua pretensão de unidade, à qual o fiel precisa reagir de forma imediata.

O filólogo também tenderá a conferir um peso ao texto que edita e comenta, peso que aumenta ainda mais quando a forma linguística adquire o caráter inconfundível e inalcançável de uma poesia. O objeto verbalizado no texto permanece subordinado à sua forma linguística.

O mesmo não ocorre com o historiador: basicamente, ele se serve dos textos apenas como testemunhas, para extrair uma realidade que existe além deles. Portanto, mais do que todos os outros exegetas de textos, ele destaca um fato extratextual, apesar de reconstituí-lo por meios linguísticos. Parece até uma ironia. Na comparação com as ciências do espírito, o historiador depende menos de textos do que o jurista, o teólogo ou o filólogo. Ao serem transformados em fontes pelas perguntas que ele formula, os textos possuem apenas um valor indicativo para as histórias que ele deseja conhecer.

Escrever a história de um período significa fazer afirmações que nunca poderiam ter sido feitas naquele período. Elaborar uma história baseando-se em suas condições econômicas significa empreender análises de fatores que não podem ser diretamente deduzidos das fontes.

Ao indagar as condições de possibilidade da história, a teoria da história remete a decursos de longo prazo que não estão contidos nos textos como tais; antes, suscitam a produção de textos. Ela remete a conflitos, rupturas, descontinuidades, a modos elementares de comportamento que se neutralizam reciprocamente. Nomeá-los já representa uma forma de racionalização, especialmente quando os fatos enunciados ou referidos, ou também os fatos evocados linguisticamente, são irracionais. O sem-sentido [*Unsinn*] linguístico pode ser desvelado linguisticamente. Expresso por meio da linguagem e suscitado por motivos e obrigações que escapam à linguagem, o sem-sentido pode ser admitido no espaço da racionalidade desde que sofra uma operação adicional de tradução. Os limites da falta de sentido [*Sinnlosigkeit*] são alcançados, mas não ultrapassados.

Quero ilustrar isso com um exemplo. Existe um texto famigerado, mais ou menos conhecido: *Mein Kampf*, de Hitler. Partindo do enunciado do texto, pode-se extrair dele que a aniquilação dos judeus era uma máxima de ação possível da política que seria implantada. As palavras, tomadas ao pé da letra, não permitem dúvida sobre isso, mesmo que inicialmente o texto não tenha sido levado muito a sério como panfleto antissemita.

Não obstante, a história que levou a Auschwitz não pode ser deduzida como consequência necessária de *Mein Kampf*. Havia a possibilidade de a história seguir outro rumo. O fato de ter ocorrido o que ocorreu não é uma questão do texto ou da exegese textual. A realidade foi aquela porque os homens a produziram – no sentido literal, com a produção industrial da morte. A realidade foi mais forte do que qualquer dedução ou documentação textual *ex post*.

Após Auschwitz, altera-se também o *status* de *Mein Kampf*. O que Hitler escreveu foi ultrapassado de forma imensurável pelos fatos, e assim seu discurso adquiriu um novo sentido, um sentido que antes não pôde sequer ser percebido.

Precisamos, então, distinguir entre a compreensão voltada para o texto, com a finalidade de apreender seu enunciado objetivo, e a indagação daquilo que, involuntariamente, se expressa através do texto e só *a posteriori* se revela como verdade histórica. Nenhuma fonte textual contém a história que, mais tarde, se constituirá e ganhará expressão em fontes textuais posteriores.

Precisamos distinguir entre a história dos efeitos que acontecem na continuidade de uma tradição e de uma exegese textual e a história dos efeitos que, mesmo mediados e possibilitados pela linguagem, permanecem sempre além da linguagem. Existem processos históricos que escapam a qualquer compensação ou interpretação linguística. Esse é o domínio que caracteriza a teoria da história – pelo menos teoricamente – e a distingue, mesmo que ela pareça ser abarcada pela hermenêutica filosófica.

No que diz respeito à sua teoria e ao seu método, a história é, portanto, mais do que uma ciência ligada filologicamente ao texto. Uma teoria da história pode ser facilmente distinguida de uma hermenêutica de textos. Mas será que ela também pode ser distinguida de uma hermenêutica que incorpora toda teoria da história como feito linguístico? Seguramente, no sentido de que seu tema, a própria história, antecede a todo entendimento. Como dizia Fichte: "Toda esta realidade, como tal, [...] nada mais é do que o sepulcro do conceito que se esforçava para ver a luz do dia."[4] Talvez o conceito de história também seja um desses conceitos que se consomem quando expostos à realidade. Por isso, sou grato pelo fato de caber ao senhor Gadamer a última palavra.

---

[4] Johann Gottlieb Fichte, *Nachgelassene Werke*, v. 2, org. I. H. Fichte, Bonn, 1834, p. 151.

Teoria da história e linguagem
Uma réplica de Hans-Georg Gadamer

Deparo-me com algumas dificuldades para responder ao discurso de Reinhart Koselleck. No momento em que estou comovido por muito do que os palestrantes tentaram me convencer e também por todas essas pessoas amigáveis que se aproximaram de mim de outra forma, mal consigo me concentrar. Alguém me chamou de grande erudito. Tremi na base. Hoje já não coseguimos alcançar aquilo que o século XIX quis designar com esse termo de forma tão digna. A despeito da alta autoestima de um ou outro pesquisador do campo das ciências humanas, nenhum de nós está à altura do conceito de grande erudito.

Vejo-me, especialmente diante do palestrante, na situação desesperadoramente difícil de ter que refletir sobre um desenvolvimento a partir de origens comuns. Não foi à toa que Reinhart Koselleck partiu de *Ser e tempo*, de Heidegger, para demonstrar como, do ponto de vista do historiador, é preciso ampliar e modificar as estruturas fundamentais da analítica existencial de Heidegger. De certa forma, isso corresponde às minhas próprias motivações filológico-estéticas, a partir das quais tentei desenvolver de uma forma própria as teses iniciais de Heidegger e o impulso que dele recebi. No entanto, não é fácil contribuir com algumas palavras sensatas para os pensamentos de um historiador. Sinto-me compelido a recordar uma famosa expressão de Hegel. Ele disse que, para o pensador, o jornal era a bênção matinal de realidade. A palestra que Reinhart Koselleck dedicou a mim também me pareceu uma bênção matinal de realidade. Sinto-me verdadeiramente honrado, não só por tratar-se de um dos meus amigos e discípulos que, de modo tão consequente e seguro, apresentou o que faz e os resultados a que chegou. Prezo ainda mais o fato de ele ter feito a palestra dessa forma e neste evento. Na verdade, vejo isso como confirmação do meu próprio esforço. Quem reflete sobre a importância da hermenêutica precisa saber que, antes de tudo, é preciso ouvir; só quem sabe ouvir pode transmitir algum conhecimento. Hoje, fomos convidados a participar de um diálogo, e eu gostaria de retomar esse diálogo mais vezes. Em sua intenção filosófica básica, meu próprio projeto hermenêutico não é muito diferente da convicção de que só podemos nos aproximar das coisas por meio do diálogo. Só quando nos expomos à possibilidade de uma visão contrária temos a chance de superar os limites dos nossos preconceitos. Não posso esperar que eu, neste momento e nesta situação, consiga expressar uma réplica, uma resposta que não significa estar contra, mas que, como toda palavra, é resposta, ou seja, responde a algo que se entendeu, que é pergunta e que foi dirigido ao outro para ser respondido. Não espero encontrar neste momento uma réplica que seja uma resposta verdadeira. Mas toda tentativa de resposta, mesmo não sendo uma réplica, introduz algo no horizonte aberto da pergunta, uma determinação de sentido que cria comunhão.

Na continuação do diálogo infinito que se chama "pensar", permitam-me, pois, falar a partir de discurso e réplica, de retrospectiva e perspectiva, de processo e retrocesso, expressar algo do fundamento comum que se apresenta a nós num momento assim. Quando me prontifiquei a dizer algumas palavras de agradecimento no final desta comemoração em minha honra, fui tomado pelo sentimento de que vivemos num momento especial, num mundo ameaçado. Esse sentimento está presente em todos os homens, em particular nos jovens. Assim, de um homem que representou e ainda representa a filosofia no ensino acadêmico espera-se mais do que uma retrospectiva cheia de gratidão sobre o próprio itinerário vital e intelectual, acompanhado e enriquecido por pessoas mais velhas, por contemporâneos e, sempre de novo, também pelos jovens. No fundo, todos sabemos que a maior oportunidade que a vida nos oferece repetidamente é a teoria, a distância teorética e a visão desimpedida que ela pode nos proporcionar. Ela sempre permanece vinculada a condições, como expressou hoje, de modo tão convincente, o senhor Koselleck. Refiro-me às poderosas realidades dentro das quais se realiza o convívio humano. Se voltarmos nossa atenção para elas, a "alegria propiciada pelo sentido" [*Freude am Sinn*], essa "filologia" que tudo abarca, poderia parecer uma fuga para um mundo de sonhos. Basta pensar que o mundo espiritual, no qual o ser humano tenta viver conforme seu mais profundo chamado, coincide com um fato tão terrível como o de a espécie humana ter inventado a guerra, algo que, na natureza, não ocorre entre membros da mesma espécie de um nível de organização mais elevado. Essa primeira investida no discurso de Reinhart Koselleck me enredou em pensamentos que já tentei seguir muitas vezes. Tenho plena consciência de que o olhar daquele que procura entender segue cada rastro de sentido e sempre está à procura de um sentido que, em meio à irracionalidade dos acontecimentos e da história, lhe abra horizontes de expectativa, esperança, ousadia e perseverança. Talvez devamos dizer que esta é a maior força humana, a despeito de todos os desafios que a realidade nos impõe mediante o sem-sentido, as loucuras e uma desconcertante absurdidade: a de resistirmos e permanecermos incansáveis na busca do inteligível e do sentido.

Não consigo me expressar hoje, em poucas e claras palavras, sobre os fundamentos dessa verdade. Se eu quisesse destacar a peculiaridade da existência humana por meios aristotélicos – já que ele é o mestre daqueles que sabem –, isso significaria refletir sobre o significado de o ser humano possuir a linguagem. No que diz respeito aos fatores determinantes do sentimento e do comportamento humanos, a linguagem é, em certo sentido, um tipo de recuperação abrangente. Mesmo assim, Aristóteles está certo quando defende que o que distingue o homem dos animais é a linguagem. O homem não se comunica só através de signos instintivos ou movido por ameaças iminentes, como o fazem, por exemplo, os pássaros com seus gritos de advertência ou cantos de cortejo, ou todos os outros animais que se servem de signos para interagir. O ser humano afastou-se tanto do conjunto de disposições e habilidades naturais, que sua liberdade contém, ao mesmo tempo, a responsabilidade por si e por seus familiares, por si e por todos nós. Esta é a qualidade inata à nossa posição única no conjunto da natureza viva: como os outros seres da natureza, estamos sujeitos a necessidades, impulsos e disposições, mas permanece uma margem de ação diferente, aberta, à nossa disposição. É o espaço das possibilidades dadas, das plausibilidades, que não se encontram apenas no espaço daquilo que está em aberto e é objeto dos nossos pensamentos; encontram-se também nas decisões nas quais se realiza a luta permanente pelo domínio e pela derrota, o espaço de ação da história humana. Portanto, encontramos a famosa definição de homem – mais conhecida na versão latina, *animal rationale* – na obra de Aristóteles sobre a política. O que o texto grego, na verdade, nos ensina é que aqui não está em jogo tanto a razão, mas a linguagem. Ela não é apenas um intercâmbio de signos, como o canto de cortejo ou o grito de alarme dos animais. Sua distinção consiste, antes, na apresentação de estados de coisas [*Sachverhalte vorzustellen*] a si mesmo e aos outros. Já a palavra *Sachverhalt*, em alemão, é muito peculiar. Vejo nela um aspecto altruísta no fato de concedermos à coisa [*Sache*] um comportamento [*Verhalten*] próprio, ao qual submetemos o nosso próprio comportamento. Há nisso algo que, com todo o direito, chamamos razão e que se realiza em nossas ações racionais. Ele se manifesta no milagre da distância que experimentamos na linguagem: a possibilidade de deixar algo em aberto. A hermenêutica, se me permitem mencionar isso dentro dos humildes limites nos quais me sinto responsável, é a elaboração dessa capacidade, tão maravilhosa quanto perigosa. O fato de podermos deixar algo em aberto, de podermos ponderar e sempre reconsiderar suas possibilidades, é mais do que um dos atributos naturais úteis de um ser vivo. Aristóteles, após ter feito sua afirmação, continua: justamente por causa dessa capacidade do logos, o ser humano consegue discernir o que é proveitoso e o que é prejudicial. Ou seja, ele tem noção daquilo que talvez não seja atraente agora, mas que promete algo para o futuro. Possui, portanto, a liberdade peculiar de projetar objetivos futuros e de ir à procura dos meios adequados para alcançá-los. Projetar algo tendo em vista o futuro é uma capacidade maravilhosa, mas perigosa, quando comparada com a sabedoria e o caráter firmemente determinado das forças naturais. O homem tem o sentido do tempo. Isso inclui (como Aristóteles nos dá a entender de forma logicamente consequente) a noção do certo e do errado. Vivenciamos essa conclusão constantemente diante da liberdade crítica do "poder compreender" e do "querer compreender". Sempre nos deparamos com a realidade e, de forma mais frequente, com a realidade do nosso próximo. No fundo, o "direito" é o grande ordenamento criado pelo homem, que nos impõe limites, mas também nos permite vencer desacordos e – nos casos em que não nos entendemos, em que nos entendemos de forma errada ou até mesmo em que nos maltratamos – nos leva a reordenar tudo e a incorporá-lo a uma realidade comum. Nós não "fazemos" tudo isso – isso nos sucede.

Como nos mostrou o olhar certeiro e sóbrio do historiador, nunca seremos donos da história. Conhecemos apenas histórias, e, a fim de tornar possíveis as histórias, estamos sempre imersos nessas contraposições básicas inexoravelmente severas, que nos foram apresentadas: amigo e inimigo, secreto e público e todas essas outras categorias fundamentais cuja polaridade faz parte de toda "história". Ambas as coisas estão interligadas e constituem o traço distintivo do homem, ser que possui linguagem e história. Por isso, é totalmente legítimo que um historiador leia *Ser e tempo* com o propósito de desvelar seu conteúdo antropológico e desdobrir as categorias da historicidade, como Koselleck fez aqui. Mas, mesmo nesse caso, restam categorias, conceitos fundamentais de um mundo objetivo e de seu conhecimento. Parece-me que eles são fundamentalmente diferentes dos conceitos heideggerianos, que procuram elaborar a historicidade do *Dasein* e não as estruturas fundamentais da história e do conhecimento dela. Certamente, também a analítica do *Dasein*, proposta por Heidegger, pode ser compreendida pelo historiador, em seu distanciamento, como um fenômeno histórico ou, pelo menos, um fenômeno da história contemporânea. História é uma categoria "universal". A teoria da história de Koselleck representa uma teoria de categorias desse universo que articula um enorme campo de objetos do conhecimento humano – no entanto, essa teoria de categorias não pretende legitimar o interesse por esse mundo objetivo da história e das histórias. Mesmo assim, todo conhecimento histórico abarca também um "compreender".

A *Historik*, de Droysen, afirma isso claramente e, neste sentido, é uma "hermenêutica". Isso não significa que Droysen pense apenas na linguagem e nos testemunhos linguísticos quando define o trabalho do historiador como "compreender pesquisando". Schleiermacher, teólogo e exegeta, concebia assim a função da hermenêutica, e Dilthey definia explicitamente que seu objeto eram as "afirmações da vida transmitidas pela escrita". Considerando a hermenêutica nesse sentido, a teoria da história também abarca todos os atos linguísticos, na medida em que sabe representar referências temporais e ambientais em enunciados formulados linguisticamente, por exemplo, ao atender às transformações que o uso da linguagem – particularmente, os conceitos de uma época – experimenta no tempo. A hermenêutica filosófica, no entanto, não se vê como uma continuidade da hermenêutica tradicional; ela busca seu fundamento no mundo da vida. Ela não dotou simplesmente de maior amplitude e universalidade a tarefa de compreender, que o pesquisador histórico considera sua, quando, como Heidegger, seguiu uma "hermenêutica da facticidade", da autointerpretação do *Dasein*, e por isso pôs a linguagem no centro das atenções. Ela não abarca apenas todos os tipos de textos, incluindo, por exemplo, os textos jurídicos e religiosos e, portanto, também o texto de uma teoria da história na medida em que esta se formula linguisticamente. A linguagem que a hermenêutica considera central não é apenas a dos textos. Ela se refere também à condição fundamental de todas as ações e criações humanas, como Aristóteles a reivindicou de forma tão poderosa ao distinguir o "animal racional" de todos os outros seres vivos. As categorias históricas de amigo e inimigo, pais e filhos, sequências geracionais, antes e depois, as tensões entre o acima e o abaixo, entre dentro e fora, entre segredo e publicidade também podem ser encontradas, em certa medida, entre as comunidades animais. A etologia pode nos ensinar muito sobre o ser humano, pois as comunidades animais são tão parecidas – e tão diferentes. Mas é justamente esse "ser diferente", essa alteridade do semelhante, que importa. A luta entre superior e inferior, entre domínio e subjugação mostra nos homens estruturas diferentes, próprias. O que se manifesta na linguagem do homem e torna humanas essas formas não é um dom adicional, que poderia desaparecer. Antes, é uma relação fundamentalmente diferente com o tempo e o futuro – e com a morte. Assim, a guerra aparenta ser uma invenção especificamente humana, como também o suicídio e as formas da diferenciação entre o secreto e o público. Sobretudo são histórias de todo tipo – histórias narradas, que podem ser narradas. O que caracteriza todas as nossas histórias, o que as transforma em histórias, é o fato de as narrarmos sempre de novo.

Certamente existe uma diferença entre as histórias que narramos como contadores de histórias, e que são verdadeiras sem serem reais, e as histórias transmitidas por uma representação historiográfica e reconstruídas pela pesquisa crítica, a partir das quais "a história" sempre se reconstitui e se reformula. O texto da história nunca está concluído e fixado. Falar hoje de um escrito definitivo parece um protesto impotente do espírito do nosso tempo contra a correnteza volátil da narração. Entendo por que, na era da ciência moderna, a teoria da história [*Historie*] se julga mais "filosófica" – para Aristóteles, isso significa "mais rica em conhecimento", "mais científica" – do que a poesia. Ela se entrega completamente ao mistério da contingência e perece nele. A facticidade do *factum*, constatada pelo historiador, nunca poderia se comparar com o peso da facticidade que cada um de nós, no momento em que realiza a constatação ou toma nota de tal *factum*, conhece como sua e que todos nós, juntos, conhecemos como nossa.

É verdade, o historiador não conta apenas histórias. Elas devem ter ocorrido como ele as conta. Mas aí cabe perguntar: o que nos importam todas essas histórias? Para que todo esse esforço de preservação e pesquisa? Decerto, não para nos elevar ao domínio dos destinos humanos, do mesmo modo que o estudo da natureza possibilita o domínio de processos naturais e os torna disponíveis para os propósitos humanos. Tampouco para que nos tornemos mais sábios. Por que as histórias prendem a nossa atenção? Para essa pergunta só existe a resposta "hermenêutica": porque nós nos reconhecemos no outro, no outro humano, no outro acontecimento. Isso vale também para os pares antitéticos que Koselleck apresentou de forma tão convincente.

Reconhecimento exige distância, mas, ao mesmo tempo, a anula. No entanto, o reconhecimento, que pode ser permeado e descrito com todas essas categorias históricas, não se esgota na classificação de eventos de outros tempos e de mundos desconhecidos. Trata-se do reconhecimento de nós mesmos e, por isso, sempre influi na corrente de questões que se impõem aos homens. É a antiga pergunta socrática sobre o bem. A caracterização aristotélica da linguagem deveria nos recordar isso. Não porque tudo seja linguagem. A linguagem não fala de *si mesma*, mas daquilo que é, ou supostamente é. Mas, pelo fato de a linguagem remeter ao aberto, ao todo e à amplitude do tempo e do futuro, à livre escolha e ao problema aberto, delineia-se o amplo horizonte do "aí" dos mundos humanos. Por isso escutamos aquele que narra histórias. Mesmo quando não apenas escutamos histórias, mas indagamos sobre sua verdade histórica, permanece o interesse em reconhecer aquilo que é humanamente possível e aquilo que realmente ocorreu. O mundo antigo estava certo ao relacionar a historiografia – inclusive a de Tucídides, o mestre da crítica – não com os *mathemata* dos "matemáticos", mas com a poesia dos poetas, mesmo que aquela nunca chegue a alcançar o poder de reconhecimento desta.

Com as nossas histórias, com cada uma das nossas decisões da vida prática, colaboramos para construir uma comunidade baseada no que tem sentido para nós, naquilo que nos parece ser o bem, o melhor, o justo. Com estas grandes e lindas palavras, sinto-me quase como um herdeiro de seu legado. Creio que todos nós, em plena consciência das tensões cada vez mais graves, deveríamos voltar nossa atenção para aquilo que é comum a todos e que reconhecemos mais facilmente no outro do que em nós mesmos. Nunca deveríamos desistir de integrar criativamente as duras realidades da história em nossas possibilidades humanas.

II.
O entrelaçamento e a mudança das três dimensões temporais

A temporalização da utopia

Na década passada, reacendeu-se a discussão sobre o que seria uma utopia. As definições da história dos gêneros e as tentativas da história dos conceitos de explicar o conceito de utopia dificilmente convergem. Juntam-se a isso interpretações filosóficas que atribuem uma função antropológica à utopia, e exegeses da história social que historicizam e ideologizam essas funções. A seguir, tais questões serão tratadas apenas de passagem.

O campo semântico da "utopia" também não é inequívoco. Apesar de sua valorização positiva por Ernst Bloch, salta à vista que um autor de utopias normalmente não se autodenomina "utopista" e que o termo, a despeito de sua genealogia desde Tomás Morus, raramente aparece nos títulos de utopias literárias. Aparentemente, um bom autor de boas utopias não quer ser utopista, como Maquiavel não quis ser um maquiavelista nem Marx um marxista. O mesmo vale também para os dois autores aos quais pretendo recorrer para desenvolver meu argumento. Nenhum deles escreveu uma "utopia"; não obstante, é disso que se trata em termos de uma história dos gêneros. Um dos autores é Louis-Sébastien Mercier. Em 1770, ele compôs um sonho – como chamou o seu produto – intitulado *O ano 2440*.[1] Escreveu um romance futurístico, como diríamos hoje, provavelmente o primeiro da literatura mundial.

Nossa segunda testemunha é Carl Schmitt, o jurista constitucional. Em 1918, escreveu *Die Buribunken* e chamou seu texto de *ensaio histórico-filosófico*.[2] Do ponto de vista de uma história dos gêneros, trata-se de uma sátira; o intento de sua forma paródica era tão humorístico quanto sério. Num sentido ingênuo, Mercier, por sua vez, levou seu esboço futurístico terrivelmente a sério.

---

[1] L.-S. Mercier, *L'An Deux Mille Quatre Cent Quarante. Rêve s'il en fut jamais*, org. R. Trousson, Bordeaux, 1971.
[2] C. Schmitt, *Die Buribunken, ein geschichtsphilosophischer Versuch*, in SUMMA I (1917-1918), H. 4 (1918), p. 89-106. Na biblioteca da Columbia University, de Nova York, encontra-se um exemplar que pertenceu a Ernst Bloch.

Meu tema é a irrupção do futuro na utopia, ou, em outras palavras, a incorporação da utopia na filosofia da história, a qual, em sentido estrito, só existe desde a segunda metade do século XVIII. Ou seja: a temporalização da utopia.

O ano de 1770, quando o romance de Mercier foi publicado pela primeira vez, é simbólico. Com ele, iniciou-se a década em que a situação mundial veio a sofrer transformações fundamentais. No leste, as grandes potências começaram a repartir a Polônia; do outro lado do Atlântico, as colônias americanas se revoltaram; na França, ocorreu uma mudança no estado físico do Iluminismo. Era um tempo em que a voz do filósofo já havia perdido seu poder, como constatou Mercier de forma provocadora na dedicatória do seu livro: basta de projetos, basta de crítica! Não falem mais, ajam! Era esta a sua mensagem oculta.[3]

Mercier era um escritor, escrevia muito, "*le premier livrier de la France*", como se autodenominava:[4] engenhoso, ágil e bem-sucedido. Seu *Ano 2440* foi campeão de vendas, e o conteúdo foi ampliado quatro vezes ao longo das edições seguintes, enriquecidas de prognósticos retrodatados (por exemplo, sobre a aviação, para preservar sua atualidade como profeta *ex post*). A história de sua recepção, multiplicada por traduções e imitações a ponto de estabelecer um novo gênero, não pode ser subestimada. Mesmo assim, Mercier permanece um intelectual de segunda ordem. Difamado como macaco de Rousseau ou caricatura de Diderot,[5] em vão tentou, durante muito tempo, obter uma pensão de um mecenas aristocrático. O registro estilístico de sua indignação moral pelo *ancien régime* apodrecido era bombástico. Em uma anotação ao *Ano 2440*, proferiu o prognóstico revolucionário mais aguçado e sangrento que jamais fora formulado antes de 1789.[6] Mas em 1788, quando finalmente obteve uma pensão de Maria Antonieta,[7] ele amenizou seu prognóstico: tumultos não descambariam mais em levantes – segundo ele, isso havia se tornado moralmente impossível. A polícia era muito cautelosa e vantajosa-

---

[3] L.-S. Mercier, *L'An 2440* (anotação 1), p. 78.
[4] Cit. segundo R. Trousson, Introduction (anotação 1), p. 8.
[5] Ibid.
[6] L.-S. Mercier, *L'An 2440*, p. 330.
[7] Veja I. Nagel, *Der Intellektuelle als Lump und Märtyrer. Ein Lebenslauf zwischen Ancien régime und Revolution*, in *Akzente*, H. 1, 1981, p. 3-22.

mente aquartelada; a simpatia pela corte, amplamente difundida. Uma leitura irônica não se justifica pela declaração anterior em defesa da constituição monárquica, já que uma grande maioria composta pelo povo inculto excluiria a possibilidade de regulamentações democráticas.[8]

Sem dúvida, Mercier, como todos os iluministas que se moviam entre a Coroa e o povo, também vivia com a consciência ambivalente ao ser forçado a dosar diferentemente seus esforços de compensação moral. Ivan Nagel conferiu a Mercier o amargo título de "intelectual como pulha e mártir". Mas voltemos nossa atenção para sua obra, que fala por si mesma.

O ponto de virada na história dos gêneros – o fato de Mercier ter acertado esse ponto representa sua verdadeira proeza intelectual – pode ser descrito precisamente. Mercier nos apresenta a cidade de Paris como ele a vivenciou em seu sonho no ano de 2440. É uma utopia futurística precisa.

No entanto, é claro que também os nenhures, os contramundos espaciais das antigas utopias podem ser lidos como visões potenciais do futuro. Pois eles sempre contêm algumas irrealidades, cujos programas de contraste críticos podem chegar a invocar a transformação, a reforma ou a revolução do próprio mundo. Mas o espaço de experiência das utopias existentes era primariamente espacial, e assim o era também seu modo de representação. Algum viajante desembarca em alguma costa estrangeira, transeuropeia, e ali descobre estados ideais ou sociedades pré-estatais das mais diferentes ordens de grandeza. O descobridor volta para casa e narra como o contramundo é bem organizado e agradável. Dele, então, pode ser deduzido um futuro irreal ou até mesmo potencial para o próprio mundo. Mas o que falta de modo fundamental é a dimensão temporal do futuro como meio da utopia; no entanto, já existia um grande número de utopias voltadas para o passado.

Isso mudou a partir de Mercier, e, podemos acrescentar, não por acaso. Em 1770, ano da publicação de sua utopia, Cook ainda estava dobrando a costa leste da Austrália, mas as viagens de exploração dos europeus já haviam descoberto praticamente tudo no século XVIII. Quase nenhum trecho costeiro entre terra e mar havia permanecido inexplora-

---

[8] L.-S. Mercier, *Tableau de Paris* VI 15, cit. segundo R. Trousson (anotação 1), p. 51.

do na finitude da superfície do nosso globo. Como Rousseau disse à época, o homem havia se espichado como um pólipo sobre o globo com todas as fibras do seu corpo.[9] Por isso, os autores dos nenhures há muito haviam recuado para a Lua e as estrelas ou se refugiado sob a superfície da Terra. As possibilidades espaciais de situar as utopias na finitude da superfície da nossa Terra haviam se esgotado. Os espaços utópicos haviam sido ultrapassados pela experiência. A melhor solução para escapar dessa pressão experiencial acumulada era simples, mas precisava ser encontrada. Se a utopia já não podia mais ser estabelecida nem na nossa Terra presente nem no além, era preciso recuar para o futuro. Finalmente haviam encontrado o espaço de desafogo para o qual a imaginação, infinitamente reproduzível como o tempo, podia fluir livremente. Com Mercier, estabeleceu-se o romance futurístico. Isso mudou o *status* da utopia. Mencionamos duas mudanças fundamentais, mesmo que, em termos de uma história dos gêneros, a utopia de Mercier ainda contivesse numerosos elementos tradicionais.

A primeira mudança diz respeito à função do autor. O papel do autor de uma ficção utópica se transforma de modo subliminar, porém decisivo. Já não descobre mais aquilo que acha, encontra ou finge encontrar. Agora, o autor de uma visão futurística se transforma, em sentido autêntico, no próprio produtor de sua utopia. Aquilo que, em termos de conteúdo de experiência, estava contido num contramundo espacial podia, até então (mesmo que apenas por meio da ficção), ser observado e registrado – por alguém que havia feito longas viagens e que agora, após o retorno, podia apresentar como realidade suas descobertas simuladas. Sua credibilidade crescia na medida em que aumentava a distância espacial, que não era facilmente vencida. Mas a própria ficção se nutria da possível verificabilidade daquilo que havia sido encontrado e observado no espaço.

O mesmo não valia para a utopia futurística: o futuro não pode ser observado nem verificado, não pode ser alcançado pela experiência. Por isso, a utopia futurística é, dentro do repertório da criação ficcional, um feito genuíno e puro da consciência do autor. Até o sustentáculo

---

[9] Cf. R. Koselleck, *Kritik und Krise*, Frankfurt am Main, 1976, p. 231 [Ed. bras.: *Crítica e crise*. Rio de Janeiro: Contraponto, 1999].

simulado do controle espacial deixa de existir. O *status* ficcional de uma utopia temporal se distingue do *status* de uma utopia espacial. Os sinais da realidade de sua ficção não estão mais no espaço presente, mas só na consciência do autor. Só ele, nenhuma outra pessoa além dele, é o artífice da utopia, que se transforma em ucronia. A realidade do futuro só existe como produto do escritor; o fundamento verificável do presente é abandonado.

A Paris do ano 2440 vai ao encontro dessa estilização solipsista do autor Mercier. Pois naquela cidade todo cidadão é escritor, e vice-versa. Essa é a ração histórico-social que alimenta a visão. Em 1787, na edição ampliada, Mercier incluiu uma anotação sobre a situação de sua época, afirmando que a Coroa e as liberdades do cidadão se equilibravam reciprocamente. Os estados-gerais ausentes e suas obrigações haviam sido substituídos ou assumidos há muito pela grande multidão de cidadãos que falam e escrevem e que, através da fala e da escrita, impedem qualquer despotismo.[10] No ano 2440, isso se tornaria a regra. Cada cidadão é um escritor. Já que a religião seria substituída pela moral, também não existiriam mais os dois Testamentos ultrapassados. Seu lugar seria assumido pelos testamentos que os cidadãos escritores, no fim de suas vidas, deixariam para a posteridade letrada, garantindo assim a acumulação das conquistas morais como legado. Esse livro representaria a alma dos falecidos.[11] Assim, a Paris do ano 2440 se transforma no paraíso dos escritores. Cada autor é artífice da autoridade. Que utopia compensatória para aqueles literatos ilustrados, que, antes de 1789, se viam apenas na antessala de um poder que, há muito, não existia mais.

O cidadão como escritor e o escritor como cidadão: esta é também a figura antropológica básica da humanidade vindoura que Mercier, partindo de uma situação a ser determinada sociológica e inequivocamente, projetou sobre o futuro. Com isso, chego à segunda característica que distingue os contramundos espaciais da utopia futurística. Toda utopia futurística precisa pressupor continuidades temporais, sejam elas apresentadas abertamente ou não. A simples antítese de um contramundo espacial, que até então podia ser alcançado por via marítima, agora pre-

---

[10] Cit. segundo R. Trousson, Introduction (anotação 1), p. 51.
[11] L.-S. Mercier, *L'An 2440*, cap. XI.

cisa ser comunicada temporalmente. A dedução do amanhã a partir do hoje, do futuro a partir do presente, exige outros critérios de credibilidade além do salto ultramarino. Assim, Mercier pressupõe a sucessão geracional: confronta a Paris antiga com a nova. As avenidas são as mesmas, mas agora são mais amplas, mais bonitas e mais limpas. Nelas, vemos as mesmas velhas carruagens, só que agora seus passageiros são outros: os que andam nelas não são mais os aristocratas, mas os idosos e enfermos, os pobres ou cidadãos meritórios; elas se deslocam de forma cautelosa, para não sujar, importunar ou atropelar aristocraticamente os concidadãos.[12] Portanto, toda utopia do futuro vive dos pontos de contato com um presente que pode ser resgatado não apenas fictícia, mas também empiricamente.

O que o futuro oferece é, em poucas palavras, a compensação da miséria atual, seja ela de natureza social, política, moral, literária ou qualquer outra que o coração sensível ou a razão esclarecida possam desejar. Expressado de outra forma: a perfeição fingida do contramundo até então espacial é temporalizada. Com isso, a utopia se insere diretamente nos objetivos dos filósofos iluministas.

Em termos literários, apenas uma nuança distingue a utopia de Mercier dos projetos, esperanças e propósitos costumeiros das *Societés des Pensée*. Mercier não mostra como a Paris vindoura deve ser; mostra como ela será. Os desejos são apresentados na forma de afirmativas.

O sistema vigente é o da monarquia constitucional, e os estamentos foram substituídos por uma elite de desempenho. Os mosteiros foram extintos, mas os monges, agora casados, dedicam-se, em boa tradição ascética, a tarefas especialmente perigosas em prol da humanidade. A Bastilha foi destruída, o monarca abandonou Versalhes e se tornou homem como seus semelhantes. Em 1770, Mercier esboça um horizonte de planejamento que pode ser imaginado racionalmente, mas que ainda é inalcançável na prática. Deduzir do presente ruim um futuro melhor é o padrão que determina a configuração dessa utopia. O planejamento e a otimização ligam o presente ao futuro. Nesse sentido, *L'An 2440* de Mercier deveria ser relacionado aos filosofemas progressistas e não aos contramundos espaciais. Seu romance era mais moderno do que as nu-

---

[12] Ibid., cap. V.

merosas utopias tradicionais que vinham sendo escritas, especialmente, desde 1750.

Quero explicar isso rapidamente.[13] Até o século XVIII, o ensino da *perfectio* oferecia um modelo hierárquico de alocação, concebido principalmente em termos estáticos e espaciais. Aspirar a uma perfeição terrestre, relativa, era um mandamento atemporal. Utopia, teoria política, filosofia moral ou teologia: todos cumpriam, nesse sentido, funções semelhantes. No entanto, o ideal da *perfectio*, malgrado a história da utopia, foi temporalizado no decurso do início da modernidade. Por isso, Saint Pierre e Turgot falam também do "*perfectionnement*", do caminho histórico para a perfeição terrestre. O alvo é incluído no caminho que precisa ser percorrido para chegar à *perfectio*. Rousseau os supera com seu neologismo: "*perfectibilité*". Com a "perfeitabilidade", a capacidade de alcançar a perfeição, o alvo é completamente temporalizado e incluído, sem ponto final, no próprio agente humano. A meta se torna iterativa. A "perfeitabilidade" é uma palavra-chave dos novos tempos. As condições estáticas, quase espaciais, dos ideais da *perfectio* são temporalizadas. Como sabemos, Rousseau deixa em aberto se o avanço leva necessariamente à melhora. Antes, o processo da civilização e da tomada de posse, das formações de domínio, da crescente divisão de trabalho e da produção intensificada já encerra em si todos os perigos de corrupção e degeneração moral do homem. Por isso, a "perfeitabilidade" é, para Rousseau, um conceito dialético, que contém em si ao mesmo tempo oportunidades de perigos crescentes e de ganhos cada vez maiores. É neutro no que diz respeito ao progresso, mas tematiza a temporalização de todos os objetivos sociais.

Mercier, um discípulo de Rousseau, reinterpretou o mestre de forma otimista. Após 1789, adaptando-se à história constitucional, editou e estilizou Rousseau. Mercier não teve a oportunidade de levá-lo a sério como jacobino, pois, como membro da Convenção, já estava na prisão, tendo escapado por pouco da guilhotina. Mercier festejou Rousseau como um dos "primeiros autores da revolução", como dizia o título.[14] Não

---

[13] Para o que se segue, veja o artigo "Fortschritt", in O. Brunner *et alii* (orgs.), *Geschichtliche Grundbegriffe*, v. 2, Stuttgart, 1975, p. 375-378.

[14] L.-S. Mercier, *De J.-J. Rousseau considéré comme l'un des premiers auteurs de la Révolution*, 2 v., Paris, 1791, cit. segundo R. Trousson (anotação 1), p. 11.

sabemos se ele se referia ao autor ou ao precursor da revolução. O sentido está contido em ambos, pois a convergência entre escritor e fundador de autoridade representa a figura antropológica básica, a partir da qual Mercier procurou realizar a sua utopia na prática política.

Temos um primeiro resultado: a utopia futurística de Mercier é uma variante da filosofia progressista, seu fundamento teórico é a temporalização dos ideais da *perfectio*. Mas a antecipação do futuro só pôde ser resgatada como obra da consciência do autor, do escritor. O futuro narrado de forma utópica é apenas uma modelação literária particularmente efetiva daquilo que a filosofia da história de então precisava realizar como filosofia da consciência. O autor não é, em primeira linha, historiador ou relator, mas principalmente um produtor do tempo vindouro, executor de sua vocação para a "perfeitabilidade". Ele é, de certo modo, a encarnação da dimensão utópica inerente a toda filosofia da história. O recurso poético é a narrativa do sonho, o sonho no qual Mercier vivencia a Paris de 2440, onde – em seu devaneio – ele, um homem sábio e envelhecido por séculos, é apresentado por um homem igualmente sábio e sensato a uma cidade que mal reconhece. Ele se encontra, como diz, num degrau da escada progressiva do tempo, que levara sua Paris a alturas ainda maiores.[15]

O tempo gerado na consciência do autor é o novo e verdadeiro soberano. Por isso, Mercier não dedica seu livro a nenhum potentado, mas ao próprio ilustre e sublime ano de 2440. Apressa-se em acrescentar que só a pena do escritor vence a distância temporal e castiga ou absolve os senhores deste mundo. Ele não podia ser mais explícito na sua caracterização da convergência entre o futuro histórico e sua produção autoral. O futuro já não serve mais – como fazia até então – para garantir ou incrementar a posteridade ou para dosar de forma literária os castigos: o futuro é evocado no presente por meio do argumento histórico. É nisso que, em termos topológicos, o papel do profeta histórico, voltado para o futuro, se distingue do papel do historiador tradicional, voltado para o passado.

Permito-me fazer algumas observações sobre os elementos estruturais dessa utopia futurística. Trata-se de um antiapocalipse. Os elementos escatológicos são reinterpretados de forma progressiva. Mesmo que inicialmente se apresente a possibilidade de o futuro acabar em cinzas, ruínas e

---

[15] Veja R. Trousson, Introduction (anotação 1), p. 47.

destroços, no fim se revela que, apesar dessa ameaça profética, apenas Versalhes acaba destruída. O opressor do povo escravizado, Luís XIV, é condenado a lamentar eternamente suas vilezas. Mercier o visita, ciente de que sempre tivera razão – quando é mordido por uma cobra. Com essa inesperada virada teológico-etiológica, ele verbaliza a recaída no paraíso perdido, o presente da história.[16]

Que história pode ser reconhecida nessa distância dos tempos? Trata-se da realização de postulados morais. O poder do espírito, da razão, que afasta todo poder, é a força impulsionadora que leva ao futuro. Trata-se, portanto, de um prognóstico sem resistência, sem oposição, de um modelo linear. A boa vontade já garante sua realização. Visto, portanto, da perspectiva dos conteúdos da sua utopia, Mercier pode ser considerado um reformador, mas, do ponto de vista histórico-filosófico, ele caiu vítima da hipocrisia do Iluminismo posterior. Os exemplos individuais, que podíamos continuar a enumerar infinitamente, testemunham isso.

A censura, por exemplo, não é abolida, mas para Mercier já não se trata mais de uma censura, pois ela realiza a moral. Livros de conteúdo lúbrico, de Aristófanes ou Petrônio, são simplesmente queimados. Obras questionáveis, como as de Voltaire ou Montesquieu, são vendidas em versões abreviadas e expurgadas. Apenas autores moralmente edificantes, como Rousseau, são publicados em edições integrais, em formato de livro de bolso, para que sejam acessíveis a todos. Todo o conhecimento escolar se baseia na *Enciclopédia*, esse trampolim para o futuro.[17]

Mas a censura funciona de forma muito mais sutil. Para os autores, seu método é a autoacusação. Um erro precisa ser expiado durante dois anos; o autor, acompanhado de cidadãos virtuosos, se apresenta como "*l'homme au masque*" [o homem encoberto], até voltar a adequar-se à moral pública.[18] O antigo símbolo da resistência contra qualquer tipo de censura se inverte em testemunho do reforço moral e da sua execução voluntária.

A pena capital tornou-se quase desnecessária; quando ocorre, o delinquente a aceita voluntariamente. Já que razões sociais podem ser excluídas, os motivos devem ser homicídios por motivos passionais, de ciúme,

---

[16] L.-S. Mercier, *L'An 2440*, cap. XLIV.
[17] Ibid., cap. XXVIII.
[18] Ibid., cap. X.

que, por causa da falta de direcionamento racional, precisam ser castigados. A execução é uma festa de expiação moral, e quando o penitente morre, todos se asseguram de seu comprazimento mútuo.[19] É claro que a própria morte também é desagravada, pois a doutrina da reencarnação adquiriu credibilidade maior, oferecendo assim a Mercier uma saída para evitar a aporia entre morte e progresso.[20]

O matrimônio por amor, antecipado prognosticamente, é decretado pelo Estado.[21] Os dotes são proibidos, para evitar que as diferenças de classe social influam na decisão matrimonial. A mulher ideal não se maquia, não fuma nem bebe, não frequenta salões e também não é coquete. Resta uma mulher reduzida às suas características sexuais, que, aparentemente de forma natural, representa uma criatura naturalista sem valor. Na verdade, Mercier esboça aqui a imagem da família burguesa íntima, na qual o pai reina como patriarca e a mãe é afetuosa e permance disposta à submissão. Como Mercier escreve, ele mesmo fora tomado pelo desejo de casar, e, na realidade, legalizou seu amor livre pouco antes de sua morte.

Temos um segundo resultado: a utopia temporal de Mercier é um prognóstico ingênuo, baseado nos postulados do Iluminismo tardio, mas que não permite a inclusão de um fator de mudança histórica. O resultado é o terror da virtude, que, desprevenida, chega ao poder sem o querer, pois deseja dispensar o poder. Por isso, o terror virtuoso se infiltra desimpedidamente. Superficialmente inofensiva e reformadora, umedecida pelo orvalho da ingenuidade de Rousseau no nível dos propósitos e dos desejos, a utopia nos fornece informações semânticas sobre seu pano de fundo, que nós, como filhos da posteridade, sabemos interpretar.

Também os contemporâneos logo reconheceram o caráter explosivo da obra de Mercier. Wieland, que mais tarde viria a ser o primeiro a prever a ditadura de Napoleão, reconheceu imediatamente a natureza da obra de Mercier. Disse que a utopia de Mercier era o Juízo Final da Constituição francesa de então.[22]

---

[19] Ibid., cap. XVI.
[20] Ibid., cap. XIX, p. 186.
[21] Ibid., cap. XXXVIII.
[22] Veja R. Trousson, Introduction (anotação 1), p. 66.

Após 1789, Mercier veio a se orgulhar abertamente disso. Afirmou ter sido o verdadeiro profeta da Revolução Francesa, que teria anunciado e preparado. Certamente ele anunciou muito, tanto que chega a surpreender, mas, sem dúvida, exagerou na autoconfiança do gesto profético. Pois não reconheceu tudo o que se escondia em sua visão. A Revolução traria à luz do dia – sem que Mercier o percebesse – as implicações terroristas de seus desejos virtuosos, cuja realização ele, como escritor, havia projetado para o futuro.

Esse, então, é o tema do nosso segundo autor.

Quando o império de Guilherme II ruiu, Carl Schmitt escreveu seu ensaio sobre os buribuncos, publicado na revista *Summa*, editada por Franz Blei e Jakob Hegner.[23] O subtítulo o introduz como "ensaio histórico-filosófico". Transbordando de inventividade e insinuações, Schmitt escreveu uma paródia ao historicismo e à crença no progresso, que se expressava nos programas de organizações científicas, sociais ou políticas da época. O conteúdo dessa paródia, ou, melhor, dessa sátira, pode ser caracterizado como utopia negativa. A crítica implícita visa àqueles elementos utópicos contidos na devoção histórica aos fatos e em sua exaltação histórico-filosófica. O caráter utópico específico consiste na crença do ser humano em ser capaz de perceber a história por meio da consciência e, mais do que isso, de executá-la e dominá-la. Essa filosofia da consciência se estende a todas as três dimensões temporais, que se relativizam reciprocamente e, ao mesmo tempo, são interpretadas progressivamente. Nesse sentido, a crítica de Carl Schmitt se volta contra toda a fundamentação espiritual da modernidade, quando elaborada e realizada como progresso histórico.

O gênio literário se revela no artifício de ironizar a temporalização da história na execução do ato de escrever. Cada ser humano é incentivado a escrever um diário. Assim, o interior é exteriorizado, fato que possibilita o controle; este é aperfeiçoado e se torna um modo de execução do terror absoluto. Carl Schmitt apresenta a imagem de um terror crescente na atividade de escrever, que pode ser lida como realidade revelada da utopia de Mercier.

---

[23] C. Schmitt, *Die Buribunken*; veja anotação 2.

Apresento aqui um breve resumo do conteúdo. A existência dos buribuncos é deduzida do fato de existir uma buribuncologia. A ciência produz seu próprio objeto, gerando-se assim a convergência da buribuncologia com a buribuncasia real.

A autoridade do escritor, de Mercier, é tomada ao pé da letra. A máxima filosófica desse esboço do mundo diz: "Penso, logo existo; falo, logo existo; escrevo, logo existo; publico, logo existo."[24] Numa intensificada sequência de fases de identidades, todo escritor supera a si mesmo numa regularidade lógica.

> Escrevo que me escrevo a mim mesmo. [...] Qual é o grande motor que me eleva acima desse círculo autossuficiente da existência do eu? A história! – Sou, portanto, uma letra na máquina de escrever da história. [...] Mas em mim, no ato de escrever, o espírito do mundo compreende a si mesmo, de modo que eu, compreendendo-me a mim mesmo, concomitantemente compreendo também o espírito do mundo. [...] Isto é: não sou apenas o leitor da história mundial, sou também seu escritor.
>
> Em cada segundo da história mundial, sob os rápidos dedos do eu do mundo, as letras saltam do teclado da máquina de escrever para a folha branca e continuam a narrativa da história. No segundo em que a letra individual se desprende da indiferença insignificante e disparatada do teclado e colide com a viva riqueza contextual da folha branca, dá-se uma realidade histórica: esse segundo é o único momento em que nasce a vida. Isto é, do passado, pois o presente é apenas a parteira que ajuda a parir do ventre escuro do futuro o passado histórico tão cheio de vida. Enquanto o futuro não for alcançado, ele permanece mudo e indiferente, como o teclado da máquina de escrever, como um buraco de ratos, do qual um rato emerge a cada segundo para a luz do passado.[25]

As fases individuais do desenvolvimento progressista são iluminadas à luz irônica dessa filosofia histórica da identidade. É claro que a buribuncasia tem precursores históricos. São as figuras autobiográficas e os escritores de diários como Marco Aurélio, Agostinho ou Plínio – que escrevia quando não lia, e lia quando não escrevia –, até Richard Wagner. O espírito

---

[24] Ibid., p. 103.
[25] Ibid., p. 104.

do mundo se apercebe de si mesmo nas pessoas que refletem escrevendo, e por meio das quais Carl Schmitt, usando anotações às vezes reais, mas geralmente fictícias, estabelece um vínculo com a modernidade do movimento dos buribuncos. Os buribuncos são a consciência coletiva escritora de diários da história.

O polo oposto à reflexão histórica, que encontra sua realidade nos diários, é Don Juan, cujas aventuras amorosas foram documentadas num registro por Leporello. Mas Leporello, o criado do seu senhor, ainda não realiza, com sua documentação, a transição do reino da natureza para o reino da história. Ele não estabelece um *continuum* biográfico das aventuras amorosas individuais; não remete às condições sociais e políticas dessas aventuras; ainda não descobre uma individualidade em Don Juan, que, numa constante repetição, seduz 1.003 mulheres; ainda não conhece os detalhes que esclarecem a singularidade de cada caso. Por fim, desconhece também as ações conjuntas das vítimas de Don Juan, que se unem contra o sedutor; ainda não classifica as vítimas conforme características estatísticas; não remete a uma organização social de assistência às vítimas; tampouco pensa no sufrágio feminino, que permitiria pôr fim à escravidão nas mãos de Don Juan. Leporello não tem consciência de contextos psicológicos ou histórico-mentais – no sentido de Lamprecht –, que permitiriam contextualizar um desenvolvimento de Don Juan e de suas vítimas. Daí a razão pela qual *Don Juan* se apresenta como peça de teatro, mas daí também o motivo de os *Contos de Leporello* não serem considerados adequados para o palco.

Leporello permanece o servo que ainda não se elevou às alturas da consciência histórica e científico-metódica. Ele ainda não foi capaz de, por meio da reflexão histórica, transformar sua existência de servo em uma existência de senhor, ainda não se transformara autobiograficamente em um herói "que apresenta a imagem imponente de um executivo superior, que controla a colorida marionete de Don Juan pelos fios de seu conhecimento comercial e de sua inteligência superiores".[26]

Leporello viveu antes do *Jacques le Fataliste*, de Diderot, e antes do capítulo da *Fenomenologia*, de Hegel, sobre o senhor e o escravo, antes também dos padrões de interpretação científicos do positivismo, do rela-

---

[26] Ibid., p. 94.

tivismo, do historicismo e de outros modos de reflexão contidos nas organizações sociais. A buribuncasia só vem a se manifestar após a realização de todos aqueles postulados que Leporello ainda não havia cumprido.

A aplicação dos postulados científicos ao tempo histórico foi realizada pelo fundador e líder do movimento buribuncológico, ou seja, da verdadeira buribuncasia, um homem chamado Ferker. Ele é um homem do povo, no sentido das classes baixas. Suas origens se encontram em uma vida simples. Viciado em fatos, conseguiu subir na vida para, após uma carreira marcada por muitas mudanças, morrer como professor de propaganda e arrivismo na faculdade de negócios em Alexandria. Sua experiência e sua reflexão crescentes o levaram à descoberta do lema: "Seja sua própria história!"[27] Sob esse mote foi fundada a união mundial, que já ocasionou a redação de 400 mil teses de doutorado, cujo controle é exercido pelo Instituto Buribuncológico Internacional para Ferker e Pesquisas Afins [*das internationale buribunkologische Institut für Ferker und verwandte Forschung* (Ibuffbuff)], que, por sua vez, é presidido por um tipo de comitê central, a Comissão da Banca de Pesquisa de Ferker e dos Buribuncos [*die Buribunken- und Ferker-Forschungsausschusskommission* (Buffak)]. "Já essa tremenda realidade possui uma impressionante força comprovadora."[28]

No caso de sua morte, Ferker havia ordenado a cremação, para que suas cinzas fossem distribuídas a todas as gráficas do mundo e misturadas à tinta de impressão, para que assim alcançasse a imortalidade terrestre em cada texto impresso no planeta.

Naturalmente, esse grande líder foi apenas um precursor dos buribuncos nobres que continuavam a evoluir progressivamente. Pois ele apresentava duas máculas: pouco antes de morrer, casara-se com sua doméstica sem deixar nenhum registro disso em qualquer diário. Essa falta de sinceridade e publicidade indica uma doença neuropsicopatológica, igual à outra anomalia, que consistia no fato de ele "ter se entregado aos sonhos venenosos do atávico medo da morte" sem servir-se deles para uma criação produtiva. Por isso, Ferker, apesar dos seus méritos, permanece na antessala da buribuncasia verdadeira: ele possuía um segredo amoroso e temia a morte. O caminho para o progresso real só

---

[27] Ibid., p. 96.
[28] Ibid., p. 90.

se abre quando essas precondições apresentadas pela natureza são superadas. O mérito de ter explorado esse caminho cabe à obra de Schnekke. Pois lhe falta "qualquer peculiaridade. [...] Na oscilação da mais extrema autorregulação, seu eu repousa numa generalidade informe, numa acromia homogênea, resultante do desejo mais sacrifical pelo poder".[29] Schnekke, como sucessor de Ferker, se torna o novo líder dos buribuncos nobres ou primordiais. Desimpedidamente, decreta a identidade entre a coletividade e o eu.

Como, então, se organiza esse reino mundial, construído pelos dois líderes consecutivos? Trata-se de um reino em que todas as pessoas escrevem um diário, onde a cada segundo registram tudo, a fim de se qualificar para a história. A história só se cumpre contanto e à medida que for registrada. A intensificação, introduzida por Schnekke, transforma a atividade de escrever diários na única ação apta para a história. Ele desenvolveu um procedimento efetivo que, em uma hierarquia abrangente, produz um diário coletivo obrigatório da humanidade. Cópias de todos os diários são disponibilizadas para cada instância, e, por meio de índices de matérias e pessoas, torna-se possível exercer um controle geral, desde o nível distrital até o central. Assim, por exemplo, todo psicopatologista pode analisar todos os sonhos que ocorrem em um determinado momento em uma classe específica de buribuncos, enquanto, ao mesmo tempo, esse mesmo trabalho é registrado, a fim de capacitar os historiadores da psicopatologia a, poucas horas mais tarde, já investigarem o contexto motivacional no qual o psicopatologista redigiu seus estudos. A reflexão histórico-filosófica, que se atém apenas aos fatos, cuja existência é sua escrituração, é infinitamente escalonada, a fim de assegurar um controle cada vez mais perfeito pela instância central. Filmes, fotos, palestras, conferências, revistas, festivais e muito mais são acionados para impedir que esmoreça o interesse constante pela tarefa comunal da autorreflexão controlada. A suprema lei do controle é "tolerância infinita [...], jamais condenatória, e o maior respeito pela liberdade pessoal".[30]

A tolerância proposta diminui a inibição e permite a exposição das comoções psicológicas mais íntimas, e só assim se transforma em precon-

---

[29] Ibid., p. 100.
[30] Ibid., p. 102.

dição do controle eficiente. Ela se revela como coação para a autorrevelação voluntária por meio dos diários. Com o propósito de interceptar rebeliões antiburibunquianas, cada indivíduo é obrigado a continuar seu diário e a revelá-lo também quando deseja se opor à prática do diarismo. A organização buribunquiana foi aperfeiçoada ao ponto de abarcar e redirecionar progressivamente todas as mudanças ao longo do tempo. Existe, por isso, "uma prestigiosa associação, cuja tarefa é documentar buribunquianamente o antiburibuncanismo".[31] Caso, mesmo assim, sejam detectadas ambições neoburibunquianas, essas são forçadas, por meio de concursos sedutores, a autorrevelar-se por escrito, para controlar a mudança inovadora e assegurar um vínculo com a instância central de desempenho.

Para interceptar as rebeliões antiburibunquianas, cada um é obrigado a continuar a escrever o seu diário e a revelá-lo mesmo quando se revolta contra esse sistema de controle. Caso ouse ignorar o diário, efetua-se uma seleção natural do melhor. Pois quem não consegue persistir na luta dos diários se atrasa no desenvolvimento e é deletado. "A lei férrea não permite clemência com o indigno, que se baniu a si mesmo."[32]

Enquanto os buribuncos verdadeiros se distinguem por uma característica racial – a de apresentarem uma boca maior do que a do restante das pessoas –, ocorre, a poder dessa seleção, também uma estratificação de classes. A expulsão daquele que não se mostra à altura do diário faz com que seja relegado a uma classe inferior. Esta é obrigada a produzir papel artesanal, a fim de fornecer aos nobres escritores de diário o melhor material, no qual o espírito do mundo se apercebe de si mesmo, na escrita. Todos esses métodos de proteção levam ao desaparecimento de qualquer oposição em nome da qual alguns revolucionários insistem em operar. Os oponentes são dominados, os progressistas são controlados e só são banidos aqueles que se mostram incapazes de escrever um diário – ou seja, os incontroláveis. Estes se transformam em uma inexistência.

Trata-se, evidentemente, de uma utopia consequentemente temporalizada, cuja força impulsionadora é a moderna filosofia da consciência. No que se refere ao passado, tudo é relativo. Mas levar o relativismo

---

[31] Ibid., p. 102.
[32] Ibid., p. 103.

histórico absolutamente a sério significa elevar o buribunco ao espírito geral superior, que explora o futuro para si mesmo. Ele se empenha no – até então inaudito – enobrecimento próprio. A infinita evolução leva a meios de comunicação que, no futuro, capacitarão os fetos a comunicar suas experiências sexuais intrauterinas, para assim fornecerem "o fundamento verdadeiro e necessário para uma ética sexual refinada".[33] O medo da morte desaparece, já que a vida real – como em Mercier – se preserva apenas em sua realização por escrito. "Por isso, devolvemos às nossas mentes a direção certa para o real, procurando a imortalidade onde ela realmente está: atrás de nós, e não à nossa frente."[34] Assim, o buribunco prossegue "triunfante para a aurora da sua historicidade".[35]

Os obstáculos clássicos de uma utopia tradicional, a morte individual e o amor particular, são superados e se dissolvem na pura consciência de uma autodeterminação geral. Por trás desta, porém, se esconde a escravidão absoluta em nome da ciência e da tolerância.

São numerosas as testemunhas silenciosas ou mudas, muitas vezes identificáveis apenas por insinuações, que Carl Schmitt convoca para fundamentar sua utopia negativa com a aparência da cientificidade: certamente incluem Descartes, Adam Smith, Hegel e Marx, Richard Wagner e Nietzsche, Lamprecht, Haeckel ou Ostwald; talvez até mesmo Lenin e o Partido Comunista, talvez também Wilson e o sistema capitalista norte-americano, que em conjunto criam, na teoria da buribuncasia, uma simbiose da humanidade moderna. Deslumbramento próprio e terror representam o aspecto interior e exterior de sua organização orientada pela consciência.

Essa utopia negativa confronta o leitor com uma alternativa que ele, na tradição da visão histórica e progressiva do mundo, mal consegue perceber. A morte e o amor são as únicas contrainstâncias capazes de evitar que o progresso desemboque num estado racialmente legitimado de duas classes, no qual a classe dominante consiste em ideólogos conscientes de sua escrita e a outra classe é sepultada no nada do esquecimento espiritual.

---

[33] Ibid., p. 103.
[34] Ibid., p. 105.
[35] Ibid., p. 103.

É fácil ver a buribuncologia de Carl Schmitt como uma réplica a Mercier: em 1918, após um século de progresso vivenciado, ela precisava ser feita. Mas Carl Schmitt não conhecia Mercier. Além do mais, ele remete igualmente a 1984, tanto quanto remete a 1770.

A ingênua utopia futurística transformou-se em uma utopia temporal negativa. O denominador comum sociológico das duas utopias é a escrita, que também é o veículo social da filosofia da história transcendental. No entanto, seria uma tolice querer negar o papel e a importância da consciência no decurso da história. Muito ao contrário. Mas deveríamos aprender de ambas as utopias que os tempos históricos costumam decorrer de forma diferente daquela que, em retrospectiva e antecipação, somos forçados a interpretar. A história real é, ao mesmo tempo, sempre mais e menos. Do ponto de vista *ex post*, é sempre diferente daquilo que somos capazes de imaginar. Por isso existem utopias, e justamente por isso elas são condenadas ao equívoco. Seu êxito costuma tender mais para a calamidade do que para a sorte que prometem. Mas não nos esqueçamos do conteúdo prognóstico das nossas duas utopias, que veio a ser confirmado pela história posterior. A utopia de Mercier se cumpriu, mesmo que de forma inversa à pretendida. A utopia de Carl Schmitt – apesar de sua função de advertência – também se cumpriu, de forma muito pior do que a parodiada.

Existe uma aceleração da história?

> Apressa-te, meu ferreiro! Com a ferradura da minha montaria!
> Enquanto hesitas, o dia passa. –
> "Como fumega teu tremendo cavalo!
> Para onde corres, meu digno cavaleiro?"

Com esses versos já um tanto surrados sobre um cenário familiar e, ao mesmo tempo, um pouco assustador de uma balada do romantismo posterior, começa o primeiro poema ferroviário alemão.[1] Seu título é: *O cavalo a vapor*. Foi escrito em 1830 – cinco anos antes de o primeiro trem alemão percorrer o trecho entre Nuremberg e Fürth – e seu autor se chama Adelbert von Chamisso.

Como revela o título, o poema aborda o tema da substituição do cavalo pela locomotiva, o tremendo cavalo, ou – expressado de forma não metafórica – a aceleração. Num primeiro passo, circundando o globo de leste a oeste, nossa locomotiva ganha um dia. Isso ainda não ultrapassa os limites da nossa experiência calendária. Mas então a velocidade aumenta: "Meu cavalo a vapor, exemplo da velocidade, / deixa para trás o tempo corrente / e se hoje corre para o oeste / ontem já ressurge no leste." A locomotiva de Chamisso lança a sombra do tempo, vindo do futuro, sobre o passado. Ela suspende não só o tempo natural, mas também o tempo histórico; contorna o globo numa velocidade tão alta que, no sentido contrário à rotação da Terra, consegue alcançar até mesmo o passado. "Arranquei do tempo o seu mistério, / transferi-o de ontem para ontem." Assim, o cavaleiro da locomotiva testemunha o seu próprio nascimento; ele importuna o avô durante seu noivado, quando este namora sua amada e é mandado embora pelo avô ranzinza; agora, entrega a Napoleão em Santa Helena as saudações da posteridade; depois, o visita em 1804 e o adverte da sua coroação – "Ah, quem dera que se lembrasse dessa advertência!", acrescenta Chamisso, o bonapartista crítico. O ferreiro, porém,

---

[1] *Chamissos Werke in fünf Teilen*, 1. Teil: *Gedichte* I, org. Max Sydow, Berlim, Leipzig, Viena e Stuttgart (1907), p. 66.

que recebe 1.900 moedas de ouro pelos serviços prestados – o século XIX é pesado em ouro –, deseja saber outras coisas: quer conhecer o futuro, quer saber se as ações subirão ou cairão e, "cá entre nós", se seria sábio investir nas empresas de Rothschild. Mas o cavaleiro, com uma pena na mão, já desapareceu em seu cavalo a vapor.

O poema de Chamisso não é só o primeiro na Alemanha, mas também o mais surpreendente da poesia lírica sobre a técnica ferroviária, que surgiu na época. Na "poesia do vapor", que logo virou moda, encontramos todas as variantes de atitudes que podiam ser adotadas política ou socialmente. Encontramos tudo: desde o hino ao progresso – "com cada trilho que instalamos, trazemos ao mundo uma vida nova" (Louise Otto-Peters)[2] – até o horror diante das energias que, uma vez liberadas, ameaçam destruir a cultura e o espírito. O desafio é sempre o aumento da velocidade, que causou um verdadeiro choque. Aquilo que até então era realizado pelo cavalo, pelo vento ou pela água, agora passava a ser efetuado pela máquina. No entanto, era difícil descrever a transposição do tempo da locomoção condicionada pela natureza para o tempo disponibilizado pela técnica. Assim, os poetas recorreram em primeira linha a metáforas da natureza: animais exóticos ou figuras míticas eram identificados com a locomotiva. O rinoceronte, o dragão, o elefante, o colosso, o gigante são invocados para demonstrar o que a locomotiva consegue fazer a mais do que o cavalo: ou seja, andar a 6 milhas, ou a 24 quilômetros, por hora, transportar vagões de um lugar para outro; e neles, pessoas, bagagem, carga e até cavalos.

Chamisso, porém, foi o único a superar a metáfora da geração de força mecânica e a verbalizar a própria aceleração. Isso resulta em algo inesperado. Numa inversão fabulosa, ele imagina como a aceleração aumenta a ponto de ultrapassar o passado, mas não o futuro. Quanto mais o primeiro se torna acessível, mais o outro se esquiva. Após a leitura do poema de Chamisso, somos quase tentados a dizer que o historicismo é a verdadeira forma do progresso, pois passamos a conhecer cada vez mais o passado, mas cada vez menos aquilo que o futuro trará.

---

[2] *Lieder eines deutschen Mädchens*, cit. segundo Manfred Riedel, *Vom Biedermeier zum Maschinenzeitalter*, in Archiv für Kulturgeschichte 43/I (1961), p. 100-123. Riedel apresenta numerosos exemplos de vários gêneros literários que documentam a rápida mudança de experiência provocada por navios e trens a vapor.

Chamisso não estava sozinho com essa interpretação fabulosamente imaginada. Ela fazia parte da experiência de aceleração do *Vormärz*. "Inicia-se uma nova fase na história do mundo", relata Heine em Paris, quando da inauguração das linhas ferroviárias para Rouen e Orléans, "e nossa geração pode orgulhar-se de tê-la presenciado." Ela vem a conhecer mais – e menos – do que nas trovoadas dos canhões de Valmy:

> Só percebemos que toda nossa existência é arrebatada, arremessada sobre trilhos novos; que novas circunstâncias, alegrias e tribulações nos esperam. E o desconhecido exerce uma estranha atração sobre nós, sedutor e angustiante ao mesmo tempo.[3]

Por causa dessa nova imprevisibilidade do futuro, outro contemporâneo – Eduard Beurmann – atesta que os governos "desconfiam desses empreendimentos, pois não conseguem calcular seu fim, mas ninguém pode retardar o tempo".[4] E até mesmo Luís I da Bavária, um monarca que incentivava a construção de ferrovias, sentou-se à escrivaninha e versejou contra o novo futuro: a Terra será consumida pelas chamas, pois assim está escrito. "Qualquer e nenhum lugar é o seu lar, a humanidade vaga inconstante, como o vapor, inconstante pela Terra. / O carro de corrida apenas acaba de iniciar / seu percurso revolvedor, o destino se oculta ao olhar" (1847).[5]

Nem mesmo a nossa geração de hoje – testemunha das missões lunares e dos *sputniks*, da transmissão televisiva direta, dos foguetes e dos aviões a jato – sofreu um surto de experiência tão grande como a geração do *Vormärz*. É como se a experiência verdadeira fosse o instante em que o avião levanta voo – e não o próprio voo ou sua aceleração. Aparentemente, a própria aceleração de prazos pode se transformar em hábito. Por precaução, o *Brockhaus* já escrevia em 1838 que nem mesmo a aviação, se é que ela realmente viria a se realizar, se igualaria à revolução efeti-

---

[3] Heinrich Heine, *Lutetia* LVII, 5 de maio de 1843, in Klaus Briegleb (org.), *Sämtliche Schriften*, v. 9, Munique e Viena, 1976, p. 448ss.

[4] Cit. segundo M. Riedel (veja anotação 2), p. 102.

[5] *Gedichte des Königs Ludwig von Bayern*, 4ª parte, 1847, p. 275: *Die Dampfwagen* – agradeço a indicação por Erich Maschke. Para uma análise do contexto e uma interpretação, veja Wolfgang Frühwald, *Der König als Dichter, Zu Absicht und Wirkung der Gedichte Ludwigs des Ersten, Königs von Bayern*, in DVjs 50 (1976), p. 127-157.

vada pela ferrovia no tempo dominado pela técnica. A fim de responder à pergunta sobre a aceleração na história, ou até mesmo da história, eu a dividirei em duas partes:

Primeiro, tratarei da singularidade da experiência da aceleração no contexto empírico do início da Revolução Industrial. Minha tese será que a aceleração corresponde a uma desnaturalização da experiência temporal que se conhecia até então. Ela é um indicador de uma história especificamente moderna.

Em seguida analisarei, com recurso à história do espírito, aqueles teoremas ou também mitologemas que, já antes da Revolução Industrial, se dedicaram a algo como uma aceleração histórica. Minha segunda tese será que a aceleração, como categoria histórica da expectativa, é algo antigo: ela adquire novos conteúdos de expectativa a partir do século XVI, mas só a partir da Revolução Industrial pôde se transformar em um conceito de experiência saturado. Em outras palavras: a abreviação temporal pré-formulada pelo apocaliptismo transforma-se em metáfora para a aceleração, que, desde o século XVI, verbaliza outros e novos conteúdos, diferentes daqueles pretendidos no horizonte da escatologia cristã.

1. A desnaturalização da experiência temporal pelos fatores técnicos da aceleração

Estou ciente de que a expressão "desnaturalização do tempo" é algo desprotegida. Pois o tempo sempre tem a ver com a natureza, com os astros e com os processos biológicos do ser humano – independentemente da medida em que esses processos são aproveitados, reconfigurados ou transformados pela sociedade humana. Basta lembrar a famosa piada da União Soviética – "Durma mais rápido, camarada!" – para apontar um limite que nenhum planejamento consegue transpor. O que quero demonstrar é que os fatores introduzidos na experiência temporal pelo homem, como ser histórico, resultam em sua autonomia relativamente maior perante essa natureza da qual o ser humano sempre dependerá. A aceleração causada exclusivamente pelo próprio ser humano é um indício inequívoco desse processo.

Já a introdução do relógio mecânico no século XIV causara, em longo prazo, uma desnaturalização da experiência temporal. Ela levou à quantificação da duração do dia em 24 horas idênticas. Le Goff fala do tempo comercial, o tempo dos comerciantes, que passou a concorrer com o tempo eclesiástico-litúrgico e que, mais tarde, sob a influência da ciência física em desenvolvimento, veio a representar um enorme esforço de abstração.[6] Toda a história da medição do tempo pode ser descrita, sob a perspectiva de sua função social, como uma história das abstrações crescentes.

Os etnólogos relatam como as antigas medidas de tempo permanecem profundamente inseridas no contexto da ação humana.[7] Em Madagascar, por exemplo, existe uma unidade de tempo para "a duração do cozimento do arroz" ou para o tempo necessário para "grelhar um gafanhoto". Medida de tempo e duração de uma ação ainda convergem por completo. Esse tipo de expressão é ainda muito mais concreto do que o "piscar de olhos" [*Augenblick*] em nossa língua (que também é uma unidade de tempo) ou o "presente" [*Gegenwart*], que originalmente se referia à "presença" [*Anwesenheit*] e só por volta de 1800 se transformou em uma determinação temporal.

Os relógios elementares das altas culturas, que mostram o decorrer do tempo por meio da diminuição de matéria – areia ou água –, ainda eram calibrados de acordo com a duração de atividades concretas: eles mediam a duração de um sermão ou determinavam a hora da missa ou, como a clepsidra de Cícero, a duração do argumento final no tribunal. A esses

---

[6] Jacques Le Goff, *Zeit der Kirche und Zeit des Händlers im Mittelalter* (1960), em alemão in C. Honegger (org.), *Schrift und Materie der Geschichte*, Frankfurt am Main, 1977, p. 393-414. Veja também nesse meio-tempo (amenizando a oposição entre o tempo eclesiástico e comercial, já que os relógios mecânicos que batiam as horas haviam sido introduzidos principalmente pelos príncipes – com a ajuda da Igreja –, favorecendo, a longo prazo, os comerciantes) a investigação minuciosa de Gerhard Dohrn-van Rossum, *Die Geschichte der Stunde. Uhren und moderne Zeitordnungen*, Munique e Viena, 1992. Veja também o resumo das numerosas pesquisas de Arno Borst in A. Borst, *Computus, Zeit und Zahl in der Geschichte Europas*, Berlim, 1990 (também Munique, 1999).

[7] Para mais detalhes sobre isso e os dados e as reflexões a seguir, veja E. P. Thompson, *Time, Work-discipline and Industrial Capitalism*, in Past and Present 38 (1967), p. 56-97, em alemão, *Zeit, Arbeitsdisziplin und Industriekapitalismus*, in *Gesellschaft in der industriellen Revolution*, org. Rudolf Braun *et alii*, Colônia, 1973, p. 81-112 (versão abreviada).

relógios elementares se juntaram os relógios de Sol que, dependendo da estação do ano ou da posição geográfica, indicavam tempos diferentes, pois dependiam da trajetória natural do Sol.

Os relógios mecânicos também conseguiram se adaptar a isso. Ainda no século XIX, os japoneses usavam relógios cuja arte especial consistia em preservar a variabilidade das horas por meio dos ponteiros e do quadrante, de modo que a hora diária, dependendo da estação, durava, de modo inverso à hora noturna, mais no verão e menos no inverno. Assim, a diferença entre as horas do dia e as horas da noite, que se devia às estações, influía diretamente no ritmo de trabalho, do qual o tempo extraía seu sentido. Esses relógios, como também os relógios elementares, faziam jus ao dia a dia na agricultura ou no artesanato, mas não correspondiam a um mundo de trabalho mecanizado, cujos ritmos temporais eram determinados pelas máquinas e que, num sentido geral, eram todos iguais.

O relógio mecânico introduzido no século XIV – que, descendo da torre do castelo ou da igreja para o paço municipal, invadiu as salas, alojando-se finalmente nos bolsos dos coletes –, esse relógio – que, a partir do século XVI, indicava os minutos e, a partir do século XVII, também os segundos –, esse relógio era certamente um indicador, mas também um estimulador do disciplinamento, da racionalização do mundo do trabalho humano e de suas margens de ação. Na primeira metade do século XIX, numerosos operários industriais da Inglaterra já andavam com seus próprios relógios, também para controlar o relógio do capataz. Com a criação da rede ferroviária e a introdução dos seus horários unificados, finalmente foram introduzidos os horários-padrão – na Prússia, antes da Revolução de 1848 –, que eram completamente diferentes dos horários locais e da respectiva posição do Sol. Henry Ford iniciou sua carreira de empreendedor com a produção de relógios que indicavam ao mesmo tempo, em dois mostradores diferentes, o horário local e o horário-padrão: era um último indício do desenvolvimento de unidades temporais determinadas pela técnica, que se tornavam autônomas em relação aos ritmos dos tempos naturais tradicionais. Dia e noite pareciam igualar-se. (Desde os tempos da ferrovia, graças aos trilhos, tornou-se possível fazer viagens noturnas.) Este é um processo ao qual corresponde o trabalho noturno nas grandes empresas, trabalho que já existia nas minas desde o século XVI e agora estava sendo introduzido em outros empreendimentos, cada vez mais, para aumentar a produção.

Todos esses processos já foram descritos muitas vezes, mas ainda não foram suficientemente analisados. Podemos então, em termos bem gerais, distinguir três fases de crescente abstração:

1. No início, a medição do tempo era enquadrada no contexto da atividade dos homens.

2. O relógio de Sol permitiu a objetivação do tempo natural.

3. Com o relógio de mola e, mais tarde, o relógio de pêndulo iniciou-se uma reconfiguração do dia a dia por meio de unidades de tempo quantificadas, que ajudaram a assegurar e incentivar uma organização abrangente da sociedade, procedimento que abarca o período do século XIV ao século XVIII. O rei-sol Luís XIV foi celebrado como "cronocrata", como *maître du temps*,[8] pois reinava sobre o presente por meio de sua sabedoria, sobre o passado por meio de sua memória e sobre o futuro por meio de sua previsão: símbolo disso eram os relógios dedicados a ele e instalados a seu mando.

Para a nossa investigação, é importante notar que os relógios, que invadiram o dia a dia com seu ritmo regular e constante, são criadores e indicadores de uma ordem duradoura, mas não da aceleração[9] – mesmo que eles permitam medi-la no âmbito físico. O relógio de areia, com seu fluxo de tempo corrente, transformou-se em alegoria da finitude, da *vanitas*; o relógio a mola, por sua vez, passou a ser visto como alegoria da constância, da esperteza e da utilidade. Só no fim do século XVIII, quando já havia sido completamente democratizado, o relógio também pôde representar a *vanitas* de forma iconográfica.

A metáfora da máquina, especialmente a do mecanismo horológico – que, a partir do século XVII, abarcava o cosmo, a sociedade e o homem –, era ainda uma metáfora pré-progressiva: ela visava à regularidade, à or-

---

[8] Klaus Maurice, *Die Französische Pendule des 18. Jahrhunderts. Ein Beitrag zu ihrer Ikonologie*, Berlim, 1967, p. 102.

[9] Veja Comênio (1592-1671): "In omni Republica sit una suprema potestas, cui caeterae subordinentur: in uno judicio unus judex, quem admodum in una civitate unum commune Horologium esse expedit, ad quod omnia publica negotia disponantur" (*De rerum humanarum emendatione consultatio catholica* VI 12, v. 2, reimpressão Praga, 1966, p. 511).

dem de Deus (que, depois de criada, decorria com constância) e à ordem da natureza e do homem, mas não à sua aceleração.[10] O relógio era capaz de medir a aceleração, mas não de simbolizá-la. Isso só se tornou possível com a ferrovia e seu aparato metafórico: Marx falou das revoluções como "locomotivas da história"; não, porém, como "relógios da história". Este era o limiar que precisava ser ultrapassado para que a aceleração se transformasse na experiência dominante de uma nova geração.[11]

No entanto, já antes da invenção da máquina a vapor, dos teares mecânicos, dos telégrafos, um dos diagnósticos do limiar de nossa época revela que todos juntos aceleraram os meios de transporte, o setor industrial da produção têxtil e o sistema de comunicação, imprimindo uma velocidade crescente em todas as áreas da vida. Trata-se de um tempo de aquecimento que só desembocou em uma nova dimensão da experiência temporal após a transposição desse limiar. "As pessoas começaram a viver de forma mais rápida e intensa do que antigamente", lembrou-se Niebuhr em sua retrospectiva do século XVIII, "mas, na época da revolução, isso tudo estava apenas começando e, em grande parte, só se desenvolveu a partir daquele momento."[12]

A partir do século XVII, podemos encontrar registros dos aumentos de velocidade pré-maquinais por toda parte. A ampliação da rede rodoviária e dos canais viabilizou um aumento das unidades de carga, que agora percorriam distâncias maiores no mesmo tempo. As causas podiam ser de natureza mercantil ou política. Na Inglaterra, por exemplo, que sempre desfrutara do privilégio das vias marítimas mais baratas e mais rápidas em torno da ilha, a rede rodoviária só foi ampliada quando o príncipe Charlie da Escócia invadiu o país em 1745 e avançou pelo interior, confrontando os ingleses com sua incapacidade de enviar tropas

---

[10] "Le monde est une horloge, qui était une fois montée continue aussi longtemps [sic] que Dieu s'est proposé de la laisser aller" (J. H. S. Formey, artigo "Conservation", in *Encyclopédie ou dictionnaire raisonné des sciences, des arts et des metiers*, v. 4, Paris, 1754, p. 38ss).

[11] Karl Marx, *Die Klassenkämpfe in Frankreich 1848-1850* (1850), Berlim, 1895, p. 90. Citado aqui segundo Karl Griewank, *Der neuzeitliche Revolutionsbegriff*, 1ª edição, Weimar, 1955; 2ª edição ampliada, Frankfurt am Main, 1969, p. 218.

[12] B. G. Niebuhr, *Geschichte des Zeitalters der Revolution*, v. 1 (1829), Hamburgo, 1845, p. 55.

rapidamente, por terra, para detê-lo. Em nosso contexto, porém, não estamos interessados em justificativas, mas em fenômenos.

A velocidade média da carruagem particular em estradas francesas mais do que dobrou no período de 1814 a 1848, passando de 4,5 para 9,5 quilômetros por hora. Nesse mesmo período, na Prússia, o tempo que a diligência precisava para percorrer o trecho Berlim-Colônia foi reduzido de 130 para 78 horas. Os investimentos estatais na construção de estradas fizeram com que o governo hesitasse muito tempo, pois não quis criar uma concorrência a custos menores; como se sabe, esse foi um dos motivos indiretos da Revolução de 1848.

Encontramos exemplo semelhante de velocidade crescente também nas vias marítimas.[13] Na primeira década do século XIX, os norte-americanos haviam desenvolvido o clíper, um barco a vela esguio e com mastros altos, que percorria a distância entre Nova York, Cabo Horn e São Francisco (19 mil quilômetros) em 90 dias, e não mais em 150 a 190. O desempenho máximo chegava a 750 quilômetros em um único dia, ou seja, a 15 milhas náuticas por hora, atingindo assim uma velocidade que só muito mais tarde seria alcançada pelos barcos a vapor.

Observamos algo semelhante na área da comunicação. Antes de a telegrafia elétrica se estabelecer – o telégrafo inventado por Sömmering em 1810 era inutilizável –, a rede telegráfica óptica, cuja tradição remete à Antiguidade, foi aperfeiçoada ao máximo.[14] A velocidade da transmissão de sinais foi muito aumentada, quer por meio de abreviações dos textos administrativos barrocos, quer pela estrutura dos códigos dos sinais repassados de torre para torre. Na Revolução Francesa, esse sistema de comunicação, que era também um sistema de controle, foi sistematicamente ampliado. Em 1794, a conquista de Condé-sur-L'Escaut foi noticiada pelo telégrafo óptico de Lille muitas horas antes de o men-

---

[13] Veja Wolfgang Zorn, *Verdichtung und Beschleunigung des Verkehrs als Beitrag zur Entwicklung der "modernen Welt"*, in R. Koselleck (org.), *Studien zum Beginn der modernen Welt*, Stuttgart, 1977, p. 115-134. Cf. Philip S. Bagwell, *The Transport Revolution*, Londres, 1988, e Brian Austin, *British Mail Coach-Service 1784-1850*, Nova York e Londres, 1986.

[14] Veja Hermann Kellenbenz e Hans Pieper, *Die Telegraphenstation Köln-Flittard, Geschichte der Nachrichtentechnik*, org. Rhein-Westf. Wirtschaftsarchiv, Colônia, 1973, bem ilustrativo e com muitas fontes.

sageiro a cavalo chegar a Paris. Os sucessos de Napoleão também foram possibilitados pela aceleração da transmissão de notícias, valendo lembrar que Andreas Hofer* foi morto por causa de uma mensagem transmitida dessa forma, apesar de a maioria dos juízes ter votado contra sua execução. Como sempre, os interesses políticos e militares reclamavam prioridade, somente mais tarde reivindicada pela sociedade mercantil. O professor Büsch, de Hamburgo, declarou no fim do século XVIII:[15] "É possível imaginar casos em que mensagens que alcançam seu destino algumas poucas horas antes do que é normal poderão valer mais dinheiro do que os custos anuais da linha telegráfica, incluindo-se todo seu equipamento" – um lema da bolsa e do mundo financeiro dos séculos vindouros. Economizar tempo aumenta os custos, mas aumenta ainda mais os lucros.

Qual é, então, o denominador comum desses dados? Já antes da invenção dos instrumentos técnicos da aceleração, o Estado moderno e a sociedade burguesa haviam conquistado uma aceleração surpreendente em seus sistemas de transporte e comunicação. No entanto, alcançaram um limite absoluto determinado pela natureza. As estradas podiam ser melhoradas e as carruagens, aprimoradas, mas a força dos cavalos permanecia limitada. Os navios a vela podiam ser aperfeiçoados, mas sua velocidade, no fim das contas, permanecia sujeita à mercê dos ventos. A telegrafia óptica podia ser racionalizada, mas a transmissão falhava ao anoitecer e também durante o dia em casos de chuva ou de nuvens, muitas vezes por dias ou semanas. Às vezes, uma mensagem estropiada podia ficar presa durante dias; o sistema telegráfico chegou a noticiar uma vitória nos campos de batalha da Espanha, mas sem que Paris ficasse sabendo se o vencedor havia sido Wellington ou os franceses.

A aceleração das interações humanas só pôde ser continuada quando as invenções técnicas correspondentes permitiram a transposição das barreiras naturais. A máxima da aceleração começa a se tornar uma máxima geral da experiência a partir das revoluções Francesa e Industrial.

---

* Andreas Hofer (1767-1810) foi um líder populár que liderou a resistência contra Napoleão na Áustria. Capturado pelos franceses, morreu fuzilado. [N.T.]
[15] Ibid., p. 43.

Permitam-me que enumere alguns critérios dessa máxima de experiência, formulados na época.

A medida mais comum e mais frequentemente mencionada para a aceleração é o encolhimento do espaço. Num artigo certeiro de 1838, o *Brockhaus der Gegenwart* define a essência das ferrovias da seguinte forma:

> Elas suspendem as separações espaciais por meio da aproximação no tempo. [...] Pois apenas o tempo necessário para atravessá-lo faz do espaço uma distância; se o acelerarmos, o próprio espaço se reduz no que diz respeito à sua influência sobre a vida e o trânsito.

Então, o *Brockhaus* faz esse cálculo para situações específicas, às vezes com uma ingenuidade comovente: para o mundo do trabalho e para a política, ignorando propositalmente a importância futura das ferrovias para o Exército. O aprendiz itinerante que viaja de trem ganharia quatro dias e meio de tempo de trabalho por semana. As cidades distantes se fundiriam em um "espaço artificialmente concentrado". A separação entre áreas urbanas e rurais seria anulada num espaço econômico comum. "Terra e mar invertem seus papéis. [...] As ferrovias reduzem a Europa, mais ou menos, ao tamanho da Alemanha."[16]

Não preciso citar outros exemplos. Sem considerar qualquer fator de mudança política ou social, os dados da aceleração são aplicados linearmente ao prognóstico do futuro – com um escopo político, é claro. As ferrovias transportam todos os estamentos tradicionais, em quatro classes diferentes, à mesma velocidade, e isso tem um efeito democratizador – fato reconhecido e temido até mesmo pelos adversários desse veículo. Inaugurando a era da igualdade, elas fazem parte da topologia. É quase supérfluo mencionar que a unificação dos espaços jurídicos, promovida na época à custa dos títulos de tradição regionais, pertence ao mesmo inventário de experiências.

---

[16] *Conversations-Lexikon der Gegenwart in vier Bänden*, v. I/2, Leipzig, 1838, p. 1.115-1.136, sigla 41; do mesmo autor, *Die Eisenbahnen, eine europäische Notwendigkeit*, in Scherz und Ernst, Leipzig, 1836. A suspensão de separações espaciais por meio da aproximação no tempo (p. 1.117) é ironizada por Heine; veja a nota 3 deste capítulo: "Até os conceitos elementares de espaço e tempo tornaram-se inseguros. Com as ferrovias, matam o espaço, e a nós resta apenas o tempo. Quem dera termos bastante dinheiro para matarmos também o tempo de forma decente!" (p. 449).

Mas a aceleração também é registrada além da exegese ferroviária evidente. Em 1793, as análises de Adam Smith são incluídas na *Realenzyklopädie* alemã. A divisão do trabalho não ocasionaria

> [...] somente um crescimento relativo das forças produtivas, mas também uma economia de tempo, ganhando-se agora o tempo que antes se perdia na transição de um trabalho para outro. Esse ganho de tempo aumenta a quantidade do trabalho em medida perceptível.

Finalmente, o ganho de tempo permitiria também uma economia nos salários, tudo isso graças às máquinas. O tempo de trabalho assim liberado seria usado para a satisfação de novas necessidades emergentes, pois as necessidades atuais seriam satisfeitas pelas máquinas.[17]

Nesse contexto, devemos mencionar também as análises das estruturas de necessidade, vistas sob uma perspectiva temporal. O luxo perde seu estigma de ser privilégio apenas das classes mais altas. A acelerada mudança da moda, como percebe Garve, faz da necessidade uma necessidade de aumentar as necessidades. Em vez de satisfazer as exigências mínimas das necessidades estabelecidas pela natureza, agora as necessidades crescentes passam a exercer uma pressão sobre a ordem dos estamentos. Por toda parte percebem-se trajetos direcionados que, uma vez vivenciados como aceleração, tornam-se irreversíveis. Por isso, a metáfora estática da máquina é ultrapassada também pelo lado econômico: Büsch analisa a circulação do dinheiro em 1800 ainda sob o aspecto segundo o qual todas as classes de seres humanos representam engrenagens diferentes, correspondentes às suas atividades. Então, continua:

> Não devemos, porém, forçar essas comparações. Pois as engrenagens não atuam apenas individualmente ou em conjunto sobre o todo, ou

---

[17] Em 1848, "Der bayerische Gewerbefreund" (suplemento do jornal "Bayerisches Kunst- und Gewerbeblatt"), nº 13, na p. 55, pergunta, num artigo intitulado *Dampfüberschuss und Zeitüberschuss,* o que deveria acontecer com os milhões de horas a serem liberadas pela economia de tempo decorrente do uso da ferrovia e dos navios a vapor. Ele teme que "esse tremendo capital de reserva de tempo livre" não viesse a ser usado pelo proletariado para fins educativos ou morais. Cit. segundo *Aufbruch ins Industriezeitalter,* v. 3: *Quellen zur Wirtschafts- und Sozialgeschichte Bayerns,* org. Konrad von Zwehl, Munique, 1985, p. 140ss. O desafio do tempo livre que não pode ser aproveitado economicamente é uma consequência direta do aumento e, portanto, também da aceleração da produtividade.

seja, sobre a prosperidade do Estado, mas também uma sobre a outra, promovendo e acelerando a marcha uma da outra. Não tenho a ousadia de sugerir um exemplo correspondente a esse conjunto na área da mecância.[18]

A aceleração distingue a experiência da época em relação a todas as anteriores. Mas ainda não aparece a metáfora que fala de um sistema de autoindução que assim se acelera. A aceleração parece conquistar uma área após outra, não só o mundo tecnologizado da indústria, o cerne empiricamente verificável de toda aceleração, mas também o dia a dia, a política, a economia e o crescimento da população.[19]

O mundo do cidadão se desdobrava sob seu augúrio. Em períodos cada vez menores produziam-se cada vez mais pianos – símbolo de *status* de todo salão burguês. Por volta de 1750, um construtor de pianos produzia cerca de vinte instrumentos por ano. Em 1802, graças à produção mecanizada da armação de metal, o fabricante Broadwood, de Londres, já produzia 400 e, em 1825, 1.500 pianos por ano. "Os preços despencaram, o tom subiu" e alcançou a esplêndida frequência de 435Hz. Mozart e Beethoven se irritaram, pois suas peças estavam sendo tocadas em um ritmo mais acelerado do que o originalmente previsto. A leitura nos lares burgueses também foi acelerada. A leitura repetida da Bíblia e dos clássicos foi substituída pelo consumo de produtos constantemente renovados, principalmente romances. A partir de 1814, a prensa rotativa aumentou as vendas, e o *Brockhaus*, uma das nossas testemunhas-chave, adaptou-se a isso. Enquanto seus primeiros léxicos de conversação ainda eram atualizados por meio de volumes suplementares, em 1830 e 1840 a editora passou a produzir um *Brockhaus da Atualidade* que fazia um corte transversal da modernidade. Esse corte transversal logo se transformou em uma revista atual, "*Die Gegenwart*" [A atualidade], que, mês a mês, trazia para os lares os eventos de um tempo fugaz.

Interrompamos nosso relato dos resultados empíricos de nossa investigação e de sua interpretação na época. Qual foi o rendimento da máxima experiencial da aceleração?

---

[18] J. G. Büsch, *Abhandlung von dem Geldumlauf*, 2ª parte, Hamburgo e Kiel, 1800, p. 17.
[19] Cf. agora Rolf Peter Sieferle, *Bevölkerungswachstum und Naturhaushalt*, Frankfurt am Main, 1990.

Seu emprego cada vez mais frequente desde a virada do século XVIII para o século XIX testemunha, em primeiro lugar, uma mudança na percepção e na consciência do tempo, sem, porém, ser acompanhada pelo respectivo rigor teórico e sistemático da língua cotidiana. Aparentemente, a expressão permitia registrar uma experiência que até então não havia existido dessa forma: eis aí o aspecto decisivo da aceleração. O que se verbaliza aqui é primeiramente o momento de surpresa. Tentarei explicar isso de forma sucinta.

A pergunta referente à aceleração está inserida na pergunta mais ampla sobre o que seria o tempo histórico. Se designarmos o progresso como a primeira categoria temporal genuinamente histórica – e ele o é, a despeito de suas implicações teológico-históricas –, a aceleração é uma variante específica desse progresso. Em termos teóricos, pode haver um progresso também quando ele ocorre de forma constante, de modo que a mera velocidade de uma mudança ou uma melhora não ofereça um critério adicional para determinar que algo esteja mudando progressivamente. O aumento de uma produção, por exemplo, pode ser sempre o mesmo dentro dos mesmos períodos. A aceleração da produção só ocorre quando há aumento da produtividade. (Sabemos que existe aqui um problema de pesquisa em história da economia que ainda não foi solucionado de forma satisfatória. A transição da fiação e da tecelagem manual para a produção mecânica de tecidos é apenas um sintoma entre muitos outros, que podem ser ponderados de várias maneiras.)

Só podemos registrar algo como aceleração quando as taxas, medidas nos mesmos períodos da cronologia natural, passam a aumentar geometricamente, não mais aritmeticamente. Por isso, por volta de 1900, Henry Adams analisou toda a história moderna sob o aspecto da *law of acceleration*.[20] Esse modelo é útil como determinação heurística das condições

---

[20] *The Education of Henry Adams. An Autobiography*, Boston e Nova York, 1918, cap. 34: "The Law of Acceleration" (1904). – Até o estabelecimento de um novo equilíbrio, domina a lei da aceleração: "A dynamic theory would begin by assuming that all history, terrestrial or cosmic, mechanical or intellectual, would be reducible to this formula if we knew the facts" (p. 489). Adams apresenta exemplos de todos os âmbitos da vida para a alegação segundo a qual agora o espírito só pode reagir, o que já aprendeu a fazer; no futuro, porém, ele precisará aprender a saltar, se quiser se adaptar.

técnico-industriais da história moderna, mas não pode ser aplicado de modo imediato à história geral. Mas espero que tenha ficado claro que a aceleração é mais do que mera mudança e mais do que mero progresso. Ela qualifica o "progresso da história", expressão que só pôde ser verbalizada após 1800.

Mudança, *mutatio rerum*, pode ser constatada em todas as histórias. No entanto, a mudança moderna é aquela que provoca uma nova experiência temporal: a de que tudo muda mais rapidamente do que se podia esperar até agora ou do que havia sido experimentado antes. A intervalos menores, no dia a dia dos afetados introduz-se um novo componente desconhecido, que não pode ser deduzido de nenhuma experiência conhecida. Isso distingue a experiência da aceleração. Como diz Eduard em As *afinidades eletivas*, de Goethe: "Agora não podemos mais aprender nada para a vida. Nossos ancestrais permaneciam fiéis ao ensino que recebiam na juventude; nós, porém, precisamos reciclar nossos conhecimentos se não quisermos sair de moda."[21]

Em outras palavras: articulam-se ritmos e decursos temporais que não podem ser deduzidos de nenhum tempo material e de nenhuma sequência geracional. A antiga e constante repetibilidade do ensino e a aplicação duradoura das lições aprendidas são interrompidas pelo aprendizado de conhecimento novo. Comparadas à experiência anterior de aprendizado, as fases temporais da reciclagem do conhecimento tornam-se cada vez mais curtas, o que provoca a experiência de uma mudança acelerada. Esse tipo de aceleração remete a uma história compreendida como um tempo que constantemente ultrapassa a si mesmo, ou seja, como modernidade no sentido enfático.

No entanto, cabe aqui um segundo esclarecimento, para nos alertar sobre o perigo de compreender em um sentido absoluto a singularidade desse conceito recém-adquirido pela modernidade. A aceleração é sempre também um conceito em perspectiva, que extrai sua evidência da comparação entre gerações contemporâneas, as quais compartilham um espaço de experiência comum, mesmo que refratado. Perthes formulou isso numa carta a Jacobi, quando tentou interpretar a "incrível veloci-

---

[21] Goethe, *Die Wahlverwandtschaften* I 4, in Waltraud Wiethölter (org.), *Sämtliche Werke. Briefe, Tagebücher und Gespräche*, v. 8, Frankfurt am Main, 1994, p. 300.

dade" com que seu tempo reconfigurava todo desejo e pensamento.[22] Antigamente, a mudança de experiência teria ocorrido ao longo de séculos. Hoje, porém, os eventos se apinhariam, intensificando o conflito.

> Nosso tempo [...] uniu em nossas três gerações contemporâneas o absolutamente inconciliável. Os enormes antagonismos dos anos 1750, 1789 e 1815 carecem de qualquer transição e não se apresentam como uma sucessão temporal, mas como simultaneidade nas pessoas que agora vivem, dependendo de elas serem avós, pais ou netos.

Portanto, a simultaneidade cronológica de fatos políticos e sociais assincrônicos provoca situações de conflito, cujas tentativas de solução, quando comparadas com os tempos passados, são experimentadas como aceleração.

Portanto, nossa categoria da "aceleração" pode ser vista também como instrumento do conhecimento, que visa a uma teoria da crise, sem que sejamos obrigados a deduzir dela outras acelerações para o futuro. Nesse sentido, a Revolução Francesa e seu decurso ainda foram compreendidos de forma tradicional. Assim, Georg Friedrich Rebmann escreveu um sermão fúnebre para o calendário revolucionário, revogado em 1805. Ele apresenta um esboço tipológico da revolução, que havia se presenteado com seu próprio calendário. Então, prossegue:

> Enfim, ele [o calendário] presenciou tudo que havia acontecido ao longo de vinte séculos em um período de apenas poucos anos e finalmente morreu, assim como crianças inteligentes raramente alcançam uma idade avançada, por causa de um ataque cardíaco, enquanto os médicos lhe prognosticam o definhamento. Ah, quem dera ele ter vi-

---

[22] *Friedrich Perthes' Leben nach dessen schriftlichen und mündlichen Mittheilungen aufgezeichnet von Clemens Theodor Perthes* (1848), 3 v., v. 2, Gotha, 1872, p. 146, carta sem data, por volta de 1815. – Compare a polêmica análoga, mas estilizada de forma dualista do "Conselho dos Quinhentos": "Dèshors la France présenta le spectacle de deux nations ennemis"; costumes, línguas e opiniões de ambas as nações seriam estritamente opostos. Uma das nações seria seguidora do reino da filosofia ("règne de la Philosophie"); a outra, de seus preconceitos; a primeira, da liberdade; a outra, da escravidão; a república se oporia à monarquia: "en un mot, l'intervalle de deux siècles entre les habitants de la même patrie" (Corps législatif, conseil des cinqcente, rapport fait par Bonnaire, sur le calandier républicain, scéance du 4 Thermidore, an 6 [1798], Bibl. Nat. Le 43. 2170; indicado por Michael Meinzer).

venciado que as pessoas se tornaram melhores e mais sábias, que suas experiências se tornaram úteis para elas e seus descendentes! *Requiescat in pace!*[23]

O *topos* do tempo acelerado e apinhado dos acontecimentos revolucionários encontra seu fim num estado de semirresignação, pois o progresso não se realizara da forma esperada.

Görres reagiu de modo semelhante quando a Restauração, no sentido convencional, parecia ter retornado: constatou, então, que pouco se podia aprender com a história do passado: "Mas se quiserdes aprender com ela, que a Revolução seja a vossa professora; o passo de muitos séculos morosos acelerou-se nela em um ciclo de anos."[24]

Encontramos aqui um conceito interpretativo da aceleração. Partindo da dimensão surpreendente de um futuro desconhecido, ele remete às possibilidades estruturais de uma história, que talvez se repitam de forma análoga. Uma revolução é, por assim dizer, apenas o concentrado acelerado de toda história possível. Assim, também a história acelerada permanece sendo história e não se limita à modernidade.

Esses dois últimos testemunhos provêm da experiência de eventos políticos, e não da industrialização. No horizonte da sociedade cada vez mais tecnificada do século XIX, essa variante política da aceleração era atualizada sempre que ocorria um surto revolucionário. Mas, no todo, ela não determinava a interpretação do curso geral dos eventos. Por isso, precisamos distinguir:

1. A aceleração registrada nos tempos de crise da vida constitucional política. Existem para isso provas desde Tucídides, que ainda se aplicam a experiências atuais (assim como o termo "velocidade" do início da modernidade também remete a levantes e guerras civis). O que distingue as interpretações da Revolução Francesa é a tese popular segundo a qual o ciclo constitucional modelar de Políbio, que se estendeu por nove gerações, agora se apinhava nas cataratas de eventos que ocorriam durante

---

[23] Georg Friedrich Rebmann, *Der revolutionäre Kalender*, reimpressão no *Insel-Almanach auf das Jahr 1966*, p. 80-85.
[24] Joseph Görres, *Teutschland und die Revolution* (1819), in *Gesammelte Schriften*, v. 13 (1929), p. 81. Cf. R. Koselleck, artigo "Geschichte, Historie", in Otto Brunner *et alii* (orgs.), *Geschichtliche Grundbegriffe*, v. 2, Stuttgart, 1975, p. 677.

uma única geração e em períodos ainda menores. Essa aceleração se nutre de fenômenos conhecidos, mas que agora passam a ocorrer em períodos mais curtos.

2. A aceleração resultante dos progressos técnico-industriais, que pode ser registrada como experiência de uma nova era. Evidentemente, ambos os tipos de aceleração – que, numa teoria do tempo, podem ser claramente distinguidos – misturam-se e intensificam-se reciprocamente na linguagem coloquial e podem ajudar a fornecer argumentos para uma teoria da crise da modernidade a partir de uma perspectiva da história geral, como, por exemplo, Jacob Burckhardt o fez com tanta mestria.[25]

Como primeiro resultado preliminar, podemos então dizer que existem, sim, acelerações, não *da* história, mas apenas *na* história, dependendo do estrato de experiência considerado, seja ele determinado primeiramente pela política, pela técnica ou pela economia. A "própria história" ou a "história em si" não parece se qualificar como sujeito de uma ação com sentido acelerador. Pois essa história, por si mesma, contém todas as medidas de comparação necessárias para medir se ela se acelera ou retarda. Temos aqui o conceito de uma história que é abstraída teoricamente das histórias empíricas e que representa, ao mesmo tempo, tanto seu sujeito quanto seu objeto. Esse conceito de uma história que contém em si a condição de todas as histórias possíveis só foi desenvolvido no século XVIII. Ele não permite estabelecer medidas fora de si mesmo que permitiriam demonstrar ou até mesmo calcular uma aceleração "da história". Hegel, que deduz as fases da história mundial a partir do trabalho do espírito do mundo, reconheceu isso claramente. Mesmo aceitando que a historiografia tenha sofrido uma aceleração, ele diz: "Em tempos recentes todas as relações mudaram. Nossa formação percebe rapidamente e logo transforma todas as ocorrências em relatos para a imaginação."[26] Mas o espírito do mundo, que avança pelas nações e indivíduos à custa deles, que só progride por desvios e mediações, "não só tem tempo de sobra": ele nem se importa com o tempo. "No que diz respeito à lentidão do es-

---

[25] Cf. R. Koselleck, artigo "Krise", in Otto Brunner *et alii* (orgs.), *Geschichtliche Grundbegriffe*, v. 3, Stuttgart, 1972, p. 639ss.
[26] G. W. F. Hegel, *Die Vernunft in der Geschichte*, org. J. Hoffmeister, Hamburgo, 1955, p. 9.

pírito do mundo: ele não precisa se apressar – mil anos são aos seus olhos como um dia; ele tem tempo de sobra, justamente porque se encontra fora do tempo, é eterno." Além disso, essa lentidão "é aumentada ainda mais por aparentes retrocessos, por períodos de barbárie".[27]

Hegel, que desenvolve e busca compreender a História Una [*die Eine Geschichte*] a partir do espírito do Deus até então cristão, tem bons motivos para apelar àquele versículo do Salmo 90, que, dependendo da situação, podia ser citado tanto para a retardação quanto para a aceleração: "Pois mil anos são aos seus olhos como o dia de ontem, que passou, e como a vigília da noite." Essa parábola ambígua nos remete novamente às precondições apocalípticas dos axiomas modernos da aceleração.

2. A categoria da abreviação do tempo entre o apocalipse e o progresso

Até agora, chegamos a conhecer a aceleração como conceito de experiência da modernidade, com duas variantes que nos ensinaram a compreendê-la como possibilidade de histórias que se repetem ou como resultado de uma inovação técnico-industrial. Agora, perguntaremos pelos critérios de aceleração usados antes do limiar de nossa época, para assim, em retrospecto, obtermos novos conhecimentos.

Nos textos apocalípticos da tradição judaico-cristã, a abreviação do tempo desempenha um papel que é ativado com frequência. Poderíamos definir a abreviação do tempo como conceito da experiência religiosa, mas ela extrai seu sentido da expectativa. Na expectativa cristã, a abreviação do tempo é uma graça concedida por Deus, que não quer que os seus sofram por muito tempo antes do fim do mundo (Mc 13,20; Mt 24,22). O fim deve vir antes da sua hora inevitável. A medida para essa abreviação é a própria suspensão do tempo estipulado para o futuro.[28]

Quanto mais Cristo atrasava seu retorno, outra variante da expectativa começava a suscitar a pergunta: quanto tempo mais? A razão dessa expectativa era o desejo concreto dos fiéis de verem o tempo ser abre-

---

[27] G. W. F. Hegel, *Einleitung in die Geschichte der Philosophie*, org. J. Hoffmeister, Hamburgo, 1959, p. 62 e 64.
[28] Cf. o ensaio a seguir neste livro.

viado para que pudessem compartilhar a salvação quanto antes. Pedro 3,18 ofereceu a resposta (extraída do Salmo 90), afirmando que, para o Senhor, um dia é como mil anos; e mil anos, como um dia. Essa afirmação pretendia oferecer consolo diante de expectativas demasiadamente empíricas – ou seja, remeter à misericórdia de Deus, que, antes do retorno de Cristo, queria que sua mensagem alcançasse todos os habitantes da Terra, para assim completar o número dos eleitos. A retardação do fim tornou-se um indício da misericórdia de Deus, assim como já o havia sido a anunciada abreviação do tempo para encurtar o sofrimento dos eleitos. Não havia contradição nisso, contanto que a transposição paulina da expectativa para a certeza da fé pudesse ser parafraseada por ambas as variantes. O aspecto decisivo para a nossa investigação é que o ponto fixo da abreviação ou retardação do tempo se encontrava fora do tempo. Ambas as afirmações extraíam sua evidência apenas da eternidade de Deus, cujo retorno para o nosso mundo criaria um novo mundo. No âmbito da interpretação do apocalipse, vemo-nos assim diante de duas determinações relacionais do tempo. Ambas permitiam interpretar eventos históricos, mas sua estrutura interpretativa não podia ser deduzida primariamente das estruturas temporais dos próprios eventos. Trata-se, portanto, não de uma abreviação histórica dos decursos temporais, mas de uma abreviação do tempo da história, de um fim do mundo antecipado.

Por fim, uma terceira variante é representada pela interpretação quiliástica do estado intermediário entre expectativa e chegada do fim. Esta também se fundamentava na passagem registrada por São Pedro e, principalmente, no Apocalipse de São João. Os mil anos, que para Deus equivalem a um dia, são intercalados como período bem-aventurado, durante o qual se aguarda o último retorno de Cristo. Essa doutrina do estado intermediário, durante o qual a abreviação e a retardação dos prazos de vencimento são, de certa forma, suspensos, também se nutre de um *télos* extra-histórico. Sempre que as imagens apocalípticas eram aplicadas a ocorrências empíricas, logo surgiam os problemas institucionais referentes a quem teria a autoridade de determinar a exegese correta. A heresia sempre estava à espreita, por trás de cada verificação empírica da interpretação apocalíptica, por mais que esta também influenciasse e impulsionasse a história do cristianismo.

Enquanto a doutrina do reino milenar representava um tabu para os Padres da Igreja, principalmente para Agostinho, as determinações da abreviação e da retardação temporal mantiveram-se como momentos inerentes à expectativa cristã. Lutero – que frequentemente formulou expectativas apocalípticas em suas conversas à mesa, mas não em seus escritos teológicos – é um bom exemplo disso: ora pede o adiamento do fim do mundo, ora já vê o Juízo Final às portas e anseia por ele. Por vezes, os dois argumentos da retardação se confundem.

Um critério da determinação temporal extra-histórica das previsões apocalípticas é sua repetibilidade. Uma profecia ou uma expectativa apocalíptica não cumprida pode ser repetida infinitamente. Mais ainda: a probabilidade de o previsto ou esperado ainda vir a acontecer aumenta com cada expectativa frustrada. Pois o equívoco referente à hora é justamente a prova de sua realização segura no futuro. Dessa forma, os limites temporais da fórmula de abreviação são determinados meta-historicamente. Eram intercambiáveis os dados empíricos usados para verificar que os eventos acelerados também anunciavam os últimos tempos. Contanto que se recorresse a esses textos, isso se aplica até Lutero e o século XVII, para então, no decorrer da modernidade, se limitar a círculos cada vez menores, que já não se estendiam mais ao âmbito de decisões políticas.

Partindo dessa posição, verificamos constatações, cada vez mais frequentes a partir do século XVI, de que o tempo estaria se abreviando, mas já sem referências ao apocalipse. A afirmação de espaços temporais que se abreviam permanece integrada a um horizonte de expectativas (ou seja, no futuro ocorrerão progressos em ritmo cada vez mais acelerado), mas a afirmação é enriquecida por novos repertórios de experiência que já não são mais interpretados no sentido cristão. O núcleo experiencial, que serviu como ponto de partida, era constituído pelas descobertas e invenções da ciência natural em ascensão. Como tendência geral do período do século XVI ao século XIX, podemos constatar: as esperanças e expectativas, inicialmente estimuladas pelo cristianismo e enriquecidas por utopias que se seguiram às invenções e descobertas, foram cada vez mais ultrapassadas por máximas de experiência da ciência natural.

A abreviação temporal, que, vindo de fora, impusera um fim precoce à história, agora se transforma em uma aceleração de setores determináveis da experiência, registrada na própria história. A novidade é que, agora, já não é o fim que aproxima com mais rapidez; são os progressos atuais que, comparados com o lento progresso dos séculos passados, passam a ser cada vez mais rápidos. O *télos* de dominar a natureza e de organizar a sociedade de modo mais justo se transformara em uma determinação temporal fluida, e cada intenção antecipadora podia ser facilmente interpretada como progresso retardado.

Portanto, não se trata de mera secularização. Por mais que as expectativas apocalípticas (na forma de esperanças milenares) tenham influído no novo conceito de aceleração, o núcleo de experiência, ao qual as novas expectativas apelavam, não podia mais ser deduzido do apocalipse.

Mas a influência da tradição apocalíptica continua. Ela emerge, com mediações múltiplas, sempre que o objetivo da história precisa ser definido – objetivo este que precisa ser alcançado de forma cada vez mais rápida pelo ser humano. Isso se torna evidente no século XVIII, quando a categoria da aceleração se estendeu do crescente domínio da natureza à sociedade, ao desenvolvimento moral e à história como um todo. Podemos até mesmo dizer que a história só pôde ser exposta como um modo de ser do homem quando passou a ser interpretada como progressiva e acelerada.

No fim do século XVIII, principalmente durante a Revolução Francesa, aumentam as vozes que sujeitam toda a história a uma perspectiva da aceleração crescente. A pergunta se a sequência de períodos cada vez mais curtos pode ser determinada objetivamente ou se ela se deve apenas a uma percepção subjetiva aparece na maioria dos autores, explícita ou implicitamente. Lessing, ainda muito distanciado, atesta ao quiliasta iluminado que ele mesmo deseja precipitar o futuro de forma acelerada. Assim verbaliza-se a vinculação do decurso histórico real às esperanças, aos planos e aos atos dos seres humanos, que Kant então procura fundamentar com tanto empenho e tanta sutileza. Por meio dos eventos da Revolução Francesa, especialmente por meio da reação das pessoas a esses eventos, Kant acredita poder comprovar empiricamente a obrigação moral de buscar e provocar o progresso, aumentando assim a esperança de criar, em períodos cada vez mais curtos, uma república justa e uma ordem pacífica dos povos.

Ele nunca foi tão longe quanto Condorcet, que acreditava firmemente que seria possível prever, orientar e acelerar os progressos da humanidade "assim que o fio da meada correto fosse encontrado na história de todos os progressos".[29] Mas em ambos os teoremas a obrigação, a desejabilidade ou a constatação de um progresso acelerado são vinculadas ao próprio ser humano agente, por mais que evoquem garantias histórico-filosóficas, fazendo analogia com um plano natural (Kant) ou com leis gerais (Condorcet).

Talvez a experiência da série de êxitos obtidos pelas ciências naturais e da tecnificação emergente tenha inspirado essa autoconfiança em Condorcet. Em todo caso, o conceito de aceleração, impregnado da história da filosofia a partir do século XVIII, só podia ser usado de forma sensata quando era possível identificar um objetivo que precisava ser alcançado de forma acelerada. Temos aqui a analogia com a determinação da meta extratemporal, já presente nos textos apocalípticos.

Na Festa da Constituição de 1793, Robespierre invocou a felicidade e a liberdade como destino do homem; agora, na Revolução, todos os cidadãos eram obrigados a realizá-las de forma acelerada. No mesmo ano, Condorcet formulou aquela "*loi révolutionnaire*", cuja meta seria sustentar, dirigir e acelerar a revolução.[30]

Duas décadas e meia mais tarde, Joseph Görres deduz de modo especulativo que "o grande curso mundial da história [...] se acelera uniformemente" e "a abreviação dos períodos, na medida em que se aproximam do presente, é inconfundível".[31] Essa incorporação das expectativas apocalípticas à interpretação da história impregna também a escola francesa dos positivistas. Os homens devem realizar agora aquilo que, no apocalipse, é esperado dos desígnios ocultos de Deus. Recorrendo a Con-

---

[29] Condorcet, *Esquisse d'un tableau historique des progrès de l'esprit humain* (1793), trad. alemã, org. Wilhelm Alff, Frankfurt am Main, 1963, p. 27ss, 43, 371 e 385, e R. Koselleck, *Vergangene Zukunft*, Frankfurt am Main, 1979, p. 83.
[30] Cf. a nota 26 do ensaio a seguir. Para a escala de variantes das sentenças de aceleração, veja Horst Günther (org.), *Die Französische Revolution. Berichte und Deutungen deutscher Schriftsteller und Historiker*, Frankfurt am Main, 1985, p. 552, 831, 837 (Wieland), 652 (Forster), 1.054 e 1.070 (Wilhelm Schulz).
[31] Joseph Görres, *Europa und die Revolution* (1819), in Wilhelm Schellberg (org.), *Gesammelte Schriften*, v. 13, org. Günther Wohlers, Colônia, 1929, p. 188ss.

dorcet, Saint-Simon exige também que os séculos passados sejam ordenados conforme os progressos sucessivos do espírito humano, "*et vous verrez clairement les moyens à employer pour accélérer son perfectionnement*".[32] Em Saint-Simon e seu aluno Comte, todas as análises sociais, econômicas e políticas da história do mundo, entrelaçadas, permanecem nos limites de aumentos de velocidade observáveis e se submetem ao imperativo de impeli-la de modo acelerado. Aqui, como em Schiller, o Juízo Final é integrado à própria história. "*La Grande Crise finale*" seria a Revolução Francesa, que levaria ao reordenamento pacífico da sociedade. Sua condição, no entanto, é a teoria sociológica. Só ela seria capaz de realizar "*la réorganisation totale, qui peut seule terminer la grande crise moderne*",[33] transformando os conhecimentos do passado em um planejamento providencial do futuro. Apesar de se preservar o vocabulário do Juízo Final, a metafórica apocalíptica já esvanecera.

Qual é o traço comum a todos esses testemunhos? Evidentemente, essa aceleração, reivindicada e evocada para toda a história mundial, não é tanto um conceito de experiência controlado, é antes um conceito utópico de expectativa.

Uma promessa de caráter quase religioso havia manchado o lapso de tempo que devia ser percorrido de forma acelerada. Mas as determinações de objetivo não ultrapassavam os limites deste mundo e, no século XIX, receberam o renovado impulso dos progressos técnicos. Num ensaio de 1838 do *Brockhaus* sobre as ferrovias, a organização mundial da paz de uma humanidade autodeterminada é definida como postulado de uma necessidade moral. O autor prossegue:

> Desde sempre, a história tem orientado o seu rumo por esse alvo verdadeiramente divino. Com o tempestuoso avanço das rodas da ferrovia, ela o alcançará com séculos de antecedência.[34]

---

[32] *Esquisse d'une nouvelle encyclopédie*, Oeuvres de Saint-Simon et d'Enfantin, 47 v., v. 15, Paris, 1865-1878, p. 89, cit. segundo Rolf Peter Fehlbaum, *Saint-Simon und die Saint-Simonisten*, Basileia e Tübingen, 1970, p. 12.

[33] Auguste Comte, *Cours de philosophie positive*, org. Ch. Le Verrier, 2 v., v. 2, Paris, 1949, p. 114 e 157ss.

[34] Veja a nota 16.

Podemos dizer que aqui nos deparamos com a estrutura temporal formal de uma expectativa apocalíptica. Mas só isso. Pois a instância da experiência continuava a ser um instrumento técnico que não podia satisfazer essa exigência escatológica. Quem quisesse continuar a se ater a determinações intramundanas de objetivos era forçado a encontrar outros aceleradores.

Assim, recorrendo à tradição apocalíptica e à sua aplicação no início da modernidade, encontramos mais uma resposta. A aceleração histórica pode ser determinada em dois casos possíveis.

Primeiro, pode ser deduzida como abreviação do tempo das expectativas ligadas às metas: nesse caso, os processos de aceleração sempre são possíveis como postulado e sempre podem ser novamente invocados, malgrado sua concretização. Trata-se aqui de um conceito de expectativa que pode ser repetido em qualquer momento. Em termos puramente subjetivos, dele podem ser deduzidas desacelerações, retardações ou atrasos – categorias de desejabilidades ou de esperanças frustradas.

Em segundo lugar, a aceleração pode ser deduzida de comparações com contextos experienciais do passado, os quais permanecem empiricamente verificáveis e podem fornecer dados para planejamentos adicionais. Nesse caso, trata-se de um conceito puramente experiencial.

Finalmente, e com isso termino, existe uma combinação dessas duas possibilidades, que hoje talvez seja a forma mais frequente: ela consiste no estágio técnico-industrial já alcançado pelos países desenvolvidos e que no futuro deverá ser alcançado pelos países menos desenvolvidos. Disso se segue compulsoriamente que o atraso só pode ser recuperado por meio de uma aceleração. Também aqui aparece a simultaneidade do assincrônico, que contém um grande potencial de conflitos. Além disso, apresenta-se nela um enlaçamento de experiência e expectativa, cuja diferença contém o desafio de ser superada de modo acelerado. A experiência destes é a expectativa daqueles. Condorcet, Comte ou Friedrich List exigiram a aceleração dos eventos históricos principalmente nesse sentido. Em nossos tempos – lembro aqui Khrushchev e Mao Ze-dong –, ela faz parte das atividades cotidianas do planejamento político, e já não conseguimos mais imaginar uma política e uma economia no contexto global sem ela. No entanto, não sabemos por quanto tempo isso ainda valerá.

Ouçamos mais uma vez as palavras de Chamisso, que nos ajudou a trilhar a trajetória da aceleração:

> No outono de 1837, estive *votum solvens* em Leipzig para fazer uma viagem de trem com o espírito do tempo atrelado a ele – não poderia morrer sem ter vislumbrado o desenrolar do futuro a partir das alturas desse vagão triunfal.[35]

Um ano depois, Chamisso estava morto.

---

[35] *Chamissos Werke*, org. Max Sydow, 5 partes em 2 v., Berlim, Leipzig, Viena e Stuttgart (1907), 1ª parte, "Chamissos Leben und Werke", p. 136.

Abreviação do tempo e aceleração
Um estudo sobre a secularização

"*Et minuentur anni sicut menses et menses sicut septimana et septimana sicut dies et dies sicut horae.*"* Essa frase provém do século IV e faz parte das visões da Sibila Tiburtina.[1] A abreviação do tempo dá início ao levante dos terríveis povos que destruirão o Império Romano. É obra do anticristo, que causará a última grande miséria na Terra, mas é também uma ação do Cristo que retorna: "O Senhor encurtará aqueles dias por causa dos eleitos",[2] para que seu sofrimento não se estenda demais antes da vitória do Salvador sobre o anticristo. Seja provocada pelo anticristo ou por Cristo, a abreviação do tempo é um augúrio do fim do mundo.

---

* "E os anos serão reduzidos a meses; os meses, a semanas; as semanas, a dias; os dias, a horas." [N.T.]

[1] *Sibylla Tiburtina (explanatio somnii)*, cit. segundo *Sibyllinische Weissagungen. Urtext und Übersetzung*, org. Alfons Kurfess, Heimeran (Munique), 1951, p. 276. De acordo com E. Sackur, *Sibyllinische Texte und Untersuchungen*, Halle, 1898, p. 162, e A. Kurfess, ibid., p. 346, o texto é de cerca de 360 d.C. A passagem correspondente de Lactâncio, que Constantino conhecia, como afirma Hans Lietzmann, diz: "Tunc et annus et mensis ed dies breviabitur: et hanc esse mundi senectutem ac defectionem Trismegistus elocutus est; quae cum evenerint, adesse tempus sciendum est, quo deus ad commutandum saeculum revertatur" (Firmiani Lactantii Epitome divinarum institutionem 66,6, ed. S. Brandt = CSEL, v. IX, p. 756ss, impresso em Kurfess, ibid., p. 246.

Para as profecias apocalípticas contestadas teologicamente primeiro no Oriente grego e só mais tarde no Ocidente latino, remeto às pesquisas de Harnack e Lietzmann. Na crença popular, as expectativas escatológicas e, com elas, também os *topoi* relativamente raros da aceleração e da abreviação do tempo continuaram presentes e podiam e ainda podem ser sempre atualizadas. A pequena amplitude de variação das respectivas fontes é enfatizada por Arthur Hübscher, *Die große Weissagung. Texte, Geschichte und Deutung der Prophezeiungen von den biblischen Propheten bis auf unsere Zeit*, Munique, 1952. Com muitos documentos históricos, mas sem uma perspectiva analítica em termos de uma história dos conceitos, Ernst Benz, *Akzeleration der Zeit als geschichtliches und heilsgeschichtliches Problem*, Mainz, 1977 (tese da classe de ciências sociais e humanas da *Mainzer Akademie der Wissenschaften und der Literatur*, ano 1977, nº 2). Para uma teoria do tempo pouco específica, mas estimulante no sentido histórico-cultural, veja Daniel Halévy, *Essai sur l'acceleration de l'histoire*, Paris, 1961.

[2] *Sibylla Tiburtina* (veja anotação 1), p. 278 – segundo São Marcos 13,20.

Comparemos essas frases com uma afirmação do engenheiro elétrico e empreendedor alemão Werner von Siemens. Em 1886, Siemens inferiu uma lei subjacente à série de invenções até então realizadas:

> Essa lei, que se pode reconhecer claramente, é a lei da aceleração constante do nosso atual desenvolvimento cultural. Períodos de desenvolvimento, que antigamente eram percorridos em séculos, que no início da nossa era ainda requeriam décadas, hoje são concluídos em poucos anos e muitas vezes se manifestam já plenamente configurados. Por um lado, isso é consequência natural do nosso progresso cultural [...], por outro, é efeito do progresso técnico-científico autorrejuvenescedor.[3]

Em termos formais, as duas determinações do tempo aparentam ser surpreendentemente semelhantes. Ambas invocam ou apontam intervalos de tempo abreviados, mesmo que seus contextos e conteúdos sejam diferentes. O texto da Sibila Tiburtina remete a uma abreviação do tempo antes do fim do mundo. O texto do engenheiro elétrico remete a uma aceleração no horizonte do progresso. Vistas mais de perto, porém, as posições são claramente distintas. No primeiro caso, o próprio tempo é acelerado, com fases temporais emprestadas da natureza – anos, meses e dias. Trata-se de uma transformação do tempo natural de acordo com a vontade de Deus, cujos ritmos constantes se abreviam antes do Juízo Final.

No outro, exclui-se, por motivos científicos, a possibilidade de uma transformação do próprio tempo natural. Este, segundo Newton, permanece sempre o mesmo. Mas dentro da cronologia naturalmente estabelecida os progressos na ciência e na cultura, como também sua propagação, ocorrem de forma cada vez mais rápida. O próprio tempo natural permanece o mesmo, mas o conteúdo do tempo, criado pelos seres humanos, realiza-se de modo acelerado. A despeito da semelhança semântica, trata-se de dois diagnósticos diferentes e até contraditórios: no texto

---

[3] Werner von Siemens, *Das naturwissenschaftliche Zeitalter. Vortrag, gehalten in der 59. Versammlung Deutscher Naturforscher und Ärzte am 18. September 1886*, Berlim, 1886, cit. segundo Johan Hendrik Jacob van der Pot, *Die Bewertung des technischen Fortschritts. Eine systematische Übersicht der Theorien*, 2 v., v. 1, Maastricht, 1985, p. 120; aqui também uma coleção insubstituível de documentos históricos para a história dos conceitos.

da Sibila, o próprio tempo é abreviado; no texto do engenheiro, a sequência das inovações e melhoras se acelera em prazos constantes.

A abreviação do tempo e a aceleração são definidas de forma semelhante, mas remetem a concepções ou fatos diferentes.

Com isso, chegamos ao cerne da nossa pergunta: uma estaria ligada à outra? A semelhança linguística entre essas formulações e determinações do tempo remeteria a um vínculo entre elas? Teríamos aqui, talvez, uma secularização de expectativas escatológicas cristãs, que levaram à máxima da aceleração? Trata-se de uma herança cristã transposta para a modernidade? Em outras palavras: existe mesmo uma ligação entre abreviação do tempo, aceleração e secularização?

Para responder a essas perguntas, prosseguirei em três passos. Primeiro, tentarei esclarecer terminologicamente o conceito da secularização. Depois, tentarei retraçar o caminho percorrido pela categoria da abreviação do tempo desde o Novo Testamento até a modernidade. Por fim, tentarei destacar o conceito moderno de aceleração, a fim de contrastá-lo com os conceitos de secularização e de abreviação do tempo.

1. A secularização na história real e a secularização metaforizada

Hoje, a secularização tem se transformado em um chavão abrangente e difuso, e é praticamente impossível chegar a um acordo sobre seu uso. Ela serve à crítica cultural, cristã ou anticristã, e como padrão interpretativo histórico-filosófico. A aura do seu uso varia com o ponto de vista.[4]

---

[4] Hermann Lübbe, *Säkularisierung. Geschichte eines ideenpolitischen Begriffs*, Freiburg e Munique, 1965. Sobre a "secularização" e a "temporalização" e seus equivalentes em outras línguas informa hoje de forma fundamental G. Marramao in *Historisches Wörterbuch der Philosophie*, v. 8, Basileia, 1992, col. 1.133-1.161. Para a história do conceito e do objeto, veja Irene Crusius (org.), *Zur Säkularisation geistlicher Institutionen im 16. und im 18./19. Jahrhundert*, Göttingen, 1996 (publicação do Max-Planck-Institut für Geschichte, v. 124, Studien zur Germania sacra 19), e também o artigo de Martin Heckel, *Das Problem der "Säkularisation" in der Reformation*, p. 31-56, no qual ele reúne suas pesquisas sobre a história do conceito e do objeto. A meu ver, a vinculação do conceito de secularização ao conceito de "*saeculum*" ainda não foi suficientemente investigada. A carga semântica que o termo "*saeculum*" extrai dos termos "*secus*" e "*sexus*" ainda exige uma interpretação histórico-antropológica. Em

Se analisarmos a história do conceito, torna-se evidente: 1) que a secularização apresenta um núcleo inequívoco em termos institucionais, cujo significado não deixa espaço para qualquer dúvida. A palavra, que só surgiu na língua francesa no século XVI, significa em primeiro lugar a transferência de um clérigo regular para o *status* secular. O clérigo regular se transformou assim em um "*saecularis*", em um clérigo secular. Nesse sentido canônico-jurídico, a expressão preservou um significado restrito.[5]

2) Uma primeira extensão desse instituto jurídico se deu com a Paz de Vestfália, em 1648. Usando a palavra antiga, o enviado francês introduziu um novo conceito nas morosas negociações de paz em Münster e Osnabrück: serviu-se do conceito de secularização para designar um ato político que já existia há muito tempo, desde a Alta Idade Média, mas que nunca fora designado por esse termo. Para o enviado francês, secularização significava a transferência de bens eclesiásticos para o domínio secular. Na situação concreta da Guerra dos Trinta Anos, no entanto, esse termo adquiriu uma conotação antiprotestante. Os senhores de terra protestantes deviam ser impedidos de fazer aquilo que eles mesmos chamavam de "Reforma", ou seja, continuar a confiscar os bens da Igreja Católica. Em termos gerais, a Paz de Vestfália criou uma situação de empate territorial no reino alemão, situação que determinou as partilhas de posses eclesiásticas e seculares. Mas isso não ficaria assim para sempre. Em virtude do Iluminismo, que culminou na Revolução Francesa, deu-se outra onda de secularizações, no sentido de uma expropriação de posses, bens e dotações eclesiásticas. Agora, os próprios monarcas católicos tive-

---

termos linguísticos, ele remete à relação entre gênero, geração, vitaliciedade, tempo de governo, tempo de vida e o tempo máximo de mais ou menos cem anos – aquele prazo que, por um lado, foi transfigurado sacralmente (já no Império Romano) e que, por outro – no contexto cristão –, pôde ser interpretado como mundano. A transposição do conceito mundial "*saeculum*" para a categoria matematicamente inequívoca e inócua de "século" provém dos tempos pré-cristãos, mas só foi efetivada nos séculos XVI e XVII. Para a história etrusco-romana, veja Hans Lietzmann, *Der Weltheiland*, Bonn, 1909, e agora o artigo "*Saeculum*", in *Der kleine Pauly*, v. 4, Munique, 1979, col. 1.492-1.494, para uma exploração das fontes.

[5] Cf. o artigo "Säkularisation, Säkularisierung", in *Geschichtliche Grundbegriffe*, v. 5, Stuttgart, 1984, p. 789-829, de Werner Conze, Hans-Wolfgang Strätz (sobre o conceito canônico e na jurisprudência da igreja estatal) e Herman Zabel (sobre o conceito na filosofia da história).

ram participação decisiva nisso. Os bispos alemães reservaram para si o direito de usar as posses das fundações não só para o bem da religião, mas também para o bem da coletividade, "podendo, para isso, transferi-los para outra forma, que correspondesse mais ao propósito principal e fosse mais adequada às necessidades reais".[6] José II destinou numerosos bens da Igreja a novas finalidades. Na Revolução Francesa, todas as propriedades da Igreja foram confiscadas e transferidas para a burguesia rica, por meio de uma nova moeda cujo valor era garantido pelos bens confiscados. Como ponto final dessa onda de secularizações podemos considerar a dissolução de todos os domínios da Igreja alemã, o que sepultou a antiga constituição do Império Alemão.

Portanto, a secularização apresenta um núcleo eclesiástico-jurídico cujo significado está em vigor até hoje. Além disso, ela designa um ato jurídico politicamente fundado que reprime ou confisca o poderio e os bens seculares da Igreja para destinar os lucros a novas finalidades. Essas finalidades podiam ser de natureza pedagógica, mercantil ou econômica, ou até mesmo de caráter religioso-secular – como no caso dos protestantes –, e as posses podiam ser usadas também como gratificações por uma conduta política adequada. Em todos os casos, as igrejas se afastaram do âmbito do poder secular, reivindicado agora como monopólio do Estado moderno.[7]

Tanto no sentido canônico como no sentido político-jurídico, o conceito de secularização extraía seu significado da oposição entre o espiritual e o secular. O pano de fundo histórico só pode ser compreendido mediante a doutrina de Agostinho dos dois reinos, que, como Gilson demonstrou,[8] estrutura a história ocidental em numerosas transformações e metamorfoses. Na mesma medida em que a secularização político-jurídica avançava, também se tentava limitar o domínio eclesiástico ao âmbito espiritual. Podemos verificar empiricamente e de forma histori-

---

[6] O tratado [*Punktation*] de Ems dos arcebispos de Mainz, Trier, Colônia e Salzburgo, 25.8.1786, veja anotação 5, p. 804, cit. segundo Carl Mirbt, *Quellen zur Geschichte des Papsttums und des römischen Katholizismus*, Tübingen, 1934, p. 415.

[7] Para esse complexo institucional e jurídico, veja Martin Heckel, *Korollarien zur Säkularisierung* (relatórios das reuniões da *Heidelberger Akademie der Wisschenschaften*, classe filosófico-histórica, ano 1981, relato 4).

[8] Étienne Gilson, *Les Métamorphoses de la cité de dieu*, Louvan e Paris, 1952.

camente inequívoca o que foi secularizado, quais foram as posses e os direitos de domínio partilhados. Dependendo do ponto de vista, a avaliação desses fatos pode variar, mas o diagnóstico é inequívoco.

3) Um caso completamente diferente é o do conceito de secularização cujo significado foi ampliado metaforicamente a partir da Revolução Francesa. Num dos extremos, encontramos Marx, que, "após o desaparecimento da verdade do além", definiu como missão da história "estabelecer a verdade do aquém".[9] O outro extremo pode ser representado por Overbeck e pelos teólogos negativos. Para Overbeck, já "a teologia nada mais é do que uma parte da secularização do cristianismo".[10] A secularização, o emaranhamento em obrigações terrenas, com seus efeitos quase incontroláveis, começara com o estabelecimento da Igreja. Na visão dos teólogos negativos, o sentido da doutrina da salvação cristã se encontrava justamente nesse enlaçamento secular. Não importa quão irracional seja o decurso da história, pois a mensagem cristã, uma vez adotada pelo homem, promete salvação.

Entre os dois extremos, entre o marxismo e a posição existencialista da teologia negativa, podemos interpor a posição liberal. Num certo nível de abstração, Kant, Hegel, Dilthey e Troeltsch podem ser inseridos em uma mesma linha de fuga. Para eles, o fato de as expectativas escatológicas cristãs não serem mais localizadas no além mostra uma tarefa contínua da modernidade. A religião cristã deve se realizar, moral e eticamente, neste mundo. Da escatologia, que antigamente pregava o fim da história do mundo, passa-se ao progresso, que deve ajudar a realizar no mundo os postulados cristãos até a liberdade vindoura.

Desde a Revolução Francesa, todas as opções histórico-filosóficas aqui esboçadas podem ser identificadas politicamente. Dentro do espectro político, que se estende desde o conservadorismo até o comunismo, elas podem ser atribuídas a grupos partidários específicos. Por isso, podem ser interpretadas também sob a perspectiva da crítica ideológica. Não obstante, existe uma característica comum a essas doutrinas de seculari-

---

[9] Karl Marx, *Zur Kritik der Hegelschen Rechtsphilosophie*, introdução (1844), in MEW, v. 1 (1956), p. 379.
[10] Franz Overbeck, *Über die Christlichkeit unserer heutigen Theologie* (1873), Leipzig, 1903, p. 34.

zação: todas abdicam de uma distinção rigorosa entre além e aquém, entre eternidade e mundo, entre espiritual e secular. Todos esses esquemas interpretativos estão sujeitos ao imperativo de solucionar os problemas e desafios do tempo histórico dentro do próprio tempo histórico. "Tempo" não se opõe a "eternidade": o tempo se apropria da eternidade. Todos os pares de oposição dualistas de origem cristã se dissolvem sob a precondição, considerada de validade geral, de que o tempo mundial da história não só evoca problemas, mas também provoca suas soluções. Em outras palavras: a oposição entre passado e futuro passa a ocupar a posição central, dispensando a oposição entre aquém e além.

Apesar de podermos descrever esse processo como secularização, o termo mais adequado seria "temporalização". Com isso, teríamos encontrado um primeiro atalho para a nossa pergunta sobre a relação entre aceleração e secularização. Pois se existe uma experiência temporal histórica, inerente ao mundo, que seja distinta dos ritmos temporais determinados pela natureza, essa, sem dúvida, seria a experiência da aceleração, em virtude da qual o tempo histórico se qualifica como tempo específico produzido pelo ser humano. A experiência temporal, que sempre é determinada pela natureza, só pode ser uma experiência especificamente histórica por meio da conscientização da aceleração (ou da retardação que lhe corresponde).

Eis, então, o nosso primeiro resultado preliminar: até mais ou menos 1800, a secularização, além de ter um significado eclesiástico-jurídico, é um processo político-jurídico, que transferiu a importância da Igreja para o Estado secular. A partir de 1800, a secularização adquire uma dimensão histórico-filosófica. Último título de legitimação para a ação política e a conduta social, a doutrina dos dois reinos é substituída pela história e pelo tempo histórico, agora invocado e mobilizado como última instância de justificação para os planejamentos políticos e a organização social. Com isso, chegamos à segunda parte das nossas reflexões.

2. A transformação da abreviação temporal apocalíptica

Existiria alguma correlação entre a aceleração da modernidade e a herança cristã, sem a qual a nossa modernidade não pode ser compreendida? Ou, em termos mais restritos: será que a inegável experiência da aceleração moderna só pode ser explicada se incluirmos a origem cristã em nossas considerações? Em termos ainda mais restritos: seria a aceleração moderna o produto de uma secularização, inimaginável sem o conceito antitético de céu e eternidade?

Em termos puramente formais, podemos dar duas respostas. Primeiro, a secularização pode significar a negação da origem cristã, a substituição da doutrina dos dois reinos, a renúncia fundamental a essa doutrina.

Segundo, a secularização pode significar que as indagações e esperanças cristãs – ou, em termos mais concretos, que os conteúdos da fé cristã – continuam sendo uma precondição implícita para poder pensar e experimentar plenamente a secularização.

Essa alternativa analítica – que, do ponto de vista empírico, permite muitas formas intermediárias – guiará nossa análise a seguir. Por isso, quero lembrar nossa distinção inicial, a distinção entre a abreviação do tempo, exemplificada pela Sibila Tiburtina, e a aceleração, para a qual o nosso engenheiro elétrico serviu como testemunha-chave.

1) A noção de que o próprio tempo pode ser abreviado provém dos textos apocalípticos da tradição judaico-cristã. Trata-se de um conceito de experiência religiosa que extrai seu sentido da expectativa escatológica. Na expectativa cristã, Deus, em sua misericórdia, abrevia os tempos, pois deseja abreviar também o tempo de sofrimento dos seus (São Marcos 13,20; São Mateus 24,22).[11] Trata-se, pois, de uma antecipação do fim do mundo, que, como tal, é tido como certo. A medida dessa abreviação é a própria suspensão do tempo, prevista para o futuro. Antes de o Juízo Final acabar com o mundo existente e com seus decursos de tempo, o tempo natural das órbitas do Sol e das estrelas será muito acelerado, num turbilhão de miséria e sofrimento. Nas palavras de Lactâncio:

> O Sol enegrece e empalidece para sempre, a Lua assume cor de sangue
> e já não compensa mais a perda de luz; todos os astros caem do céu; os

---

[11] As expressões gregas para "abreviação", o "*breviare*", são muito mais concretas: "*ekolobosen*" conota também "mutilar" e "engolir" (São Marcos 13,20), e assim também o fazem os termos "*ekolobothesan*" e "*kolobothesontai*" (São Mateus 24,22). Outra passagem escatológica muito citada (1 Coríntios 7,29), "*tempus breve est*" – ou seja, falando como Lutero, que o tempo é curto –, no grego encontra uma expressão mais clara: "*ho kairos synestalmenos estin*" – o tempo amua; aquilo que se abarrota, aquilo que é amuado e aquilo que oprime, tudo isso é expresso ao mesmo tempo.

tempos são privados de sua regularidade, inverno e verão se confundem. Então, abreviam-se também o ano e o mês e o dia [*tunc et annus et mensis et dies breviabitur*]; e esta é a idade da senectude e da fadiga do mundo, prognosticadas por Trismegisto. Então vem o tempo em que Deus retornará para transformar este mundo [*saeculum*].[12]

A abreviação do tempo é, portanto, um sinal da salvação deste mundo. Por trás dessa noção escondia-se, em termos subjetivos, a expectativa dos fiéis de que Cristo retornaria – expectativa cujo substrato se manifestava na pergunta: quando? A razão dessa expectativa era a esperança, o desejo dos fiéis de ver o tempo abreviado para que pudessem compartilhar da salvação eterna quanto antes. Em termos teológicos, esse desejo estipulava um Deus que, sendo soberano e criador do tempo, também era capaz de abreviar esse tempo. Ele tinha até o poder de acelerar a órbita das estrelas para antecipar o fim previsto do mundo.

No entanto, a abreviação do tempo antes do fim do mundo nem sempre ocupou um papel central na economia dos motivos de interpretação cristãos. Assim que a interpretação apocalíptica era aplicada a eventos políticos e históricos concretos, ela rapidamente adentrava o âmbito da heresia. Mesmo assim, uma vez prognosticada, a abreviação do tempo se estabeleceu como possibilidade interpretativa teológica, que, dependendo da situação, sempre podia ser atualizada novamente. E já que as profecias e os vaticínios – como algo inspirado por Deus – sempre remetem a algo além do conhecimento humano, eles compartilhavam de uma verdade supratemporal que não podia ser invalidada por nenhum evento cronologicamente visível.[13] No entanto, nenhum dogma pode resolver o reiterado problema de que as abreviações do tempo antes do fim do mundo remetem a processos históricos singulares que contêm a possibilidade estrutural de se repetir de forma duradoura. O conflito com a Igreja estatal estava programado.

---

[12] Veja anotação 1, ed. Kurfess, p. 246.

[13] Ireneu, *Adversus haereses* IV 33,9,10,15; Hipólito, *Refutatio omnium haeresium* X 33. A velocidade inimaginável ("*inestimabilis velocitas*" ou "*celeritas*") com que Deus executaria o Juízo Final, já que suas sentenças foram preestabelecidas de antemão (assim Otto von Freising, Chron. VII 19, baseando-se em Agostinho, De Civ. Dei XX 2), não deve ser confundida com o argumento da abreviação do tempo, que continua a depender da diacronia histórica.

Principalmente na Baixa Idade Média, as visões apocalípticas se multiplicaram e se autonomizaram, fugindo ao controle da Igreja Católica.[14] Até mesmo Lutero é uma boa testemunha disso – Lutero, que, ao contrário do que escreve em seus escritos teológicos, sempre volta a falar de expectativas apocalípticas nas conversações à mesa. Às vezes, pede um adiamento do fim do mundo; outras, vê o Juízo Final às portas e anseia por ele. Certa vez, discursa sobre Melâncton, segundo o qual restariam apenas quatrocentos anos até o fim do mundo. "*Sed Deus abbreviabit dies propter electos; dan die Welt eilet davon* [então o mundo se vai], *quia per hoc decennium vere novum saeculum fuit.*"[15] Na década entre o Reichstag* de Worms, de 1521, quando Lutero se defendeu contra o anátema e a proscrição, e o segundo Reichstag de Speyer, quando o partido protestante se autonomizou enquanto os turcos sitiavam Viena, tanta coisa se acumulava na vida de Lutero que, para ele, o novo *saeculum* já parecia estar consumado. O fim do mundo parecia irromper em ritmos temporais abreviados.

Lutero, que nutria grandes ressalvas contra o Apocalipse de São João, mesmo assim caiu vítima da sugestão que tinha como ponto de partida as passagens sobre a abreviação do tempo no Novo Testamento. Cataratas de eventos políticos muito concretos evocavam a aplicação desses trechos bíblicos e, com a antecipação do fim do mundo, também aparentavam abreviar os períodos em que o Juízo Final sobreviria. Na mesma medida em que Lutero abdica da evocação de figuras apocalípticas – no sentido real ou metafórico – e apela para conflitos e constelações empiricamente visíveis, as passagens sobre a abreviação do tempo se transformam para ele, quase inconscientemente, em argumentos da aceleração. Mas também aqui se trata basicamente de uma determinação extra e supra-histórica que podia ser aplicada a situações da história. Um critério duradouro das previsões apocalípticas é que elas podem ser repetidas constantemente. Uma profecia ou expectativa apocalíptica não cumprida pode sempre ser repetida, e a probabilidade de o previsto e esperado acontecer

---

[14] Veja, entre outros, W. Kamlah, *Apokalypse und Geschichtstheologie*, Berlim, 1935 (Historische Studien 185), reimpressão Vaduz, 1965; Norman Cohn, *The Pursuit of the Millennium*, Londres, 1962.

[15] Martinho Lutero, *Tischreden*, in WA, nº 678 e aqui 2.756b (acréscimo).

* Assembleia Nacional do Império Alemão. [N.T.]

aumenta com cada expectativa frustrada. O engano momentâneo é a prova do cumprimento futuro e certo da profecia. A fórmula de abreviação, a suspensão do *ordo temporum*, persiste teológica ou metaforicamente e preserva sua aplicabilidade. Mais do que isso: os dados empíricos que comprovam que os tempos se abreviam podem ser substituídos por outros. A plausibilidade da argumentação é preservada, pois a duração do mundo é comparada com o tempo de vida do ser humano. Quanto mais o ser humano se aproxima da morte, mais se abreviam os prazos à sua disposição. Na Idade Média, a metafórica biológica sempre foi projetada sobre a abreviação teológica do tempo. A premissa duradoura dessa interpretação mais que milenar sempre foi o tempo criado e limitado por Deus, cujo fim ele determinaria de forma soberana. Apesar de poder ser aplicada à história, a abreviação do tempo era uma condição extra e supra-histórica, da qual o homem não podia dispor. Isso mudou com o início da modernidade.

2) A partir do século XVI acumulam-se os indícios de que as novidades passam a surgir neste mundo em prazos cada vez mais curtos. Em termos formais, a abreviação dos períodos é preservada como argumento para a salvação futura, mas o apocalipse perde seu apelo. Sua ressonância política diminui, mesmo que algumas seitas cristãs, como os milenaristas ou pietistas e teólogos do pacto, continuem a empregá-lo para explicar eventos históricos, tendo como referência o Juízo Final. No entanto, a partir do século XVI surge algo fundamentalmente novo. As descobertas e invenções das ciências naturais emergentes se consolidam, transformando-se no núcleo experiencial e num ponto de partida cada vez mais comum. Ramus, por exemplo, constata em meados do século XVI que no século passado haviam sido feitas mais descobertas do que nos catorze séculos anteriores.[16] Bacon ainda expressou em tom esperançoso que, com a orientação racional, que propunha, as invenções se acelerariam: "*itaque longe plura et meliora, atque per minora intervalla, a ratione et industria et directione et intentione hominum speranda sunt*".[17]

---

[16] Cit. segundo J. B. Bury, *The Idea of Progress* (1932), (Paperback) Nova York, 1955, p. 35.
[17] Francis Bacon, *Novum organum* I, p. 108, in *Works*, v. 1, Londres, 1858, reimpressão Stuttgart, Bad Cannstatt, 1963, p. 207.

No século XVII, a veracidade disso foi comprovada repetidas vezes. Leibniz, por exemplo, afirmou que progressos cada vez maiores na arte da invenção estavam sendo alcançados em tempos cada vez mais curtos. Assim, a esperança se transforma em uma máxima da experiência.

Em que se diferenciam essas figuras de argumentação tão parecidas em termos formais? O que distingue a abreviação do tempo no horizonte escatológico do Juízo Final e a aceleração do tempo no horizonte do progresso?

Por um lado, Deus não é mais o senhor da ação: agora o homem provoca os progressos. Trata-se de uma substituição quase imperceptível do sujeito.

Por outro, já não é mais o próprio tempo que é privado de sua regularidade e, assim, abreviado; agora, o homem passa a servir-se do tempo natural invariável para medir cronologicamente os progressos que ele provoca. A aceleração esperada (ou já confirmada) dos progressos é calculada em um tempo invariável – ao contrário da abreviação temporal controlada por Deus.

Ocorre uma transformação fundamental na economia da argumentação. A abreviação do tempo, que, vindo de fora, impusera à história um fim precoce, agora se transforma em aceleração, registrada na própria história, da qual o ser humano dispõe. A novidade consiste na noção de que já não é mais o fim que se aproxima mais rapidamente; em vez disso, os progressos atuais são realizados em velocidade cada vez maior, em comparação com os lentos progressos dos séculos passados.

Ambas as posições preservam um traço comum. Pois as argumentações se abastecem da determinação do objetivo, da teleologia, de um *télos* que deve ser alcançado em prazos cada vez mais curtos. O objetivo dos progressos acelerados era o domínio da natureza e, em medida cada vez maior, também a auto-organização da sociedade constituída politicamente. A salvação não estava mais no fim da história, mas na realização da própria história.

Eram esses os objetivos do Iluminismo. Tratava-se, portanto, de algo diferente e de algo mais do que uma mera secularização, por mais que as expectativas escatológicas, disfarçadas em esperanças milenares, tenham se infiltrado no novo conceito de aceleração: o núcleo de experiência, ao qual as novas expectativas apelavam, não podia mais ser deduzido do apocalipse e não era mais determinado pelo Juízo Final. Como disse Schiller, a própria história do mundo transformou-se em juízo do mundo.[18]

Não obstante, podemos nos arriscar a afirmar que também o conceito moderno de progresso, que pôde ser verificado por meio da aceleração das descobertas e das invenções, permanece manchado por expectativas outrora cristãs. A frase de Schiller acerca da história do mundo como juízo do mundo – repetida inúmeras vezes – é testemunho imediato da temporalização que integra o *judicium maximum* no processo da história. Mesmo quando o futuro delimitado pela escatologia ou pelo apocalipse era reinterpretado e visto como aberto, sempre restava um excesso de expectativas cristãs nas esperanças dissimuladas cientificamente. Aumentam as vozes que fazem da advertência atenuadora da sabedoria vetero-testamentária, segundo a qual mil anos são como um dia para Deus (Sl 90,4 e 2Pedro 3,8), um argumento *a contrario* e a transformam em metáfora do progresso, afirmando que desenvolvimentos para os quais antes eram necessários mil anos agora seriam realizados em um ano.[19] Existe, pois, uma justificativa parcial para falar, em sentido autêntico, de uma secularização de objetivos cristãos.

Quero explicitar isso com uma série de comprovações.

Lessing registrou de forma psicologizante que as tradições dos fanáticos e dos milenaristas se manifestam também no Iluminismo. Segundo Leibniz, o fanático iluminista "muitas vezes tem visões corretas do futuro", mas "deseja esse futuro de forma acelerada e quer acelerar o futuro".[20] Aqui, o vínculo entre o postulado da aceleração e o portador autônomo da ação fica evidente. Igualmente evidente é a transformação da expectativa escatológica apocalíptica em uma acelerada esperança do futuro: "Aquilo que na natureza demora milênios deve amadurecer no período de existência do fanático. Pois qual seria seu proveito se aquilo que ele reconhece como o melhor não se torna o melhor durante sua vida?" Diante desse tipo de fanáticos do progresso, Lessing mantém uma dis-

---

[18] Friedrich Schiller, *Resignation*, in *Werke und Briefe*, v. 1, Frankfurt am Main, 1992, p. 171 e 400.
[19] Veja van der Pot (anotação 3), v. 1, p. 120ss.
[20] G. E. Lessing, *Die Erziehung des Menschengeschlechts* (1780), § 90, in *Gesammelte Werke*, v. 9, Leipzig, 1858, p. 423.

tância semelhante à dos padres antiapocalípticos da Igreja de outrora, que condenavam qualquer prognóstico do futuro como heresia. Mesmo assim, a descrição de Lessing do agente acelerador progressista testemunha uma mudança lenta, mas inequívoca: não se trata mais de um mandamento divino, mas o fundamento religioso ainda transparece. Pouco depois da observação crítica de Lessing, um escritor alemão escreveu em 1788: "Precisamos nos apressar para talvez acelerar a revolução no espírito humano [...]. Ajamos, pois ainda é dia."[21] Muito antes da Revolução Industrial, o *páthos* da fórmula da aceleração se propaga na luminosidade do Iluminismo. Sempre se trata de objetivos da história redescoberta, que devem ser alcançados numa progressão finita ou, por fim, infinita. Permitam-me que chame minhas outras testemunhas.

Kant declarou ironicamente que os teólogos sempre afirmam que agora o mundo está em declínio acelerado: no entanto, este "agora" (como sabemos, trata-se do "agora" da abreviação do tempo) seria tão velho quanto a própria história.[22] Contudo, Kant também usou figuras quiliásticas de forma afirmativa ao justificar uma constituição jurídica ordenada e uma liga das nações como objetivo terreno duradouro da ação política. Independentemente disso e até mesmo ao contrário de toda experiência histórica anterior, Kant tentou desvelar um impulso para a aceleração histórica em sua reflexão do imperativo categórico – assim que a moral passasse a exercer uma influência ativa sobre a prática, o objetivo duradouro que ela reivindica poderia ser realizado mais rapidamente: "Parece-me que, por meio da nossa própria ação racional, poderíamos precipitar esse momento tão prazeroso para os nossos descendentes."[23] Para ele, isso valia tanto para a constituição do direito na esfera intraestatal como para a liga das nações, a Organização da Paz Mundial vindoura

---

[21] Wilhelm Ludwig Wekhrlin, *Hyperboreische Briefe* (1788), v. 1, p. 308, cit. segundo Rudolf Vierhaus, *Politisches Bewusstsein in Deutschland vor 1789*, in idem, *Deutschland im 18. Jahrhundert*, Göttingen, 1987, p. 200; primeira impressão in *Der Staat*, 1967, p. 195.

[22] Immanuel Kant, *Die Religion innerhalb der Grenzen der blossen Vernunft* (1793), 1. St., 1. Abt., in *Gesammelte Schriften*, v. 6, org. Preussische Akademie der Wissenschaften, Berlim, 1907, p. 19ss.

[23] Kant, *Idee zu einer allgemeinen Geschichte in weltbürgerlicher Absicht*, 8ª sentença, in *Werke*, v. 6, org. Wilhelm Weischedel, Darmstadt, 1964, p. 64.

na esfera supraestatal: "Pois esperamos que se tornem cada vez mais curtos os prazos em que ocorrem os mesmos progressos."[24] A determinação do futuro objetivo da salvação, antes voltada para o além, agora, como esperança secular, é incorporada à história e temporalizada; e a aceleração, por meio da retroalimentação moral, serve como instrução de ação para o ser humano autônomo. O que antes havia sido um privilégio dos eleitos, ou seja, participar do Juízo Final contra seus perseguidores – "*Spiritualis autem judicat omnia: et ipse a nemine judicatur*"[25] –, agora se aglutina na competência moral da razão prática que detém o poder.

A essa posição corresponde, mesmo que de forma muito mais ativista, a posição de Robespierre, tal como ele a articulou na Festa da Constituição, em 1793. Felicidade e liberdade são o destino do homem, destino que agora deve ser realizado na revolução: "*Les progrès de la raison humaine ont préparé cette grande révolution, et c'est à vous qu'est specialement imposé le devoir de l'accélérer.*"[26] Ou como Wieland, pouco mais tarde, comentaria os eventos observados da margem direita do rio Reno: os planejadores da Revolução Francesa queriam "nada menos do que, pouco a pouco, povo após povo, no menor tempo possível, democratizar todo solo desta Terra".[27]

Paremos por um instante e indaguemos o que havia mudado entre os séculos XVI e XVIII. O Iluminismo transformou os objetivos, esperados ou temidos, do fim do mundo, que irromperia em prazos abreviados, em um conceito de expectativa puramente intraterrestre. Certamente, tam-

---

[24] Kant, *Zum ewigen Frieden*, apêndice II (fim), in *Werke*, v. 6, org. Wilhelm Weischedel, Darmstadt, 1964, p. 251.

[25] 1 Coríntios 15; veja Ireneu, *Adversus haereses* IV 33. Sobre "uma razão prática detentora do poder, que, assim como ela é simplesmente compulsória na atividade legislativa sem demais motivos, pode ser vista como declaração imediata e como voz de Deus, pela qual ele confere sentido à letra da sua criação. Encontro uma interpretação autêntica desse tipo expressa alegoricamente num antigo livro sagrado: Jó..." (Kant, *Über das Misslingen aller philosophischen Versuche in der Theodizee*, in *Werke*, v. 6, org. Wilhelm Weischedel, Darmstadt, 1964, p. 116.

[26] Robespierre, Discours "sur la constitution", 10.5.1793, cit. segundo Robespierre, *Textes choisis*, v. 1, org. Jean Poberen, Paris, 1956, p. 10 [Ed. bras.: *Discursos e relatórios na Convenção*. Rio de Janeiro: Contraponto, 1999].

[27] Chr. M. Wieland, *Sämtliche Werke*, v. 32, Leipzig, 1857, p. 100 ("Gespräche unter vier Augen" [1798], seção V).

bém no Iluminismo uma promessa quase religiosa havia tingido o futuro. O Iluminismo traria felicidade e liberdade, que haveriam de ser alcançadas aceleradamente pela ação humana. Mas todas essas determinações de aceleração eram fundamentadas no nível puramente terreno. Aqui, então, encontramos o tipo de secularização que, de acordo com nossos critérios analíticos, se separou do cristianismo. Mas não pode haver dúvida de que também aqui se manteve presente a herança cristã, contanto que a secularização das determinações de objetivo permitisse que a Jerusalém vindoura fosse definida como algo imanente à história.[28]

3) Também no século XIX, quando os progressos técnicos enriqueciam cada vez mais a máxima da aceleração, as determinações de objetivo cristãs secularizadas, mas manchadas pela religião, permaneceram presentes. Um ensaio de 1838 do léxico de conversação *Brockhaus* sobre as ferrovias, por exemplo, extrai uma determinação de salvação desses veículos fumegantes. A organização da paz mundial de uma humanidade que se autodetermina – bem nos termos de Kant – é primeiramente definida como postulado de uma necessidade ética. Então, o autor prossegue: "A história tem, desde sempre, orientado seu trajeto por esse alvo verdadeiramente divino. Sobre as rodas dos trens, que avançam tempestuosamente, ela o alcançará séculos mais cedo."[29] Ainda em 1871, saiu na

---

[28] Essa reocupação de uma determinação extra-histórica de objetivos por uma determinação intra-histórica de objetivos permanece sendo, a despeito da crítica de Hans Blumenberg, um processo inquestionável, como Karl Löwith demonstrou em *Weltgeschichte und Heilsgeschehen* (Stuttgart, 1953).

[29] *Conversations-Lexikon der Gegenwart*, v. 1, Leipzig, F. A. Brockhaus, 1838, p. 1.126, s. v. "Ferrovias" (p. 1.115-1.136). O artigo termina com a seguinte passagem: "Nosso século avança sobre as trilhas férreas em direção a um destino brilhante e maravilhoso. Percorreremos de forma ainda mais rápida o caminho espiritual do que os espaços físicos! E como os frementes colossos a vapor destroem toda resistência externa que atrevida ou ousadamente se deita em seu caminho, assim esperamos que também qualquer resistência espiritual, que tente se opôr com timidez e inveja, seja esmagada por sua enorme força. O vagão do triunfo a vapor está no início de seu trajeto e por isso avança apenas lentamente! Isso suscita a ilusão de que ainda possa ser detido; mas em seu movimento nascem as asas tempestuosas de sua velocidade e vencem aqueles que tentam bloquear os raios de suas rodas do destino!" (p. 1.136). A forma como a abreviação apocalíptica do tempo se transforma em aceleração imanente à história sem perder o *páthos* da proclamação da salvação se torna evidente em passagens como essa.

Alemanha um livro sobre a importância da ferrovia atlântico-pacífica dos Estados Unidos para o vindouro reino de Deus. O teólogo serviu-se da aceleração e da interconexão global da rede de transportes como prova de uma realização acelerada do reino de Deus nesta Terra.[30]

Se compararmos as provas do século XIX – que poderiam ser facilmente multiplicadas – com os testemunhos anteriores, torna-se evidente que o ônus da prova passou para a aceleração. A experiência primária já não era mais a expectativa escatológica religiosa, mas a experiência do sucesso tecnológico, que, em períodos cada vez mais curtos, reuniu as redes de comunicação humanas e aumentou a produtividade. Desde então, as expectativas escatológicas cristãs puderam se atar no progresso técnico: elas mesmas se transformaram em fenômeno secundário.

No melhor dos casos, poderíamos afirmar que as expectativas escatológicas intraterrestres seguem formalmente os antigos ritmos de tempo apocalípticos – mas não mais do que isso. Pois a nova instância de experiência era um instrumento técnico que logo se revelaria incapaz de cumprir a promessa escatológica. As edições posteriores do *Brockhaus* só fornecem informações técnicas sobre a ferrovia. Quem queria continuar a aderir a determinações escatológicas intraterrestres se via forçado a procurar outros aceleradores. Friedrich Nietzsche parafraseou a transferência do ônus da prova quiliástico da herança cristã para o futuro da história mundial: "A imprensa, a máquina, a ferrovia, o telégrafo são premissas a cuja conclusão milenar até agora ninguém ousou chegar."[31]

---

[30] Carl Heinrich Christian Plath, *Die Bedeutung der Atlantik-Pazifik-Eisenbahn für das Reich Gottes*, Berlim, 1871 (graças à generosa indicação por Walter Magaß). A ferrovia transcontinental ligava o Atlântico ao Pacífico. "Os russos, os católicos gregos, se juntam vindo do oeste; os germânicos protestantes, do leste, e a veia, que atravessa o peito do país germânico-protestante e pela qual correm o sangue cristão e as pessoas que pertencem ao reino de Deus, é a ferrovia atlântico-pacífica. Assim, a humanidade segue seu caminho. Ela percorre a Terra, suas ferrovias ficam cada vez mais retas e planas, a velocidade de seus passos aumenta cada vez mais, e o tempo voa mais rápido com cada novo século" (p. 134). Apesar da aparente aceleração cada vez maior, o autor concede não saber quando a humanidade terá "alcançado seu destino pela vontade de Deus".

[31] *Menschliches, Allzumenschliches* (1886) II 278: "Prämissen des Maschinen-Zeitalters", in G. Colli e M. Montinari (orgs.), *Kritische Studienausgabe*, v. 2, Munique, 1988, p. 674.

A esperança milenar de outrora, contida nas expectativas apocalípticas do duplo retorno de Cristo, transforma-se agora em sequela de invenções genuinamente técnicas, que transformam toda a vida neste planeta sob uma perspectiva desconhecida, porém milenar.

Registremos o resultado do nosso segundo passo de reflexão: a abreviação do tempo, determinada extra-historicamente, transforma-se no início da modernidade em um axioma intra-histórico de aceleração. Deus é substituído pelo homem, que agora deve forçar essa aceleração pela transformação da natureza e da sociedade. Apenas a determinação de objetivos, ligada às esperanças progressistas, ou seja, à esperança de realizar no futuro um reino da felicidade e da liberdade, pode ser definida como substrato secularizado, no sentido de um acolhimento da herança cristã. Em segundo lugar, podemos talvez mencionar como substrato secularizado o fato de que agora a própria história passa a ter um objetivo.

Nesse sentido limitado podemos falar de uma secularização de precondições cristãs. Mas a análise do início da modernidade nos ensinou que o núcleo resistente da experiência da aceleração moderna, ou seja, a reconfiguração técnica e industrial da sociedade humana já não pode mais ser deduzida de premissas teológicas. Com isso, chego à parte final.

3. A aceleração como categoria pós-cristã e histórico-temporal

Até agora, a expectativa escatológica cristã, juntamente com seus prazos cada vez mais abreviados, foi apresentada como mola impulsora das determinações históricas de aceleração. Nesse aspecto, revelou-se como o substrato secularizado de uma determinação teológica de objetivos aos poucos se transformou em uma determinação acidental, vinculada primariamente a experiências históricas. A partir do século XVIII, a experiência da aceleração se autonomizou. Conseguiu sobreviver sem depender mais de deduções cristãs. Quero resumir isso sob três pontos de vista distintos.

Primeiro: a partir da Revolução Francesa, a máxima da aceleração adquire uma dimensão histórico-teórica e pode ser verificada sem a necessidade de apelar a um plano temporal divino. A Reforma alemã e a Revolução Inglesa, ainda que com intensidade decrescente, se orientavam por expectativas apocalípticas, mas isso muda fundamentalmente com a experiência da rápida mudança constitucional durante a Revolução Francesa. Diagnosticou-se repetidas vezes que no decurso da Revolução Francesa, com a transição da monarquia para a monarquia constitucional, desta para a constituição republicana, com sua manifestação despótico-terrorista, o retorno à constituição burguesa e o estabelecimento da ditadura de Napoleão, todas as possibilidades de organização humana haviam ocorrido em dez anos. Comparada ao antigo modelo circular de Políbio, tratava-se, segundo afirmações de Wieland, Oelsner, Görres, Rebmann ou Kormann, para mencionar apenas alguns, tão somente de uma mudança acelerada, que não havia produzido nenhuma novidade: "A história do nosso tempo é uma repetição dos atos e dos eventos de alguns milênios – no período mais curto possível."[32] Enquanto a história só podia se repetir em termos de conteúdo, a verdadeira inovação da experiência da Revolução Francesa consistia no fato de tudo ter acontecido mais rapidamente do que até então. Com isso, o axioma da aceleração foi privado de sua herança apocalíptica e desvinculado da expectativa progressista, podendo assim subsistir como máxima de experiência para a "modernidade". Como Niebuhr observou em relação à Revolução Francesa, a história europeia teria decorrido de forma mais rápida já a partir do último terço do século XVIII.[33] Essa percepção subje-

---

[32] Rupert Kornmann, *Die Sibylle der Zeit aus der Vorzeit oder Politische Grundsätze durch die Geschichte bewähret*, 3 v., v. 1, Regensburg, 1814 (1ª edição, 1810), p. 4. Rupert Kornmann, que, como abade de Prüfening, também foi vítima da secularização – no seu caso, da secularização bavariana –, designa já com o título marcante de sua obra a mudança das figuras argumentativas. A renúncia às expectativas escatológicas – sem, no entanto, renunciar à fé cristã – e o recurso às estruturas que se repetem desde a história antiga, e que são enriquecidas pelas experiências de aceleração revolucionárias e especificamente modernas, capacitam Kornmann a chegar a conclusões excitantes, eruditas e espirituosas, que evitam qualquer alusão à filosofia da história: "Coube a uma única geração ver coisas que antigamente nem muitas gerações conseguiam ver" (ibid.). Cf. meu artigo "Revolution", in *Geschichtliche Grundbegriffe*, v. 5, Stuttgart, 1984, p. 739ss.

[33] B. G. Niebuhr, *Geschichte des Zeitalters der Revolution*, v. 1, Hamburgo, 1845, p. 54: "Muitas coisas contribuíram para acelerar tudo; até a distância entre um lugar e outro foi diminuída pela construção rodoviária, pelo estabelecimento de correios regulares etc.; as coisas passaram a estar cada vez mais à disposição do indivíduo. Difundiu-se uma grande confiança até então desconhecida em empreendimentos

tiva não se referia apenas aos acontecimentos políticos, mas também ao fim da era pré-industrial.

Já no período do comércio pré-maquinal, isto é, no tempo de aquecimento pré-industrial, encontramos uma abundância de experiências de aceleração sociais extrapolíticas que apontam para a revolução industrial vindoura. As carruagens praticamente dobraram sua velocidade, graças a estradas melhores; a navegação fluvial conseguiu aumentar consideravelmente o volume para as mesmas unidades de tempo e de transporte, graças aos canais; a transmissão de mensagens se acelerou enormemente, graças aos correios e aos jornais, e, finalmente, graças à telegrafia óptica no século XVIII; além disso, a construção de navios a vela também foi aprimorada, a ponto de as embarcações a vela mais rápidas do século XIX alcançarem uma velocidade maior que os primeiros navios a vapor. Observamos então no século XVIII, além da experiência de aceleração política, também um aumento da velocidade na esfera do trabalho da sociedade burguesa.

Segundo: com a introdução da técnica maquinal e sua organização industrial e capitalista, a experiência cotidiana, ao alcance de todos, confirma a máxima da aceleração. Quero dar alguns exemplos, sem entediá-los com números. Graças à divisão do trabalho, foi possível aumentar não só a produção, mas também a produtividade. Cada economia de tempo na produção teve como efeito um aumento no número de produtos fabricados. Criou-se um aumento de demanda geral e independente de classes, fazendo com que a satisfação de antigas necessidades gerasse e satisfizesse novas necessidades.

Logo a construção de ferrovias e, numa segunda onda, de automóveis e aeronaves possibilitou que cada vez mais pessoas e bens pudessem ser

---

de todo tipo. Antigamente, uma pessoa sem bens, classe ou descendência precisava fazer grandes esforços para progredir; agora, tornou-se fácil criar uma existência própria. O mais pobre entre nós está numa situação muito melhor do que cem anos atrás estava o filho de pais abastados ou até mesmo ricos. A prosperidade da classe média aumentou, e hoje o número dos abastados é, sem dúvida, cinquenta vezes maior do que cem anos atrás. Começou-se também a viver de forma mais rápida e intensa; no entanto, isso estava apenas começando a se desenvolver na época da Revolução e se desenvolveu principalmente desde então" (conferência no verão de 1829 na Universidade de Bonn).

transportados em prazos cada vez menores. Como observou nossa enciclopédia em 1840, as ferrovias

[...] suspendem as separações espaciais pela aproximação no tempo. [...] Pois todos os espaços só são distâncias para nós por causa do tempo que necessitamos para percorrê-los; quando aceleramos, o próprio espaço abrevia sua influência sobre a vida e o trânsito.[34]

Em termos puramente técnicos, essa afirmação continua a ser confirmada.

Isso vale ainda mais para a transmissão de mensagens. Com a introdução das prensas rotativas no início do século XIX e com a invenção da telegrafia, da litografia e, por fim, da fotografia, tornou-se possível transformar eventos em informação em prazos cada vez mais curtos, enquanto a informação chegava às pessoas de forma cada vez mais rápida. Com a invenção do telefone, do rádio e da televisão, foi possível criar uma simultaneidade entre ações e eventos e sua notificação. Assim se transforma toda a estrutura de decisão política e social no planeta e também a capacidade de organização política e social. Graças à informação, ações e atos, bem como seu processamento, convergem cada vez mais. Graças à aceleração, o ato e a reflexão se aproximaram um do outro: o ser humano já não tem como não refugiar-se no futuro e planejá-lo, pois os dados da experiência própria e alheia se tornam cada vez mais disponíveis.

Finalmente, também o crescimento populacional global corresponde a esse diagnóstico da aceleração, que força uma virada para o futuro aberto. O crescimento da população mundial – de mais ou menos 1 bilhão no século XVII para cerca de 6 bilhões no ano 2000 – pode ser interpretado como máxima da aceleração: trata-se de uma curva temporal exponencial, na qual a humanidade se duplica em prazos cada vez menores. O adensamento dos aumentos de capacidade pela ciência, a técnica e a indústria é, concomitantemente, a precondição para que a população mundial, que se duplica em sequência geométrica, ainda consiga sobreviver. Graças à aceleração, nosso planeta se transformou em uma nave espacial fechada.

---

[34] *Brockhaus der Gegenwart* (cf. anotação 29, v. 1, p. 1.117). Sobre o tema em geral, veja Wolfgang Zorn, *Verdichtung und Beschleunigung des Verkehrs als Beitrag zur Entwicklung der "Modernen Welt"*, in Reinhart Koselleck (org.), *Studien zum Beginn der modernen Welt*, Stuttgart, 1977, p. 115-134.

Se voltarmos mais uma vez para nossa pergunta inicial sobre a secularização, podemos afirmar com todo o direito que a última sequência de fatores mencionada designa processos inerentes ao mundo, mas esses processos já não podem mais ser deduzidos de expectativas escatológicas cristãs. Com isso, chego ao terceiro ponto.

Começamos a ver que certos processos de aceleração alcançaram seu ponto de saturação em nossa sociedade diferenciada. Sem dúvida, a população mundial alcançará um limite absoluto, sejam quais forem o momento e a extensão desse limite. Da mesma forma, existem condições mínimas naturais que não podem ser ultrapassadas ou expandidas para acelerar ainda mais o trânsito. O trânsito terrestre e aéreo está bloqueando cada vez mais seu próprio crescimento. A técnica de informação, graças aos computadores, será capaz de continuar a agregar dados de forma acelerada e transmitir dados do passado e do futuro, mas no processamento produtivo de informações o ser humano provavelmente continuará a depender de sua capacidade natural de recepção. Até mesmo a máxima de experiência válida ainda hoje, segundo a qual nossa prosperidade só pode ser preservada se a produtividade continuar a aumentar, deve, nos termos do Clube de Roma, alcançar um limite que não poderá ser superado por meio de um aumento das taxas de aceleração.

Assim, precisamos nos perguntar se a experiência geral de aceleração deve ser continuada de forma desimpedida também no futuro. Primeiramente, não podemos excluir a possibilidade de que as antigas visões apocalípticas do fim do mundo tenham sido superadas pela capacidade humana de autodestruição. Enquanto a abreviação apocalíptica do tempo ainda representava uma eclusa, uma passagem para a salvação eterna, começamos a reconhecer na esfera da aceleração do tempo da história a possibilidade de que o próprio ser humano esteja destruindo as condições tradicionais, enriquecidas cultural e industrialmente, da sua existência.

Assim, deparamo-nos com a pergunta se é possível deduzir prognósticos de longo prazo das experiências de aceleração inerentes à história. Creio – com Luhmann – que essa possibilidade seja relativamente pequena.[35] Pois mesmo que a aceleração tenha se transformado em expe-

---

[35] Niklas Luhmann, *The future cannot begin: temporal structures in modern society*, in Social Research 43 (1976), p. 130-152.

riência constante e tenha atingido uma estabilidade relativa, de modo algum podemos deduzir dela o que realmente ocorrerá de forma acelerada no futuro.

Pois uma vez que a aceleração, como categoria específica do tempo da história, se transformou em padrão de experiência, toda a história se transforma retrospectivamente em uma sequência temporal da aceleração crescente. Isso se revela em três curvas temporais exponenciais que, em retrospectiva, se sobrepõem e decodificam toda a história da humanidade.

A diferenciação biológica do ser humano se realiza em períodos cada vez mais curtos. Comparados com os 5 bilhões de anos da nossa crosta planetária e com o 1 bilhão de anos de vida orgânica nessa crosta, os 10 milhões de anos de existência do homem símio são um período curto. E os 2 milhões de anos para os quais podemos comprovar o uso de ferramentas apresentam-se, comparados a isso, como um período ainda muito menor.[36]

Comparada aos 2 milhões de anos de história da humanidade, a geração de uma arte autônoma e diferenciada há 30 mil anos ocorreu em um período relativamente curto. Em termos de uma história da cultura, os prazos continuam a se abreviar: a introdução da agricultura e da pecuária ocorreu há cerca de 12 mil anos; finalmente, o desenvolvimento das altas culturas há cerca de 6 mil anos remete, novamente comparado com a Pré-história, a prazos cada vez menores, nos quais surgem novidades de forma acelerada. Mesmo que essas novidades do mundo cultural já tenham se transformado em condições duradouras da nossa própria vida, em relação à duração total da história cultural humana trata-se de prazos progressivamente abreviados, para os quais podemos comprovar desempenhos organizacionais agregados.

Reconheceremos outra curva temporal exponencial se focarmos nossa visão nos cerca de 6 mil anos das altas culturas. Pois há apenas duzen-

---

[36] Veja Karl J. Narr, *Vom Wesen des Frühmenschen: Halbtier oder Mensch?* in Saeculum 25/4 (1974), p. 293-324; idem., *Zeitmaße in der Urgeschichte*, Opladen, 1978 (Rheinisch-Westfälische Akademie der Wissenschaften, palestras G 224); Hermann Hambloch, *Der Mensch als Störfaktor im Geosystem*, Opladen, 1986 (Rheinisch-Westfälische Akademie der Wissenschaften, palestras G 280).

tos anos ocorre aquela aceleração que viemos a conhecer como aceleração pós-cristã, condicionada técnica e industrialmente, específica de um tempo histórico. Desde então, nosso mundo de vivência vem sendo reconfigurado de forma técnico-industrial, transformando assim a pergunta sobre a aceleração futura em uma pergunta sobre o futuro.

No entanto, a aceleração ou a abreviação dos nossos prazos de experiência nos impede *per definitionem* de induzir disso outros prognósticos. A continuação das curvas temporais exponenciais, que até agora se sobrepõem e se acentuam reciprocamente, não pode ser projetada desimpedida ou linearmente para o futuro.

Portanto, é possível que no futuro sejamos forçados a dirigir os esforços da humanidade mais para os estabilizadores e para as condições naturais da nossa existência terrena. Então talvez vejamos que a aceleração até agora vivenciada indicou apenas uma fase de transição, após a qual as taxas de duração e perduração, de transformação e mudança terão de ser relacionadas de forma diferente. Do ponto de vista político, vale saber quem acelera – ou retarda – quem ou o quê, onde e por quê.

O futuro desconhecido
e a arte do prognóstico

"É possível reconhecer o passado se nem entendemos o presente? E quem consegue extrair conceitos corretos do presente sem saber o futuro? O futuro determina o presente; e este, o passado." Estas palavras são de Johann Georg Hamann. Parecem absurdas para quem interpreta o tempo metaforicamente como linha que parte do passado e, passando pelo ponto fictício do presente, leva ao futuro. O historiador do espírito logo reconhece que as palavras de Hamann se nutrem da expectativa escatológica que, viabilizada pela revelação, disponibiliza um conhecimento do futuro que diz respeito a cada um pessoalmente, mas também à história mundial como um todo. Para o historiador político ou social, que se ocupa profissionalmente com o passado e procura no passado relações de causalidade que levem ao presente, o futuro é metodicamente excluído. No máximo, ele aceitará, em termos epistemológicos ou psicológicos, que suas próprias expectativas influenciem as perguntas que estimulam seu interesse pelo conhecimento. Aceitará um pouco de futuro, sem que seja forçado a vê-lo como ameaça à qualidade profissional. Hoje, as ciências politicas, a economia e a sociologia enfrentam o desafio, não fazendo, contudo, previsões estatísticas para casos individuais, mas para estruturas, para delas deduzir tendências futuras.

O diagnóstico de fontes históricas mostra incontáveis prognósticos de todo tipo. Não precisamos viver em 1984 para lembrar as legiões de utopias temporais, mais negativas que positivas, que fizeram previsões a partir do presente ou, para falar com Hamann, diagnosticaram o presente a partir do futuro. Mas a ciranda não para por aí. Basta lembrar que previsões eleitorais influenciam eleições, seja pela aprovação ou pela oposição que suscitam; ou que, em atividades de planejamento, números de uma série de produção dependem das possibilidades futuras, indicadas por análises de mercado; ou que computadores armazenam as alternativas de todas as decisões possíveis em uma guerra nuclear planejada; ou que as previsões do Clube de Roma, amplificadas agora pelo Partido Verde, desejam transpor seus temores para uma racionalidade política em nome do futuro; ou que as negociações diplomáticas habituais não existiriam sem a previsão de ações futuras; ou que até no dia a dia as consequências financeiras do nascimento de um filho são calculadas, ainda mais que o desemprego ou a diminuição de renda contêm dados do futuro que precisam ser levados em conta. Finalmente, não devemos esquecer o sonho, ao qual, já na canonização por Artemidoro, se atribui um poder prognóstico; ao ser aproveitado de forma terapêutica e, portanto, prognóstica, ele também influi nos diagnósticos das análises atuais. A sequência de exemplos pode continuar à vontade. Ela se estende do dia a dia dos indivíduos até a alta política e abrange o espaço temporal dos processos incontroláveis, mesmo quando suas condições só podem ser influenciadas na margem. Lembro a previsão estatística das reservas de energia, correlacionada com a curva demográfica da população mundial. Ambas agem de modo crescente sobre os dados de planejamento de curto e de médio prazos na política e na economia. As palavras de Hamann, segundo as quais o futuro influencia o presente, dificilmente podem ser contestadas nesse nível de generalidade.

No entanto, o *status* do futuro não equivale totalmente ao *status* do passado. O passado está contido em nossa experiência e pode ser verificado empiricamente. O futuro foge à nossa experiência e, portanto, não pode ser verificado. Mesmo assim, existem prognósticos que, com maior ou menor plausibilidade, podem ser transpostos da experiência para a expectativa. Trata-se aqui, para citar um adversário férreo de Hamann, da capacidade de prever, da *praevisio*. Kant escreveu:

> Possuir essa capacidade interessa mais do que qualquer outra coisa: pois é a condição de toda prática possível e dos fins para o qual o ser humano direciona o emprego de suas forças. Todo desejo contém uma previsão (duvidosa ou certa) daquilo que, por ela, se torna possível. A visão do passado (a memória) só ocorre com o propósito de possibilitar a previsão do futuro: olhamos à nossa volta do ponto de vista do presente para tomar uma decisão ou nos prepararmos para algo.[1]

Kant remete as dimensões temporais históricas a seu núcleo antropológico. A focalização no homem agente – diferente da posição de Agosti-

---

[1] Kant, *Anthropologie in pragmatischer Absicht*, parte 1, § 21, in Wilhelm Weischedel (org.), *Werke*, v. 6, Darmstadt, 1964, p. 490.

nho, que reduz a dimensão temporal ao homem interior, mas semelhante à hermenêutica histórica de Chladenius – nos fornece categorias antropológicas e, portanto, meta-históricas que definem as condições de histórias possíveis. Dentro das três dimensões temporais, Kant confere o maior peso ao futuro e à capacidade prognóstica que se atribui a ele.

O diagnóstico é claro. O desejo, como diz Kant, mas também os temores e as esperanças, anseios e receios, planejamentos, cálculos e previsões – todos esses modos de expectativa fazem parte da nossa experiência, ou, melhor, correspondem à nossa experiência. O ser humano, como ser aberto ao mundo e obrigado a viver sua vida, permanece dependente da visão do futuro para poder existir. Para ser capaz de agir, precisa incluir em seus planos a impossibilidade empírica de experimentar o futuro. Precisa prevê-lo, corretamente ou não. Esse paradoxo nos leva ao centro da nossa investigação.

O que o ser humano prevê? O que ele pode prever? A realidade vindoura ou apenas possibilidades? Uma, várias, muitas possibilidades? A previsão se orienta pelo medo, pela razão ou – nas palavras de Hobbes – por ambos ao mesmo tempo? Ela é conduzida pela fé em uma profecia? Ou baseia-se no recurso a uma necessidade fundamentada pela filosofia da história? Ou é alimentada pela crítica ou pelo ceticismo? Está vinculada a augúrios mânticos ou mágicos, a um sistema de signos de interpretações históricas ou a tentativas de análises científicas?

Podemos delimitar as respostas históricas se reduzirmos as previsões a alguns tipos básicos, que se ultrapassam reciprocamente, mas que também se sobrepõem e podem ser encontrados no decurso da história. Além do mais, as respostas podem ser reduzidas, se perguntarmos apenas sobre as condições do porquê e do quando do cumprimento – ou não – de uma previsão. Em seguida, tratarei dessa última pergunta e, para isso, não poderei abdicar de uma tipologia rudimentar.

Tendo em vista a abundância de previsões confirmadas e a igual – ou talvez maior – abundância de previsões não cumpridas, e por isso esquecidas, é possível imaginar uma alternativa. O fato de uma previsão ter se cumprido e outra não ou se deve à mera sorte, ao acaso, ou permite encontrar critérios para explicar por que as coisas se passaram assim – por que uma previsão se cumpriu e outra não. Tentarei desenvolver alguns critérios a partir de exemplos de previsões políticas.

Se prescindirmos de qualquer experiência histórica, podemos dizer ou que o futuro é completamente desconhecido (então qualquer prognóstico nada mais é do que um jogo de azar) ou que existem (e a experiência histórica fala a favor disso) graus de possibilidade maior ou menor com que a realidade vindoura pode ser prevista. Existem conjuntos de possibilidades que, isoladamente ou em conjunto, indicam chances diferentes de sua realização: nesse caso, deve então existir uma arte da previsão que ofereça regras mínimas para seu êxito.

Em termos puramente formais, podemos estabelecer a seguinte regra: o espectro das previsões se estende do prognóstico absolutamente certo a conteúdos altamente improváveis. É, por exemplo, absolutamente certo que nosso planeta sobreviva à catástrofe que uma guerra nuclear causaria a toda a humanidade. Por outro lado, é totalmente incerto se uma catástrofe nuclear será desencadeada pelo acaso, por um descuido ou de propósito, ou se poderá ser evitada. Isso significa que, quanto mais nos distanciamos dos dados de longo prazo relacionados a precondições naturais e concentramos nossas previsões em situações que dependem de decisão política, mais difícil se torna a arte da previsão. O tateante raio de luz do prognóstico oscila entre as seguras condições básicas e aquelas que se transformam processualmente, a ponto de serem relativamente incertas no campo das ações políticas. Mas, em todos os casos, o prognóstico extrai sua evidência de experiências já feitas, processadas cientificamente e cuja projeção sobre o futuro representa uma arte de combinação de múltiplos dados de experiência.

Como historiadores, somos capazes de perguntar por que certas previsões se cumpriram. Mas, como historiadores, também sabemos que sempre acontece mais ou menos do que está contido nas precondições da história. Nesse sentido, a história é sempre nova e sempre contém a possibilidade de surpresas. O fato de, mesmo assim, existirem previsões que se cumprem mostra que a história nunca é completamente nova, que existem condições de longo prazo ou mesmo condições duradouras dentro das quais o novo costuma se realizar. Cada história individual, na qual nos vemos envolvidos, é vivenciada como algo singular, mas não são novas as circunstâncias nas quais a singularidade se realiza. Há estruturas que persistem e há processos que perduram: ambos condicionam e subsistem aos eventos individuais nos quais a história se efetua. Em outras palavras, existem velocidades diferentes de mudança.

Condições geográficas não mudam de todo ou apenas em virtude do domínio técnico da ação humana sobre elas. Condições jurídicas e institucionais mudam de forma mais lenta do que as ações políticas que se servem delas. Modos de comportamento e mentalidades também sofrem mudanças mais lentas que a arte de transformá-los de forma ideológica ou propagandística. Constelações políticas de poder também mudam em prazos mais longos do que a transformação real acelerada que ocorre em guerras ou revoluções.

Mesmo que a história preserve seu caráter singular, existem estratos com diferentes ritmos de mudança. Eles precisam ser teoricamente distinguidos para que a singularidade e a perduração possam ser medidas. Mas quando dizemos que condições geográficas, institucionais, jurídicas ou aquelas ligadas à mentalidade perduram, somos forçados a lhes conferir um caráter de repetição na execução de decursos temporais diacrônicos. A carta que recebo às 9h da manhã pode conter uma mensagem agradável ou triste, que não pode ser superada nem ultrapassada. Mas a entrega do correio às 9h da manhã se realiza dia após dia. Por trás disso está uma organização cuja estabilidade reside na repetição de regras estabelecidas e cuja reserva financeira vem da receita postal estabelecida no orçamento. Esse exemplo pode ser estendido a todos os âmbitos da vida humana.

Em termos mais exatos: previsões só são possíveis porque na história existem estruturas formais que se repetem, mesmo quando seu conteúdo é singular e preserva um caráter surpreendente para os envolvidos. Sem as constantes, de duração variada, presentes nos eventos vindouros seria impossível prognosticar qualquer coisa.

Permitam-me citar alguns exemplos retirados do âmbito das revoluções da modernidade.

1. Do ponto de vista de uma teoria da história, o conceito de revolução é realmente exemplar, pois esclarece a interação entre singularidade e repetição. Para os envolvidos, a revolução que se desdobra é algo singular, catástrofico ou uma ventura esperada. Mas no conceito de revolução

também está contida a repetição, o retorno ou até mesmo a circularidade. Esse significado não é apenas um resto aleatório da palavra latina *revolutio*. Antes, o conceito contém uma afirmação estrutural sobre as revoluções encontradas repetidamente, em numerosas variantes, no mundo. A doutrina da recorrência, contida teoricamente no conceito de revolução, implica eventos diacrônicos, que se repetem de forma análoga, e ações que podem ocorrer em paralelo, de forma sincrônica. O conceito contém o exercício da violência além da legalidade; uma mudança de modos de domínio ou das formas constitucionais, no caso de seu êxito; uma substituição, na maioria das vezes apenas parcial, das elites; e uma mudança de propriedade causada por levantes, desapropriações e redistribuições de bens ou de rendas. O conceito também contém modos de conduta bem conhecidos: a covardia, a coragem, o temor, a esperança, o terror do medo ou do viço, da formação e do cisma partidário, da rivalidade entre os líderes, do potencial aclamatório das massas e da sua falta. Ou seja, em toda revolução estão contidos tanto fatores do tipo sincrônico, que se repetem analogicamente, como também sequências de efeito do tipo diacrônico, singulares no caso individual, mas cuja estrutura formal sempre apresenta também elementos recorrentes. Em outras palavras: a história não decorre apenas de forma singular em sequência diacrônica; ela também contém repetições ou – dito metaforicamente – revoluções, que contêm a mudança singular e a recorrência do analogicamente idêntico, do semelhante ou, pelo menos, do comparável.

Em muitos aspectos – não só no processo contra o rei, que levou à sua execução –, o decurso da Revolução Francesa de 1787 até 1815 se parece com o decurso da Revolução Inglesa de 1640 até 1660-1688. Não surpreende, portanto, que as previsões da Revolução Francesa recorressem repetidamente ao exemplo da Revolução Inglesa e que os diagnósticos feitos no decurso da Revolução Francesa se baseassem repetidamente em analogias com o paralelo inglês, em busca de credibilidade. Cromwell era a figura ditatorial cuja encarnação Robespierre queria evitar, mas que mais tarde seria superada por Napoleão.

2. Em relação às inferências do passado para o futuro, que se fundamentam em uma repetibilidade estrutural, quero citar três exemplos que previram a ditadura de Napoleão.

D'Argenson foi um dos primeiros a prever corretamente os eventos vindouros, quando definiu como provável a combinação de monarquia e democracia.[2] Na topologia aristotélica, a aristocracia era o verdadeiro obstáculo para a conciliação vindoura, que, em algum momento, levaria a uma mudança constitucional. Uma interpretação sócio-histórica e processual das categorias aristotélicas de domínio capacitou d'Argenson a prever a colaboração do monarca com as classes burguesas ascendentes; se isso não ocorresse, ele prognosticava a revolução. A destruição da nobreza e a *démocratie royale* correspondiam uma à outra. A previsão se fundava em uma combinação nova e temporalizada de conceitos e conhecimentos antigos. As três formas constitucionais, estabilizadas principalmente por Políbio, e seus modos de declínio se tornam mais flexíveis e complexos e levam a combinações surpreendentes (principalmente a de uma democracia monárquica), como as novas formas que passamos a conhecer a partir da Revolução Francesa.

A previsão histórica dependia de diversos estratos históricos, dos escalonamentos temporais transpostos da experiência histórica para a afirmação sobre o futuro. A metáfora espacial contida na palavra "história"* pode ser útil para a pergunta sobre o estrato de experiência a ser atualizado. Isse se torna muito mais evidente na segunda previsão do ano de 1772, feita por Diderot. Ela diz o seguinte:

> Sob o despotismo, o povo, amargurado pelo longo período de sofrimento, não perderá uma única oportunidade para reassumir seus direitos. Mas, por não ter objetivo nem plano, ele, de um momento para outro, passa da escravidão à anarquia. Nessa confusão geral ouve-se um único grito – liberdade. Mas como assegurar esse precioso bem? Ninguém sabe. E já se separou o povo em diversos partidos, alvoroçado por interesses contraditórios. [...] Pouco tempo depois, existem apenas dois partidos no Estado; distinguem-se por dois nomes que, independentemente de quem se esconda por atrás deles, só podem ser "monarquistas" e "antimonarquistas". Esse é o momento dos grandes abalos, o momento dos complôs e das conspirações. [...] Nisso, tanto o monarquismo quanto o antimonarquismo servem apenas como pretexto. Ambos são

---

[2] D'Argenson, *Considérations sur le gouvernement ancien et présent de la France*, Yverdon 1764, p. 138ss.
* Veja a nota do tradutor na página 9. [N.T.]

máscaras para a ambição e a cobiça. Agora, a nação nada mais é do que uma multidão que depende de um bando de criminosos e corruptos. Nessa situação, bastam um homem e um momento apropriados para causar um evento completamente inesperado. Quando esse momento vier, o grande homem se levantará. [...] Ele fala às pessoas que, há um momento, ainda acreditavam ser tudo: "Sois nada." E elas respondem: "Somos nada." E ele lhes diz: "Eu sou vosso senhor." E elas respondem em uma só voz: "Vós sois o senhor." E ele lhes diz: "Estas são as condições sob as quais estou disposto a subjugar-vos." E elas dizem: "Nós as aceitamos." Como continuará a revolução? Não sabemos.[3]

Segundo a tática do Iluminismo, o prognóstico de Diderot havia sido enxertado anonimamente na obra de Raynal sobre a expansão colonial da Europa. Trata-se de um dos prognósticos mais supreendentes sobre o decurso de médio prazo da revolução vindoura, que – em termos gerais – se cumpriu completamente. Ele é muito mais concreto do que um prognóstico igualmente perspicaz de Frederico, o Grande.[4] Este havia previsto a guerra civil na França como resultado do Iluminismo, mas Diderot, como iluminador do Iluminismo, foi um passo além e conseguiu transformar a dialética entre senhor e escravo em uma afirmação estrutural da política, que teve como consequência uma ditadura voluntária.

No prognóstico de Diderot influíram numerosos estratos de experiência histórica. Em termos contemporâneos, o ponto de partida de sua análise foi a revolução sueca de Gustavo III, de 1772, que resultou em uma monarquia supraparlamentar, levando-o a considerá-la como paralelo possível para o futuro da França.

Mas estratos históricos mais profundos subjazem a seu prognóstico; vários elementos estruturais repetíveis influíram nele. Trata-se de figuras de argumentação que Diderot deduziu da história romana, principalmente de Tácito e de sua análise da guerra civil do ano dos três imperadores. No entanto, as premissas iluministas, compartilhadas por Diderot, não

---

[3] Diderot, in Raynal, *Histoire philosophique et politique et du commerce des européens dans les deux Indes*, IV, Genebra, 1780, p. 488ss. Veja também as interpretações detalhadas em "Quão nova é a modernidade?" neste livro, p. 209.
[4] Friedrich der Große, *Werke*, v. 7, org. G. B. Volz, Berlim, 1912, p. 267ss (*Kritik des "Systems der Natur"*, de Holbach, 1770, de cuja argumentação Frederico deduz a revolução vindoura).

permitiam deduzir como a palavra de ordem e até mesmo o desejo de liberdade se transformariam em um anseio de subjugação voluntária. Essa dedução só era possível por causa das experiências que remetiam às guerras civis romanas do tempo dos imperadores. Além do mais, ela se apoiou no modelo circular de Políbio, que, na tradição sofística transmitida por Heródoto,[5] possibilitou a interpretação do caminho inevitável para a monarquia. Portanto, o prognóstico certeiro de Diderot se fundamentava em um escalonamento histórico feito em profundidade, no qual influíram experiências históricas formuladas e seu processamento teórico. Apesar de reconhecer que não conhecia o futuro decurso da revolução, a argúcia da sua análise se fundava na repetibilidade das experiências históricas.

O mesmo vale para um prognóstico de Wieland. Agora, já incorporado ao contexto concreto e de curto prazo dos eventos da Revolução Francesa, ele prognosticou que Napoleão Bonaparte instalaria uma ditadura na França. Um ano e meio antes do golpe de Estado, ele o previu e acrescentou que era a melhor solução possível para a guerra civil francesa. Isso gerou grandes dificuldades para Wieland, que foi difamado como jacobino – teria sido chamado de "bonapartista", se essa palavra já existisse.

A certeza do seu prognóstico certeiro não se baseia em instinto político ou no acaso, mas primeiramente no grande paralelo estabelecido com a Revolução Inglesa, em seus conhecimentos da Antiguidade, que o capacitaram a reconhecer a mudança constitucional no esquema da doutrina da circularidade de Políbio, e também no conhecimento da guerra civil romana, que desembocara na ditadura de César. Aquilo que distingue o prognóstico de Wieland se baseia, portanto, na premissa teórica segundo a qual, no decurso de uma revolução, certos processos se repetem, permitindo deduzir disso também um caso concreto, ou seja, a ditadura pessoal de Napoleão.[6]

Encontramo-nos na situação afortunada de poder citar outro prognóstico de Wieland, que não se cumpriu. Após a convocação da Assembleia dos Notáveis, em 1787, ele predisse que a revolução na França decorreria de forma mansa, caridosa e racional, pacífica e feliz. Literalmente:

---

[5] Heródoto, Hist. III 79ss.
[6] Wieland, *Der Neue Teutsche Merkur*, 2º exemplar, março de 1798, in *Sämtliche Werke*, v. 32, Leipzig, 1857, p. 53ss.

Também nessas partes importantes e, felizmente, essenciais para os povos, parecece-nos (se a nossa confiança não nos trair) que o estado atual da Europa se aproxima de uma revolução caridosa; de uma revolução causada não por indignações selvagens e guerras civis, mas por uma oposição calma, inabalável e firme – não pela luta ruinosa de paixões contra paixões, da violência contra a violência, mas pela superioridade branda, convincente e por fim irresistível da razão: ou seja, uma revolução que, sem alagar a Europa com sangue humano e sem pô-la em chamas, será o resultado caridoso da instrução do homem sobre seu interesse verdadeiro, seus direitos e deveres, o propósito de sua existência e os únicos meios através dos quais ele pode ser alcançado de forma certa e infalível.[7]

Algo se torna imediatamente evidente para a nossa investigação: o prognóstico brando e confiante baseava-se na fé de Wieland de poder suspender toda a experiência anterior graças à tutela autoconfiante do Iluminismo. Alado pela esperança iluminista, ele previu uma revolução que se diferenciaria de todas as anteriores pelo fato de poder ser executada sem guerra civil. Apostando na singularidade da progressão histórica e confiando em sua própria fé, Wieland renunciou a qualquer inferência analógica da história, inferência que ele viria a fazer dez anos depois. A singularidade histórica e a projeção linear do otimismo iluminista levaram-no a formular um prognóstico logo desmentido pelos eventos políticos.

Verificamos assim o primeiro critério que está contido na pergunta-teste: um prognóstico recorre às possibilidades da repetição histórica ou pressupõe uma singularidade absoluta do decurso histórico? Nos casos em que Wieland fez inferências analógicas a partir da experiência, ele acertou; nos casos em que redefiniu a história como algo incomparável, errou.

Registramos, então, como primeiro resultado intermediário: quanto mais estratos temporais de possíveis repetições influíram no prognóstico, mais certeiro ele foi; quanto mais o prognóstico recorreu à incomparabilidade e à singularidade da revolução vindoura, menos ele se cumpriu. Nenhuma revolução foi prevista tantas vezes e de forma tão certeira em seu decurso efetivo como a Revolução Francesa. Igualmente frequentes,

---

[7] Wieland, *Das Geheimnis des Kosmopolitenordens* (1788), in Sämtliche Werke, v. 30, p. 422.

porém, foram os informes ilusórios sobre seu decurso vindouro. Lembro a *belle révolution,* que Voltaire nunca se cansou de almejar e apregoar. Para ele, a convulsão nada mais era do que a execução de uma justiça moral, que ele, como filósofo, sempre reivindicou de forma polêmica. Por vezes, os prognósticos foram formulados de modo tão exato e preciso por Friedrich, Diderot ou Rousseau, por exemplo, porque eles haviam relativizado o progresso linear e a singularidade. A experiência histórica influiu em doses diferentes nos prognósticos. Quando as chances de repetição histórica eram negadas, os prognósticos se perdiam na esfera de grandes desejabilidades; quando a repetibilidade de possibilidades históricas era levada a sério, as chances de um prognóstico se cumprir eram maiores. Tendo em vista, então, avaliar a possibilidade de cumprimento de um prognóstico, vale identificar a estratificação temporal múltipla da experiência histórica que o compõe.

Como esclarecimento, quero apresentar outra sequência de exemplos, que pertence ao nosso próprio passado e aponta para a irrupção da Segunda Guerra Mundial. Apresentarei três tipos explicados por nossa tese do escalonamento histórico como precondição de prognósticos bem-sucedidos. No dia 16 de novembro de 1937, Beneš, então presidente da Checoslováquia, escreveu: "Sei que a situação é séria, mesmo assim permaneço otimista. Creio que preservaremos a paz. Não creio que uma guerra europeia seja possível em tempo previsível. Tenho a esperança de que ela não virá." Bastaria preparar-se para a defesa. "Pela Checoslováquia, nada temo."[8] Um ano mais tarde, Beneš estava exilado em Londres.

Trata-se aqui de um prognóstico desejado, nutrido por um otimismo, uma expressão de opinião, que só pode causar surpresa, vindo de um político nessa posição e nessa época. No entanto, a atitude diante do futuro pertence a qualquer prognóstico e influi nele. Mas as chances de um prognóstico se cumprir aumentam com o poder, que precisa ser suficientemente grande para realizar um prognóstico feito para si mesmo.

Essa foi a situação em que Hitler estava na época. Sete dias após a afirmação otimista de Beneš, Hitler discursou diante do grupo local do Partido Nacional Socialista dos Trabalhadores Alemães (NSDAP) em Augsburg:

---

[8] Carta a Emil Ludwig, cit. segundo Helmut Kreuzer, *Europas Prominenz und ein Schriftsteller,* in Süddt. Zeitung, 17/18 de novembro de 1962.

É algo maravilhoso quando o destino elege seres humanos para se empenharem por seu povo. Hoje, enfrentamos novas tarefas. Pois o espaço vital do nosso povo é restrito demais. Algum dia, o mundo terá que respeitar nossas exigências. Nem por um segundo duvido que, assim como nos foi possível elevar a nação em seu interior, conquistaremos também os direitos exteriores à vida concedidos aos outros povos.[9]

De forma pouco velada, Hitler anuncia seu programa de expansão, mas sem chamar a guerra pelo nome. Nesse sentido, trata-se de um prognóstico desejado. Mas os elementos que compõem essa previsão do futuro são mais estratificados do que no caso de Beneš.

Hitler evocou – como sempre fazia – a ascensão da política interna como garantia para o sucesso futuro também no campo da política externa. Trata-se de um caso típico de uma projeção linear de médio prazo a partir do passado, como o encontramos também em Wieland, sem identificar novos fatores da política mundial na Europa – mesmo que Hitler possa tê-los levado em conta como político. Aqui vemos a energia impulsionadora dos sucessos iniciais de Hitler, mas concomitantemente também a profunda fonte de erros que ajudou a provocar sua queda e a da antiga Alemanha. A projeção linear era monoestratificada. Junta-se a isso o apelo ao destino, uma linha ideológica que remete à história do espírito alemão, àquele destino do qual Hitler nunca duvidou, como ele – assegurando-se a si mesmo – sempre assegurou. Assim, a estrutura desse prognóstico revela-se como supremo prognóstico coercivo. Hitler não se cansou de repeti-lo. Ele corresponde àquela projeção linear que não permite alternativas e até mesmo as exclui. Em sua exclusividade, continha o caráter forçoso que Hitler tentou assegurar de forma autossugestiva, apelando à sua própria predestinação. Seu prognóstico se aproxima da estrutura evocativa de previsões proféticas.

Confrontemos então o prognóstico desejado de Beneš e o prognóstico coercivo de Hitler com um terceiro tipo. No dia 27 de novembro de 1932, Churchill afirmou diante da Câmara dos Comuns:

> Seria mais seguro desenrolar mais uma vez a questão de Danzig e do corredor polonês, por mais delicada e difícil que seja, com sangue-frio

---

[9] Max Domarus, *Hitler, Reden und Proklamationen*, v. 1/2, Munique, 1965, p. 760.

e em atmosfera calma e enquanto os poderes vitoriosos ainda possuem sua ampla superioridade, em vez de aguardar e deixar-se levar, passo a passo e degrau por degrau, até surgir mais uma vez um grande confronto, no qual nos enfrentaremos no mesmo campo de batalha.[10]

É evidente que aqui também influem desejos. Também uma última coerção de agir está contida no discurso, mas com o propósito de evitar uma segunda guerra mundial. Trata-se de um prognóstico alternativo de condições que contêm instruções. O que distingue esse prognóstico é a formulação clara de duas possibilidades, uma das quais remete à experiência duradoura da Primeira Guerra Mundial, enquanto a outra leva em conta a singularidade das mudanças da situação do após-guerra. Sua estrutura apresenta estratos múltiplos. O diagnóstico baseia-se na experiência da catástrofe de 1914, a fim de formular uma alternativa para a margem de ação, cada vez menor, em 1932. A advertência contra o retorno da guerra mundial evoca uma instrução para impedi-la.

Podemos, é claro, explicar a simples alternativa pelo poder sugestivo da retórica de Churchill – ele deve ter pensado também em outras possibilidades. A catástrofe, que Churchill propôs evitar politicamente, veio a acontecer como ele previu. A experiência da irrupção da guerra em 1914, com a inferência analógica que deduziu dela, não o traiu. Mas no caso de Churchill não se trata de uma projeção linear sobre um futuro inescapável. Antes, ele supôs uma repetição meramente possível, a fim de lutar contra ela *in actu*. A exatidão do prognóstico baseia-se então no uso de várias dimensões de profundidade históricas, cuja combinação gerou sua qualidade certeira.

Nossa investigação dos estratos históricos do tempo nos permite desprender o prognóstico do quadro de referência da antropologia pura ou até mesmo da psicologia dos agentes. O otimismo comovente de Beneš, a autossugestão de Hitler ou a sobriedade imaginativa de Churchill não nos fornecem a chave para a exatidão ou o erro de seus prognósticos. Os critérios objetivantes se encontram no escalonamento de profundidade temporal usado de forma argumentativa para o prognóstico.

---

[10] Churchill, discurso na Câmara dos Comuns em 27 de novembro de 1932, in *Parl. Acts*, 5. Ser. v. 272.

Não é apenas a repetibilidade formal da história possível que garante um mínimo de certeza prognóstica. Também é necessário incluir no cálculo a estratificação múltipla dos decursos temporais históricos.

Por isso, quero precisar a nossa pergunta sobre os diversos estratos do tempo. Em termos teóricos, podemos distinguir três níveis de tempo, que podem ser atualizados de formas diferentes para viabilizar um prognóstico.

Existe, em primeiro lugar, a sucessão de curto prazo do antes e do depois, que caracteriza as nossas obrigações diárias. Em cada situação, essas precondições se alteram para os agentes envolvidos em prazos vivenciados no antes ou no depois, em anos, meses, semanas, horas, até mesmo de minuto em minuto. Nesse contexto, é particularmente difícil fazer prognósticos exatos, pois nunca é possível ver ou reconhecer as reações e ações de todos ao mesmo tempo. É como no jogo de xadrez, onde apenas após certo número de jogadas a situação se esclarece a ponto de possibilitar prognósticos de certeza crescente e, por fim, absoluta.

Em segundo lugar, existe o nível de tendências de médio prazo, de decursos de acontecimentos nos quais influi uma plenitude de fatores que fogem ao controle dos agentes. Aqui, as múltiplas condições transpessoais atuam sobre o acontecimento, alterando-se de forma mais lenta do que as ações dos agentes. A essa esfera pertencem, por exemplo, as crises econômicas, os decursos de uma guerra ou de uma guerra civil, as transformações de longo prazo, causadas pela introdução de novas técnicas de produção, ou aqueles processos que são compreendidos pelos envolvidos como degeneração moral ou decadência de uma comunidade de ação política. Sempre se trata de figuras influenciadas por condições gerais transpessoais, mas que podem chegar a se estender ao ponto de alterarem até mesmo as próprias condições gerais. Trata-se de decursos processuais que, apesar de todas as inovações, permitem muitas inferências analógicas, como foi demonstrado pela sequência de exemplos dos nossos prognósticos revolucionários.

Em terceiro lugar, existe um nível de duração meta-histórica, que só por isso ainda não é atemporal. Nesse nível podemos alocar constantes antropológicas que, mais do que todos os outros fatores, afastam-se da pressão de mudança histórica. Dessa esfera provém uma abundância de máximas de experiência, que podem ser repetidas e aplicadas sempre de novo. Trata-se então de máximas de experiência que contêm *eo ipso* uma verdade prognóstica.

Esse é o nível da forma simples de provérbios que, muitas vezes, contém instruções de uso contrárias, mas que sempre permanece aplicável: a soberba vem antes da queda; muitos cachorros significam a morte do coelho; muitos cozinheiros estragam a sopa. É claro que aplicabilidade desses provérbios depende do lado em que estamos: o dos cachorros, o dos cozinheiros, o dos coelhos ou o da sopa. Mas não se deve subestimar a posição dessas sabedorias de vida aparentemente banais. Elas reaparecem também em afirmações agregadas em níveis mais altos. Mesmo admitindo que o decurso da história não se oriente pelas nossas avaliações morais e nossa sabedoria proverbial, a soberba perdura como força calculável, às vezes até domável, no jogo das forças. Existem, por fim, também fórmulas curtas, cuja verdade prognóstica não pode ser negada. Assim, Sêneca advertiu Nero em vão: ele poderia matar todos, menos seu sucessor. Trata-se aqui de uma afirmação formal sobre o futuro, que pode ser preenchida a qualquer momento. Aparentemente atemporal, esse tipo de afirmação pode ser aplicado de modo situacional. Stalin pressentiu isso, quando mandou assassinar Trotski. No entanto, não pôde evitar a desestalinização por seus sucessores.

Em um nível mais alto de abstração, trata-se de máximas meta-históricas que refletem as condições de histórias possíveis e, portanto, também do futuro possível. Remeto aqui aos discursos de Tucídides ou à temática de Tácito, que não descreve tanto a facticidade dos eventos, mas como eles foram vivenciados de forma contraditória. As análises dos dois autores sobre a guerra civil – que não só relatam os acontecimentos, mas também refletem sobre eles semanticamente e investigam seu conteúdo de experiência – fornecem lições da história que não podem ser repetidas apenas retoricamente. Elas são realmente aplicáveis. A superação das guerras civis religiosas no início da modernidade talvez tivesse sido possível sem o recurso aos autores da Antiguidade, mas na realidade eles disponibilizaram lições que serviram como instruções imediatas. Continham um potencial prognóstico que retirou das novas experiências o seu efeito supresa. A intolerância religiosa tornou-se calculável, politicamente calculável, e, por isso, controlável.

Podemos ir até o presente e formular uma suposição. Não conhecemos os argumentos que Dubček teve que ouvir no Kremlin antes de se subjugar às condições soviéticas. Mas a estrutura básica dos argumentos pode ser encontrada no famoso diálogo de Tucídides entre os atenienses e os cidadãos de Milos.[11] O diálogo meliano consiste numa argumentação partilhada em dois papéis, que, em termos modernos, resulta num prognóstico condicional alternativo com um efeito didático. Tucídides definiu a atitude dos melianos em uma frase como prognóstico desejado: tomados pelo desejo por seu direito, eles viram o futuro como presente e por isso se enganaram. Os atenienses, por sua vez, apelaram à lei do poder, que eles não haviam inventado, mas apenas adotado a fim de aplicá-la. Após a troca de argumentos, nos quais esperança e experiência – em termos de conteúdo, a consciência jurídica dos melianos e o abuso de poder pretendido dos atenienses – eram contrapostas, Tucídides relata em três linhas como os melianos foram executados após sua subjugação, e suas mulheres e crianças foram levadas à escravidão. Praga foi poupada de um destino análogo. Os tchecos se curvaram. Hácha fez o mesmo diante de Hitler em 1939.

Seria tolice querer construir uma história linear da recepção de Tucídides. Existem, antes, estruturas históricas de experiência, que, uma vez formuladas, não se perdem. Elas perduram até sob condições completamente transformadas de exercício do poder moderno ou de novas concepções de direito: possuem um poder prognóstico de duração meta--histórica, que sempre pode ser aproveitado para cálculos políticos.

Chego ao fim. A diferenciação teórica entre os nossos três decursos temporais, entre as ações de curto prazo, as coerções de decurso de médio prazo e as possibilidades de longo prazo ou duradouramente repetíveis, nos mostra que sua relação se altera de forma fundamental no decurso da história mais recente.

Os prognósticos de curto prazo são mais difíceis hoje, pois os fatores que precisam influir neles se multiplicaram. Certamente influem também fatores de duração meta-histórica, mas a multiplicidade das condições gerais de todas as ações individuais aumentou: domar sua complexidade

---

[11] Tucídides, *Geschichte des peloponnesischen Krieges*, trad. alemã G. P. Landmann, Zurique e Stuttgart, 1960, p. 431ss (V 85-115).

se tornou mais difícil. Os prognósticos de curto prazo eram mais fáceis quando o número dos agentes, no início da modernidade, ainda podia ser estimado, quando a expectativa de vida dos príncipes podia ser calculada politicamente. O cálculo da constelação sucessorial para a próxima guerra era tarefa constante na atividade prognóstica do início da modernidade. Quanto mais nos aproximamos do nosso próprio tempo, mais difícil se torna a arte dos prognósticos de curto prazo, pois também as condições gerais mais duradouras das ações de curto prazo se multiplicaram e se transformaram.

Mas também as constantes transpessoais que condicionavam os decursos de médio prazo se transformaram em ritmo crescente durante os últimos duzentos anos. A técnica e a indústria abreviaram os prazos da experiência, que só podiam se estabilizar sob condições constantes. As condições dos nossos decursos de vida se alteram mais rapidamente do que no passado e as próprias estruturas se convertem em evento, pois se transformam mais rapidamente. A velha máxima segundo a qual não aprendemos para a escola, mas para a vida perdeu sua força. Aprendemos apenas a reciclar nosso conhecimento. E nem isso conseguimos aprender. Em relação ao nosso modelo dos três estratos do tempo, podemos dizer que as constantes – que antigamente eram duradouras e estabilizavam as condições gerais de decursos de médio prazo e de contextos de ação de curto prazo – agora se veem expostas a uma maior pressão de mudança. Existem cada vez mais variáveis, o que dificulta o cálculo prognóstico e sua referência recíproca. Por isso, em termos de uma história da ciência, a classe dos sociólogos diferenciou-se da classe dos historiadores. Querendo ou não, a pergunta sobre a relação entre prazos curtos, médios e longos força os sociólogos ao prognóstico. Por isso, permitam-me um epílogo em perspectiva histórica: a certeza prognóstica deveria aumentar se conseguíssemos introduzir mais efeitos retardantes em relação ao futuro, efeitos retardantes que se tornarão mais calculáveis assim que as condições gerais, econômicas e institucionais, das nossas ações adquirirem uma constância maior. Mas isso é, provavelmente, apenas uma utopia. Não pode ser deduzido da nossa história.

III.
Atualidades e estruturas de repetição

Quão nova é a modernidade?*

Há uma experiência que todo historiador profissional é obrigado a fazer: além da pesquisa individual que avança o conhecimento, existem poucas descobertas que ainda não foram feitas ou formuladas. Ao longo do tempo, a ciência da história gera um espaço de experiência de conhecimento comum, que precisa sempre ser questionado e repensado. Mais do que em outras ciências, os progressos da narrativa histórica remetem a descobertas que precisam ser reformuladas, mas que não são necessariamente novas em si. Por isso a minha pergunta: quão nova é a modernidade? Para responder a essa pergunta, prosseguirei em dois passos. Primeiro, devo lembrar que nossa modernidade é, de fato, nova. Essa resposta será fácil, pois quem duvidaria disso? Num segundo passo, perguntarei *quão* nova nossa modernidade, de fato, é. Essa resposta não será fácil. Ela nos confrontará com dificuldades que nós, historiadores, nos impusemos com a própria formulação do conceito.

1.

Em primeiro lugar: o próprio termo nos diz que a modernidade [*Neuzeit*] é, de fato, nova [*neu*]. Se consultarmos nossos manuais e apostilas, receberemos informações claras. Certo monge afixa ou prega noventa e tantas teses no portão da igreja em Wittenberg para contestar a administração financeira da graça pela Igreja. Bibliófilos, humanistas eruditos se apro-

---

* O título original deste ensaio é "Wie neu ist die Neuzeit?" [Quão novo é o novo tempo?]. Aqui (e no ensaio seguinte), Koselleck analisará o emprego do adjetivo "novo" [*neu*], que, em alemão, pode ser usado de vários modos para referir-se a um determinado tempo na história. Sempre que possível, optamos por uma tradução literal para permitir que o leitor brasileiro compreenda o argumento de Koselleck. Acrescentamos aqui, como orientação, uma lista de alguns dos termos usados por Koselleck com sua tradução literal e seu significado (veja também o ensaio "'Modernidade' – Sobre a semântica dos conceitos de movimento na modernidade", in R. Koselleck, *Futuro passado: contribuição à semântica dos tempos históricos*, Rio de Janeiro, Contraponto/Editora da PUC-Rio, 2006, p. 267-303).

fundam com curiosidade em textos antigos, humanistas os publicam, comentam e criticam. Um homem inventa a prensa móvel para facilitar a passagem procurada. Um navegador missionário e corajoso descobre, sem querer, a América; pouco tempo depois, outro navegador circunda a forma esférica da Terra. Um astrônomo ou astrólogo transforma essa esfera em um planeta que gira em torno do Sol. Por volta de 1500, essas novidades, até então inauditas, irrompem nosso espaço de experiência conhecido.

Folheando adiante em nossos manuais, logo se manifestam seus efeitos. A Igreja se desintegra, surgem novas confissões, seitas pululam por toda parte, e nenhum apelo à tolerância consegue evitar que, numa perseguição mútua, na chamada guerra civil religiosa, grande número de pessoas sejam mortas em hecatombes. No além-mar, enquanto navegadores cristãos roubam os espólios uns dos outros, surgem impérios coloniais globais. A Terra é progressivamente dominada pela Europa, riquezas são acumuladas e multiplicadas. Em casa, floresce a erudição nas ciências humanas. Surgem as novas ciências naturais baseadas na matemática, que explicam a natureza de forma teórica, mas ensinam a dominá-la cada vez mais também na prática. Concomitantemente, a política, a arte bélica e finalmente também a economia se transformam em ciências experienciais para aumentar a sua efetividade. Promotor e usufrutuário de tudo isso são o Estado moderno e também a nova sociedade burguesa autodeterminadora, que mantém relações tensas com o Estado.

No século XVIII, todos esses diagnósticos já fazem parte do repertório de experiências estabelecido e do conhecimento de dominação. Já se qualificaram para ser incluídos nas enciclopédias. Durante esse período crescente, desde mais ou menos 1500, o conceito de um novo tempo, de uma nova história, se impôs aos poucos, com sucesso. Na era do Iluminismo, o indivíduo se via como contemporâneo de um novo período muito diferente das assim chamadas Idade Média e Antiguidade; aprendera a refletir sobre elas de forma crítica e histórica. O "novo tempo", a "nova história", tornara-se conteúdo de apostilas escolares.

Mas, como sabemos, as coisas não pararam por aí. O tempo parecia tornar-se cada vez mais novo. Assim, podemos ler em 1787 que "quase toda a Europa recebeu uma forma totalmente diferente [...] e quase surgiu uma nova raça humana nessa parte do mundo".[1] Às vésperas da Revolução Francesa – que, segundo as expectativas de seus agentes e autores, deveria gerar um novo tempo e, por isso, também um novo calendário –, às vésperas dessa revolução, então, "o novo tempo" [*neue Zeit*] foi complementado pelo "tempo novíssimo" [*neueste Zeit*]. Essa formação do conceito do tempo novíssimo como sintoma de uma nova experiência do tempo não pode ser subestimada. Por volta de 1770, o indivíduo já não se via mais no fim de um período – como antigamente na Idade Média –, mas no início de um período novo. Esse conhecimento logo foi transformado em conceito. O futuro se abriu, e a humanidade autônoma e autodeterminadora – pelo menos no que dizia respeito à literatura e ao intelecto – passou a dominar esse futuro de forma progressiva, ou a "fazer história", como se começou a dizer na época.

O "tempo novíssimo", uma vez germinado a partir do "tempo novo", transformou-se em iterativo progressivo. Encontramo-nos, segundo as palavras do nosso manual, na era da revolução, da Revolução Francesa e da Revolução Industrial. Com isso, muda também o *status* da nova história percorrida desde mais ou menos 1500 até mais ou menos 1800. Ela é relativizada e moderada. Agora é chamada de "história mais nova" [*neuere Zeit*] – um comparativo já não mais aplicado em relação à Idade Média, mas ao próprio "tempo novo". Antigamente, as "*res novissimae*" remetiam ao Juízo Final. O próprio termo "*Neuzeit*",* hoje tão corrente, só surge no século XIX. Aparece pela primeira vez no período da Revolução de Julho de 1830, quando se tornou evidente que a revolução ainda não havia chegado ao fim. Desde então, essa nossa era tem gerado transformações cuja extensão e a intensidade não puderam ser previstas por ninguém que, por volta de 1800, olhasse para o futuro aberto.

Quero citar algumas palavras-chave que decifram a nossa própria experiência. Cabe mencionar, primeira e principalmente, a aceleração com a qual o nosso mundo como um todo e o nosso dia a dia em particular se transformaram e se transformam constantemente de geração em

---

[1] Heinrich M. G. Köster, artigo "Historie", in *Deutsche Enzyklopädie, oder Allgemeines Real-Wörterbuch aller Künste und Wissenschaften*, 23 v., v. 12, Frankfurt am Main, 1778-1804, p. 657.
* "Tempo novo", geralmente traduzido em português como "modernidade". [N.T.]

geração, e até mesmo dentro de cada geração. Desde o século XVIII, muitos dos nossos dados de experiência podem ser inscritos em curvas de tempo exponenciais, que confirmam uma mudança acelerada. Desde então, a população mundial se multiplica a intervalos cada vez menores, tornando possível prever um ponto final para a habitabilidade do planeta. A velocidade do transporte por terra, por água e mais ainda por ar aumentou. O trânsito se intensificou tanto que as retardações e os atrasos experimentados por toda parte se tornaram uma extensão pouco provável da aceleração ou, pelo menos, pouco razoável. A técnica de informação cobriu o planeta com uma rede de comunicação que torna quase simultâneos os tempos de um evento e de sua divulgação; antigamente, os tempos de informação eram medidos em dias, semanas, meses ou anos. Nas artes, os surtos vanguardistas de modernização abreviaram-se constantemente desde o século XIX, de forma que hoje nos vemos diante de uma situação de empate. Emerge novamente o inevitável recurso ao passado, a formas artísticas neo-históricas, neorrealistas e neossimbólicas.

Esses diagnósticos e outros semelhantes remetem a valores-limite da aceleração, que deram origem ao chavão do fim da modernidade. Esse chavão possui um significado provocante, mas sua legitimidade é apenas relativa. A história continuará, a despeito de todas as definições *a posteriori*. O próprio desafio ecológico garante isso. Independentemente de como nossa conduta venha a mudar, sem o progresso técnico-científico a crise ecológica não poderá ser superada. Se analisarmos a sequência de inovações técnico-científicas, as descobertas e inovações físicas, químicas, nucleares, eletrônicas e, mais recentemente, bioquímicas, podemos registrar também aqui uma aceleração. É provável que a distância entre a pesquisa fundamental e sua aplicação técnico-industrial também tenha diminuído ao longo da modernidade – é difícil calculá-la. Em razão da emergência ecológica, esse processo não pode chegar ao fim se quisermos reagir aos efeitos resultantes de um mundo técnico induzido por nós mesmos. A destruição do mundo de vivência e o desgaste de fontes de energia natural só podem ser reparados com a ajuda das ciências. Portanto, não poderemos abdicar do progresso – por mais que ele esteja desacreditado hoje em dia – e de inovações pertinentes. Aqui, somos obrigados a contar com surpresas, pois dependemos delas. Nossa modernidade precisará continuar a ser inovadora.

Apesar de não acreditar que seja possível comprender a história em sua totalidade ou escrevê-la como história total, devo, mesmo assim, acrescentar três palavras-chave. Elas remetem às transformações políticas e socioeconômicas que, fartas e prenhes de catástrofes, não podem ser retraçadas de forma igualmente linear e progressiva. Desde as revoluções Americana e Francesa, todas as unidades políticas de ação se veem forçadas a se democratizar, independentemente do grau em que isso foi e está sendo realizado: o postulado da liberdade e da igualdade de todos os seres humanos, que, antes do século XVIII, era algo inaudito, submete toda organização política a uma pressão de legitimização. É uma característica do nosso mundo, que é o mundo de todas as pessoas. Evidentemente, isso também contém o postulado da emancipação, que, desde mais ou menos 1770, se estende a cada vez mais áreas da vida: estamentos, classes, povos, Estados, também costumes e religiões, etnias e gêneros, naturalmente também a juventude e, em breve, talvez aos idosos como uma coorte da senectude que precisa ser emancipada. O postulado da emancipação, a libertação de qualquer heteronomia, intensifica a pluralização e a regionalização deste nosso único mundo. Devemos esperar grandes conflitos nessa área e dependemos de compromissos.

Ambas as tendências, que às vezes se excluem, são fomentadas pelo sistema econômico industrial-capitalista e por sua réplica socialista, até agora não muito bem-sucedida. Sem esse sistema econômico, não é possível entender a prosperidade crescente nem as distorções globais, cada vez maiores, entre riqueza e pobreza. Por fim, o sistema industrial, com seu fundamento científico e técnico, contém um potencial destrutivo infinitamente aumentado, graças ao qual a humanidade pode se destruir a qualquer momento: é claro que aqui a humanidade não é compreendida como sujeito, mas como objeto da ação política. Anteceder-se à catástrofe é uma tarefa da política, da política do futuro. Paro por aqui.

O propósito deste primeiro passo da nossa reflexão não foi provar, mas recordar a afirmação de que a nossa modernidade foi, é e será sempre nova. Nos últimos quinhentos anos, a economia das experiências se transformou – no início de forma lenta, mas nos últimos dois séculos a uma velocidade cada vez maior, e continua sob enorme pressão de transformação.

2.

Com isso, chego à pergunta central: quão nova é a nossa modernidade? Para responder a ela, apresentarei três argumentos: um argumento semântico conciso, que relativiza a modernidade; depois, um argumento prognóstico mais extenso, que relativiza ainda mais a modernidade; por fim, um argumento histórico sucinto, que resgata a modernidade.

Deixem-me, em primeiro lugar, apontar um diagnóstico linguístico tão simples quanto perturbador. O termo "modernidade" entranhou-se na língua coloquial com uma força que, após tudo o que dissemos até agora, não nos surpreende. Mas essa expressão, ou a formação do seu conceito, contém uma indeterminação específica. Do ponto de vista linguístico, ela sugere que a Idade Média e a Antiguidade não foram novas. Obviamente, isso é um equívoco, que resulta da dificuldade de toda determinação de posição temporal. Por isso, quero lembrar: todas as histórias que ocorrem, independentemente de quando e onde, são sempre novas para os envolvidos e os afetados. Quando César transpôs o Rubicão, ele deu um passo em direção a um futuro incerto, e a guerra civil que se seguiu continha em si a possibilidade de vitória ou derrota; uma novidade de qualquer forma, sem falar do sofrimento causado pela guerra. Outro exemplo: o arcobotante gótico, o moinho de vento ou o relógio mecânico na torre da igreja foram novos e inovadores, quando a chamada Idade Média os inventou, e transformaram a vida econômica, social e espiritual. A categoria histórica do novo e da novidade se torna assim psicologicamente compreensível, mas, em termos teóricos, ela é injustamente monopolizada pela modernidade. Dispensemos a ênfase.

Se aceitarmos essa reflexão terminológica, segue disso pelo menos uma coisa: a designação das nossas eras – Antiguidade, Idade Média, Modernidade [*Neuzeit*] – é infeliz, se não enganosa. Numerosos contextos de eventos solapam, sem a menor dificuldade, toda periodização e divisão de eras que efetuamos em retrospecto. E para quase todos os historiadores, malgrado a época em que os colocamos, as histórias que relatam foram singulares, até mesmo únicas e, em todo caso, novas. Nós, os historiadores da modernidade, devemos, portanto, ser cautelosos – ou pelo menos atentos – quando reivindicamos o novo apenas para nós mesmos.

Isso me leva a um segundo argumento, ao argumento prognóstico: a própria categoria de novo, que, no nível das sequências de eventos, sempre permanece atual, precisa ser relativizada. Como diz um belo provérbio: "Se não o experimentamos como algo novo, o experimentamos como algo antigo."[2] A história não é apenas singular, ela também se repete. Não em sua sequência de eventos – nesse aspecto, ela sempre permanece singular em sua complexidade e sua aleatoriedade –, mas nas estruturas que viabilizam os eventos. Cada um dos participantes deste nosso evento que usou o trem para chegar aqui deve ter se orientado pelos horários ferroviários, que, dia após dia, prometem a recorrência regular dos trens. Esses horários, por sua vez, só podem ser mantidos se os traços fundamentais do orçamento da ferrovia federal, estipulado a cada ano, se repetirem para garantir a operação contínua dessa instituição. Essa observação vale para todas as áreas da vida. O direito só é direito se ele se repetir em sua aplicação, se for repetível. Toda produção econômica se apoia na repetibilidade das condições de produção. Cada língua é repetida no ato da fala, garantindo assim que uma afirmação singular possa ser entendida. Todas as ocorrências, todos os acontecimentos, todos os atos são fundamentados em condições estruturais, que precisam se repetir para que eventos possam ocorrer. Também os prognósticos mostram isso.

Permitam-me um experimento mental que remete à Revolução Francesa. Prognósticos só são possíveis se a história também se repetir. Se a revolução tivesse sido tão nova e singular como muitos contemporâneos afirmavam na época, ela simplesmente não poderia ter sido prognosticada. Algo que seja absolutamente novo não pode ser previsto. Caso tenha sido prevista, manifestaram-se nela processos históricos que podiam ser deduzidos e projetados a partir da história antecedente. Foi exatamente esse o caso. Numerosas previsões prognosticaram de forma surpreendente a estrutura da revolução e trataram o processo vindouro como um desdobramento necessário. É claro que esse tipo de previsão só podia ter formulado algumas possibilidades que já existiam, ou seja, a história também se repete na estrutura de sua sequência de eventos: repetição, então, não no sentido de seus eventos singulares complexos, que

---

[2] *Die deutschen Sprichwörter*. Reunidos por Karl Simrock, Frankfurt am Main, 1846, reimpressão com posfácio de Hermann Bausinger, Dortmund, 1978, p. 97.

permanecem tão singulares quanto as pessoas neles envolvidas, mas no sentido de possíveis condições que podem, mas não precisam, se realizar novamente.

Em 1772, Diderot, o editor da grande enciclopédia, escreveu que seria necessário um motivo adequado para derrubar o sistema de domínio existente. Cito: sob o despotismo,

> [...] o povo, amargurado pelo longo período de sofrimento, não perderá uma única oportunidade para reassumir os seus direitos. Mas, por não ter objetivo nem plano, ele, de um momento para outro, passa da escravidão à anarquia. Nessa confusão geral ouve-se um único grito – liberdade. Mas como assegurar esse precioso bem? Ninguém sabe. E já se dividiu o povo em diversos partidos, alvoroçado por interesses contraditórios. [...] Pouco tempo depois, existem apenas dois partidos no Estado; distinguem-se por dois nomes que, independentemente de quem se esconda por trás deles, só podem ser "monarquistas" e "antimonarquistas". Esse é o momento dos grandes abalos, o momento dos complôs e das conspirações. [...] Nisso, tanto o monarquismo quanto o antimonarquismo servem apenas como pretexto. Ambos são máscaras para a ambição e a cobiça. O resultado disso pode ser facilmente previsto.

Bastavam um homem e um momento propícios para provocar um evento completamente inesperado. Essa foi a previsão da revolução vindoura como guerra civil que, para Diderot, teria um fim absolutamente previsível. Ela seria acalmada pelo novo *princeps*, o novo senhor. E Diderot encena, de forma literária, o tratado de subjugação; cito no presente futuro:

> O novo homem fala às pessoas que, há um momento, ainda acreditavam ser tudo: "Sois nada." E elas respondem: "Somos nada." E ele lhes diz: "Eu sou vosso senhor." E elas respondem em uma só voz: "Vós sois o senhor." E ele lhes diz: "Estas são as condições sob as quais estou disposto a subjugar-vos." E elas dizem: "Nós as aceitamos." [...] Como continuará a revolução? Não sabemos. – *Quelle sera la suite de cette révolution? On l'ignore.*[3]

---

[3] A interessante história desse texto foi decifrada por Herbert Dieckmann, *Les Contributions de Diderot à la "Correspondence littéraire", et à l'"Histoire des deux Indes"*, in Rev. d'Hist. littéraire de la France 51 (1951), p. 417-440. Veja aqui também a impressão paralela da primeira versão – extensa – da correspondência de Grimm e da versão

Trata-se aqui de um caso clássico de prognóstico condicional, cujo cálculo inclui realidades passadas que podem se repetir estruturalmente no futuro. E a primeira pergunta – "O que acontece quando um povo escravizado repentinamente alcança a liberdade?" – hoje já não nos surpreende, pois ela volta a nos desafiar no presente. Quando Diderot continua seu prognóstico da guerra civil e prevê a possibilidade da ascensão de um Napoleão, ele o faz também como advertência para evitar o perigo iminente que prevê. Quero explicar isso sucintamente. Para tanto, terei que narrar algumas coisas.

O ato literário de subjugação, que encerrou a guerra civil, é apresentado no pretérito, como se o novo senhor já tivesse surgido. Portanto, ao citar o texto no presente, eu o adulterei, mas isso pode ser esclarecido rapidamente com a ajuda de Horst Fuhrmann, pois o texto se refere a Gustavo III da Suécia. Em 19 de agosto de 1772, esse rei, sobrinho de Frederico, o Grande, contrariando o conselho do seu tio prussiano, havia expropriado os estamentos suecos através de um golpe de Estado para impor-se como príncipe iluminista – e o fez com sucesso. A ação deixou Voltaire encantado, e ele logo cedeu à tentação de escrever uma carta de congratulações. Diderot não. Foram justamente os príncipes iluministas (o rei da Prússia em particular) que despertaram o ódio de Diderot porque haviam impedido preventivamente que seus súditos se tornassem cidadãos emancipados e autônomos. Por isso, Diderot tomou o golpe de Estado como motivo para, como disse, pôr no papel "alguns devaneios ocasionados pela revolução na Suécia".[4] Eles falavam da Suécia, mas visavam ao futuro da França. Forçado a recorrer ao anonimato por motivos de autopreservação, Diderot confidenciou seus devaneios a seu amigo, o Barão Grimm, que imediatamente os incorporou à sua correspondência literária, àquele jornal que, enviado a numerosas cortes e círculos intelectuais europeus, pretendia gerar secretamente um público iluminista.

---

abreviada de seu depoimento sistemático em Guillaume Thomas François Raynal, *Histoire philosophique et politique des établissements et du commerce des Européens dans les deux Indes*, t. 2, Haia, 1774, p. 282ss. Ambas se encontram em Estocolmo. Aqui, citamos segundo a versão de Genebra, 1781, v. 4, p. 488ss, cujo texto reproduz em parte a primeira edição impressa por Grimm.

[4] "Réveries à l'occasion de la Révolution de Suède"; veja Dieckmann, *Contributions* (como na nota 3), p. 430.

Diderot, então, aproveitou a chance. Ele adulterou os eventos na Suécia para apresentar aos leitores seu prognóstico condicional. O fato de se tratar da Suécia é mencionado no texto apenas de passagem. Lá, o povo não se insurgira, nem irrompera naquele país uma guerra civil aberta; o texto não menciona nem o nome do rei nem os apelidos dos partidos, os "chapéus" e os "gorros", financiados por propinas russas e francesas. O golpe de Estado de Gustavo III pôs fim a essa prática. Além disso, o novo homem prognosticado por Diderot para a Suécia já havia sido rei antes do golpe de Estado.

Somos tentados a dizer que os dados empíricos do texto são completamente equivocados. Ou seja, trata-se de uma camuflagem que permitiu que Diderot publicasse sua advertência contra o possível Napoleão vindouro. Minha alteração do texto original – a transposição do pretérito para o futuro – serviu, portanto, apenas para desvelar a camuflagem e ler o texto da mesma forma que os atentos leitores franceses o interpretaram. Evidentemente, o Barão Grimm percebeu essa distorção e não deixou escapar a oportunidade de repreendê-la em seu comentário. Trata-se aqui – disse Grimm em sua correspondência secreta sobre o escrito de Diderot – de uma "teoria política *a priori*", da qual Diderot deduz conclusões fundamentais para o futuro. No entanto, acrescenta o Barão, um relato dos eventos *a posteriori*, "*des événements historiques a posteriori*", traria maior benefício para os leitores.[5] Diz que preferiria uma narrativa dos eventos na Suécia que refletisse as ocorrências a partir de causas específicas e em sua singularidade. Um evento político nunca ocorreria duas vezes de forma idêntica, e um princípio que se aplica apenas uma única vez não pode ser, de todo, um princípio.

Somos gratos ao Barão Grimm por seu esclarecimento, pois ele mostra que nada de novo pode ser dito nem mesmo sobre a relação entre a história dos eventos sempre singulares e sempre novos e a história repetível em sua viabilização estrutural.

Contudo, isso suscita a pergunta sobre como Diderot chegou a seu prognóstico exato, que, de acordo com sua própria teoria, se fundamentava na repetibilidade de histórias possíveis. Observemos Diderot como pessoa. Como moralista, Diderot ansiara e evocara por escrito a revolu-

---

[5] Cit. in ibid., p. 434.

ção na França como nenhum outro iluminista e justificara até o regicídio. Como cético, no entanto, ele sempre questionara se valeria a pena sacrificar a sorte da geração atual aos acasos de uma revolução em favor da sorte da geração vindoura. Com ironia, soube reunir princípios morais e ceticismo histórico. Há um estudo de Ruth Groh muito bom sobre isso.[6]

Nenhuma explicação biográfica, porém, consegue esgotar o potencial prognóstico que ele propôs. Este se encontrava em seu conhecimento histórico. Evidentemente, o exemplo que projetava sua sombra sobre o futuro era Cromwell. E os heróis da Revolução Francesa tiveram dificuldade em refutar as acusações recíprocas de estarem visando a uma ditadura, a exemplo de Cromwell. Negavam constantemente, sob pretextos morais, o poder que eram forçados a exercer, aquele mesmo poder que Napoleão viria a assumir sem rodeios. Diderot o previu, assim podemos dizer, a partir da experiência transmitida pela história.

Mas tal experiência remontava a um tempo ainda anterior a Cromwell. Diderot recorreu primeiramente a Tácito, cuja obra ele comentaria linha por linha, já em idade avançada. Aí ele encontrou os grandes e pequenos paralelos "referentes àquilo que o presente nos anuncia e que devemos esperar ou temer no futuro".[7] Diderot, que jamais se perdoou por ter escapado à prisão de Vincennes por meio de uma carta de submissão ao presidente da polícia, se comparou a Sêneca sob Nero. Escreveu uma casuística, ainda hoje excitante, da resistência contra uma tirania. Em Tácito, aprendeu como a dialética de uma guerra civil se manifestaria e, sobretudo, como o poder corrompe e como nem mesmo a ditadura mais amena pode oferecer uma proteção contra uma nova irrupção de uma guerra civil, como nos mostrou o primeiro século da cronologia cristã. Foi esse conhecimento de uma realidade singular passada que o capacitou a projetar possibilidades estruturalmente repetíveis sobre o futuro. Apesar de ter feito uma forte invocação moral da revolução, ele previu seus perigos. Os leitores franceses devem ter compreendido sua advertência contra o ditador vindouro – mas Diderot não conseguiu alterar o decurso

---

[6] Ruth Groh, *Ironie und Moral im Werk Diderots*, Munique, 1984 (Theorie und Geschichte der Literatur und der schönen Künste, v. 69 = NF, Rh. B., v. 2).
[7] Aqui, cit. segundo Denis Diderot, *Briefe 1742-1781*, selecionado e organizado por Hans Hinterhäuser, Frankfurt am Main, 1984, p. 461.

da Revolução Francesa. Em dez anos, a revolução havia esgotado a margem de ação política dos revolucionários. Não admira, portanto, que esse prognóstico surpreendente cause ainda hoje, ou novamente hoje, certa inquietação.

Esse conhecimento histórico, que provinha da interpretação literária singular de Tácito da história romana e que Diderot estendeu, também de forma literária, ao futuro singular para advertir contra uma ditadura iminente, não era aleatório. Afinal, a própria história, sob as novas condições do século XVIII, realizou possibilidades existentes no passado e manifestou eventos análogos à história antiga, ou seja, se repetiu estruturalmente. Ao contrário de sua intenção, o prognóstico de Diderot não se limitou a ser apenas uma provocação literarária. Ele realmente se cumpriu. Com isso, chego ao fim, ao argumento histórico.

Nossos argumentos apresentados até agora poderiam suscitar a impressão de que a história é nova apenas em suas sequências de eventos – isso certamente é correto; e que a história também se repete em suas estruturas – isso também é correto. Mas a história manifesta sempre mais do que isso, pois as estruturas também mudam. Dependendo de como as próprias estruturas mudam, os períodos temporais podem ser classificados de maneiras diferentes. Os contemporâneos da Revolução Francesa já haviam percebido isso quando tentaram interpretar o decurso da revolução a partir da antiga doutrina do círculo constitucional – de forma um tanto desajeitada, mas não sem evidências empíricas. O caminho da monarquia absolutista para a assembleia aristocrática dos estamentos, da democracia dos jacobinos de volta para a aristocracia do diretório, com todas as suas formas de decadência, não indicava que esse decurso desembocaria novamente no despotismo? Sem dúvida, a história parecia se repetir, mas a novidade percebida por essas testemunhas foi a incrível aceleração com a qual esse processo se desenrolou diante de seus olhos. Aquilo para o qual a teoria abstrata de Políbio previra nove gerações e a Revolução Inglesa necessitara vinte anos – de 1640 até 1660 – agora parecia se cumprir em uma única década, ou, como disse Rebmann em 1805, em seu necrológio após a abolição do calendário revolucionário:

> Tudo aquilo que, antes dele, havia acontecido ao longo de vinte séculos, esse calendário testemunhou em um período de poucos anos, e final-

mente morreu [...] num ataque cardíaco, enquanto os médicos lhe prognosticavam tuberculose.⁸

Registremos então: de acordo com a percepção quase unânime dos contemporâneos, a aceleração do processo político deu início à nossa modernidade – muito antes de a revolução técnico-industrial impor as acelerações ao dia a dia normal. Isso significa que, desde então, as antigas doutrinas políticas e seus inventários de experiências históricas avançam para um novo estado físico e passam a sofrer uma mudança estrutural. A possibilidade de perceber de modo imediato essa mudança estrutural é, provalmente, a característica da modernidade. A mudança estrutural se transforma em evento.

O que podemos inferir disso para a história como um todo? Aparentemente, a história não tem a ver apenas com histórias, mas também – e os filólogos me perdoarão esse lapso – com estratos.* A história contém numerosos estratos distinguíveis, que mudam de forma ora mais rápida, ora mais lenta, mas certamente em ritmos distintos. Nós mesmos fomos testemunhas oculares de uma mudança rápida e repentina em toda a Europa Oriental. Mas as estruturas socioeconômicas, cuja insuficiência condicionou e provocou essa rápida mudança política, não mudam apenas por causa disso – certamente não com a rapidez que seria necessária do ponto de vista político.

Nós, historiadores, precisamos aprender a identificar os diversos estratos, a diferençar entre estratos que podem mudar rapidamente, estratos que só se transformam lentamente e estratos mais duradouros, que contêm as possibilidades da repetibilidade. Então, poderemos também redefinir as épocas temporais que fazem jus à modernidade, mas sem a necessidade de excluir as outras épocas da nossa história comum como algo completamente diferente. Se quisermos saber quão nova é a nossa modernidade, precisamos saber quantos estratos da história antiga estão contidos no presente. Talvez sejam mais do que possamos perceber de imediato. No entanto, essa tarefa cabe à reflexão histórica, cujos resulta-

---

⁸ Andreas Georg Friedrich Rebmann, *Der revolutionäre Kalender* (1805), in *Insel-Almanach auf das Jahr* 1966, Frankfurt am Main, 1965, p. 82.
* Veja a nota do tradutor na página 9.

dos já não podem ser encontrados nas fontes. Como dizia a nossa testemunha-chave Diderot: "A juventude ama eventos e fatos; a idade, as reflexões."[9] Se isso for verdade, um historiador precisa sempre ser, ao mesmo tempo, idoso e jovem – uma profissão verdadeiramente paradoxal.

---

[9] Diderot em uma carta ao senhor Naigeon em 1778, durante a redação de sua última obra sobre Cláudio, Nero e Sêneca, cit. segundo Diderot, *Briefe* (veja a nota 7), p. 461.

Indícios de um "novo tempo" no calendário da Revolução Francesa

Como conceitos históricos, "tempo novo" e modernidade contêm uma contradição. Pois o tempo é sempre novo – já que todo presente se distingue de todo passado e de todo futuro, sendo, por isso, singular e, portanto, novo. Nesse caso, trata-se de uma determinação iterativa do tempo, que pode ser enriquecida subjetivamente com experiências sempre novas. Nesse sentido, todo tempo que vivenciamos é um tempo novo. Ele influi nas experiências cotidianas de cada um.

Ou o tempo indica o modo sempre igual de repetição inerente ao decurso natural dos astros e da rotação da Terra. Nesse caso, trata-se de modos de experiência objetivantes que, com a ajuda de cálculos calendários, podem ser transmitidos de forma geral e universal. Esse tipo de cálculo cronológico não libera um tempo novo, a não ser que o início de uma cronologia natural desse tipo tenha sido inovatório como feito cultural, tendo sido vivenciado como algo moderno [*neuzeitlich*]. Nesse sentido, toda reforma calendária é um evento moderno [*neuzeitlich*].

A alegação, porém, segundo a qual existiria um tempo especial que se diferencia de todos os outros tempos, que se distingue enfaticamente como "novo tempo", é uma criação da consciência histórica ou um modo de conhecimento político-histórico, que tem vínculos fracos com as determinações temporais subjetiva e objetiva, acima mencionadas.

É difícil deduzir das determinações temporais o início de um tempo completamente novo. É possível que ocorram novos eventos ou que novas formas de conduta se estabeleçam, mas até que ponto esse tipo de mudanças indicaria um tempo genuinamente novo só pode ser demonstrado com dificuldade.

Como feito histórico da consciência ou como forma político-social do conhecimento, podemos diferenciar duas possíveis experiências temporais. Em primeiro lugar, temos as experiências temporais que podem ser deduzidas de hora em hora, de dia em dia, de semana em semana ou de mês em mês dos fatores que condicionam os eventos e modos de conduta. Nesse caso, a nova experiência temporal está contida naquele dia a dia que sempre se repete ao longo da determinação temporal natural. Poderíamos chamá-lo de tempo baseado em uma antropologia social, que depende – de forma análoga ao tempo natural – da recorrência de suas condições.

Em segundo lugar, o novo tempo pode ser projetado como forma histórica da consciência sobre a sequência dos anos: nesse caso, trata-se de um modo singular de contagem, que, na sucessão dos anos, também permanece singular graças à sua numeração. Esse modo de contagem, que, ao contrário dos dias, das horas, das semanas e dos meses, não se repete, remete a uma experiência temporal impregnada de uma filosofia da história.

Os modos subjetivos e objetivos da experiência do tempo, que permanecem vinculados às condições naturais e biológicas, estão contidos nas reformulações das interpretações sociais e históricas do tempo. A pergunta sobre como eles podem ser relacionados uns aos outros é um problema constante da história humana. Sem dúvida, novas experiências temporais podem ser registradas especialmente no nível do cotidiano social, contanto que os eventos e os modos de conduta estejam sujeitos a uma pressão temporal maior e se alterem de maneira fundamental. Quando hoje falamos em modernidade [*Neuzeit*], esse fenômeno merece, sem dúvida, um foco empírico. Da mesma forma, a contagem dos anos é, em sua sequência, sempre uma interpretação histórica do decurso geral, seja como mera enumeração, seja como projeção sobre épocas temporais específicas.

O trabalho de Michel Meinzer nos leva diretamente às múltiplas ambivalências do conceito de tempo. Ele demonstra como os revolucionários franceses tentaram lidar com isso,[1] conseguindo resolver as dificuldades resultantes da introdução de um novo calendário com medidas bastante distintas.

Por um lado, o novo calendário pretende inaugurar e indicar um novo tempo histórico. Por outro, o calendário permanece ligado às determina-

---

[1] Michael Meinzer, *Der französische Revolutionskalender (1792-1805). Planung, Durchführung und Scheitern einer politischen Zeitrechnung*, Munique, 1992 (Ancien Régime, Aufklärung und Revolution, org. Rolf Reichardt e Eberhard Schmitt, v. 20); e idem, *Der französische Revolutionskalender und die "Neue Zeit"*, in Reinhart Koselleck e Rolf Reichardt (orgs.), *Die Französische Revolution als Bruch des gesellschaftlichen Bewusstseins*, Munique, 1988, p. 23-60.

ções naturais do retorno, que subjaz ao processo repetitivo das órbitas astrais e da rotação da Terra. Dias, meses e anos são predeterminados pela natureza, ainda que décadas, sistemas de prazos, ritmos e periodicidades devam ser compreendidos como conquistas sociais.

Essas conquistas sociais, resultantes de planejamentos políticos, remetem a regularidades que não significam uma inovação, uma novidade, mas sim estabilidade e ordem no dia a dia e nos modos de organizar a sociedade política. Nessa nova ordem temporal pode estar contido algo como uma nova consciência temporal. Mas justamente a sua novidade se transforma em cotidianidade por meio de sua repetição, perdendo assim seu significado de um novo tempo. Ele pode se dissolver na rotina administrativa ou na crescente liberdade de decisão – por exemplo, na liberdade de definir datas de casamento que fogem aos costumes tradicionais. Mas temos todo o direito de indagar se essas inovações já seriam suficientes para provocar a sensação de uma vida num tempo novo. Em comparação com a análise urbana, o dia a dia campestre fornece menos dados sobre as experiências de inovação contidas nas novas sequências temporais.

De toda forma, seria necessário analisar o ritmo do dia a dia, sobre o qual foi projetado o sistema decimal. Trabalhos na escrivaninha ou na mesa redonda podem ser decimalizados mais rapidamente do que trabalhos a serem agendados na bancada do artesão ou com o arado na mão do camponês. É possível que o componente socioantropológico do novo calendário revolucionário só se torne visível na negação desse calendário.

Talvez seja mais fácil responder à pergunta que Michael Meinzer deixa em aberto, ou seja, se as datações segundo o sistema decimal também eram adequadas para sincronizar as dependências recíprocas dos diversos ramos administrativos, se eram apropriadas para realizar aquilo que a hora e a semana cristãs permitem executar independentemente do sistema decimal.

Já que todas as inovações introduzidas pelo sistema decimal se realizaram num tempo pré-industrial, podemos duvidar que o dia a dia já tenha sofrido uma pressão de prazos suficientemente grande para provocar uma percepção dos novos ritmos decimais como desafio, como apoio ou alívio, ou seja, como modos de um novo tempo. Um aspecto específico da experiência moderna, a aceleração, não parece ter sido evocado ou ter sofrido qualquer influência pela reforma calendária.

Por isso, outro aspecto da interpretação de Michael Meinzer parece ser ainda mais pertinente: o de que se tratava de tentativas de controle ideológico que, voltadas primariamente contra a Igreja, seriam capazes de reivindicar uma evidência geral e inquestionável. O novo calendário não pretendia inaugurar uma nova era apenas de forma enumerativa, mas estabelecê-la e estabilizá-la no dia a dia.

Mas se analisarmos a ideologia histórico-filosófica que estava por trás do calendário revolucionário, logo nos depararemos com a ambivalência argumentativa: ele recorria a uma natureza racionalizada como justificativa para inaugurar uma nova época da história. Aqui, as contradições argumentativas se tornam tão evidentes que se denunciam mutuamente. O motivo pelo qual o equinócio – uma data arbitrária em relação à introdução do calendário – seria um símbolo da igualdade política e social pode ser atribuído à retórica revolucionária do momento. Mas a essa metáfora natural subjaz um problema fundamental de toda metafórica revolucionária: faz referência à natureza e, mesmo assim, a usa para inaugurar uma nova era. Essa contradição se torna especialmente evidente nas justificativas políticas do calendário. O mesmo Sol que ilumina igualmente os dois polos e, sucessivamente, o planeta inteiro – esse Sol sempre envolve a metade do planeta em escuridão. Destarte, a metáfora natural perde toda a credibilidade no momento em que remete ao novo tempo, no qual tudo seria completamente diferente e novo. Robespierre caiu vítima da mesma contradição ao explicar o progresso da revolução pelo fato de uma metade da esfera terrestre, resplandecente à luz do Sol, já estar revolucionada, alegando que a outra metade da esfera seguiria em breve. A metáfora é interrompida no momento em que evoca a escuridão.

No entanto, a criação de símbolos históricos que se esquivem completamente de sua origem natural representa uma dificuldade fundamental. A reforma calendária manifestou essa impossibilidade. O ponto de partida é sempre o retorno, que – supostamente – contém a razão: seja o retorno do ritmo de dia e noite ou do ritmo dos meses e dos anos; estes, por si mesmos, são incapazes de representar um tempo de forma simbólica. Algo semelhante vale para as metáforas de renascimento, evocadas pelo prefixo "re" no conceito de revolução. Uma ordem justa almejada sempre já é precondicionada como algo que precisa renascer. Realizá-la significa, portanto, restaurá-la. No horizonte da nossa experiência temporal da era técnico-industrial, é fácil ignorar quanto a metafórica do retorno estava contida no conceito francês de revolução.

A reforma calendária é completamente inadequada para inaugurar um novo período histórico, se o calendário organiza apenas a regularidade do dia a dia. Só o cálculo dos anos, cuja contagem é aberta para o futuro, oferece aqui a possibilidade permanente de inovação. Por isso, a contagem dos anos precisa ser considerada com atenção especial. Ela só possui significado simbólico como cronologia anticristã para uma interpretação da linha temporal mental, que, de forma enumerativa, refere o passado ao futuro numa nova escala temporal. É a nova data histórica, a inauguração da República, que deve ser lembrada e perenizada por essa reforma calendária. Essa lembrança pode então ser interpretada como garantia para uma inovação contínua, mesmo que isso não seja uma consequência necessária da nova datação.

Em todo caso, a introdução de uma nova contagem dos anos foi, de fato, uma inovação no sentido de reivindicar para o mundo inteiro e para toda a humanidade a inauguração de uma nova era mundial de modo análogo ao nascimento de Cristo. É evidente que esse pensamento surgiu no horizonte da expectativa cristã, que, no entanto, foi substituída – por meios análogos, como a substituição dos santos, dos novos regulamentos referentes aos feriados e coisas semelhantes.

Mas, ao contrário da cronologia cristã, que fora introduzida vários séculos após o nascimento de Cristo, a simultaneidade de causa e construção do novo calendário é algo novo. A novidade real não é a nova forma de contagem ou a aparente naturalidade maior, a metafórica de sua nomenclatura ou sua suposta racionalidade maior. A novidade consiste na ideia de poder reiniciar a própria história por meio de um calendário. Esse é o feito reflexivo que obriga a ação à inovação e que pode ser avaliado como seu aspecto especificamente moderno. Até que ponto essa conquista da reflexão realmente mudou a prática do dia a dia – isso se reflete mais na intenção do que em seu êxito. Pois o restante dos ritmos do dia a dia permanece nos limites da analogia ou da transposição da experiência: os planejamentos do dia a dia permanecem determinados pelas condições naturais, das quais nenhum calendário, seja qual for, pode fugir.

Continuidade e mudança de todas as histórias contemporâneas*
Notas referentes à história dos conceitos

1.

História contemporânea [*Zeitgeschichte*] é uma bela expressão, mas um conceito difícil. À primeira vista, o conceito parece simples e claro. Ele visa à nossa própria história, à história do presente, do nosso tempo, como se diz. Esse uso é comum; seu sentido, compreensível. Se assim não fosse, não existiria nenhuma comissão e nenhum centro de estudos para a história contemporânea, nenhum Instituto para a História Contemporânea [*Institut für Zeitgeschichte*], cujo nome se estabeleceu por seu uso simples e sua maior pretensão de validade. Inicialmente, o instituto deveria ser batizado de "Instituto Alemão para a História da Era Nacional-Socialista".[1] Esse nome específico foi substituído por um conceito geral formal, cujo conteúdo pode ser substituído de acordo com o que vivenciamos e definimos como história da atualidade – por exemplo, a história da República Federal [da Alemanha], ou a história da Guerra Fria.

Esse preenchimento plausível do conceito geral com conteúdos variáveis suscita uma primeira dificuldade. Por que tal coisa é considerada como pertencente à história atual e outra coisa não? Onde devemos traçar o limite entre o que é incluído e o que já não faz parte dela? Toda história tem a ver com o tempo [*Zeit*] ou não? Por que a nossa própria

---

* A língua alemã permite formar palavras compostas com o termo "*Zeit*" [tempo] que conferem a este termo geral um significado que se refere especificamente ao tempo presente. Assim, um *Zeitgenosse* (literalmente, "companheiro do tempo") é um contemporâneo, *Zeitgeschehen* ("ocorrências do tempo") se refere às atualidades e *Zeitgeschichte* ("história do tempo") corresponde à "história contemporânea". Neste artigo, Koselleck parte da análise do uso do termo "*Zeit*" como referência exclusiva ao tempo presente, para então questioná-lo. Em português, é inevitável especificar o termo "tempo" nesse contexto. Optei, então, por traduzir "Zeitgeschichte" como "história do tempo presente" ou "história contemporânea", expressões que uso aqui como sinônimos. [N.T.]

[1] Hellmuth Auerbach, *Die Gründung des Instituts für Zeitgeschichte*, in VZG 18 (1970), p. 529-554.

história é considerada uma história do tempo [*Zeitgeschichte*], mas a história mais antiga não? Alsted estaria errado quando, há mais ou menos trezentos anos, definiu a narrativa histórica como "*Historia omnis chronica est, quoniam in tempora fit*"?[2] Toda narrativa histórica é uma crônica, uma representação ao longo da sequência temporal, pois toda história se realiza no tempo. Por isso, antigamente se distinguia entre tempos mais antigos e tempos mais novos, mas todos os tempos – *tempora* – remetiam a histórias, que, por sua vez, eram relatadas. Não existe história sem vínculo temporal. Por que a assim chamada história contemporânea [*Zeitgeschichte*] se destaca? Com essa observação, que pode parecer banal,[3] surge uma segunda dificuldade.

Se aceitarmos que toda história tem a ver com o tempo – algo que nenhum historiador contestará –, podemos então seguir a convenção linguística e dizer: quando falamos em *Zeitgeschichte*, referimo-nos ao nosso próprio tempo, ao nosso presente, à "historiografia do presente", como diz Fritz Ernst.[4] Assim, nosso problema ressurge num nível aparentemente delimitado. Pois o que significa "presente"? Podemos encontrar duas respostas extremas.

Em primeiro lugar, o "presente" pode significar o ponto de interseção em que o futuro se transforma em passado, aquele ponto de interseção das três dimensões temporais que sempre faz desaparecer o presente. Nesse caso, ele é o marco zero num eixo temporal imaginado. O ser humano sempre já pertence ao passado enquanto ainda tiver um futuro à sua frente. Quando deixar de ser tanto passado quanto futuro, estará morto. A presencialidade se transforma assim em um nada imaginado, que sempre remete ao fato de pertencer tanto ao passado quanto ao futuro. O presente se transforma em um momento que se esquiva a cada instante. "Na vida, nada é presente", como Goethe traduziu Byron certa vez.[5]

---

[2] Johann Heinrich Alsted, *Scientiarum omnium Encyclopedia*, v. 4, Lyon, 1649, p. 37 e 65.
[3] Eberhard Jäckel, *Begriff und Funktion der Zeitgeschichte: Die Funktion der Geschichte in unserer Zeit*, org. Eberhard Jäckel e Ernst Weymar, Stuttgart, 1975, p. 162-176.
[4] Fritz Ernst, *Zeitgeschehen und Geschichtsschreibung*, in idem, *Gesammelte Schriften*, org. G. G. Wolf, Heidelberg, 1985, p. 289-341.
[5] Cit. segundo Franz Freiherr von Lipperheide, *Spruchwörterbuch*, Berlim, 1907, 8. impressão inalterada, p. 264, monólogo in *Manfredo*, de Byron. Goethe, *Gedichte*, v. 2, org. Karl Eibl, Frankfurt am Main, 1988, p. 554.

Mas aquele que recorre a Goethe pode encontrar nele também o oposto – como, por exemplo, nos provérbios sobre o tempo. Pois Goethe diz também: "Deves sempre deleitar-te com o presente / sobretudo odiar nenhuma pessoa / e entregar a Deus o teu futuro."[6] Isso nos leva à segunda resposta extrema.

Assim como o presente pode ser dissolvido entre o passado e o futuro, esse extremo mental também pode ser invertido: todo tempo é presente num sentido específico. Pois o futuro ainda não é, e o passado já não é mais. O futuro só existe como futuro presente; e o passado, só como passado presente. As três dimensões temporais se conjugam na presencialidade da existência humana, ou, como dizia Agostinho, em seu *animus*. O tempo só está presente como algo sempre esquivo: o futuro, na *expectatio futurorum*; o passado, na *memoria praeteritorum*.[7] O chamado ser [*Sein*] do futuro ou do passado é, pois, seu presente, no qual eles estão presentes e são presenciados.

Nosso experimento mental, que nos levou a duas respostas extremas, não responde, portanto, à pergunta referente ao "presente": não importa se falamos de história do presente [*Gegenwartsgeschichte*] ou de história contemporânea [*Zeitgeschichte*] – o problema persiste. As dificuldades até se multiplicam, pois o presente ou abarca todas as dimensões temporais – nosso segundo extremo – ou desaparece no passado e no futuro, como tensão permanente, como dissolução constante do presente – nosso primeiro extremo. A redefinição aparentemente precisa da história contemporânea como história do presente não nos livra do dilema de todas as histórias serem histórias do tempo e de, se analisadas sob o aspecto de suas dimensões temporais, estarem vinculadas ao seu respectivo presente, que ou abarca todas as dimensões ou pode ser interpretado apenas em vista do passado e do futuro, os quais absorvem todo o presente. Em termos teóricos, então, o uso linguístico convencional é insuficiente, para não dizer enganoso.

Podemos apontar uma saída se levarmos a cabo o nosso experimento mental. Se todas as dimensões temporais estão contidas em um presente específico e se, a partir deste, elas podem ser desdobradas, sem que possam, contudo, ser remetidas ao mesmo presente (já que este sempre se

---

[6] Goethe, *Lebensregel*, ibid., p. 422.
[7] Agostinho, *Confessiones*, XI 28 (37).

esquiva), então essas três dimensões temporais também precisam ser temporalizadas. Heidegger viabilizou essa abordagem em *Ser e tempo*, Raymond Aron e Reinhard Wittram a adotaram e Luhmann a executou de maneira consequente em termos formais.[8] Temos três dimensões temporais; de sua temporalização resultam três combinações possíveis.

Em primeiro lugar, existem – como nosso experimento mental já demonstrou – um passado presente e um futuro presente, aos quais corresponde um presente presente, seja este concebido como algo que se dissolve num ponto ou como algo que abarca todas as dimensões.

Em segundo lugar, existe – já que todo presente se estende simultaneamente para a frente e para trás – um presente passado com seus passados passados e seus futuros passados.

Em terceiro lugar, existe um presente futuro com seu passado futuro e seu futuro futuro. Com a ajuda dessas categorias, todas as determinações temporais históricas podem ser suficientemente circunscritas, sem a necessidade de se emaranhar na indefinição de conceitos como história contemporânea ou história do presente. Duração, variação e singularidade dos eventos e de suas sequências podem ser definidas dessa forma. Aquilo que tem *duração* se estende, por exemplo, de um presente passado (não de um passado passado) ao futuro presente, talvez até ao futuro futuro. A *variação* pode ser alocada da mesma forma e pode, por exemplo, levar do passado passado ao presente passado (lembro aqui, por exemplo, a instituição do feudo e sua dissolução em virtude da secularização ou da libertação dos camponeses) – ou do futuro passado de antigos mundos de vivência ao nosso passado presente (lembro aqui as utopias da Revolução Francesa, cujas esperanças ainda estão presentes). A *singularidade*, por fim, resulta da sucessão de todo presente concebível com passados mutáveis e futuros que também se alteram. Não apresentarei outros exemplos; já temos todos os instrumentos necessários para determinar formalmente o caleidoscópio das possibilidades históricas para uma reflexão da relação entre tempo e história.

---

[8] Raymond Aron, *Introduction à la Philosophie de l'Histoire*, Paris, 1948, p. 183. – Reinhard Wittram, *Zukunft in der Geschichte*, Göttingen, 1966, p. 5. – Niklas Luhmann, *Weltzeit und Systemgeschichte: Soziologie und Sozialgeschichte*, org. Peter Chr. Ludz, Opladen, 1972, p. 81-115.

Com isso, chegamos a um primeiro resultado. Toda história é história temporal, e toda história foi, é e será uma história do presente. Duração, variação e singularidade podem ser inscritas nas respectivas determinações de relações das dimensões temporais. No nível da nossa formalização teórica, podemos então afirmar: a assim chamada história contemporânea em nada se distingue das histórias que ocorreram e foram narradas ou representadas antes dela.

No entanto, alguém poderia objetar: os próprios tempos também se alteram, os tempos também têm sua história. Se assim não fosse, não poderíamos falar de épocas que podem ser distinguidas de forma inequívoca. Quero responder a essa objeção num segundo passo, procedendo não de modo formal, mas de modo histórico.

2.

O que a história da palavra, do conceito e da matéria nos revela sobre aquilo que era designado e experimentado com o termo "história contemporânea" [*Zeitgeschichte*]? O próprio tema é, evidentemente, antigo; o termo "história contemporânea" surge na Alemanha no século XVII, se propaga no século XVIII e desde então passa a sofrer mudanças. Portando, nosso problema formal – "O que é história contemporânea?" – tem sua própria gênese histórico-linguística, mesmo que os efeitos do surgimento da palavra, das mudanças do conceito e das determinações por elas designadas possam ser aplicados a tempos anteriores ao surgimento do nosso termo, ou seja, retroativamente.

Segundo nosso conhecimento atual, a história da palavra se inicia com seu uso pelo poeta barroco Sigismund von Birken, que se destacou também por reflexões teóricas sobre a relação entre poesia, teologia e historiografia. O termo "história contemporânea" surge nele de forma incidental, em 1657, num hino ao imperador Matias: "As histórias contemporâneas [*die Zeitgeschichten*, no plural] testificam / da sabedoria / com que ele se precaveu / contra os sinistros próprios / e do reino."[9]

---

[9] Sigismund von Birken, *Ostländischer Lorbeerhaeyn*, Nuremberg, 1657, p. 233, cit. segundo E. Jäckel, ibid., p. 165. Cf. Wilhelm Voßkamp, *Zeit- und Geschichtsauffassung bei Gryphius und Lohenstein*, Bonn, 1967.

O significado é claro. Trata-se de histórias em que o imperador, cujo reinado se estendeu de 1612 a 1619, teve uma participação como agente; agora, o trovador as relata como poeta dedicado à história. Este evoca, sobretudo, o futuro passado, pois a verdadeira proeza do monarca consiste justamente em prever fatalidades iminentes, ou seja, inibir algo que poderia ter ocorrido, mas não ocorreu.

O estado das coisas [*Sachverhalt*] assinalado pelo novo termo já existira previamente e, desde então, permaneceu inalterado: a história dos contemporâneos e os relatos de próprio punho ou os relatos sobre eles. Essa história sempre é, portanto, uma história da contemporaneidade. Nesse sentido, o termo história contemporânea é uma bela paráfrase da *historia sui temporis* – as narrativas históricas do nosso espaço cultural sempre já o foram desde sua fundamentação científica. Nesse sentido, Heródoto dedicou 1/3 de suas narrativas históricas à grande Guerra Greco-Persa, que ocorrera apenas poucas décadas antes; nesse sentido, Tucídides foi um "historiador do tempo" puro, como o foram também Políbio e Tácito. Os *Actus (praxeis) Apostolorum* e a *Guerra da Gália*, de César, e sua guerra civil precisam ser incluídos aqui, como também as memórias de Commynes, do cardeal Retz ou as *memorabilias* das guerras de Frederico, o Grande. A linha pode facilmente ser prolongada até as histórias bélicas de Churchill, que lhe renderam o Prêmio Nobel, ou a análise exemplar de Grosser da *L'Allemagne de notre temps* (Paris, 1970), que se estendia até o ano anterior à sua publicação. Nesse sentido, "sempre" já houve história contemporânea – em parte científica, em parte literária (como sabemos, uma não exclui a outra) –, e espero que assim continue.

No entanto, alguém poderia objetar que aqui, de Heródoto a Churchill, estaríamos inserindo à força temas, interesses, estilos, gêneros e métodos científicos e não científicos completamente distintos num mesmo contexto. Mas ressaltemos primeiro os traços comuns.

Em primeiro lugar, tratava-se quase sempre de surtos de eventos, que os envolvidos, tanto os vencedores quanto os derrotados, vivenciavam como ápices de todas as histórias registradas até então. Muitas vezes, porém, os derrotados viam-se obrigados a escrever a história melhor e mais lúcida. Isso vale tanto para Tucídides como para o Marx do *Dezoito Brumário*: a despeito de sua postura de vitorioso, ele o descreveu como derrotado.

Em segundo lugar, o envolvimento, o interesse como testemunha e, melhor ainda, a participação como agente era um critério de autenticidade, de veracidade da narrativa histórica. Para o apuramento da verdade de uma "história contemporânea", as narrativas históricas contemporâneas têm uma utilidade sempre maior do que as compilações ou composições posteriores – também para a narrativa histórica crítica, que, o mais tardar a partir desenvolvimento do método filológico, aprendeu a questionar a veracidade dos testemunhos dos agentes, mas também das testemunhas oculares. O testemunho falso de um contemporâneo é sempre uma fonte imediata, mesmo que, mais tarde, ele venha a ser desmascarado.

Em terceiro lugar: o questionamento das testemunhas para descobrir seus interesses ou deslumbramentos, sua confiabilidade ou falsidade, ou até mesmo a mentira inescapável, já fazia parte do ofício de Tucídides ou de Tácito.

Em quarto lugar: a historiografia contemporânea genuína incluía a ponderação de diferentes depoimentos de testemunhas, análoga ao processo jurídico – um elemento constitutivo da narrativa histórica desde Heródoto, seu inventor e mestre inalcançado da *oral history*.

A distinção importante entre testemunha ocular imediata e testemunha indireta, informada por terceiros, para avaliar seu grau de confiabilidade já foi feita por Heródoto. Até mesmo o deciframento dos mitos, realizado por Hecateu para avaliar seu vínculo com a realidade, pode ser comparado com o método de Vico ou com o deciframento de boatos, por trás dos quais pode se esconder alguma realidade e que, na condição de boatos, já participam da realidade. Ainda hoje, Tácito nos ensina que a facticidade política de boatos pode estar contida nas disposições psicológicas dos recipientes e dos seus propagadores e, justamente por isso, surtir efeitos.

A lista pode ser aumentada para reencontrar abordagens comuns em todas as narrativas históricas de seus respectivos mundos de experiência, desde a Antiguidade até hoje. Nesse sentido, a "história contemporânea" era e é sempre atual, sempre concebível, malgrado todas as oscilações, os estreitamentos ou diferenciações efetivas aos quais ela esteve sujeita na sucessão dos tempos. A historiografia contemporânea descrita até agora sempre esteve focada nas experiências e nos métodos de processamento de eventos simultâneos e específicos de uma geração. Ou seja, ela se referia à sincronia. Na língua alemã, esse diagnóstico só se concretizou na forma de um conceito no século XVII, quando surgiu a expressão "história do tempo (presente)" [*Zeitgeschichte*].

Essa "história do tempo presente", porém, serviu para demarcar um segundo campo de significado, a diacronia, que, também já no século XVII, foi denominada de "história do tempo [presente]". Em seu dicionário[10] *Zeitgeschichte/Chronologica*, Stieler registra a história do tempo presente num sentido especificamente diacrônico como teoria da sequência temporal, embora o texto sucinto não revele se essa teoria apresenta uma orientação científico-auxiliar ou histórico-real.

Esse duplo aspecto do uso do termo no sentido sincrônico e diacrônico não se deve apenas ao acaso. Segundo as nossas reflexões iniciais, é evidente que não pode existir uma história pura do tempo presente como mera história do presente. Ela precisa recorrer pelo menos ao presente passado e a seu passado: primeiro à história, depois à sua narrativa (o que não exclui a possibilidade de existirem histórias que consistam apenas em sua narrativa).

Assim, o recurso à sequência dos tempos – do ponto de vista do mundo de vivência, do presente para o passado; na apresentação escrita, porém, do passado para o presente – faz parte do sentido original do conceito de "história do tempo presente". Como dizia por volta de 1800 o léxico de Schwan:[11] História do tempo presente [*Zeitgeschichte*] = "*l'histoire qui rapporte les événements du temps où l'on est*" – compreendida de forma sincrônica; Livro do tempo [*Zeitbuch*] = "a história do tempo presente; *la chronique; l'histoire dressée suivant l'ordre des temps*" – ou seja, no sentido diacrônico. Desde a criação do termo, portanto, a sequência diacrônica fazia parte do conceito da história do tempo presente. É um desleixo teórico ignorar esse aspecto imprescindível para a reflexão.

O aspecto diacrônico não trata apenas da exigência de uma datação exata ou de uma criação de sequências temporais precisas, tampouco apenas da crônica narrativa, que é recontada e à qual o novo é acrescen-

---

[10] Caspar Stieler, *Teutscher Sprachschatz*, Nuremberg, 1691, col. 1.747, cit. segundo E. Jäckel, ibid., p. 165.
[11] Christian Friedrich Schwan, *Nouvelle Dictionnaire de la langue allemande et françoise*, v. 2, Ludwigsburg, 1800, p. 676, cit. segundo E. Jäckel, ibid., p. 165.

tado de dia em dia ou de ano em ano, como acontece nos anuários. Essas formas simples, por mais necessárias que sejam, já foram superadas por Heródoto e Tucídides. Heródoto conseguiu fazer o que, na época, ainda era impensável: sincronizar ao máximo os diferentes reinos e espaços culturais com suas respectivas sequências temporais, para inseri-los em um horizonte comum de história contemporânea e desvelar os contextos que levaram ao grande conflito entre gregos e persas. Tucídides compôs seu proêmio diacrônico para deduzir de sua gênese o potencial de conflito e a constelação de poder da Guerra do Peloponeso.

Portanto, a análise sincrônica e a dedução diacrônica pertencem igualmente ao conceito de história do tempo presente, que, a partir do século XVII, pôde ser verbalizado e reunia ambos os aspectos por volta de 1800. A própria história contemporânea, ou seja, a da Revolução Francesa, ainda não estava incluída em sua definição. Em nosso exemplo, o conceito foi desenvolvido apenas para as atualidades em geral. Por isso, a história do papado escrita por Gottlieb Jakob Planck em 1805 pôde apontar sempre "como e onde cada período da história do papado influi na história do tempo presente – e, por vezes, dela se separa", aplicando esse diagnóstico à Baixa Idade Média. Planck ativa aqui o conceito de "espírito do tempo" [*Zeitgeist*] que teria atuado sobre o papado, e vice-versa.[12]

Como revelam nossas evidências, a história contemporânea foi usada como conceito sistemático, cujo formalismo permitiu que fosse aplicada a todas as épocas, ou, segundo nossa classificação formal, ao presente passado, ao passado passado e ao futuro passado. Nesse sentido, Goethe investigou, como ele mesmo formulou, "aquela história do tempo presente [*Zeitgeschichte*]" que mais tarde ele viria a dramatizar no *Götz von Berlichingen*.[13]

Muito clara é a definição no dicionário de Campe.[14] O autor abordou a pretensão sistemática da história contemporânea como concomitante-

---

[12] Gottlieb Jakob Planck, *Geschichte des Papsttums in den abendländischen Kirchen*, v. 1, Hannover, 1805, prefácio, cit. segundo Peter Meinhold, *Geschichte der kirchlichen Historiographie*, v. 2, Freiburg e Munique, 1967, p. 106.

[13] Cit. in E. Jäckel, ibid., p. 166.

[14] Joachim Heinrich Campe, *Wörterbuch der deutschen Sprache*, v. 5, Braunschweig, 1811, p. 833, cit. segundo E. Jäckel, ibid., que interpreta como "equívoco" a primeira definição do ponto de vista atual.

mente diacrônica e sincrônica: a história contemporânea é "primeiramente a história em si, ordenada de acordo com a sequência dos tempos (história cronológica)". Não se trata, portanto, da mera continuação da crônica, mas da história em si, daquele conceito teórico geral, cunhado apenas naquela época, que reuniu em si a totalidade das histórias imagináveis. Então, Campe acrescentou o aspecto sincrônico, ou seja, a história do tempo presente: "A história de um tempo específico, do nosso tempo em particular, como também uma história individual do nosso tempo ou do tempo atual." No entanto, no decorrer do século XIX, esse aspecto sistemático, segundo o qual a história em si é uma história contemporânea com referências tanto ao passado quanto ao presente, ficou quase totalmente perdido.

Evidentemente, por volta de 1800, a pretensão sistemática não surgira do nada. O Iluminismo e a Revolução Francesa haviam causado um surto de experiência verbalizado por termos como "história em si", "processo", "revolução" e também "progresso" ou "desenvolvimento". Todos eles representavam novos conceitos-chave, cujo traço comum residia na precondição conscientemente refletida de que todo acontecimento era estruturado de forma especificamente temporal. Mas como, de que maneira? O esclarecimento dessas perguntas gerou os grandes sistemas do idealismo alemão, de Kant a Hegel e Schelling. Existem, no entanto, perguntas-teste empíricas também para o tão esquivo termo "tempo" que permitem descrever o local em que a "história do tempo presente" se transformou em novo desafio. Tudo que, na época, deveria ser preservado ou transformado era, a partir de mais ou menos 1800, igualmente legitimado com o "tempo": dependendo dos interesses políticos, o tempo, como duração ou como mudança, era visto como título de legitimação insuperável.

O dicionário de Grimm revela quanto, por volta de 1800, o termo "tempo" avançou como conceito interpretativo especificamente histórico, mesmo que ambivalente. A despeito de todas as ressalvas, podemos deduzir uma suposição válida das palavras compostas com "*Zeit*" [tempo]. Grimm registra[15] 216 palavras compostas com "*Zeit*" que podem ser veri-

---

[15] Jacob und Wilhelm Grimm, *Deutsches Wörterbuch*, v. 15, Leipzig, 1956, adaptado por Moriz Heyne, Henry Seedorf e Hermann Teuchert, reimpressão Munique, 1984, v. 31, col. 550-583.

ficadas na língua alemã antes de 1750. Elas se referem primariamente às áreas do mundo de vivência da natureza humana, à sua interpretação moral ou – em concordância com a Bíblia – à geração de sentido teológico. Entre 1750 e 1850, acrescentam-se 342 palavras compostas, com foco nas esferas da política e da história. O termo "*Zeitgeist*" [espírito do tempo] pertence a essa série como conceito marcante. O surpreendente diagnóstico segundo o qual apenas 52 novas palavras compostas com "*Zeit*" puderam ser encontradas a partir de 1850 (até 1956) revela como essas expressões foram capazes de suprir as nossas necessidades linguísticas de conceitualizar experiências temporais de natureza histórica.

Outro diagnóstico empírico nos mostra por que justamente o termo "história do tempo presente" se tornou um conceito relevante por volta de 1800. Desde o assim chamado Renascimento e a assim chamada Reforma, a estrutura diacrônica das teorias dos períodos temporais vinha se transformando de forma lenta, mas fundamental. Não cabe retraçar aqui a complicada história das palavras dos nossos típicos conceitos de épocas. Mas, em vista da nova experiência temporal que surgiu com a tríade Antiguidade – Idade Média – Modernidade e com os dois conceitos limiares de um Renascimento e de uma Reforma, permito-me fazer algumas observações.

Enquanto se aproximava do Juízo Final, o mundo cristão acreditava encontrar-se na última era, da qual não se podia esperar nada fundamentalmente novo. Tanto a doutrina dos quatro reinos (popular, sobretudo, na Alemanha) quanto as três fases da escatologia cristã (antes da lei, sob a lei e o período da graça) ensinavam às pessoas que estavam vivendo no último período. Dentro desse horizonte de expectativa teológica, na expectativa da *res novissima*, ou seja, do Juízo Final, a crônica podia registrar as eventuais atualidades e assim completar a história. A estruturação cronológica resultava dos dados biológicos da duração de vida dos príncipes regentes, de suas dinastias ou dos papas, um esquema de estruturação que até hoje ainda não saiu completamente de moda. A neutralidade genealógica e biológica correspondia a uma era invariável em si mesma, que se encerraria com o fim da história.

O difícil problema teórico surgiu com a emergência de algo semelhante a uma modernidade, cujo fim ou êxito desconhecemos. A partir do século XVIII, o futuro é experienciado como algo aberto; a história, como progresso, desenvolvimento ou processo. O conceito de um novo tempo só se impôs de forma muito lenta como consequência lógica do conceito da Idade Média. Este último mal havia começado a se estabelecer no século XVII, quando, no século XVIII, surgiu a necessidade de acrescentar o conceito de um tempo "novíssimo" [*neueste Zeit*] ou de diferenciar o "novo tempo" [*Neuzeit*] do tempo mais novo [*neuere Zeit*].* O conceito de *Neuzeit* ["o novo tempo", a modernidade] só foi cunhado no *Vormärz* e registrado pelos dicionários apenas a partir do fim do século XIX. Ou seja, o decurso dos tempos parecia se acelerar na sequência Renascimento, Reforma, história recente [*Neuere Geschichte*, "história mais nova"], história atual [*Neueste Geschichte*, "história novíssima"] e modernidade [*Neuzeit*]. Surgiu a necessidade de inventar constantemente novos períodos intermediários para estruturar a história recente.[16] A chamada história do tempo presente se transformou em um conceito sequencial, que remetia ao tempo contemporâneo, ao nosso tempo, à história do dia atual, e que prometia uma atualidade *par excellence*.

A partir da Revolução Francesa, acumulam-se os títulos de revistas e séries de livros, muitas vezes com mais de trinta volumes, publicados de ano em ano, que pretendiam informar o leitor sobre os acontecimentos em curso. Tratava-se da publicação tradicional de anuários sobre a história revolucionária mundial, que aparentava ter encontrado na Revolução Francesa o seu ponto de partida – nessa revolução cujas fases curtas forneciam uma estrutura tipológica das sequências constitucionais aplicável a todas as interpretações posteriores, independentemente da perspectiva partidária sob a qual os acontecimentos eram registrados.

Desde então, o conceito de história do tempo presente foi limitado à atualidade sincrônica do passado mais recente. O conceito se aplicava agora à modernidade das histórias atuais. Transformou-se em conceito duradouro que dava continuação apenas à história mais recente, ou seja, à chamada história do tempo presente. Menciono aqui *Die Geschichte unserer Zeit* [A história do nosso tempo], de Karl Strahlheim, um ex-ofi-

---

* Veja a nota do tradutor no início do ensaio "Quão nova é a modernidade?". [N.T.]
[16] Reinhart Koselleck, "'Modernidade' – Sobre a semântica dos conceitos de movimento na modernidade", in idem, *Futuro passado: contribuição à semântica dos tempos históricos*, Rio de Janeiro, Contraponto/Editora da PUC-Rio, 2006, p. 267-303.

cial do exército imperial francês (33 volumes, 1826-1830), ou *Geschichte unserer Tage* [História dos nossos dias], atualizado pelo dr. Mährlen e publicado de volume em volume desde a Revolução de Julho de 1830.

O conceito de história do tempo presente deslocou-se para o campo jornalístico, para a produção literária diária. Mas esta também chegou a apresentar um nível extraordinário. Lembro os hegelianos da esquerda, Bruno Bauer e Karl Marx, também Heine ou Lorenz von Stein, Michelet e Thiers, cujos escritos sobre a história contemporânea são objeto de uma leitura reiterada, especialmente agora que o século XIX volta a ser cada vez mais investigado. Na época, os historiadores profissionais duvidavam que já seria possível processar os acontecimentos da atualidade cotidiana de forma científica. Perthes teve grande dificuldade em encontrar autores para sua história dos Estados europeus, por um lado, porque suas fontes eram escassas demais para desenvolver a história com o método filológico-histórico à base de documentos de arquivos, que só podiam ser encontrados com dificuldade; por outro, porque os movimentos da política e as transformações da sociedade aconteciam rápido demais para arriscar afirmações definitivas. Em oposição à historiografia cristã e humanista, a inconclusão da história transformou-se em objeção contra seu processamento histórico contemporâneo.

A história cotidiana acelerada e a inacessibilidade dos arquivos pareciam não ser compatíveis. Precisamos lembrar que os prazos de proteção dos arquivos foram abreviados por causa da história acelerada. Ainda no *Vormärz*, os arquivos prussianos permaneciam bloqueados retroativamente até os tempos de Lutero e só podiam ser consultados com permissão especial. No fim do século XIX, o prazo de proteção se estendia até 1700. A consulta de qualquer documento arquivado após essa data exigia uma permissão ministerial. A atualidade da história, portanto, ainda era medida em prazos de séculos. Os itens arquivados possuíam um potencial político, jurídico ou teológico explosivo, que abarcava dois séculos. O prazo atual de abertura dos arquivos, de trinta anos, era um sonho para os historiadores profissionais – com exceção dos historiadores oficiais da corte, os quais podiam perder seus privilégios, como Sybel sob Guilherme II. Em outras palavras: para o político do século XIX, a natureza delicada de temas históricos abarcava toda a chamada modernidade, e não apenas aquilo que hoje chamamos de história contemporânea. O prazo de validade dos títulos de legitimação vinculados a documentos não era tão curto quanto hoje, quando, após trinta anos e sob o resguardo dos direitos pessoais, os tesouros arquivados são liberados, salvo, é claro, os arquivos econômicos e os bloqueios políticos especiais de natureza pública ou confidencial.[17]

Os historiadores profissionais do século XIX merecem nosso respeito. A despeito do acesso difícil ou impossível aos documentos, eles trataram bastante da "história contemporânea", quase sempre em palestras, de vez em quando também em publicações, como Ranke, Droysen e Sybel, para mencionar apenas historiadores alemães. As palestras sobre história contemporânea de Niebuhr e Jacob Burckhardt, publicadas postumamente, não são fontes apenas para os pontos de vista da época, e merecem ser lidas também por terem desenvolvido uma teoria dos tempos históricos que os capacitou a inserir seu próprio tempo em perspectivas de longo prazo e a distingui-lo do passado como algo qualitativamente diferente. Niebuhr discursou sobre a história do período da Revolução Francesa para interpretá-lo como período que se acelerava. De forma semelhante, Droysen e também Jacob Burckhardt acreditavam ter descoberto a singularidade do seu próprio tempo no decurso acelerado dos enventos. Não surpreende, portanto, que o tempo da história, em vista de sua aceleração – e, com isso, também de sua "história contemporânea" –, tenha gerado uma nova qualidade indagatória. A história contemporânea, superando suas possibilidades diacrônicas e sincrônicas e o entrelaçamento sistemático destas, passou a adquirir o significado de uma atualidade nova e singular graças a novas e até então desconhecidas determinações de conteúdo.

3.

Até agora, temos tratado das dificuldades formais que surgem quando a história contemporânea não é aplicada a toda a história, mas apenas ao

---

[17] Veja Reinhart Koselleck, *Archivalien – Quellen – Geschichten: 150 Jahre Staatsarchive in Düsseldorf und Münster* (publicação dos arquivos estatais de Renânia do Norte-Vestfália, série C: Fontes e pesquisas, v. 12), Düsseldorf e Münster, 1982, p. 21-36.

período presente. Além do mais, demonstramos o lugar histórico em que o conceito diacrônico e sincrônico da história contemporânea foi desenvolvido, apesar de tratar de um tema tão antigo quanto a própria historiografia. Apresentamos então o caráter de novidade da história contemporânea no sentido de uma atualidade mutável, como foi compreendida desde a Revolução Francesa. A própria história contemporânea passou a constituir desde então uma diferença em relação a todas as outras histórias. Para encerrar, quero expor e questionar essa posição.

O axioma do historismo, segundo o qual tudo é singular na história, pois a história não se repete, estando em desenvolvimento constante, é o epifenômeno daquela experiência primária de que a história realmente parecia estar mudando em ritmo acelerado desde as revoluções Francesa e Industrial: nesse sentido, nada podia ser comparado, tudo era singular.

Essa experiência tinha um efeito retroativo sobre todo o passado. Só nos últimos vinte anos, quando a história passou a se transformar de forma acelerada, conforme escreveu Humboldt[18] sob pressão da Revolução Francesa, somos capazes de reconhecer as particularidades da história antiga e medieval em sua alteridade. Desde então, tornou-se possível não só dar continuação à história, mas também reescrevê-la desse novo ponto de vista. A observação de Goethe segundo a qual a história precisa sempre ser reformulada, não só por causa da descoberta de novas fontes, mas também em virtude da mudança dos tempos, vem sendo cumprida e confirmada até hoje. Para Maquiavel, que ainda analisou Lívio de forma sistemática e não histórica, a historiografia não significava uma reformulação, mas a redescoberta de novas sabedorias em sabedorias antigas. Para Frederico, o Grande, que sempre levava Plutarco consigo quando travava uma guerra, essa necessidade de reformular a história ainda teria sido inimaginável enquanto continuava a sua própria história. A prática de reformular para corrigir o erro exisitiu desde sempre; a possibilidade de reformular em virtude da descoberta de coisas novas, em decorrência de uma mudança da perspectiva do presente, só existe a partir do fim do século XVIII. Da cópia e da continuação para a reformulação, e desta para a reformulação obrigatória – esta é a transição que caracteriza o limiar

---

[18] Wilhelm v. Humboldt, *Das achtzehnte Jahrhundert*, in Andreas Flitner e Klaus Giel (orgs.), *Werke*, v. 1, Darmstadt, 1960, p. 376-505.

transposto entre 1750 e 1800.[19] Desde então, o tempo da história, a qualidade histórica do tempo, sua irrepetibilidade, sua singularidade, adquiriu uma dominância que marca também a história contemporânea profissional de hoje.

Que a nossa assim chamada história contemporânea seja uma história contemporânea *sui generis*, eis algo que diz muito. As precondições técnicas e industriais da nossa própria história refinaram de forma incomensurável a qualidade e a sofisticação dos meios de domínio, aumentaram infinitamente os meios de destruição, constringiram em muito as margens de decisão, estenderam a chamada coerção das circunstâncias ao planeta inteiro, onde antigamente ainda podíamos viver em regiões delimitadas, e criaram margens de ação cada vez mais controláveis para o poder de ação, até então limitado, dos *partisans*, rebeldes e membros da resistência. Mais do que nunca, o axioma da singularidade parece impor à nossa própria história contemporânea uma obrigação de conhecimento específico.

As ciências da economia e da sociologia, em parte também a ciência política, ajudaram a abrir novos caminhos para a investigação da sociedade moderna, até então incomparável. Menciono Raymond Aron, Hannah Arendt, Joseph Schumpeter ou John M. Keynes para lembrar diagnósticos temporais de poder revelador, cuja competência ainda cabia aos historiadores até o século XVIII. Essa diferenciação não pode ser revertida, mas deveria nos ajudar a não limitar a historiografia contemporânea à história dos eventos, especialmente da história política. Certamente existem situações singulares, ações singulares, pessoas singulares, das quais o historiador precisa continuar a dar testemunho como obrigação indelegável. Bonhoeffer ou o padre Kolbe – permanecendo no âmbito da história política eclesiástica – preservam seu caráter de testemunhas como *testes indelebiles*, em prol dos quais os historiadores são obrigados a se empenhar. E ninguém pode eximir o historiador contemporâneo da tarefa de reconstruir as coerções irrepetíveis que levaram às decisões de 30 de janeiro de 1933 ou de 20 de julho de 1944, depois das quais tudo mudou.

---

[19] O fato de um limiar análogo também ter sido registrado e transposto antigamente, por exemplo, de Heródoto para Tucídides é demonstrado no capítulo "Mudança de experiência e mudança de método". Veja p. 50ss.

Mas um conceito mais desafiador da história contemporânea, como aquele que viemos a conhecer por volta de 1800 em Campe, deveria nos lembrar que ele pretendia processar mais do que a mera sequência de eventos atuais que envolvem pessoas e ações. Certas dimensões de natureza diacrônica e sincrônica são escalonadas em profundidade temporal variada. Ainda hoje os historiadores de tempos passados podem nos instruir sobre elas, pois a história se repete estruturalmente, fato esquecido quando se enfatiza a "singularidade". A seguir, quero apresentar alguns exemplos que dão testemunho do passado presente como um presente passado.

O diálogo meliano de Tucídides sobre poder e direito continua sendo, *mutatis mutandis*, uma chave também para a situação em que se encontravam Hácha diante de Hitler, em 1939, e Dubček diante de Brejnev, em 1968. As fontes ou participações cristãs no antissemitismo moderno continuam sendo um tema atual de duração histórica de longo prazo, que precisa ser tratado, por exemplo, pela teologia moral. Mesmo que seja possível comprovar equívocos históricos no "Vigário" de Hochhuth, sua pergunta às igrejas nem por isso pode ser dispensada. Ela se fundamenta em precursores e numa possível repetibilidade. A biografia coletiva da elite burguesa na França da Revolução Francesa e sob Napoleão, que ela ajudara a ocasionar, mas foi incapaz de controlar, da qual participou e a qual viabilizou, mas não aprovou, permanece sendo um modelo de experiência que nos ajuda a contextualizar de forma plausível também os doze anos sob Hitler, o tempo anterior e posterior a ele. Encontramos aqui processos sociopsicológicos que percorrem toda a história dos eventos. A dosagem de covardia e euforia talvez possa ser percebida de forma mais clara no "ano dos três imperadores", de Tácito, do que quando um povo vive sob a pressão de justificação, como os alemães desde 1945, pressão que se manifesta em autobiografias duvidosas. Aqui, Tácito nos permite tirar conclusões análogas para o presente que dão testemunho da repetibilidade estrutural, tornando a atualidade de hoje mais visível. Ou a confissão literária de Ernst Jünger sobre a guerra de trincheiras, quando, sob condições suicidas, foram mortos também prisioneiros. Segundo os aliados, somente os alemães eram capazes de cometer tal abominação; mas, depois de 1945, quando as dimensões de assassínio em massa facilitaram a comunicação de ações de assassinato espontâneo, essa confissão foi feita também pelos historiadores contemporâneos ingleses pouco antes da extinção da geração sobrevivente de 1914.

O que revelam esses exemplos? Existem fenômenos de recorrência por toda parte: o tempo corre e o tempo cura, ele traz novidades e recupera o que só pode ser reconhecido à distância. Nossa história contemporânea contém estruturas que não são inerentes só a ela mesma. Existem constelações repetíveis, efeitos de longo prazo, presencialidades de atitudes arcaicas, regularidades em sequências de eventos – e só a história pode informar o historiador contemporâneo sobre sua atualidade. História contemporânea, como conceito, é mais do que a história do nosso tempo. Apenas se reconhecermos aquilo que pode se repetir a qualquer momento – mesmo que nem sempre ao mesmo tempo – seremos capazes de mensurar aquilo que é realmente novo em nosso tempo. Talvez seja menos do que imaginemos. Mas esse pouco é decisivo.

Eclusas da memória e estratos da experiência
A influência das duas guerras mundiais na consciência social

A biografia de qualquer ser humano contém rupturas que parecem abrir um novo período na vida. Alterações bruscas na experiência o forçam a abandonar as trilhas habituais e abrir outras vias. A consciência precisa processar as novas experiências. Quando se transpõem limiares, muito, talvez tudo, se apresenta de modo diferente, dependendo do grau em que somos afetados e tomamos consciência disso. Quando elaboramos nossas experiências, muitas vezes somos levados a alterar comportamentos, pontos de vista e a consciência que temos sobre eles.

As duas guerras mundiais causaram rupturas na experiência dos que participaram ou foram afetados por elas, em uma dimensão que até então havia sido impensável. Marcaram a consciência de todos os contemporâneos. A consciência herdada do tempo anterior, se não se modificou com essas guerras, se transformou em falsa consciência. As memórias e narrativas, bem como o silêncio dos sobreviventes, falam por si.

A resposta fica mais difícil se perguntarmos o que ocorreu com a consciência social. Nesse caso, pressupõe-se um traço comum, uma mentalidade coletiva, que se baseia necessariamente em experiências compartilhadas e em pressupostos comuns de consciência. Até onde vai esse traço comum, que afeta ao mesmo tempo atingidos e agentes? E onde seria necessário estabelecer diferenças conforme o grau em que cada um foi atingido e os diversos pressuspostos das respectivas consciências? As guerras não foram vividas por todos da mesma forma. É necessário proceder analiticamente para determinar os aspectos comuns e as diferenças. Em primeiro lugar, é necessário distinguir as guerras e seus efeitos. Na experiência dos atingidos, ambas as coisas são indissociáveis: a guerra e seus efeitos produzem impressões na consciência. Mais ainda: é principalmente na consciência que a guerra e seus efeitos se fundem. Por isso, precisamos diferenciar analiticamente os fatores sincrônicos, que atuaram na própria guerra, e os fatores diacrônicos, gerados pelos efeitos da guerra.

1. Fatores sincrônicos do condicionamento na consciência

1. As experiências de guerra.
a) Significados, comportamentos e atitudes, assim como a consciência que é afetada e reage, são marcados primeiramente pelos eventos da guerra e as respectivas experiências imediatas. Todas as experiências decorrem dos *eventos* que marcaram os atingidos e os agentes. Elas podem ser tão numerosas quanto as pessoas que as sofreram.
b) Ao classificar os conteúdos que puderam influir na consciência, as vivências da guerra apresentam aspectos comuns que podem ser classificados como situações típicas. Todas as vivências contêm semelhanças, aspectos comuns que geram disposições parecidas na consciência. Nesse caso, podemos falar de eventos estruturados, ou *estruturas de eventos*, que produzem configurações comuns na consciência. Entre eles estão as experiências da guerra de trincheiras, os bombardeios, a vida e morte nos campos de batalha, a busca de provisões e até as experiências que transtornam o equilíbrio emocional: da psicose coletiva ou histeria em massa até as violações da intimidade que destruíram os modos de comportamento sexual da sociedade burguesa, a separação das famílias, a perda de parentes, o homossexualismo fomentado no Exército, a invasão dos vencedores e todos os demais dados socioantropológicos que poderíamos citar. Trata-se de eventos singulares inseridos em uma estrutura comum e que produzem condicionamentos comuns nas consciências.

2. Os eventos que mencionamos adquirem estruturas comuns durante a guerra, mas *a própria consciência, que os elabora, já está precondicionada*. Não existe consciência que possa ser isolada como consciência de guerra. Existem, antes, numerosas condições de socialização que influem na consciência desde o período anterior à guerra. Elas se antepõem como um filtro aos eventos e às experiências da guerra. Definem como e quais experiências podem ser conhecidas, condicionando-as e limitando-as. Aqui também são necessários passos analíticos, mesmo que as precondições surjam juntas na experiência e dificilmente possam ser distinguidas dela.

a) Uma precondição quase insuperável é a participação em uma *comunidade linguística*. A língua ou o dialeto de cada um seleciona as possíveis experiências conforme as figuras de linguagem, as metáforas, os *topoi*, os conceitos e, sobretudo, a capacidade de articulação e de expressão que condicionam e limitam a consciência. Certas condições linguísticas podem ser mudadas pelas experiências de guerra, mas não completamente transformadas.

b) Intimamente vinculados às tradições linguísticas estão as certezas religiosas, as cosmovisões e os esquemas ideológicos herdados, os quais liberam, refreiam e selecionam os dados da experiência. Essas precondições geram uma economia comum da consciência, que pode ultrapassar as fronteiras linguísticas e até as fronteiras entre amigo e inimigo na guerra.

c) Outro fator que condiciona a experiência é a filiação a uma *unidade de ação política*. Em primeiro lugar, devemos mencionar o Estado, a comunidade de ação política mais importante envolvida na guerra. Mas também é preciso incluir as organizações políticas, como partidos e associações, assim como as igrejas, já que a filiação a elas condiciona experiências e mentalidades. Trata-se aqui de condições organizacionais, especialmente militares, administrativas ou propagandísticas, que delimitam o espaço da consciência e escapam ao controle direto dos atingidos. Assim como as línguas ou as ideologias, as organizações políticas, especialmente os Estados, possuem tradições que antecedem a consciência. Precisamos diferenciar também entre Estados-nação, como a França, e nações reunidas em um Estado, como a Rússia, o Império Austro-Húngaro ou a Bélgica, o que pode ser decisivo para a formação da respectiva consciência.

d) Precisamos estabelecer diferenças analíticas em relação às *gerações*. A despeito de todos os traços compartilhados, o condicionamento é diferente se as experiências de guerra ocorreram na infância, na juventude, na maturidade ou em idade avançada. Muda o modo de recepção. A história dos efeitos das guerras pode ser avaliada conforme as vivências daqueles que integram uma mesma comunidade política, mas pertencem a gerações diferentes. Os veteranos de 1870-1871 experimentaram na Primeira Guerra Mundial uma consciência diferente daquela dos voluntários jovens, e isso vale, *mutatis mutandis*, também para a geração do entreguerras. Grande parte da elite das SS havia nascido depois de 1900. Acreditava ter perdido a Primeira Guerra Mundial, e suas experiências marcantes haviam sido a derrota, as guerras civis após 1918, a inflação, o fracasso da democracia parlamentar e a crise econômica mundial. Dependendo do tipo de participação – ativa ou passiva – na guerra, existem fronteiras absolutas que têm um peso diferente no condicionamento da consciência na Primeira e na Segunda Guerra Mundial.

e) Precisamos diferenciar também conforme *o gênero e a família*. Em princípio, mulheres e homens experimentaram a guerra de forma diferente. Na Primeira Guerra Mundial, a distância entre as frentes de batalha e os lares era maior e vivida de forma mais consciente do que na Segunda. A Primeira Guerra afetou de maneira distinta os diversos setores da população e as mulheres; ela só foi total em situações de sítio e nos submarinos. A Segunda Guerra foi total em todos os aspectos: bombardeios, terror, genocídio, guerra dos *partisans*, o que contribuiu para anular a oposição entre frentes de batalha e lares, e, com ela, também a diferença entre os papéis sociais dos gêneros, intensificando o sofrimento comum das famílias. Os papéis sociais tradicionalmente atribuídos a cada gênero provavelmente se transformaram mais durante as duas guerras do que em qualquer outra circunstância.

f) Para analisar a consciência coletiva, é claro que também precisamos estabelecer diferenças de acordo com *critérios de classe e estratificação social*. Pertencer a uma classe, econômica e socialmente condicionada, leva, de maneira oculta ou aberta, a condicionamentos relativamente homogêneos da consciência, mesmo que estes também variem de acordo com os fatores mencionados antes. Além disso, variáveis específicas dos diferentes estratos geram formas peculiares de consciência. Os graus de atividade e o envolvimento nos eventos da guerra são diferentes, dependendo do ambiente social no qual cada um vivenciou a guerra. Inclui-se aqui o local de residência, na cidade ou no campo, a posição no processo de produção, a posse de meios de produção e a posição profissional, que não correspondem necessariamente às classes sociais. Trata-se de uma rede de condições econômicas e sociais que possibilitam determinadas experiências e condicionam a consciência.

Esses seis passos analíticos visam a identificar os fatores que já estão presentes antes dos eventos e influem na formação da consciência. Em termos empíricos, todos os fatores atuam simultaneamente, com pesos diferentes. Tais distinções analíticas são necessárias para que se possam pesquisar as mudanças de consciência provocadas por guerras, já que elas afetam todos os níveis ao mesmo tempo, em diferentes medidas.

3. Os eventos e vivências assinalados, bem como as condições de formação da consciência coletiva, devem ser claramente distinguidos dos fatores específicos condicionados pela guerra, ou seja, aqueles que só puderam ser experimentados na guerra. As tarefas exigidas pela guerra são especiais e de forma alguma equivalem às condições estruturais em que a consciência está integrada.

Na guerra, a consciência é condicionada de forma diferente, dependendo de o predomínio ser de funções de mando ou de imperativos de obediência. As mentalidades de oficiais, suboficiais e soldados são tradicionalmente diferentes, mesmo que na Primeira Guerra Mundial tenham se verificado padrões mais rígidos do que na Segunda, que, quanto a isso, possibilitou maior permeabilidade. Há também a mentalidade própria dos que estavam em centros de planejamento ou na direção de organizações bélicas, aqueles que trabalhavam na indústria de armamentos ou no setor de alimentação, ou seja, não estavam expostos à morte na frente de batalha. Juntam-se a isso as áreas de atividades obrigatórias, que na Segunda Guerra Mundial afetaram muito mais pessoas que na Primeira: a prisão ou o trabalho forçado. Devemos mencionar aqui as funções que, por causa do estado de mobilização total, foram intensificadas, quando comparamos as duas guerras: as funções da polícia e da justiça, além das formações partidárias que, politicamente motivadas, agiram como instrumentos do terror e do assassinato em massa. São funções de natureza negativa, que produziram vítimas sem sentido, como ocorreu nos campos de concentração. Por outro lado, surgiram nesse contexto novas atividades que foram ampliadas e intensificadas da Primeira para a Segunda Guerra, como as dos *partisans* contra o inimigo externo e dos movimentos de resistência no próprio país, que se viram forçados a redefinir todas as suas lealdades.

Todas as funções mencionadas, executadas em íntima relação com a guerra, influenciaram as precondições estruturais do sistema social que lhes deu à luz. Mas o sistema social e, com isso, também a formação da consciência foram transformados por essas mesmas funções, embora de modos diferentes nas duas guerras.

A influência das guerras sobre a consciência tem como ponto de partida os eventos que afetam uma pessoa ou que ela ajudou a provocar. A experiência primária própria da guerra só se dá por meio dos eventos e das experiências que eles suscitam.

Os eventos de guerra apresentam estruturas comuns, que iniciaram experiências semelhantes, passíveis de repetição e capazes de produzir traços comuns na consciência. No entanto, os eventos só puderam influir na consciência ao serem percebidos de alguma maneira. Só foi possível ter experiências de guerra e tomar consciência delas na medida em que elas se apoiavam em experiências históricas prévias. Esse tipo de predeterminação, como dissemos, está presente na língua, na ideologia, na organização política, na geração, no gênero e na família, na classe e na estratificação social. Todas essas condições influíram na formação da consciência social na guerra.

Por outro lado, as condições sociais foram afetadas pelos eventos da guerra. Portanto, uma questão fundamental é reconhecer a que fatores podemos atribuir maior peso: os eventos de guerra e suas estruturas comuns transformaram a consciência prévia ou a consciência herdada da tradição determinou o caráter específico das experiências de guerra? Mesmo se aceitarmos uma influência recíproca, deve ser possível medir a diferença que existe entre o peso das experiências de guerra e o peso das condições sociais.

Até que ponto a língua, a ideologia, a organização política, o gênero, a família e a classe formaram a consciência da guerra? Até que ponto os eventos transformaram esses fatores? Podemos encontrar uma resposta se nosso segundo passo analítico conseguir determinar até que ponto aqueles fatores que só se produzem na guerra e por causa dela são capazes de modificar a consciência, modificando as condições sociais e possibilitando, ao mesmo tempo, os eventos da guerra. Os conflitos provocaram na sociedade e na consciência mudanças que, sem eles, nunca teriam ocorrido.

2. Efeitos diacrônicos das guerras na consciência

Tecnicamente, a guerra termina com o cessar-fogo. Com isso, muda o *status* da consciência desse conflito. A experiência de guerra se transforma em memória. No entanto, a memória não é uma grandeza estável que continua a atuar de forma imutável. Ela está sujeita aos efeitos da guerra, que podem condicionar, recalcar e canalizar a memória, transformando as lembranças que se têm dela. Muitas coisas são esquecidas, outras permanecem fincadas na consciência como um espinho. Muitas coisas são recalcadas, outras são glorificadas. A guerra produz consequências que agem como um filtro entre as recordações e a consciência. Quando, então, analisamos seus efeitos sobre a consciência coletiva, precisamos diferenciar entre os efeitos causados pela guerra ainda durante sua ocorrência e os efeitos que devem ser considerados como posteriores. Trata-se, também aqui, em termos empíricos, de um processo contínuo, que só pode ser secionado por uma questão de método. Encontramos aqui um dos problemas metodológicos mais difíceis quando tentamos isolar aqueles efeitos sobre a consciência que só ocorreram durante a própria guerra. Como é possível isolar a guerra e seus efeitos imediatos sobre o fluxo contínuo da consciência? Como o desempenho da memória pode ser transposto retroativamente à percepção anterior à guerra que já terminou? Todos os fatores sincrônicos das nossas primeiras análises se manifestam agora, de outra maneira, em efeitos diacrônicos. Assim, interpõem-se esquemas de tradução linguística que reestruturam retroativamente a experiência da guerra. Novos conteúdos linguísticos produzidos pela guerra, ideologias, estereótipos e palavras de ordem se sobrepõem ou eliminam o conteúdo original da experiência da guerra. Juntam-se a isso todas aquelas experiências que as pessoas reuniram durante a guerra sem que pudessem expressá-las na linguagem. Elas continuam a agir nas atitudes e nos modos de comportamento, mas sem que a consciência deva ou possa prestar contas de suas ações. Os fatores que formam a consciência apresentam, portanto, estratos múltiplos: provêm do tempo anterior à guerra, mas também dos efeitos desta, que continuam a transformar a consciência. Por isso, para uma história das consciências e das mentalidades, é difícil determinar o limiar que é definitivamente superado com o início do cessar-fogo.

Uma diferença fundamental na história da consciência encontra-se no resultado imediato da guerra, quando o limiar do cessar-fogo é transposto: os envolvidos pertencem ao grupo dos vencedores ou ao dos derrotados? Mesmo que as guerras, vistas como acontecimentos unitários, tenham gerado inúmeras experiências comuns, a distinção entre vencedores e derrotados continua sendo uma alternativa dura, que, *ex post*, canaliza de maneira distinta o desempenho e o trabalho da consciência. Há uma grande diferença entre morrer por uma causa perdida ou pela vitória – também para os sobreviventes.

Mas a alternativa nos força a distinções adicionais, pois nem toda vitória permanece como vitória para sempre, e nem toda derrota como uma derrota. Existem vencedores da Primeira e da Segunda Guerra Mundial, como os Estados Unidos ou a Grã-Bretanha, e existem vencedores da Primeira Guerra que foram derrotados na Segunda, como a Itália e o Japão. Também há países que foram derrotados na Primeira Guerra e venceram na Segunda, como a Rússia.

A história da consciência se apresenta de forma diferente se considerarmos o próprio decurso dos acontecimentos. Existem os que perderam durante a guerra, mas, no fim, foram vencedores. Essa era a situação das nações do Império Austríaco-Húngaro, que conquistaram a independência por causa da Primeira Guerra Mundial. Na Segunda, isso vale para os muitos países subjugados pela Alemanha, nos quais a perda da soberania estatal durante a guerra acabou causando uma mudança constitucional profunda depois da vitória. Isso vale tanto para a França como para os Estados da Europa Oriental.

Por fim, precisamos levar em conta os países mais ou menos neutros, cuja identidade política nem sempre foi mantida inalterada durante as guerras.

Portanto, não apenas vitória e derrota, mas também o tipo de vitória e o tipo de derrota causam numerosas rupturas na constituição da consciência, tornando-se difícil definir aspectos comuns mínimos na consciência coletiva. A pergunta sobre analogia ou diferença na consciência social precisa ser dividida, seguindo um critério diacrônico, na questão de continuidade ou descontinuidade. A despeito de sofrimentos semelhantes, as eclusas de experiência e suas rupturas impedem que se consolide uma consciência sobre a guerra que seja comum às nações europeias. Do ponto de vista de sua influência na história, é muito importante a reformulação da experiência de guerra por seus efeitos imediatos. A influência da Revolução de Outubro criou novas alternativas em toda a Europa, às quais os países reagiram de diferentes maneiras, como as guerras civis e a inflação. Elas geraram distintas correntes de consciência em países e estratos sociais, as quais modificaram retroativamente a consciência da guerra passada. Durante meia década, até mesmo os vencedores de 1918 tentaram melhorar os resultados de seus tratados de paz. Depois da Segunda Guerra Mundial, a Guerra Fria entre o bloco do leste e o bloco ocidental desempenhou um papel análogo. Numerosas experiências primárias da Segunda Guerra Mundial foram recalcadas ou estabilizadas nos diversos espaços de consciência ou inseridas em novos contextos de sentido, que já não podiam ser facilmente conciliados com a experiência primária.

3. O culto político aos mortos e seus monumentos: aspectos comuns e diferenças após as duas guerras mundiais

Milhões de mortos em combate, de assassinados, de exterminados em câmaras de gás, de desaparecidos, de vítimas da fome e de epidemias, milhões de mortos de todas as idades e de ambos os gêneros constituem um fato crucial na experiência primária daqueles que sobreviveram em ambas as guerras. Esse diagnóstico vale para diferentes países, de diferentes formas. Mas o culto aos mortos é uma resposta compartilhada, tendo em vista, se possível, extrair algum sentido da morte em massa.

Cada um morre sozinho. Mas a matança generalizada e organizada gera aspectos comuns e outros diferentes no processamento da experiência e na memória dos sobreviventes. É o que irei esboçar aqui.

O sofrimento pode ser prolongado, a morte pode ser retardada, mas não se pode buscar a morte violenta. O caráter implacável da morte na guerra é a experiência primária central de todos os sobreviventes. Por isso, a pergunta sobre o sentido da morte violenta precisa ser levantada. Nas duas guerras mundiais houve tentativas de dotá-la de um sentido político ou teológico. Em que medida imprensa, propaganda e partido, púlpito e cátedra influíram nisso, em que medida encontraram apoio ou reprovação, não pode ser investigado aqui – o eco nos chega tão diferenciado quanto se diferenciam os sistemas sociais e as nações.

Em termos gerais, podemos antecipar que a grande euforia da guerra de 1914 não se repetiu da mesma forma em nenhum país, nem na Alemanha, quando a guerra foi retomada em 1939. Nisso, a despeito de todos os nacionalismos, podemos registrar uma profunda mudança de consciência. A experiência da morte em massa afeta em um nível profundo demais para que possa ser superada por meio de respostas nacionais.

No que se segue, a pergunta será limitada à função condicionadora da consciência exercida pelo culto político aos mortos, especialmente o culto manifestado em monumentos na França e na Alemanha. O que diremos sobre esses dois países não pretende ser aplicável aos demais.

A necessidade de encontrar um sentido para a morte violenta é tão antiga quanto a capacidade de os homens se matarem uns aos outros. No que se refere à busca de sentido, um limiar foi transposto com a Revolução Francesa. Cada caído nas lutas revolucionárias pela liberdade deveria ser lembrado individualmente em um monumento. Então surgiu o culto político aos mortos, que – indo além das predeterminações cristãs – transformou a morte do soldado em uma obrigação nacional. Os mortos haviam morrido pela causa da liberdade, a mesma na qual também os sobreviventes deveriam se empenhar. Tratava-se de um novo culto secular, não primariamente religioso, mesmo que adotasse esse formato, cujo propósito era inserir o passado dos mortos e o futuro dos sobreviventes em um horizonte comum de significados. O futuro político substituiu o além cristão como lugar dos mortos. Essa função dos monumentos da guerra e da guerra civil – antes existiam apenas monumentos de triunfo em honra de generais ou de príncipes – manteve-se até a Segunda Guerra Mundial. É uma característica da modernidade. A exigência de lembrar cada morto em combate, individualmente, foi feita primeiro pelos revolucionários franceses, mas foi adotada também por nações que se levantaram contra a França e Napoleão. Na memória de cada soldado individual estava contido o princípio democrático da igualdade, que, malgrado as diferentes formas constitucionais, se impôs em todos os Estados europeus no decorrer do século XIX. O ápice desse desenvolvimento foi atingido com a Primeira Guerra Mundial. A partir desta, os monumentos não mais distinguem entre si oficiais, suboficiais e soldados: a igualdade na morte se transforma em símbolo da unidade na ação política.

Em todos os países, os cemitérios de soldados, protegidos pelos tratados de paz desde 1871, contêm túmulos individuais para cada soldado cujo nome pôde ser identificado, e as valas comuns dos mortos anônimos referem-se aos indivíduos mediante inscrições. Quem não pôde ser encontrado teve seu nome inscrito nos grandes monumentos aos desaparecidos. Muitas vezes, o número das pessoas lembradas assim chega à metade ou mais – como nos campos de batalha de Flandres, do Somme ou de Verdun. Nenhum nome podia ser esquecido. A função política dos cemitérios de soldados e dos monumentos aos desaparecidos liga cada morto à identidade da nação; a morte do indivíduo é lembrada como garantia dessa identidade. Na França, a administração dos cemitérios de soldados cabe ao Estado; na Alemanha, após as derrotas, ela foi assumida por uma organização não governamental, a Assistência aos Túmulos de Guerra [*Kriegsgräberfürsorge*]. Mesmo assim, podemos dizer que o sentido nacional e patriótico dos cemitérios de soldados foi tratado com cuidados comparáveis em ambos os países após a Primeira Guerra Mundial. Também o luto particular dos familiares sobreviventes encontrou um lugar de recordação nesses cemitérios, além de qualquer pretensão patriótica.

Na França, após a Segunda Guerra Mundial, o culto à memória dos mortos em combate esmoreceu diante da memória dos mortos na Resistência, cultivada pelo Estado. Na Alemanha, por sua vez, a ideologia popular da assistência aos túmulos de guerra foi atenuada e transformada em uma assistência humanitária, com uma advertência permanente – "Guerra nunca mais" –, o que não havia sido uma motivação tão importante no entreguerras.

Um fenômeno completamente novo surgiu na Segunda Guerra Mundial: as valas comuns das pessoas assassinadas nos campos de concentração. Apesar de comparáveis em número e em inutilidade militar aos mortos em massa nas batalhas de exaustão da Primeira Guerra, elas são singulares em todos os outros aspectos. Pois se trata de assassinato, de eliminação, da aniquilação de pessoas de ambos os gêneros, sem que se possa atribuir às vítimas o sentido de um sacrifício. Por isso, os monumentos comemorativos, que passam a substituir os cemitérios, não têm a função de proporcionar um sentido, mas a de provocar uma reflexão sobre a própria sobrevivência.

Nos memoriais dos campos de concentração vemos de forma clara o que também vale na Alemanha, após a Segunda Guerra Mundial, para os memoriais dos mortos: a morte não é mais vista como resposta, mas apenas como pergunta. Ela deixou de ser algo que produz um sentido; agora, ela requer um sentido. Nisso evidencia-se uma mudança de mentalidade, o que pode ser registrado também na história dos monumentos comemorativos após as duas guerras mundiais.

Entre os monumentos a soldados destaca-se, é claro, o túmulo do soldado desconhecido situado sob o Arco do Triunfo, em Paris. O morto simbólico, que representa todos os caídos em combate da nação, pode ser encontrado em quase todos os países da Europa que participaram das guerras, com exceção da Alemanha. Lá não existe um local central comemorativo não só da Segunda, mas também da Primeira Guerra Mundial, e isso se deve à Constituição federal. A ausência de um símbolo da unidade é característica da consciência nacional alemã, nunca completamente homogeneizada.

Em ambos os países há grande variedade de monumentos comparáveis, embora diferentes em alguns aspectos. Menciono alguns: existem monumentos que lembram ações militares que a tradição destaca. Essa tradição foi interrompida na Alemanha após 1945 e retomada com relutância pela República Federal. A França enfrenta um problema semelhante: oferecer identificações militares, apesar de ter sido derrotada nas guerras civis ou de independência do Vietnã e da Argélia.

Outro tipo, igualmente difundido em ambos os países, é o cultivo da memória de organizações. Escolas, associações estudantis, universidades, mas também unidades maiores, como os correios e o sistema ferroviário, além de associações de ginástica e de canto, ergueram seus próprios monumentos. Ao todo, podemos dizer que aqui a mentalidade dos fundadores pode ser deduzida diretamente das condições sociais nas quais – como sobreviventes ou descendentes – eles cultuavam os mortos. Enquanto esse culto foi mantido por toda parte após a Primeira Guerra Mundial, podemos dizer que, após a Segunda, ele adormeceu. Muitas vezes, após 1945, esses monumentos parecem comemorar apenas a memória de tempos passados. Com o desaparecimento das gerações de sobreviventes parece morrer também o culto aos mortos. Os monumentos são testemunhos do passado, mas já não remetem a um futuro.

Além disso, encontramos os mais variados tipos de monumentos a soldados nos campos de batalha da França, mas eles não existem em forma comparável na Alemanha. Na França, o cultivo da tradição cabe em parte ao Estado, em parte ao Exército. Antoine Prost publicou uma profunda análise sobre a evolução ideológica dessas associações.

O tipo mais comum de monumento de guerra é o monumento municipal. Não há praticamente nenhum município na Alemanha ou na França que não tenha erguido um monumento por conta própria após a Primeira Guerra Mundial. Se quisermos registrar uma profunda mudança de consciência produzida somente pelas guerras, devemos olhar para esses monumentos municipais. O culto aos mortos pertence à história dos efeitos das guerras, enquanto os mortos pertencem à própria guerra. Aqui, nesse nível mais inferior da organização social e política, a análise consegue chegar a resultados empiricamente verificáveis. Prost o fez para a França, mas também na Alemanha temos estudos que podem ser generalizados.

A história do surgimento dos monumentos municipais nos dois países é parecida, e em muitos aspectos também o são as formas como se manifestam os monumentos e o culto. Todos os municípios decidiram por conta própria construir monumentos para resgatar do esquecimento os mortos em combate. Formaram-se comitês e, diante dos altos custos, organizaram-se subscrições, com contribuições principalmente do cidadão médio que defendia posturas políticas de centro-direita. Enquanto na Alemanha o Estado não intervinha diretamente antes de 1933, o Estado francês contribuiu com até 15% dos recursos, dependendo da percentagem dos mortos na população de um município. Nesse sentido, encontramos na França um grau de influência estatal maior do que na Alemanha.

O que chama atenção na França é que, contrariando a política oficial, os monumentos municipais à vitória são uma minoria. Da metade a 2/3 de todos os monumentos têm uma mensagem civil ou foram construídos em sinal de luto. O espectro político abrange aqui de católicos conservadores a socialistas, que se serviam desses monumentos não para lembrar a vitória, mas o luto, para lembrar os mortos como garantia da paz. Outro grupo de monumentos patrióticos pertence mais à tradição republicana. Um grupo importante, embora menor, de monumentos cultiva tradições acentuadamente pacifistas: neles, as pessoas representadas são as viúvas, os órfãos ou os pais que perderam os filhos. Na França, portanto, as famílias, esposas e filhos são ostensivamente incluídos no rito do luto – em grau muito maior do que era o costume na Alemanha.

Se compararmos a tipologia francesa com os monumentos alemães, perceberemos uma série de traços comuns, mas também diferenças, na medida em que um juízo já seja possível.

Em nenhum dos dois países há monumentos à vitória. Mesmo assim, existe uma série de monumentos, principalmente em âmbito civil, que de alguma forma tentam compensar a derrota na guerra. Eles sugerem que a Alemanha permaneceu invicta no campo de batalha. Esses monumentos provêm na maioria das vezes de organizações conservadoras e se encontram também em cidades com maioria conservadora. Permaneceram ali, subliminarmente, estruturas da consciência que não estavam dispostas a aceitar a derrota. Podemos deduzir desse tipo de monumento pelo menos a possibilidade de retomada da guerra, sem que isso se tenha manifestado visivelmente.

Quando tratam do luto, os monumentos alemães e franceses se parecem em muitos aspectos. Nesses casos, afora as diferenças de capacetes e uniformes, as alegorias são idênticas. Muitas vezes se expressa com paixão a impossibilidade de racionalizar a morte ou se recorre a símbolos estéticos, erguendo-se pedras ou estelas, cantarias ou cubos, cujo sentido alegórico se perdeu quase por completo.

Aqui podemos demonstrar uma diferença na mentalidade após a Primeira Guerra Mundial: enquanto na França a referência à glória, à honra e aos heróis só aparece em 30% dos monumentos, a lembrança dos heróis está mais presente na Alemanha. Temos, também aqui, uma compensação da derrota, mesmo que o centro dessas inscrições possa apontar outra direção. Na Alemanha, os companheiros dos heróis são mencionados com a mesma frequência, mesmo que não nos monumentos municipais. A tendência aponta mais o reconhecimento da comunidade de homens que suportou a Primeira Guerra Mundial na frente de batalha. A inclusão figurada de membros da família também ocorre na Alemanha, mas menos que na França. Os monumentos mostram que a dor adotou formas distintas. Em ambos os países, o desespero mudo foi superado pela tristeza. Na França, porém, o luto se dirige mais à paz conquistada; na Alemanha, mais à luta passada. No entanto, essas diferenças não podem nos levar a afirmações gerais e arriscadas sobre as mentalidades nacionais.

Outro critério de distinção para o culto aos mortos em ambos os países é a limitada participação da Igreja no cultivo da memória. Na França, isso foi regulamentado de forma geral pela lei de 1905 que separou Estado e Igreja. Símbolos cristãos foram proibidos em locais públicos, assim como em monumentos. Na França, esses símbolos só podiam estar presentes no culto aos mortos se os monumentos fossem erguidos em propriedades da Igreja ou em cemitérios. Nesse sentido, a iconografia dos monumentos franceses oferece uma representação exata das estruturas sociais que dominavam nos respectivos municípios. Aqui se manifesta de forma particularmente clara que a história da consciência, que abarca o novo culto aos mortos, finca raízes nas condições sociais que já existiam antes das guerras. O mesmo vale para a Alemanha, também por causa de sua variedade regional e federativa. Em municípios predominantemente católicos, os monumentos de guerra costumam remeter ao culto cristão aos mártires e, com isso, à simbologia da ressurreição. Em municípios protestantes predominam monumentos que abrem mão de referências cristãs e cedem lugar a uma simples cruz de ferro, que, no entanto, também permite uma interpretação cristã.

Podemos dizer que os monumentos de guerra ajudaram a estabilizar as estruturas sociais e políticas que já existiam nas comunidades. Com a recordação simbólica, a morte em massa se superpõe à luta partidária que também se desenvolve nos municípios. Na Alemanha existem poucos monumentos puramente pacifistas; na França há mais, mas também ali eles são minoria.

A ascensão dos nazistas ao poder causou uma ruptura na Alemanha. Eles destruíram todos os monumentos que lhes pareciam pacifistas ou derrotistas e multiplicaram os monumentos triunfalistas com um *páthos* heroico. Como o culto aos mortos fora assumido pelo partido, todos os monumentos puderam ser adaptados à nova ideologia, a fim de gerar uma mentalidade militarista na juventude. Não há nenhuma análise sobre a participação dos veteranos do *front*, cuja mentalidade, sem dúvida, era semelhante, se não idêntica, à dos veteranos franceses. O papel cada vez mais importante ocupado pelas gerações do entreguerras, principalmente pela Juventude Hitlerista, ainda precisa ser investigado. Para indicar um paralelo: na França, os monumentos com uma ênfase mais revanchista após a guerra de 1870-1871 só foram erguidos a partir de 1890 por uma organização privada chamada Souvenir-Français. Hitler desconfiava do entusiasmo dos alemães pela guerra, que ele queria estimular com sua propaganda. Esse entusiasmo aumentou por causa das vitórias durante a primeira metade da guerra, mais que pelo começo dela. Em geral, podemos dizer que nos monumentos municipais alemães o culto aos mortos se fundava mais em mentalidades conservadoras e nacionalistas do que na França republicana, que sempre temeu uma derrota.

Isso produziu uma série de consequências para o culto nos monumentos após a Segunda Guerra Mundial. Os caminhos da Alemanha e da França se separam aqui.

O menor número de soldados do Exército francês mortos em combate durante a Segunda Guerra Mundial foi lembrado basicamente por meio de painéis adicionados aos monumentos municipais. Eles se inseriram num espaço de lembrança que, iconograficamente, enfatizava a continuidade entre as duas guerras. Isso vale também para a maioria dos monumentos de guerra nos municípios da antiga Alemanha Ocidental. No entanto, percebemos aqui uma diferença: na Alemanha Ocidental – e, mais ainda, na República Democrática Alemã –, muitos monumentos de guerra foram destruídos pelos países vencedores ou pelas maiorias locais de esquerda. Muitas vezes, pelo menos as inscrições eram retiradas. Referências a glória e honra foram eliminadas, e os heróis foram transformados em mortos ou vítimas. Símbolos cristãos começaram a predominar como uma base mínima de consenso para a consciência de identidade nacional perdida, sem que disso pudesse ser deduzido um fortalecimento do cristianismo. Na Alemanha Ocidental, as inscrições foram ampliadas e passaram a incluir os mortos civis, mais tarde até mesmo os dos campos de concentração. Guerra e terror passaram a ser lembrados em conjunto – reunindo-se assim diversas fontes de identidade, cujo aspecto comum é a total e desesperada ausência de sentido. Assim, o culto nos monumentos, que praticamente já não é mais praticado, indica a perda de identidade e remete a uma profunda mudança de mentalidade.

Na França foi diferente: ali, De Gaulle ordenou que monumentos novos só poderiam ser erguidos para a *résistance*. O regime de terror nazista, e não a Alemanha, foi definido como inimigo; a nova homogeneidade nacional se estendia, sob esse lema, dos comunistas aos conservadores, desde que tivessem participado da Resistência. O culto aos mortos foi colocado a serviço da recém-fundada Quarta República e controlado de forma centralizada, mas mesmo assim foi apoiado por todos os franceses, que tentavam se livrar do pesado passado do regime de Pétain. Assim, os monumentos municipais inseriram ambas as guerras mundiais em um espaço de memória contínuo, e os novos monumentos criaram uma nova base para o futuro com a nova Constituição francesa.

Nesse aspecto, o culto nos monumentos da República Democrática Alemã se desenvolveu de forma semelhante. Monumentos de guerra eram reservados aos soviéticos, que cultivavam o luto por seus mortos e enfatizavam sua função política como libertadores do fascismo. Os novos monumentos serviam para recordar as vítimas dos campos de concentração e as ações de resistência que remetiam à tradição do movimento operário. Trata-se, também aqui, de um processo de identificação controlado pelo Estado, que definiu novas fronteiras no novo espaço da memória. Apenas os mortos da luta operária, da guerra civil de 1918 e da resistência antinazista continuaram a ser lembrados. A função desses monumentos era recortar o passado político como garantia para um futuro socialista. Com isso, os monumentos aos mortos permaneceram mais fortemente politizados na Alemanha Oriental do que na Ocidental. O culto aos mortos nos monumentos municipais caiu no esquecimento, e a memória passou a ser cultivada cada vez mais no âmbito privado.

Se em algum lugar permaneceu desperta na consciência a falta de sentido da morte na guerra, isso ocorreu por vias não institucionais. Isso se manifesta nas frequentes pichações aplicadas aos monumentos, como "guerra nunca mais". Sem forma de culto, esse tipo de memória dos milhões de mortos adquire um novo sentido: a única exigência é sobreviver; os mortos desaparecem.

IV.
Perspectivas historiográficas sobre os diferentes níveis do tempo

Os tempos da historiografia

"Era uma vez um moleiro...", "era uma vez um rei...": Quem não conhece esses inícios dos contos de fadas dos irmãos Grimm? A história se passa num passado incerto. Podemos não acreditar nela, mas, mesmo assim, devemos admitir que é uma história excitante, que desvela uma verdade interior e nos faz pensar. No entanto, em algum ponto da nossa infância, cada um de nós se deparou com a necessidade de dizer: "Essa história não é verdadeira!" Uma história verdadeira não é um conto de fadas! Mas mesmo quem pretende contar uma história verdadeira pode começar a narrativa desta forma: "Era uma vez..." – para narrar algo do seu passado, algo que lhe aconteceu, uma história sobre como se meteu em apuros e como conseguiu se livrar da enrascada, ou algo assim. Enunciada dessa forma, a pergunta sobre o tempo da narrativa histórica parece ter uma resposta fácil: é o tempo passado. A história relata o que aconteceu no passado e deve relatá-lo como realmente ocorreu. Quando Ranke alega querer mostrar o que realmente aconteceu, ele oferece um sucinto resumo desse resultado.

Já nos deparamos com uma primeira dificuldade. Quem nos garante que o relato é verdadeiro? Deve existir alguma testemunha que possa servir como instância de controle e dizer: "Foi assim e só assim que aconteceu." Pois – e esta é nossa verdadeira intenção – não queremos acreditar num conto de fadas como se fosse verdade.

Com essa pergunta já chegamos a uma primeira característica daquele tempo histórico que os historiadores são forçados a usar em suas narrativas. Eles só podem relatar uma época sobre a qual temos notícias mais ou menos confiáveis, as quais nos permitam atestar a veracidade das histórias. Identificamos assim uma característica importante da narrativa histórica: ela surge no limiar entre as lendas, os mitos e os contos de fadas, de um lado, e o anseio por notícias confiáveis, de outro. Aqueles se escondem em algum lugar na escuridão do passado, essas são iluminadas pela luz da tradição verificável. Portanto, a historiografia aborda um passado racionalmente verificável.

Nossa demarcação de fronteiras separa os tempos históricos e os tempos de narrativas não históricas. Todo historiador é obrigado a zelar por essa fronteira. Heródoto, o pai da historiografia, nos ensinou isso, e sua lição permanece válida. Nos primórdios, os historiadores se destacavam pelo fato de eles mesmos poderem interrogar as testemunhas que garantiam a veracidade de uma história. Tudo ficava melhor se outras testemunhas podiam ser chamadas para confirmar a história ou se o próprio historiador tivesse vivenciado as ações. Ou – e este parecia ser o melhor dos casos – se ele mesmo tivesse executado as ações que relatava. Historiadores desse tipo foram César e Frederico, o Grande, que escreveram livros até hoje indispensáveis sobre as guerras que travaram.

Costumamos chamar esse tipo de historiografia de "historiografia contemporânea" [*Zeitgeschichtsschreibung*]. Mas essa é uma expressão infeliz.* Pois a história sempre se realiza no tempo, do qual também fazem parte o passado remoto e o futuro. Quando falamos em história contemporânea, referimo-nos a uma historiografia que provém do mundo de experiência da comunidade geracional vivente. Todos os que ainda vivem ou sobreviveram servem então como testemunhas oculares ou de ouvir dizer; podem ser interrogados, e seus relatos podem ser avaliados criticamente. Tucídides, por exemplo, escreveu uma história desse tipo sobre a grande guerra entre Atenas e Esparta, da qual ele mesmo participara como general.

Essa historiografia contemporânea – que se apoia nos relatos dos vivos e dos sobreviventes, cuja memória corresponde ao alcance da tradição oral – marca o início da historiografia. A despeito de todas as avaliações incertas, manteve até hoje sua insuperável posição.

Nesse contexto precisamos mencionar também uma forma primitiva mais simples: a documentação dos eventos de dia em dia ou de ano em ano. Trata-se, em termos bem gerais, dos anuários ou das crônicas, contanto que estes registrem as novidades e as acrescentem às histórias do passado. Aqui, registram-se ocorrências notáveis ou eventos que alguém

---

* *Zeitgeschichtschreibung* = "historiografia do tempo [presente]". Sobre o emprego do termo "tempo" [*Zeit*] na língua alemã, veja o ensaio "Continuidade e mudança de todas as histórias contemporâneas", na p. 229 deste livro, e a nota do tradutor nessa mesma página. [N.T.]

julgou suficientemente importantes para serem relatados. O que acontece hoje é documentado para o futuro. No próprio ato de documentação, o relato já se transforma em passado. Com isso, esboçamos duas formas de historiografia que permanecem vinculadas ao mundo de experiência dos vivos: a composição artística de relatos verificados de testemunhas oculares e de ouvir dizer, e a simples documentação de tudo o que parecia ser importante para uma comunidade no decurso dos dias e dos anos. Ambas as formas de historiografia tratam do passado, mas de um passado vivenciado pessoalmente ou do qual obtivemos notícias por intermédio de testemunhas ainda vivas.[1]

As gerações contemporâneas criam a unidade e o contexto daquilo que é relatado e documentado por escrito. No século XVIII houve um erudito, hoje esquecido, que fundamentou essa divisão de forma insuperável, em termos epistemológicos. Para Chladenius – este era o seu nome – existe uma história do tempo presente, que abarca todos os vivos; existe também uma história vindoura, que sempre nos espera e que antecipamos com nossos planos, nossas esperanças e nossos temores; finalmente, existe a história antiga, que começa no ponto em que as últimas testemunhas morrem. A história antiga, portanto, aumenta na mesma medida em que as gerações se sucedem. Trata-se aqui de um eixo temporal móvel, cujo ponto de origem é sempre a geração atual e que, por isso, se desloca constantemente.

Todos os que conhecem os livros escolares atuais sabem que essa divisão não é corriqueira, mesmo que, em termos epistemológicos, ela seja correta. Quem hoje fala da Antiguidade, da Idade Média e da Modernidade aplica outras categorias de tempo, estruturando a história de acordo com períodos histórico-universais. Quando falamos em história antiga, referimo-nos normalmente à história das altas culturas, que nos deixaram o testemunho de grandes monumentos arquitetônicos e de tradições documentadas. Na Europa, falamos da história dos judeus, dos gregos e dos romanos, à qual se segue a assim chamada Idade Média. A tríade Antiguidade – Idade Média – Modernidade contém unidades de tempo

---

[1] Veja Arnold Esch, *Zeitalter und Menschenalter. Die Perspektiven historischer Periodisierung*, in *Hermann Heimpel zum 80. Geburtstag*, org. Max-Planck-Institut für Geschichte, Göttingen, 1981.

completamente diferentes do tempo das unidades geracionais, acima descrito. Substituímos o eixo temporal móvel por períodos pretensamente fixos. A tríade pretende abarcar toda a história. Para o tempo anterior à escrita usamos expressões como pré-história ou proto-história. Essas divisões gerais correspondem à antiga necessidade humana de obter informação não só sobre o próprio mundo de vivência, mas também sobre a origem, o propósito ou o sentido de todas as histórias, ou seja, sobre aquilo que chamamos de "a história" como um todo.

A curiosidade do ser humano alcança também as esferas que antigamente eram ocupadas por mitos, lendas e padrões interpretativos religiosos, que falam do início ou do fim de toda história. A tríade Antiguidade–Idade Média–Modernidade também possui inúmeras analogias míticas e teológicas. Na Antiguidade, por exemplo, falava-se das eras de ouro, de prata e de ferro, que o ser humano atravessara em uma curva descendente. Os cristãos, por sua vez, distinguiam três eras em sua história mundial: "antes da lei", "sob a lei" e a última "era da graça", que se iniciara com a vinda de Cristo e duraria até o fim do mundo. Apesar de toda a miséria existente neste mundo, essa interpretação excluía uma curva descendente, pois o cristão podia viver na esperança de alcançar o paraíso após o fim do mundo.

A divisão história antiga–média–moderna já não pode ser chamada de cristã no sentido estrito do termo. Em geral, as pessoas que se serviam dessa divisão, há mais ou menos trezentos anos, partiam do pressuposto de que a modernidade traria um novo tempo e nos levaria a um futuro cada vez melhor. A modernidade foi imaginada como curva ascendente, interpretada como progressiva. As numerosas descobertas e invenções, as realizações técnicas e seus processamentos industriais serviam como fundamento de experiências que pareciam justificar uma visão tão otimista do futuro.

Há bastante tempo nos tornamos céticos em relação a uma divisão tão global que supostamente nos permitiria escalar a infinita escada do progresso. Os livros escolares e os manuais ainda se baseiam nessa divisão tripla de toda a história. Na ciência, no entanto, há muito existem controvérsias exacerbadas sobre onde o limite entre a história antiga e a história média deve ser traçado ou sobre quando, realmente, teria se iniciado a chamada modernidade: com Colombo e com Lutero ou só com a Revolução Francesa ou até mesmo só com aquele processo de longo prazo que chamamos de Revolução Industrial? É claro que essas brigas são fúteis, pois se preocupam em definir os conteúdos concretos a serem inseridos num determinado padrão temporal. Para as histórias concretas e os grandes contextos, essas determinações temporais mostram-se demasiadamente formais e desprovidas de conteúdo. Em outras palavras: as determinações temporais que destacam apenas três períodos são indefinidas demais para permitir uma divisão razoável da história real. Inicialmente, a divisão tripla satisfez a necessidade de esclarecimento dos humanistas que procuravam deixar de lado a tradição cristã e queriam se orientar pelos exemplos da Antiguidade. A divisão tripla satisfez também as pretensões interpretativas dos revolucionários franceses que pretendiam iniciar um tempo completamente novo com sua revolução; por isso, tentaram impor um novo calendário às datas históricas. A hora zero não seria mais a suposta data do nascimento de Cristo, mas o ano de 1792, quando a República foi proclamada. Bem, esse calendário não teve uma vida longa e hoje só pode ser encontrado em livros históricos.

Até agora, conhecemos duas formas de tempo historiográfico: de um lado, a assim chamada história do tempo presente, que se limita ao espaço de experiência dos vivos e, em sua forma mais simples, continua de ano em ano; de outro, as determinações de profundidade histórico-universais. Mas o assunto não se esgota nisso, independentemente de quão razoáveis essas diferentes determinações temporais possam ser. Na prática, a ciência da história serve-se de grande número de modos temporais para cumprir suas numerosas tarefas. Pois não existe só um tempo na historiografia, mas uma multiplicidade de tempos.

1. Um método de datação, que hoje parece natural mas que só se tornou costumeiro há trezentos anos, opera com o cálculo retrógrado para os anos anteriores ao nascimento de Cristo. Até o Iluminismo, usava-se um calendário que começava com a criação do mundo, ou seja, 5 mil anos antes de Cristo. Com o cálculo retrógrado, conquistou-se um espaço aberto para a nova visão do passado. A exploração dos muitos milhões de anos que antecederam a história documentada por escrito liberou uma história natural fundamentada geológica e paleontologicamente, que, no sentido mais amplo, também faz parte da história. O cálculo retrógrado linear apresenta outra vantagem, que veremos agora.

2. Após a descoberta da forma esférica do planeta, a multiplicidade de culturas, com suas diferentes cronologias, pôde ser inserida em um eixo temporal comum, de certa forma neutro. Desde então, os diferentes Estados e culturas podem ser medidos e comparados por meio de uma cronologia comum. Quanto à industrialização, por exemplo, os países são classificados como desenvolvidos, atrasados ou emergentes, dependendo do seu grau de desenvolvimento. As comparações realizadas pelo historiador servem para destacar a simultaneidade de assincronias. Aquilo que, no calendário, se manifesta como simultâneo pode ser definido como assincrônico conforme os ritmos de desenvolvimento internos de uma cultura ou de um Estado. Pois ainda hoje existem tribos que acabaram de sair da Idade da Pedra, enquanto nações como os Estados Unidos já levam astronautas à Lua. Hoje conhecemos a história mundial, mas ela só pôde ser realizada em nosso século, pois, para que fosse interpretada, as mais diversas fases temporais, retardações e acelerações dos decursos temporais tiveram de ser reduzidas a um denominador comum. O denominador comum é o tempo calendário, que permite medir decursos temporais muito diversos. Isso nos leva ao terceiro aspecto.

3. Desde o Iluminismo, existe a consciência de que cada historiografia depende das perguntas dirigidas a ela. Em outras palavras: a perspectiva histórica adquirida a partir do respectivo ponto de vista leva a diferentes determinações de profundidades temporais daquilo que é descrito ou narrado. Desde então, os aspectos objetivos são posicionados metodicamente no início de uma exposição, e, dependendo das perguntas, a história pode ser descrita de formas muito diferentes. Assim, por exemplo, o conceito de Renascimento, como período, pôde se impor após a teoria do renascimento ter sido relacionada à restauração de textos antigos e à imitação de obras de arte da Antiguidade. Depois desse significado histórico-cultural inicialmente restrito, o conceito foi aplicado a um período histórico. O mesmo vale para o conceito de Reforma, que, no início, tinha apenas o significado histórico-eclesiástico de restauração das condições do cristianismo primitivo, mas, mais tarde, foi usado como conceito de época para esboçar o início daquilo a que chamamos "modernidade". No século XVIII, quando as perguntas referentes à história constitucional começaram a dominar, cunhou-se o conceito de "feudalismo", desenvol-

vido para abarcar os mil anos antecedentes da história ocidental, aos quais deveria seguir-se a era da democracia. Com o avanço de indagações de natureza histórico-econômica, feudalismo passou a servir como conceito de uma época que, finalmente, seria sucedida pela era do "capitalismo" – uma expressão que só se tornou comum a partir da segunda metade do século XIX.

Ou: com recurso aos critérios objetivos da pintura e da arquitetura, inseriu-se um período do "barroco", que, nos termos de uma história social, referia-se ao papel dos mecenas, seculares ou eclesiásticos, que financiaram a arte dessa época.

Essas determinações modernas, referentes a épocas, sempre disseram respeito, inicialmente, a algum assunto específico e só depois foram ampliadas e aplicadas a períodos inteiros. Mas também aqui logo se revela que esses nomes de períodos e épocas, inicialmente vinculados a temas específicos, não conseguem – como propostas de periodizações generalizantes – cumprir seu papel de captar a multiplicidade de manifestações históricas. Além disso, esses conceitos de períodos permanecem limitados à história europeia e só podem ser aplicados de forma metafórica a outras culturas: assim, falamos de Iluminismo ou de Idade Média na história grega ou de circunstâncias feudais na história japonesa, mas os limites dessas transposições logo se manifestam.

Isso gera uma multiplicidade de determinações temporais que se sobrepõem umas às outras. Quando, por exemplo, descrevemos a história das instituições europeias, constatamos uma continuidade do século XII ao século XVIII, que não foi interrompida pela Reforma eclesiástica. Se, porém, dividirmos o mesmo período sob aspectos jurídico-eclesiásticos ou histórico-religiosos, não resta dúvida de que com o surgimento das igrejas reformadas, ou seja, com Lutero, começa uma nova era. Perspectivas diferentes geram diferentes unidades de tempo, com datas inciais e finais divergentes.

Por isso, representações diferentes dos mesmos eventos podem ser igualmente verídicas.

4. A própria perspectivação adquiriu uma dimensão especificamente temporal, a da transformação retroativa. Desde o século XVIII, todos admitem que a verdade da história não permanece a mesma para sempre. Atribuiu-se ao decurso temporal histórico uma qualidade geradora de

experiências, que nos ensina a reconhecer o passado de forma nova. Desde então, a história da recepção de eventos passados também faz parte do repertório de eventos: "Em nossos dias, ninguém duvida do fato de que a história mundial precisa ser reescrita de tempos em tempos" – assim resumiu Goethe essa mudança de experiência temporal no fim do Iluminismo.[2] Isso nos leva ao quinto aspecto.

5. De certa forma, o próprio tempo adquiriu uma qualidade histórica. O tempo calendário já não basta para proceder de forma historicamente adequada. Dependendo de sua temática, o historiador reconhece decursos temporais diferentes, que, intercalando-se, apresentam diferentes ritmos de mudança. Por isso, passamos a distinguir diferentes níveis de tempo. Hoje, a distinção entre história de eventos e história de estruturas é corriqueira. Aquilo que acontece a cada dia é investigado em seus múltiplos entrelaçamentos pela historiografia política. Ela registra contextos de eventos cujos inícios e fins podem ser determinados de forma razoável. Assim, por exemplo, podemos datar a história da Primeira ou da Segunda Guerra Mundial de forma inequívoca, mas as duas guerras podem ser tratadas em conjunto como uma unidade de eventos, uma espécie de segunda Guerra dos Trinta Anos.

Evidentemente, o historiador também pode voltar a atenção para as precondições sob as quais os eventos se realizam. Nesse caso, ele procura descobrir as condições gerais, aquelas que se transformam apenas lentamente ou cuja mudança quase não pode ser percebida. Ele olha para as estruturas, que apresentam certa duração e não sofrem mudanças a cada dia. Aquele, por exemplo, que se põe a escrever a história da Igreja Católica, ou a apresentar a história do Parlamento inglês, ou a abordar as condições econômicas de produção, ou a investigar os modos de conduta de grupos profissionais ou membros de uma classe, ou a analisar as estruturas das famílias nos diferentes estratos sociais, terá que trabalhar com prazos que não manifestam mudanças pontuais a cada dia.

Nos termos de uma história de eventos, por exemplo, muito se alterou quando Hitler assumiu o poder. Ainda hoje, nós e os povos europeus, e principalmente os judeus, sofremos os efeitos disso. Por outro lado, sabe-

---

[2] Goethe, *Materialien zur Geschichte der Farbenlehre*, in *Werke*, v. 14, Hamburger Ausgabe, Hamburgo, 1960, p. 93 e 195.

mos que estruturas de longo prazo se mantiveram ou foram reativadas a despeito de todas as catástrofes. Isso vale, por exemplo, para os elementos constitucionais federais ou os grupos profissionais e seus modos de conduta, que apresentam continuidades que não foram rompidas nos doze anos entre 1933 e 1945.

6. Quando, no entanto, o historiador de hoje fala sobre a interação de eventos e estruturas, ele usa outra categoria temporal, a categoria de processo. Existem eventos graves que transformam suas próprias precondições estruturais e só podem ser explicados dessa forma. Por outro lado, estruturas em processo de transformação também podem redirecionar os eventos. Podemos, por exemplo, descrever a história do século XIX dizendo que, com a industrialização, os princípios constitucionais democráticos começam a se impor diante da ordem das monarquias ou dos estamentos. Os surtos de eventos individuais, como as revoluções de 1830 e 1848, ou as guerras de unificação entre 1864 e 1871, exerceram influência sobre as precondições econômicas e sociais. Essas interações em diferentes níveis temporais manifestam-se como um processo irreversível.

7. Com isso, chegamos a mais uma determinação temporal sem a qual o historiador moderno já não consegue trabalhar. Trata-se aqui das categorias de aceleração e de retardação. Em relação a certas condições iniciais, podemos identificar muitos processos da modernidade que só podem ser interpretados como aceleração. Basta lembrar as mudanças nos sistemas de transporte e de comunicação. Com a ferrovia e o avião os trajetos encolheram, e com o telefone e o rádio os tempos de transmissão foram praticamente zerados. Tais acelerações, que podem ser comprovadas de maneira empírica e inequívoca, têm efeitos enormes sobre as estruturas sociais e econômicas, as quais não experimentaram a mesma aceleração. Assim, percebem-se retardações que nos permitem inferir a falta de adaptação a transformações muito rápidas. Isso vale em grande medida para a relação entre Estados não industrializados e Estados muito desenvolvidos: os países subdesenvolvidos, desafiados a se industrializar, só podem compensar o atraso por meio de uma aceleração. Naturalmente, essas categorias só valem em referência à industrialização pura e não podem ser transferidas de forma inquestionada para os modos de conduta culturais. Como sabemos, isso gera grandes conflitos, o que nos leva à última determinação temporal, cuja importância é central.

Trata-se aqui, em oitavo lugar, do conceito de tempo de transição. Desde o século XVIII, uma experiência básica do ser humano que vive na chamada modernidade é a de viver num tempo de transição. Os espaços de experiência das gerações que convivem se transformam tão rapidamente que as lições passadas pelos avós aos netos parecem inúteis. Vivenciamos rupturas experienciais num ritmo que nunca foi registrado dessa forma em séculos anteriores. Assim, os historiadores se veem confrontados com a tarefa de reconhecer a total alteridade do passado, a fim de confrontá-la com os processos de mudança do nosso próprio tempo. Por fim, são desafiados a incluir no cálculo também o possível rumo em direção a um futuro tão aberto quanto desconhecido. Sempre que surgem experiências novas, a experiência básica da transição se solidifica.

Nós nos distanciamos muito dos contos de fadas do passado antigo. Mas a multiplicidade de tempos históricos, com a qual os historiadores de hoje se ocupam, não deveria impedi-los de ver que os seres humanos, dos quais eles falam, continuam sendo os mesmos.

Sobre a indigência teórica da ciência da história

Desde o neokantismo, nossa ciência adotou uma determinação, afirmando que a ciência da história [*Historie*]* trata do individual, do especial, enquanto a ciência natural se ocupa do que é geral. A história da ciência ultrapassou essa antítese. O caráter basicamente hipotético das afirmações e o entrelaçamento entre sujeito e objeto nos experimentos introduziram na ciência natural um aspecto que poderia muito bem ser chamado de "histórico". Por outro lado, as ciências sociais e humanas há muito romperam o laço unificador da visão histórica do mundo. As linhas já não são traçadas inequivocamente ao longo de uma oposição entre ciência natural e ciências humanas, como mostram os debates que envolvem a escola popperiana. No entanto, nossa prática de pesquisa quase não foi afetada por isso, resultando no isolamento dos historiadores profissionais. A ciência da história vê-se remetida a si mesma e já não sabe mais qual é seu lugar exato.

Quero propor uma tese: suponhamos que só podemos escapar do isolamento se conseguirmos estabelecer um novo relacionamento com as outras ciências. Isso significa que precisamos nos conscientizar de que dependemos de teorias, aceitando o desafio de uma exigência de teoria se quisermos que a ciência da história continue a se definir como ciência. De forma alguma tentarei me servir de teoremas de ciências vizinhas, propondo alianças feitas com meras hifenizações para nos legitimar cientificamente à custa delas. Seria muito precipitado reunir a sociologia e a história a fim de extrair de alguma ciência da sociedade o nosso próprio conceito de ciência. Antes, quero propor que descubramos nossas próprias limitações e encontremos os pontos que necessitam de uma teoria ou talvez já a contenham.

---

* Neste ensaio, Koselleck emprega o termo *Historie* num sentido mais abstrato e, ao mesmo tempo, mais amplo. Aqui, o termo não se refere tanto à narrativa histórica, como no ensaio "Estratos do tempo", o primeiro deste livro, mas ao método histórico e até mesmo à ciência da história. Os termos *Historie* e *Geschichtswissenschaft* [ciência da história] são aqui usados como sinônimos. Por isso, optei neste ensaio pela tradução "ciência da história" para o termo *Historie*. [N.T.]

1. É uma ironia da história do significado de "história" que, originalmente, a expressão "história em si" ou "história *par excellence*" se referisse justamente à indigência teórica da nossa ciência. Quando abrimos mão de pensar a história com determinados sujeitos e objetos relacionados a ela, a ciência da história foi forçada a se submeter a um sistema. A própria história e a filosofia da história eram sinônimas quando essas expressões surgiram, por volta de 1770. No decorrer do tempo, o componente meta-histórico dessas expressões foi absorvido pelo neologismo "historicidade".

A atual discussão em torno da chamada *historicidade* enfrenta desafios teóricos que resultaram da crise do historicismo. O conceito de historicidade pretende deter o processo de relativização permanente do qual o historicismo era acusado. A historicidade absolutiza a relatividade, se me permitirem essa expressão um tanto absurda. Aqui, é evidente a influência de Heidegger, apesar de ele não ter feito muito para avançar o debate em nossa ciência. Já em *Ser e tempo*, ele abstrai quase completamente a história; a historicidade é uma categoria da existência humana, mas sem abordar estruturas interpessoais ou supraindividuais. Diante da temporalidade da história, Heidegger aponta o caminho da finitude da existência, mas não prossegue nele. Por isso, por trás do uso da fértil categoria da historicidade, jaz, de um lado, o perigo de uma ontologia trans-histórica da história, como a desenvolvida por August Brunner; de outro, na aplicação da filosofia de Heidegger à história – onde a filosofia passa a adquirir um tom escatológico como história do ser –, não por acaso transparecem esquemas histórico-filosóficos tradicionais de declínio e de ascensão.

De toda forma, com a historicidade e as categorias a ela relacionadas, torna-se acessível uma teoria da história, uma metaciência da história que não investiga o movimento, mas a mobilidade, não a mudança no sentido concreto, mas a mutabilidade. Muitos critérios formais de ação e de sofrimento históricos servem para decifrar a história de modo atemporal, num sentido transversal à própria história. Lembro aqui "senhor e escravo", "amigo e inimigo", ou a heterogenia dos fins, ou as relações mutáveis de tempo e espaço em vista das unidades de ação e do potencial de poder, ou o substrato antropológico da mudança política geracional. Poderíamos ampliar a lista dessas categorias. Elas remetem àquela finitude que, de certa forma, põe a história em movimento, mas sem determinar o conteúdo ou a direção desses movimentos. (Por trás dessas categorias, muitas vezes se escondem axiomas cristãos – por exemplo, da teologia negativa –, como os que transparecem no livro de Wittman sobre o interesse pela história.)

A historicidade não deve delinear apenas as condições de possibilidade de histórias em si, mas também o lugar que a pesquisa histórica ocupa nisso. Ela livra o historiador da acusação de uma suposta subjetividade, da qual ele nunca escaparia, já que "a história" ultrapassa constantemente tanto o historiador quanto a ciência da história. Aqui, a chamada transcendência da história refere-se àquele processo de ultrapassagem que força o historiador a reescrever a história continuamente. Com isso, a reformulação da história deixa de ser apenas uma correção de erros ou um ato de reparação, para tornar-se uma precondição da nossa profissão – contanto que a história da ciência histórica seja transcendente. Podemos então dizer: assim como a antiga narrativa histórica – como arte da narração – desenvolveu suas próprias teorias da história, a ciência da história chegou hoje a um conceito de historicidade que delineia, concomitantemente, as condições de possibilidade da história em si e também da ciência da história em sentido mais restrito.

No entanto, a problemática de uma antropologia histórica revela como é difícil introduzir categorias meta-históricas na pesquisa concreta. Recentemente, Nipperdey chamou atenção para isso, e não resta dúvida de que nossos vizinhos ocidentais estão na nossa frente com suas abordagens estruturalistas, etnológicas ou psicossociológicas. Sempre voltamos a nos deparar com a aporia segundo a qual os critérios de duração formais também são condicionados historicamente e só podem ser aplicados a fenômenos historicamente delimitáveis. Em outras palavras: as categorias meta-históricas se transformam, graças à pesquisa, em afirmações históricas. A reflexão sobre essa transformação faz parte, especialmente, das tarefas de pesquisa da antropologia histórica, mas também de toda ciência da história em geral.

2. Portanto, a discussão sobre as premissas sistêmicas da assim chamada "história em si" nos leva automaticamente a uma inversão da nossa pergunta: aparece uma preocupação com a indigência teórica da prática de pesquisa. Uma indagação especificamente histórica só pode se legitimizar

como científica por meio do recurso à teoria da história que lhe é imanente ou anteposta; precisa desdobrar suas próprias premissas teóricas para a pesquisa.

Todas as ciências individuais que se distanciam da necessidade de uma experiência histórica do mundo desenvolvem suas próprias sistemáticas objetivas. A economia, a ciência política, a sociologia, as filologias, a linguística: todas essas ciências podem ser definidas a partir de seu objeto de pesquisa. Para a ciência da história, porém, é muito mais difícil desenvolver uma sistemática histórica a partir de seus objetos de pesquisa ou de uma teoria relacionada a uma área de objetos. Na prática, o objeto da ciência da história é tudo ou nada, pois praticamente tudo pode lhe servir como objeto histórico. Nada escapa à perspectiva histórica.

É revelador o fato de que a história "como tal" nem possui objeto – a não ser ela mesma –, o que não responde à pergunta pelo seu objeto de pesquisa, mas apenas a duplica linguisticamente: "história da história". Nisso se manifesta quanto a "história *par excellence*" era, originalmente, uma categoria meta-histórica. Isso induz a perguntar se a ciência da história, por meio da definição de campos de objetos, deveria reconquistar aquele caráter histórico que teve até o século XVIII. Certamente não. Pois o nosso conceito de história permanece ambivalente: a história que se refere a um objeto se transforma em uma categoria histórica; sem objeto, ela permanece como instância meta-histórica. Como tal, seria um receptáculo para atribuições teológicas, filosóficas, ideológicas ou políticas, acatadas de forma mais ou menos acrítica.

Por isso, quero delimitar minha tese: a ciência da história, disposta ubiquitariamente, só poderá persistir como ciência se desenvolver uma teoria dos tempos históricos, sem a qual a ciência da história, como investigadora de tudo, se perderia na infinitude. Suspeito que a pergunta sobre o tempo histórico obrigaria as categorias históricas e meta-históricas a convergir. Essa pergunta apresenta um caráter tanto sistemático quanto histórico. Pretendo demonstrar isso com alguns exemplos.

a) Primeiramente, quero remeter a um tema do nosso grupo de trabalho, a história dos conceitos. A história dos conceitos, como a empreendemos aqui, não pode funcionar sem uma teoria dos tempos históricos. Não nos referimos a uma temporalidade geral, que pode ser estilizada de antemão como historicidade e tem fundamentalmente a ver com a história. Antes, trata-se de formular teoricamente as especificidades temporais dos nossos conceitos políticos e sociais, de modo que o diagnóstico das fontes possa ser ordenado de acordo com elas. Somente assim podemos avançar de um registro filológico para uma história dos conceitos. Uma hipótese para o nosso léxico dos conceitos históricos básicos [*Lexikon geschichtlicher Grundbegriffe*] afirma que, desde o século XVIII, ainda que as mesmas palavras tenham sido usadas continuamente, a língua político-social teria sofrido mudanças, pois desde então se articulou um "novo tempo". Coeficientes de mudança e de aceleração transformam antigos campos semânticos e, com eles, também a experiência política e social. Antigos conteúdos, ainda em uso nos nossos dias, precisam ser identificados pelo método histórico e traduzidos para a nossa linguagem. Esse tipo de procedimento exige um quadro de referências teoricamente definido, no qual esse tipo de tradução se torne inteligível. Estou falando daquilo que, em nosso grupo de trabalho, chamamos de "tempo de sela" [*Sattelzeit*],* cujo caráter heurístico não posso enfatizar o bastante e que destaca a mudança do uso linguístico moderno para o nosso.

Não poderíamos cumprir a nossa tarefa se tentássemos escrever uma história filológica da palavra de maneira relativamente positivista, pois atolaríamos na abundância de fontes. No máximo, poderíamos fornecer um glossário incompleto do vocabulário político-social. Teríamos que registrar alternadamente a história de uma palavra que possui diferentes significados e significados aparentemente constantes que estão presentes em diversas palavras. Esse tipo de descrição aditiva, por meio da qual procuramos abrir nosso caminho pela história, necessita de um indicador temporal que use a soma dos diagnósticos linguísticos a fim de representar uma história. A suposição teórica do chamado *Sattelzeit* [tempo de sela], entre mais ou menos 1750 e 1850, é que nesse período teria ocorrido uma desnaturalização da antiga experiência do tempo.

O lento desaparecimento de conteúdos de significado aristotélicos, que ainda remetiam a um tempo histórico natural, repetível e, portanto, estático, é o indicador negativo de um movimento que pode ser descrito

---

* Esse conceito, cunhado por Koselleck, designa o tempo de transição, o limiar de épocas entre 1750 e 1850. O termo "*Sattel*" remete à metáfora da selada, a depressão na lombada de um monte. [N.T.]

como o início da modernidade. Desde mais ou menos 1770, palavras antigas como democracia, liberdade e Estado designam um novo horizonte de futuro que delimita de outra forma o conteúdo do conceito; *topoi* tradicionais adquirem conteúdos de expectativa que antigamente não lhes eram inerentes. Um denominador comum do vocabulário político-social é o surgimento de cada vez mais critérios de movimento. A grande fertilidade dessa antecipação heurística revela-se numa série de artigos que destacam os conceitos de movimento, como, por exemplo, progresso, história ou desenvolvimento. Apesar de antigos, trata-se praticamente de neologismos que adquirem um coeficiente temporal de transformação a partir de 1770. Isso representa uma grande motivação para ler e investigar também outros antigos conceitos da língua política sob o aspecto de seu possível caráter de movimento. A hipótese de uma desnaturalização da experiência histórica do tempo, que influi na semântica político-social, confirma-se pelo surgimento da moderna filosofia da história, que se apropria desse vocabulário.

Em outras palavras: somente uma antecipação teórica que desvela um período específico oferece a possibilidade de tentar diversas leituras e de transpor o nosso léxico do nível de um registro positivista para o nível da história dos conceitos. Somente a teoria transforma nosso trabalho em pesquisa científica. Até agora, essa antecipação rendeu bons resultados. Embora preservando muitas palavras, todo o espaço linguístico político-social se deslocou de uma tradição quase estática, que somente sofria mudanças de longo prazo, em direção a uma terminologia cujo sentido pode ser decifrado do ponto de vista de um futuro recém-experimentado. No entanto, essa antecipação não produz necessariamente bons resultados para todas as palavras.

Uma vez que rompemos as constantes naturais da antiga experiência temporal histórica, ou seja, uma vez que outras palavras liberam o progresso, somos confrontados com muitas perguntas novas.

b) Uma das mais importantes é a pergunta sobre as premissas teóricas da assim chamada *história estrutural*. Só podemos encontrar a resposta se perguntarmos qual é a determinação histórica do tempo em afirmações que pretendem indexar uma duração. Se partirmos do pressuposto de que o tempo histórico permanece integrado no tempo natural, mas não se esgota nele – ou, dito de outra forma, que o horário pode ser relevante para decisões políticas, mas contextos históricos não podem ser medidos pelo relógio, ou, dito ainda de outra forma, que a órbita dos astros não é mais relevante para o tempo histórico –, então somos forçados a encontrar categorias temporais adequadas para eventos e processos históricos. Na pesquisa empírica, só podemos introduzir categorias como as propostas por Braudel se tivermos certeza do significado teórico daquilo que pode ter certa duração. Essa reflexão nos confronta com um dilema fundamental.

Sempre usamos conceitos que, na origem, tinham significado espacial, mas mesmo assim apresentam também significado temporal. Falamos, por exemplo, de refrações, fricções, do rompimento de certos elementos duradouros que influem na sequência de eventos, ou da influência dos elementos sobre suas precondições. Nesse caso, nossas expressões provêm do âmbito espacial, até mesmo da geologia. São expressões plásticas e concretas, mas também mostram o nosso dilema. Isso tem a ver com o fato de que a ciência da história, na medida em que lida com o tempo, precisa tomar emprestados seus conceitos do âmbito espacial. Dependemos de uma metafórica natural e não podemos escapar dela, pois o tempo não é algo plástico nem pode ser visualizado. Todas as categorias históricas, até mesmo o progresso – a primeira categoria especificamente moderna do tempo histórico –, são, na origem, expressões espaciais, de cuja traduzibilidade vive a nossa ciência. Também "história" [*Geschichte*] continha originalmente um significado espacial,* mas ele foi tão temporalizado que hoje somos remetidos à duplicação "história estrutural" sempre que desejamos introduzir constância, duração ou prazos longos em nosso conceito de história.

Ao contrário das outras ciências, a história, como ciência, vive exclusivamente da metafórica. Essa é a nossa premissa antropológica, já que tudo o que queremos formular temporalmente precisa se apoiar nos substratos sensoriais da contemplação natural. A falta de plasticidade do tempo puro nos leva ao centro das dificuldades metodológicas que aparecem quando queremos fazer qualquer afirmação razoável sobre uma teoria dos tempos históricos. Por trás disso jaz o perigo específico de, em nossa pesquisa empírica, adotarmos ingenuamente a metafórica na for-

---

* Ver nota do tradutor na página 9. [N.T.]

ma em que a encontramos. Nesse caso, dependemos de empréstimos tomados à linguagem do dia a dia ou a outras áreas científicas. Pelo fato de o tempo não ser plástico, da terminologia emprestada e da exigência de uso da metafórica, precisamos de garantias que remetam a uma teoria dos tempos históricos. Com essa reflexão interposta, voltamos à pergunta sobre a "duração".

Aparentemente, existem processos de longo prazo que se impõem, de maneira reprimida ou incentivada. Podemos, por exemplo, analisar a rápida ascensão industrial após a Revolução de 1848 e perguntar se ela aconteceu a despeito da revolução fracassada ou por causa dela. Existem argumentos a favor e contra. Nenhum é inevitável, mas todos fornecem um indicador de movimento que se impõe em todos os blocos da revolução e da reação a ela. Assim, é possível que, nesse caso, a reação tenha tido um efeito mais revolucionário do que a própria revolução.

Se revolução e reação são indicadores simultâneos do mesmo movimento, que se nutria de ambos os blocos e foi impelido por ambos, então esse par conceitual indexa um movimento histórico duradouro, um progresso irreversível de uma estrutura de longo prazo, que supera os prós e contras políticos da reação e da revolução. Assim, o próprio progresso também é mais do que apenas uma categoria ideológica. Até a categoria do centro moderado, tão invocada na época, só pode ser pensada de forma sensata se um coeficiente duradouro de transformação for introduzido. É impossível fixar estaticamente um centro moderado, pois ele necessariamente começa a oscilar entre "esquerda" e "direita". Seu próprio sentido se transforma com o tempo. Portanto, a metafórica espacial, analisada em seu significado temporal, nos força a fazer reflexões teóricas preliminares. Só depois delas podemos definir o que devem significar duração, retardação ou aceleração em nosso exemplo do processo de industrialização.

c) A destruição da *cronologia* natural nos leva ao terceiro ponto. A sequência cronológica, que ainda hoje serve de guia à nossa história, pode ser desmascarada como ficção, de forma relativamente fácil.

Antigamente, o decurso natural dos tempos oferecia o substrato imediato de todas as histórias possíveis. Ele ordenava astronomicamente o calendário dos santos e dos regentes. O tempo biológico fornecia o quadro para a sucessão natural dos príncipes, da qual – simbolicamente até

1870 – dependiam os títulos jurídicos e até as guerras de sucessão. Todas as histórias continuavam a depender da "natureza", sendo imediatamente enquadradas pelas predeterminações biológicas. A esse mesmo espaço de experiência pertence a exaltação mitológica do tempo astrológico e cósmico, ao qual nenhum aspecto não histórico aderia na era pré-historicista. Mas desde que a tríade Antiguidade – Idade Média – Modernidade passou a ordenar a sequência cronológica, caímos vítimas de um esquema mítico que tacitamente continua a ordenar toda a nossa produção científica. É evidente que esse esquema não contribui diretamente para a relação entre duração e evento. Antes precisamos aprender a descobrir a simultaneidade do assincrônico em nossa própria história, pois, afinal, tudo faz parte da nossa própria experiência: temos contemporâneos que vivem na Idade da Pedra. Visto que a problemática dos países em desenvolvimento volta a nos preocupar, torna-se indispensável adquirirmos certeza teórica em relação à assincronia do simultâneo e investigarmos problemáticas correspondentes. A pergunta, aparentemente meta-histórica, sobre as estruturas temporais históricas sempre reafirma sua relevância para questões concretas de pesquisa. Faz parte disso também a interpretação de *conflitos históricos*.

d) Todo processo histórico só avança enquanto os conflitos nele contidos não têm solução. Um conflito resolvido passa a fazer parte do passado. Uma teoria histórica dos conflitos só pode ser bem desenvolvida se as qualidades temporais inerentes ao conflito forem identificadas. Normalmente, a historiografia processa os conflitos introduzindo os rivais como sujeitos fixos, como grandezas fixas cujo caráter fictício precisa ser desvelado.

O sujeito histórico é uma grandeza quase inexplicável: basta pensar em personalidades famosas ou no povo – tão vago quanto a classe –, na economia, no Estado, na Igreja e em outras abstrações ou poderes. Talvez só psicologicamente consigamos entender como é possível falar de "forças agentes" e reduzi-las a sujeitos. Quando dirigimos a pergunta temporal a esses sujeitos, eles logo se dissolvem, e assim descobrimos que o contexto intersubjetivo é o verdadeiro tema da pesquisa histórica. Mas esse contexto só pode ser descrito em termos temporais. A "dessubstantivação" das nossas categorias leva a uma temporalização de seu significado. Assim, a gama de possibilidades passadas ou futuras nunca pode ser definida a partir de um único portador de ação ou de uma única unidade de ação. Antes, essa escala remete imediatamente à escala dos rivais, fazendo com que apenas as diferenças, refrações ou tensões temporais consigam expressar a tendência em direção a uma nova estrutura da realidade. Relações temporais divergentes e fatores de aceleração e retardação inserem-se sorrateiramente.

Quando falamos em longo, médio e curto prazos, temos dificuldade para estabelecer relações causais entre estratos temporais assim dissecados. Aqui, faz sentido trabalhar com hipóteses que introduzam constantes para medir grandezas variáveis, o que não nos impede de analisar também as próprias constantes como dependentes de grandezas variáveis ou de outras grandezas constantes. Creio que esse tipo de relativismo histórico, levado a cabo de forma consequente, nos conduz a um método funcional, que exclui o *regressus in infinitum*. Uma vez abordadas as diferenças temporais no contexto intersubjetivo, torna-se difícil sustentar a suposta cientificidade de sequências causais, através das quais costumamos trilhar nosso caminho de volta ao passado para, finalmente, nos depararmos com a absurdidade das perguntas lineares sobre as origens. Por trás da derivação linear com base em predeterminações passadas talvez se esconda uma reminiscência secularizada da doutrina cristã da criação, que subsiste no inconsciente.

Em virtude da prática de pesquisa do século XIX, as categorias de espontaneidade, singularidade histórica e forças históricas, originalmente desenvolvidas tendo em vista um tempo histórico genuíno, foram vinculadas rápido demais a substâncias da "personalidade" do povo, da classe, de Estados específicos etc. Isso possibilitou aquelas afirmações historicamente ingênuas das quais rimos hoje. Por trás disso, porém, também se escondia uma dificuldade para a qual quero chamar atenção, sem me permitir um juízo próprio. Estou falando das *séries temporais*.

e) Schumpeter disse que só podemos fazer afirmações historicamente sensatas se conseguirmos fazer comparações temporais em número suficientemente grande. No entanto, comparações que se fundamentam em séries temporais pressupõem um sujeito contínuo a partir do qual as transformações podem ser visualizadas.

Parece-me que também esses sujeitos imaginados como contínuos só podem ser introduzidos hipoteticamente. Nesse contexto, gostaria de chamar atenção para a *New Economic History*. Essa reflexão histórica parece ter um aspecto excitante: mesmo com a ajuda de premissas teóricas alheias à nossa ciência, ela consegue extrair conhecimentos genuinamente históricos. Fogel apresentou cálculos, baseados em suas teorias, que desmentem o famoso argumento segundo o qual o trabalho escravo não era economicamente rentável já antes de irromper a guerra civil nos Estados Unidos. A verificação empírica das séries numéricas mostrou que a migração do leste para o oeste incrementou a racionalidade do trabalho negro. Essa descoberta aumenta muito, *per negationem*, o peso do significado moral da propaganda liberal. Pois na mesma medida em que perde força a suposta justificativa econômica, da qual os liberais também se serviram de forma subsidiária, aumenta o impacto do argumento puramente moral de que nenhum ser humano pode ser usado como escravo.

Aqui temos um exemplo de como determinados fenômenos ficam mais claros graças a uma teoria que deixa de avaliar certos dados. Mais ainda: sob determinadas premissas teóricas, a exclusão de certas perguntas permite encontrar respostas que, de outra forma, não teriam sido descobertas – uma prova da indigência teórica da nossa ciência. Se pressupusermos a exigência de criação de teorias – as quais não podem se limitar às estruturas temporais –, dos exemplos mencionados conclui-se que precisamos nos conscientizar primariamente do caráter hipotético do nosso método. Quero demonstrar isso com outros exemplos que podem nos instruir sobre o uso ingênuo de categorias históricas e sobre a crítica igualmente ingênua a essas categorias.

f) Nossa ciência opera sob predeterminação implícita da *teleologia*. Todos nós conhecemos um livro que hoje possui má fama, a *História do século XIX*, de Treitschke. Nele, Treitschke apresentou o trajeto glorioso da história prussiana, que desembocou na "união da pequena Alemanha" [*kleindeutsche Einheit*]. Serviu-se de uma teleologia que ordenava e direcionava, como um ímã, o grande volume de seus documentos. A união da pequena Alemanha representava a premissa *ex post*, o ponto de partida para a leitura de suas fontes. Ele confessou abertamente que suas afirmações eram condicionadas pela sua própria posição. Na introdução, dá a entender que pretende mostrar que as coisas tinham que acontecer como aconteceram, e quem ainda não tinha entendido isso deveria fazê-lo através do seu livro. Essas afirmações contêm três teoremas:

1. O princípio teleológico como regulador de suas afirmações e como ordenador da seleção de fontes.
2. O reconhecimento consciente de que o autor era condicionado pela posição que adotava.
3. A certeza histórico-filosófica de que a história estava do seu lado.

Ele escreveu a história dos vencedores, que, a partir do próprio sucesso, reproduzem a história mundial como juízo do mundo. Esses três teoremas – a convicção de que a história está do seu lado, o princípio teleológico como regulador das análises e a dependência da posição do historiador – não podem ser refutados tão facilmente como acreditam aqueles que acusam Treitschke de partidarismo ou de nacionalismo.

Se todo historiador permanece preso à sua própria posição, então ele só pode fazer considerações em perspectiva. Essas, porém, evocam justificativas finais. O historiador dificilmente escapa delas. Se as dispensar, simplesmente se entregará à reflexão que o instrui sobre aquilo que está fazendo. A dificuldade consiste menos na causalidade final do que em sua adoção ingênua. Pois podemos encontrar tantas causas quanto queiramos para cada evento que ocorreu no decurso da história. Não existe evento que não possa ser justificado. Quem se aventura em explicações causais sempre encontrará razões para aquilo que deseja demonstrar. Em outras palavras: a derivação causal de eventos não representa um critério para estabelecer a precisão das afirmações sobre esses eventos. Treitschke pôde fornecer provas para suas teses. E se hoje lemos as mesmas fontes a partir de outros pontos de vista, isso significa que ultrapassamos a posição política de Treitschke, mas não a premissa teórica que provocou a causalidade que ele buscou. Precisamos ter em vista essa ressalva quando tentamos nos opor a explicações finais.

Toda história, por ser *ex post*, está sujeita a essas exigências finais. Não podemos prescindir delas. Mas podemos, sim, fugir ao esquema da adição causal e da arbitrariedade narrativa se trabalharmos com hipóteses que introduzem o jogo de possibilidades do passado. Em outras palavras: o perspectivismo só se torna suportável se não o privarmos de seu caráter hipotético e, portanto, reversível. Formulado de modo mais rigoroso: tudo pode ser justificado, mas não tudo por tudo. A decisão sobre a admissibilidade de justificativas diz respeito não só às fontes disponíveis, mas em primeiro lugar às hipóteses, que desemudecem as fontes. A relação entre condição, seleção e interpretação das fontes só pode ser esclarecida por uma teoria de uma história possível e, com isso, de uma ciência da história possível.

Creio que Chladenius foi o primeiro a refletir sobre o *contexto social do historiador* como premissa de pesquisa. Ele escreveu uma teoria da ciência da história que, concebida de forma pré-historicista, contém vários impulsos que vão além da teoria da história de Droysen. Por sua linguagem seca e professoral, ela infelizmente ainda não foi reeditada,[1] mas continua sendo um tesouro de conhecimentos intocados pelo historicismo. Chladenius definiu todas as afirmações históricas como afirmações abreviadas sobre a realidade passada. "Não é possível uma narrativa que abstraia totalmente o próprio ponto de vista." Só que Chladenius não chegou a relativizar o próprio "ponto de vista" e a compreender a formação de juízo como algo que pode ser ultrapassado. Consequentemente, ele acreditava que podia reconhecer uma realidade aglutinada no âmbito objetivo do passado. Mas, a seu ver, as afirmações sobre esse passado estavam sujeitas a uma pressão de rejuvenescimento, já que a totalidade do passado nunca poderia ser reproduzida. O termo "afirmações rejuvenescidas" já era concebido agora sob aspectos temporais, não mais espaciais. Para ele, o "jovem" é o atual. Ele investigou o passado sob a perspectiva, epistemologicamente formal, do progresso. A história só se torna visível pela lente do presente. Esse tipo de teleologia abre mão de um critério de direção como aquele buscado no horizonte da filosofia da história.

O terceiro teorema mencionado por Treitschke, o de que a história está do seu lado, é uma ficção ideológica. Tal ficção se nutre da categoria da *inevitabilidade*, que ele introduz implicitamente ao representar como inevitável o decurso da história alemã em direção ao império da pequena Alemanha [*kleindeutsches Reich*]. Por trás da determinação de inevitabilidade jaz uma tautologia banal, usada por Treitschke e por todo historiador que a ela recorre. Afirmar a inevitabilidade de um evento significa, tão somente, fazer uma afirmação redobrada sobre um mesmo evento. Dizer que algo ocorreu ou dizer que algo ocorreu necessariamente é, *ex post*, completamente indiferente. Algo não aconteceu "mais" porque

---

[1] J. M. Chladenius, *Allgemeine Geschichtswissenschaft*, Leipzig, 1752, reimpressão Viena, Colônia e Graz, 1985.

teve que acontecer. Com a afirmação adicional sobre a necessidade de um evento ocorrer, reivindico para esse evento uma sequência causal de caráter forçoso, uma inevitabilidade que, no fim das contas, provém da onipotência de Deus. O historiador se comporta como representante da divindade.

Em outras palavras: ao usarmos a categoria da inevitabilidade, ofuscamos a exigência de formação de hipóteses, que permite sequências causais. Podemos nos arriscar a fazer afirmações de inevitabilidade contanto que as formulemos com ressalvas. Podemos projetar razões forçosas apenas dentro dos limites de premissas estipuladas hipoteticamente, o que não exclui a possibilidade de outras indagações destacarem razões completamente diferentes. A exatidão das interpretações das fontes não é garantida pelo diagnóstico dessas fontes, mas primeiramente pela formulação teórica da pergunta sobre a história possível.

Não criticamos, portanto, a afirmação de que as perguntas teleológicas e a dependência da posição do interrogador poderiam ser abolidas; criticamos qualquer afirmação de uma suposta inevitabilidade da realidade. Essa crítica também remete a determinações temporais: ela se volta contra a singularidade e a linearidade de decursos históricos, que, em vários aspectos, também representam uma reminiscência secularizada da previdência, de uma previdência que se esconde na afirmação da inevitabilidade forçosa. Uma teoria dos tempos históricos que faça jus à realidade histórica complexa exige afirmações relacionadas a múltiplos estratos.

g) Isso nos leva à conhecida discussão sobre a monocausalidade marxista (superficial). Nessa discussão, os historiadores ocidentais, na maioria das vezes, acreditam que podem garantir sua superioridade. No entanto, a acusação de que a história não pode ser interpretada de modo monocausal pode ser facilmente invertida. Pois a introdução de uma, duas, cinco ou de um número infinito de razões nada revela sobre a qualidade das minhas reflexões históricas. Em tese, um esquema monocausal permite fazer afirmações muito sensatas – basta lembrar os livros de Schöffler, cuja riqueza muitas vezes se baseia em explicações monocausais; justamente nisso reside sua fertilidade, ou sua qualidade certeira. Tendo como premissa uma hipótese, os marxistas procedem de modo legítimo quando apresentam construções monocausais e enfatizam a dependência da assim chamada superestrutura em relação à infraestrutura. A verdadeira objeção que pode ser levantada contra eles não consiste, portanto, na monocausalidade como possível categoria histórica, mas primeiramente no fato de que essa categoria é usada ingenuamente – mas nisso eles não se distinguem da maioria dos nossos historiadores. Em segundo lugar – e essa objeção é muito mais grave –, no fato de que muitas vezes são forçados a formular suas afirmações em posição subalterna, sem a possibilidade de questioná-las de forma crítica. A objeção contra a monocausalidade se volta, portanto, contra a falta de consciência da hipótese e, em outro nível, contra a obrigação de seguir ordens. A reflexão sobre o contexto social do historiador e sobre a determinação de objetivos é politizada e foge ao autocontrole científico. Com isso, no entanto, tocamos num problema delicado. Todos conhecem a ambivalência na qual a historiografia comunista se vê obrigada a trabalhar. Por outro lado, o vínculo partidário e a obrigação de adaptar seus objetivos a mudanças de situação, além de praticar a autocrítica, remetem a uma problemática que precisa ser lembrada. Com isso, chego à parte final.

3. É uma vantagem política do campo comunista que sua produção científica reflita constantemente a relação entre *teoria* e *prática*. As objeções contra o controle das diretrizes historiográficas pela política partidária nos países marxistas, por mais justificadas que sejam, não podem ofuscar o fato de que toda historiografia exerce uma função pública.

    Evidentemente, é necessário diferençar entre a função política que uma ciência pode, mas não precisa, ocupar a qualquer momento e a influência que isso exerce, ou não, sobre a política. Os temas das ciências naturais puras, por exemplo, não têm implicação política: seus resultados podem ser usados universalmente e, em si, são apolíticos. Mesmo assim, a função política dessas ciências – basta lembrar o aproveitamento da física nuclear ou da bioquímica – pode ser muito mais importante do que a das ciências humanas e sociais. A ciência da história, por sua vez, sempre exerce uma função política, mesmo que esta não seja sempre a mesma. Quando é praticada como história da Igreja, do direito ou da corte, como biografia política ou história universal, seu lugar social muda, e com isso também a função política de seus resultados obtidos cientificamente. Mas isso não determina de modo suficiente a implicação política da pesquisa histórica. Ela depende da problemática investigada por uma corrente de pesquisa. Parece trivial, mas precisamos lembrar que as questões analisadas pela história da música não incluem perguntas políticas, como ocorre com a história da diplomacia. A redução ideológica de cada atividade histórica a interesses políticos tampouco pode substituir a legitimação científica de determinado método e dos resultados que ele obteve. A função política e a implicação política não são congruentes. Quem anular essa diferença transforma a história em uma aula ideológica, privando-a da tarefa crítica que ela, como ciência, pode (mas não precisa) assumir em relação aos problemas políticos.

Agora já não estamos mais tratando da pergunta sobre as premissas teóricas que nos acompanharam e nos levaram às fontes. Abandonamos a pergunta, na medida em que somos forçados a formular hipóteses e prosseguimos no caminho que os marxistas sempre incluem em suas reflexões e que aqui, na maioria das vezes, é percorrido de forma ingênua ou evocado apenas verbalmente. Aceitamos, portanto, o desafio da didática. A pergunta sobre ela, já bastante batida, também se presta a uma discussão científica análoga. Suspeito que só podemos falar de forma sensata sobre uma didática da história se a história, como ciência, desvelar suas próprias premissas teóricas. Talvez descubramos assim que o mal-estar provocado pela disciplina escolar chamada história tem as mesmas raízes que a falta de capacidade de reflexão teórica dentro da nossa ciência. Em termos positivos: se aceitarmos o desafio da exigência de teoria, resultarão consequências didáticas que a chamada didática não é capaz de encontrar por conta própria.

Ao longo de um século e meio, enquanto refinávamos nossas ferramentas histórico-filológicas e aprendíamos a dominá-las perfeitamente, os historiadores permitiram que as circunstâncias do poder determinassem seu caminho, das fontes para o público. Esses grandes sucessos do positivismo incentivaram uma arrogância particularmente receptiva a ideologias nacionais.

O caminho que vai da pesquisa das fontes até o retorno ao público apresenta diversas extensões: dentro da universidade, ele permanece relativamente próximo à pesquisa; na escola, já se afasta mais; no âmbito público, alcança nossos espaços de ação políticos e, por fim, a publicidade no círculo global de destinatários de afirmações históricas.

Aqui, devemos lembrar que todas as afirmações históricas só podem reproduzir fatos do passado de forma abreviada ou rejuvenescida, pois a totalidade do passado não pode ser recuperada: ela pertence irrevogavelmente ao passado. Em termos estritos, a pergunta sobre aquilo que realmente ocorreu só pode ser respondida se partirmos do pressuposto de que não formulamos *res factae*, mas apenas *res fictae*. Pois, uma vez que o passado não pode ser recuperado como tal, para fundamentar teoricamente as minhas afirmações históricas vejo-me forçado a reconhecer o caráter fictício de uma facticidade passada. Em comparação com a infinitude do passado, que nos é inacessível como tal, toda afirmação histórica representa uma abreviação. No âmbito de uma epistemologia realista-ingênua, toda exigência de abreviação é uma exigência de mentira. Mas posso não mentir se souber que a exigência de abreviação é parte inerente da nossa ciência. Isso contém uma implicação política, e assim também a didática conquista um lugar legítimo no âmbito da ciência histórica. Precisamos nos perguntar constantemente o que a história é, pode ser e deve ser hoje para nós: na universidade, na escola e na esfera pública. Não estou dizendo que a pesquisa deva permitir que seus objetivos sejam ditados política e funcionalmente por alguma instância externa, mas temos que estar cientes das implicações políticas da nossa pesquisa e das afirmações que precisamos desenvolver a partir delas. Então, a função política que a história sempre tem ou deveria ter pode ser determinada de forma mais adequada pela própria ciência da história. Precisamos desmantelar a aporia do historicismo, que acreditava firmemente na impossibilidade de aprender algo das histórias, mas mesmo assim incluiu a ciência da história no ensino.

A história social moderna
e os tempos históricos

Nos últimos trinta anos, praticamente desde a Segunda Guerra Mundial, o cenário de pesquisa em ciências históricas tem sofrido grandes mudanças. Uma delas diz respeito à história que é resumida sob o nome popular de história social. Trata-se de um conceito flexível, suficientemente elástico para abarcar áreas mais ou menos heterogêneas. O conceito de história social parece excluir injustamente a narrativa histórica estritamente vinculada a eventos, que, por sua vez, e também injustamente, está intimamente ligada à história política. Isso só pode ser explicado a partir de uma polêmica político-científica: a história dos eventos ou a história política devem fazer parte da história social, já que, por exemplo, as mudanças de longo prazo nas relações entre diversos estratos ou classes são elementos da história política.

A segunda mudança em nosso cenário de pesquisa reflete-se no fato de que o debate teórico intervém fortemente e em medida crescente na ciência histórica. Os representantes mais firmes da história dos eventos refutam essa impertinência teórica como desvio, enquanto os historiadores sociais a acolhem com entusiasmo. Nesse contexto, precisamos diferençar entre as diversas teorias. Algumas partiram das ciências sociais e influíram na ciência da história como um todo, dando inúmeros impulsos e estimulando perguntas novas. Trata-se daquelas teorias que, vindo da economia, da sociologia, da ciência política, da antropologia, da linguística e de outras áreas de pesquisa das ciências humanas, sistematizaram e sincronizaram nossa óptica diacrônica.

Outra corrente do debate teórico, por sua vez, não surtiu quase nenhum efeito. Trata-se daqueles problemas de natureza mais epistemológica, que são discutidos pela filosofia analítica anglo-saxônica e desenvolveram vida própria, ativamente, desde Hempel e Popper. Sua influência sobre a prática de pesquisa não é grande, ao contrário das teorias das ciências sociais, que exerceram uma forte influência sobre a nossa profissão. A razão parece ser evidente: muitas vezes, os exemplos empíricos analisados pela filosofia analítica e inspirados na filosofia da linguagem, apesar de terem sido dissecados brilhantemente, são de uma simplicidade tão singela que não apresentam nenhum valor metodológico imediato para o historiador praticante. Não quero dizer com isso que eles não tenham grande interesse para a epistemologia. Mas a epistemologia não se reflete necessariamente na prática da pesquisa à qual se refere. A situação se apresenta de forma diferente no caso daquelas teorias concretas e fundamentadas pelas ciências sociais que provêm da economia nacional, da matemática, da ciência política, da sociologia etc. e que inspiraram numerosos modelos e hipóteses da moderna pesquisa histórica.

O campo da pesquisa histórica foi, em grande medida, ampliado sob o título de história social. Já não há nada que escape de ser acolhido pelos historiadores. As histórias dos salários e dos preços, das conjunturas econômicas, da produtividade e do desenvolvimento econômico como um todo compõem uma das áreas de pesquisa mais bem estabelecidas, que, após um breve período de isolamento, são submetidas cada vez mais aos termos de uma história social. Acrescentou-se muito mais: a demografia, a história dos parentescos, da família, da infância, até mesmo a história da morte que, como sabemos, ultrapassa toda experiência pessoal. Ou a história das doenças – não da saúde –, dos modos de conduta, dos costumes e rituais e a história das lendas, como também a história das vias de transporte, da imprensa e das redes de comunicação, toda a história das relações linguísticas e extralinguísticas, das mentalidades e dos comportamentos inconscientes. Juntam-se a essas, naturalmente, as histórias das ciências específicas e as histórias de suas áreas de pesquisa, que hoje são repartidas entre as diferentes faculdades. Tudo é subsumido no conceito de história social. Esquecemos facilmente que isso já tem uma longa tradição em nossa profissão, tradição que remonta a Heródoto, mesmo que sob outras designações.

Em todo caso, podemos dizer que já não existe mais praticamente nenhum resquício do passado que não tenha se tornado digno de ser preservado (para compensar a aceleração técnica das nossas condições de vida) e não tenha sido elevado ao *status* de objeto de pesquisa. As fronteiras com a arqueologia também se tornaram permeáveis, pois hoje os testemunhos não escritos e não verbais da tradição fazem parte do âmbito temático da história social, que tenta desemudecer cada e toda coisa.

Estamos então, em primeiro lugar, diante do diagnóstico de uma prática de pesquisa histórica que abriga cada vez mais reflexão teórica e, em segundo lugar, diante do diagnóstico de uma grande ampliação das investigações empíricas. Os dois diagnósticos estão intimamente ligados. Quanto mais variadas e numerosas as abordagens, mais difusos os resultados obtidos. Não surpreende que os teóricos se sintam obrigados a definir limites para agregar áreas de pesquisa ou possibilitar sua comparação. Os teoremas, modelos ou hipóteses compensam e ordenam o avanço da curiosidade. Por outro lado, precisamos dizer que a enorme expansão das áreas de interesse histórico exige esclarecimentos teóricos para evitar que a história descambe para o antiquariato ou para o anedótico.

A expansão da pesquisa e a indigência teórica são manifestações interligadas da nossa ciência. Complementam-se. Nesse contexto, o mote da história social passou a ocupar uma posição-chave. Seus conceitos foram descritos por muitos – Braudel, Hobsbawm ou Kocka –, de modo que posso me poupar de uma enumeração detalhada. Seja como for, os limites determinados não são fixos: estendem-se da história apolítica das relações interpessoais de grupos, comunidades ou sociedades específicas até a história das sociedades politicamente organizadas, que pretendem absorver na "história da sociedade" a totalidade da história. A história social, portanto, pode significar a história de classes ou de âmbitos individuais, e também a história de toda a humanidade. Nada se ganha com isso.

Antes de tentar relacionar esboços da história social a perguntas referentes ao tempo histórico, quero fazer duas ressalvas metodológicas. A primeira é contra o conceito de história total; a segunda, contra o uso da palavra "social" na história social.

O historiador que tenta reunir todas as histórias individuais em uma história total está destinado a fracassar empiricamente. Um empreendimento dessa natureza só pode ser tentado se antes houver uma teoria para a possibilidade de uma história total. Ficará evidente que qualquer história total sempre será o produto de uma perspectiva. Por exemplo, o historiador é obrigado a decidir se as condições de produção ou as relações de mercado devem ocupar uma posição primária ou se essa posição deve ser ocupada pelas relações de domínio e pelas estratificações sociais ou, como possível ponto de discussão para o período da Reforma, pelas atitudes e expectativas religiosas no contexto social. É claro que o esboço de um modelo em perspectiva desse tipo, que estabelece prioridades, entra em conflito com outras teorias possíveis, as quais, por sua vez, podem ser questionadas por outras mais. Isso não ocorre apenas no âmbito da pesquisa empírica, por mais fecundos que sejam os resultados produzidos pelas diversas premissas teóricas.

Uma segunda advertência deve ser feita quanto ao uso irrefletido da palavra "social". Só a partir dos séculos XIX e XX é possível falar de uma história social. Por trás disso esconde-se um problema moderno, cujas implicações teóricas não podem reivindicar validade para tempos mais antigos. Antes da Revolução Francesa, toda sociedade era ao mesmo tempo uma "*societas civilis et politica*". A economia das sociedades comerciais ou dos estados territoriais permanecia integrada à sociedade de estamentos, caracterizada pelo fato de que suas determinações econômicas, sociais e políticas coincidiam. Somente com o desenvolvimento do comércio global e o surgimento de sistemas de economias nacionais tornou-se possível definir a economia como âmbito autônomo ao lado do Estado, da sociedade, da cultura ou da religião. Somente desde então uma história das ciências passou a ser capaz de diferençar analiticamente domínio político, constituição social e estrutura econômica – diferenciações que ainda não estavam disponíveis para os contemporâneos do mundo feudal.

É metodologicamente legítimo transpor essas separações modernas também para o passado remoto, contanto que não equeçamos que elas não são adequadas para o espaço de vivência de então. Como já mencionamos, um estamento podia ser definido concomitantemente sob aspectos políticos, sociais e econômicos, enquanto uma classe do século XIX teria que ser definida diferentemente sob cada um dos três aspectos. Desde o século XIX, as precondições sociais nos permitem diferençar entre classes de domínio, classes sociais e classes economicamente determinadas. Elas não convergem em direção a um estamento homogêneo no sentido pré-revolucionário. Mesmo assim, essas categorias modernas podem ser projetadas sobre o passado para gerar conhecimentos analíticos que os antigos contemporâneos ainda não podiam obter.

Após essas duas ressalvas ao conceito de uma "história total" e ao uso acrítico do termo "social", preciso discutir três aspectos.

Em primeiro lugar, farei observações preliminares sobre o surgimento da consciência temporal especificamente histórica; depois falarei sobre as diferentes dimensões do tempo, pertinentes aos eventos e às estruturas; por fim, proporei como seria possível abordar algo como o tempo histórico no âmbito da semântica política e social.

1. O desenvolvimento de uma compreensão do tempo especificamente histórico

A história sempre tem a ver com o tempo – todos sabemos disso. Mas demorou muito para que algo como um tempo histórico fosse tratado explicitamente. Penso vê-lo surgir na era do Iluminismo. Antes dele, encontramos divisões do decurso histórico conforme categorias míticas ou teológicas, que definem o início, o meio e o fim, ou então doutrinas das eras do homem, que precediam os eventos históricos individuais. A cronologia do dia a dia se orientava pelas medidas naturais das órbitas do Sol e da Lua, como o fazemos ainda hoje. Nos casos em que essas cronologias eram enriquecidas historicamente, encontramos ritos recorrentes do ano litúrgico ou datas biológicas das dinastias e de seus representantes. Todas essas determinações temporais ordenaram a multiplicidade de histórias de acordo com predeterminações naturais, mas não tentaram deduzir os critérios temporais do próprio decurso da história.

Inventar a Idade Média foi o primeiro passo para extrair dos próprios eventos históricos algo parecido com uma divisão imanente à história, divisão que não precisasse ser justificada pessoal, natural ou miticamente. Mas, como sabemos, passaram-se três a quatro séculos até que, no século XVIII, a Idade Média aos poucos se estabelecesse como conceito de uma era histórica. Só no século XIX o termo Renascimento se fixou como conceito geral para um período histórico. Nesses séculos, que, *ex post*, permitiram dividir a história de uma nova maneira, o conceito de um tempo novo também se impôs lentamente. Minha tese é que esse conceito foi o primeiro a adquirir um significado genuinamente histórico, situado além de quaisquer origens míticas, teológicas ou naturais da cronologia. Como Kant o expressou na época: até então, a história se orientara pela cronologia; agora, a cronologia teria que se orientar pela história. Este era o programa do Iluminismo: ordenar o tempo histórico segundo critérios que pudessem ser deduzidos apenas do conhecimento da própria história. Só então a história começou a ser dividida conforme pontos de vista objetivos abrangentes da política, mais tarde também da economia, ou conforme a perspectiva de uma história da sociedade, das igrejas e dos povos, ou a ser ordenada de acordo com aspectos da história das descobertas científicas. Só então, também, foram levantadas as primeiras perguntas sobre conquistas culturais que poderiam fornecer a medida para uma divisão imanente à história. O século XVIII colheu os frutos que haviam amadurecido desde o "Renascimento" e a "Reforma".

A fim de desenvolver essa nova posição, os critérios do tempo histórico precisam ser objeto de reflexão. Essa reflexão se realizou nas publicações da filosofia da história, que é um produto do século XVIII, mesmo que suas temáticas tenham surgido em eras anteriores. Mas o novo conceito indexa um novo nível de reflexão. Este pode ser demonstrado no uso de duas categorias temporais centrais: "novo tempo" e "progresso". O "novo tempo" se distingue de antigas doutrinas das eras pelo fato de não ser experimentado apenas *ex post*, mas de forma imediata. Essa é a novidade desse conceito de era. Não é um conceito que olha para trás: surge no presente e aponta para um futuro aberto. O futuro da modernidade é pensado como algo aberto e ilimitado. A doutrina das últimas coisas e a do retorno de todas as coisas foram recalcadas pela ventura de explorar um futuro aberto. Um novo futuro que seria fundamentalmente diferente de todo o passado até então. O conceito denota isso enfaticamente.

Essa experiência do tempo histórico como tempo novo possibilitou numerosas inferências. Quero mencionar algumas. Novo tempo e progresso eram idênticos. Pois o progresso expressou em um único conceito a diferença entre passado e futuro. Com isso, o tempo adquiriu uma nova qualidade histórica que, no horizonte das coisas imutáveis e do retorno dos eventos exemplares, nunca possuíra. Podemos também dizer que o progresso foi a primeira determinação temporal genuinamente histórica que não extraiu seu sentido de outras áreas de experiência, como a teologia ou o pré-conhecimento mítico. O progresso só pôde ser descoberto quando o próprio tempo histórico começou a ser objeto de reflexão. Trata-se de um conceito reflexivo. Na prática, isso significa que ele só pode acontecer se as pessoas o desejarem deliberadamente e o planejarem. Uma das manifestações colaterais de um tempo histórico interpretado como progressivo é que o futuro é visto como horizonte do planejamento, não só de dias, semanas ou até mesmo anos, mas de longo prazo, em vista da transformação.

Outro critério a ser mencionado é o fato de que a descoberta do progresso vincula-se à descoberta do mundo histórico. As visões histórica e progressiva do mundo têm a mesma origem. Complementam-se como as duas faces de Jano. Se o novo tempo sempre traz consigo o novo, então o passado diferente precisa ser descoberto e reconhecido individualmente em sua estranheza, que aumenta com o tempo.

A história, como ciência moderna, surge quando o rompimento com a tradição separa qualitativamente passado e futuro. Desde então, tornou-se necessário desenvolver métodos próprios que nos ensinam a reconhecer a estranheza do passado. Desde então, é possível que a própria verdade histórica se transforme com as mudanças do tempo, que essa verdade seja ultrapassada. Desde então, o método histórico precisa definir um ponto de vista a partir do qual seus juízos possam ser formulados. Desde então, a testemunha ocular já não é mais a autêntica testemunha-chave de um evento; ela é questionada a partir da perspectiva avançada que se sobrepõe ao passado. Somente desde então foi possível pensar o axioma da singularidade de toda a história e da sua individualidade – e isso em contrapartida à experiência histórica anterior, como a da Antiguidade e a do cristianismo, que não esperava nada de fundamentalmente novo, mas apenas algo semelhante ou igual para o futuro. Com Lovejoy, podemos chamar esses processos, sucintamente esboçados aqui, de temporalização da história.

Até agora tenho me orientado por critérios metodológicos que revelam algo como um "tempo histórico" inerente à nossa ciência. Com isso, no entanto, estipulamos implicações referentes à história concreta, das quais falarei adiante. As consequências para uma "história social" são óbvias. Se nós, como historiadores, quisermos desenvolver uma teoria genuína que se distinga das ciências sociais gerais, essa teoria precisa permitir a inclusão de uma mudança de experiências temporais em seus cálculos.

No início, o diagnóstico de uma temporalização – para usar uma expressão cunhada *ex post* – foi apenas uma reflexão da elite intelectual. Mas por trás disso projetam-se novos diagnósticos e modos de conduta, que apontam para além do mundo do *ancien regime*, dividido em estamentos. A aceleração da mudança, provocada pela técnica e pela indústria, caracteriza uma experiência temporal especificamente histórica. A transição da diligência para a ferrovia e o automóvel e, finalmente, para o avião a jato transformou de modo fundamental todas as relações entre tempo e espaço e, com elas, também as condições do mundo do trabalho, da mobilidade social, da técnica bélica, da rede de comunicação global – fatores que constituem a nossa história mundial em um planeta finito. Com a temporalização e a aceleração, identificamos condições temporais gerais que, como indagações contínuas, influem em todos os conceitos da história social moderna. Essas condições gerais permitem fazer comparações diacrônicas e sincrônicas; suscitam, sobretudo, a pergunta central referente àquilo que ocorreu ao mesmo tempo (no sentido cronológico) de forma desigual (no sentido dos tempos históricos). Lembro aqui a obra clássica de Barrington Moore.

Para citar um exemplo da história prussiana: após a Revolução Francesa, a Prússia se viu diante do desafio de reformar sua ordem social de estamentos. Esse desafio foi aceito, pretendendo-se introduzir uma constituição escrita. Apesar de ter sido prometida repetidamente, ela só foi produzida à força, em 1848. Analisemos esse processo sob uma perspectiva temporal.

No tempo de reforma após 1807, a prioridade era liberalizar a economia para gerar um livre mercado de terra e de trabalho. Ou seja, primeiro foi preciso criar as condições econômicas necessárias para o funcionamento de uma constituição liberal, na qual os estamentos não seriam mais representados de acordo com direitos de nascença, mas de acordo com posses e formação. As reformas econômicas foram priorizadas para que uma constituição liberal pudesse ser imposta. Em termos temporais: primeiro as reformas econômicas, depois a consequência política. Para Hardenberg, o resultado do procedimento inverso era evidente: se ele tivesse convocado imediatamente um parlamento sob as condições de domínio que prevaleciam no início, o resultado teria sido catastrófico para as reformas econômicas. A nobreza, a primeira a exigir uma constituição, teria sido suficientemente poderosa para reverter todas as leis de reforma, diante de uma burguesia fraca e de camponeses sem direitos políticos. As precondições econômicas para uma liberalização teriam sido impedidas. Em 1815 ainda era cedo demais para promulgar uma constituição escrita. A consequência paradoxal foi que, depois disso, sempre já era tarde demais. Pois com o sucesso crescente das reformas, a nobreza soube assimilar importantes estratos da burguesia. Por volta de 1848, quase a metade das propriedades da nobreza estavam em mãos burguesas, e a nobreza agora se transformara em uma classe rica, financeiramente garantida. Partes importantes da burguesia haviam sido absorvidas, razão pela qual falharam as esperanças liberais da Revolução de 1848.

Podemos então dizer de forma simplificada: a modernização econômica segundo os princípios de Adam Smith evitou a modernização política no sentido de um sistema constitucional ocidental. A série temporal econômica e a série temporal política levaram a resultados contraditórios, se os compararmos com os dados de planejamento iniciais. A consequência disso foi a chamada solução especificamente prussiana, na qual os estamentos antigos, politicamente reacionários, mobilizaram forças para a modernização econômica. Portanto, a transformação da sociedade de estamentos em uma sociedade de classes precisa ser medida com diferentes escalas temporais, se quisermos explicar os resultados prussianos específicos no horizonte da industrialização europeia. É um esboço simples de como os indicadores temporais da prioridade e das consequências podem ser aproveitados para perguntas sócio-históricas. Obviamente não parto do pressuposto de que a prioridade temporal das reformas econômicas, cuja consequência política foi a diminuição das chances constitucionais, forneça um modelo suficientemente explicativo da mudança de longo prazo na sociedade prussiana. Mas é claro que a pergunta referente às estruturas temporais dos diferentes setores permanece uma *conditio sine qua non* de todo conhecimento sócio-histórico.

2. Eventos e estruturas sociais

Com isso, chego ao segundo aspecto. Trata-se aqui da relação entre os eventos e as chamadas estruturas. Antes, porém, preciso fazer uma observação preliminar. A classificação do tempo histórico como "linear" ou "circular" é uma simplificação inadequada. Essa abordagem tem absorvido longamente as noções históricas, até Braudel fazer a importante sugestão de analisar os tempos históricos como estratos múltiplos. O par antitético de evento e estrutura é adequado para esclarecer essa estratificação múltipla.

Já "progresso" e "novo tempo", que esbocei no início, contêm simplificações compreensíveis para o século XVIII, pois a descoberta de um novo tempo acabara de conceitualizar novas experiências. Mas é claro que essa categoria de um tempo sempre novo, no qual vivemos, é insuficiente para a nossa ciência. O progresso, que só pode ser imaginado no eixo temporal linear, oculta a ampla base de todas as estruturas que persistem e que, em termos temporais, se fundamentam na repetição.

Os eventos e as estruturas estão interligados na realidade histórica. É o historiador que precisa separá-los, e devemos pressupor que ele não possa tratá-los ao mesmo tempo. A focalização de uma lente fotográfica também não permite fazer um *long shot* e um *close* ao mesmo tempo.

O que, então, é a estrutura temporal de um evento? Os contemporâneos envolvidos podem experimentar diferentes eventos como correlacionados, como unidade de sentido. Nisso se funda, por exemplo, a prioridade das testemunhas oculares, cujos relatos, até o século XVIII, eram considerados fontes primárias de grande confiabilidade. Esse é também o grande valor das histórias tradicionais, que descrevem inúmeros eventos e são repassadas de geração em geração.

A moldura na qual uma soma de ocorrências se reúne para formar um evento é, primeiramente, a cronologia natural. Apenas um mínimo de diferença entre o antes e o depois constitui a unidade de sentido que faz de ocorrências individuais um evento. O contexto de um evento, seu antes e seu depois, pode ser ampliado; sua consistência, no entanto, permanece vinculada à sequência temporal. Basta lembrar as histórias dos inícios das guerras de 1914 e de 1939. O que realmente ocorrera, ou seja, a interdependência das ações e omissões, só foi revelado na hora seguinte, no dia seguinte etc.

A transposição de ações e experiências passadas para o conhecimento histórico também continua a depender de uma sequência que possa ser medida cronologicamente. O antes e o depois constituem o horizonte de sentido de uma narrativa, cuja forma mais sucinta é representada pela fórmula de César: "*Veni, vidi, vici*" [Vim, vi, venci]. Todo evento permanece inserido em uma sequência temporal. Podemos ler o ditado de Schiller também desta forma: a história do mundo é o juízo do mundo.

"Se recusarmos aquilo que o minuto nos oferece, nenhuma eternidade poderá nos devolver."

Como sabemos, as sequências de eventos não são totalmente aleatórias. O antes e o depois, ou o cedo demais e o tarde demais, constituem sequências obrigatórias. Podemos chamá-las de estruturas diacrônicas. Elas nos permitem comparar as sequências de revoluções, guerras ou histórias constitucionais num determinado nível de abstração ou numa tipologia.

Além dessas estruturas diacrônicas de eventos, existem também estruturas de prazo mais longo, cuja característica temporal é a repetição. Enquanto o antes e o depois são indispensáveis para os eventos, a exatidão de determinações cronológicas é menos importante para descrever estados ou prazos longos. Todos os eventos se fundam em precondições estruturais, que os antecedem de modo diferente do "antes" em sentido cronológico. Alguns exemplos de estruturas desse tipo são formas constitucionais e modos de dominação, que se baseiam na repetição de regras estabelecidas; ou forças produtivas e condições de produção, que só se alteram em longo prazo, às vezes em surtos, mas cujo efeito se baseia na repetição de determinados procedimentos e na constância racional das condições gerais do mercado. Podemos mencionar também as precondições geográficas e espaciais que ajudam a estabilizar em longo prazo o dia a dia ou provocam situações de conflito político. Elas se parecem ou se repetem no decurso da história. Além dessas, devemos mencionar também as formas de conduta conscientes e, mais ainda, as inconscientes, que podem ser orientadas por instituições ou condicionam as instituições, cuja característica é a duração relativa e sobrepessoal. Estão incluídos aqui, naturalmente, os hábitos e os sistemas jurídicos, cuja força costuma ordenar e subsistir aos eventos individuais. Por fim, quero mencionar o comportamento generativo que, a despeito de todas as dramáticas histórias ou tragédias de amor, indexa continuidades e mudanças de longo prazo, aquelas que ultrapassam os indivíduos. Poderíamos aumentar essa lista, mas basta de referências. A característica temporal desse tipo de estruturas é o retorno do mesmo, ainda que o mesmo se altere a médio ou longo prazo.

No movimento histórico, eventos e estruturas têm, portanto, diferentes extensões temporais, que a ciência histórica precisa investigar separadamente. Normalmente, a representação das estruturas se aproxima mais da descrição; a dos eventos, mais da narrativa. Mas definir a história dessa ou daquela forma significaria estabelecer preferências erradas. Ambos os níveis, os eventos e as estruturas, permanecem dependentes um do outro.

Minha tese é que os eventos nunca poderão ser suficientemente explicados por meio de estruturas predeterminadas, da mesma forma que as estruturas não podem ser esclarecidas apenas por meio de eventos. Entre os dois níveis, há uma aporia epistemológica que nunca permite remeter um dos níveis ao outro de forma suficiente. O antes e o depois de um evento preservam sua qualidade temporal, que nunca pode ser completamente reduzida às suas condições de longo prazo. Cada evento manifesta mais e, ao mesmo tempo, menos do que aquilo que está contido em suas predeterminações: daí também a sua novidade, que costuma nos surpreender.

Para esclarecer isso, quero apresentar um exemplo: as precondições estruturais da batalha de Leuthen nunca poderão explicar por completo por que Frederico, o Grande venceu essa batalha da forma como a venceu. Certamente, esse evento se funda em estruturas predeterminadas: na constituição militar da Prússia, em seu sistema de recrutamento, em sua integração na constituição social e agrária da região a leste do rio Elba, na estrutura tributária e no orçamento de guerra. Tudo isso viabilizou a vitória de Leuthen, mas o 5 de dezembro de 1757 permanece singular em sua sequência cronológica imanente.

Outro exemplo: um processo de direito trabalhista pode ser uma história dramática para a pessoa afetada. Ao mesmo tempo, porém, o processo também pode ser um indicador de determinações sociais, jurídicas e econômicas de longo prazo. Dependendo do tipo de indagação, a maneira de representar a importância da história se desloca. A história pode ser classificada temporalmente de modos diferentes. Ou se aborda o antes e o depois da ocorrência, com seu suspense, o processo e o desfecho, com suas consequências, ou a história é dissecada em seus elementos, de modo a se apontar aquelas condições sociais que tornam o decurso do evento "estruturalmente" compreensível. A descrição dessas estruturas pode ser ainda mais dramática do que a narrativa do processo trabalhista em si.

Portanto, só podemos pesquisar a história se distinguirmos as diferentes dimensões temporais. Repito a minha tese: eventos e estruturas estão entrelaçados, mas um nunca pode ser reduzido ao outro.

Permito-me fazer duas inferências para a prática da ciência social. Quando distinguimos os diferentes níveis temporais, encontramos as condições e os limites de possíveis prognósticos. Dificilmente eventos individuais podem ser prognosticados, pois, como tais, são singulares. No entanto, podemos prognosticar as condições de um futuro possível na medida em que certas possibilidades se repetem dentro de estruturas predeterminadas. Podemos, então, projetar as condições de certos eventos sobre o futuro. A história dos prognósticos oferece muitos testemunhos para isso.

Quero, em segundo lugar, apontar uma peculiaridade da história social moderna. Aparentemente, ela se caracteriza pelo fato de que, desde as revoluções Francesa e Industrial, as estruturas sofrem mudanças mais rápidas do que antigamente. A própria mudança estrutural passou a ser um evento: esta é a característica da nossa modernidade. Mas tal afirmação não vale para todas as estruturas; investigar suas diferentes extensões temporais continua sendo uma tarefa da pesquisa.

3. Espaço de experiência e horizonte de expectativas como categorias temporais

Na parte final, quero apresentar algumas pistas de como o tempo histórico pode ser investigado pelas gerações viventes. Como sabemos, é difícil visualizar esse tempo histórico: ele se serve dos significados espaciais e só pode ser descrito metaforicamente. Mas existe uma possibilidade de analisar os tempos históricos das fontes. Duas categorias antropológicas nos permitem deduzir as noções de tempo contidas em testemunhos escritos: espaço de experiência e horizonte de expectativas. Todo ato histórico se realiza com base na experiência e na expectativa dos agentes. Proponho, portanto, um par de categorias meta-históricas que estabelece uma condição fundamental de uma história possível. Ambas as categorias são apropriadas para tratar do tempo histórico, pois o passado e o futuro se entrelaçam na presencialidade da experiência e da expectativa. As categorias são capazes de identificar o tempo histórico também no âmbito da pesquisa empírica, pois elas, com um conteúdo enriquecido, orientam as unidades de ação concretas que realizam o movimento social e político. Um exemplo simples: a experiência da execução de Carlos I serviu, mais de um século depois, como horizonte de expectativas de Turgot, quando compeliu Luís XVI a realizar as reformas que deveriam poupá-lo do mesmo destino. Turgot advertiu o rei em vão. Mas estabeleceu-se um vínculo temporal (que ultrapassava a mera cronologia) entre a Revolução Inglesa do passado e a Revolução Francesa vindoura. Turgot se serviu de uma analogia estrutural, que ele transpôs da experiência para a expectativa. Imersa em experiências e expectativas, a história concreta se manifesta.

Não posso analisar aqui em detalhes as relações recíprocas entre experiência e expectativa. Limito-me a dizer que as duas extensões temporais se condicionam reciprocamente de maneiras muito diferentes. A experiência preserva um conhecimento histórico que só com rupturas pode ser transformado em expectativa. Se não fosse dessa maneira, a história, basicamente, só se repetiria. Assim como a memória e a esperança, as duas dimensões também apresentam *status* diferentes. Uma piada política da Rússia esclarece esse ponto:

"Já podemos ver o comunismo surgindo no horizonte", afirma em uma palestra Khrushchev. Um ouvinte pergunta: "Camarada Khrushchev, o que é horizonte?" "Consulte um dicionário", responde Nikita Serguêievitch. Em casa, o interlocutor encontra em um léxico a seguinte definição: "Horizonte: uma linha imaginária que separa o céu e a Terra, que se afasta quando nos aproximamos dela."[1]

Evidentemente, o que esperamos para o futuro é delimitado de maneira diferente daquilo que experimentamos no passado. Expectativas cultivadas podem ser ultrapassadas; experiências realizadas, no entanto, são colecionadas. Por isso, o espaço de experiência e o horizonte de expectativas não podem ser remetidos um ao outro de forma estática. Eles constituem uma diferença temporal no presente, entrelaçando o passado e o futuro de modo desigual. Com isso, teríamos definido uma característica do tempo histórico que, ao mesmo tempo, pode indicar mutabilidade.

---

[1] Alexander Drozdzyinski, *Der politische Witz im Ostblock*, Düsseldorf, 1974, p. 80.

De acordo com minha tese, a diferença entre experiência e expectativa tem aumentado cada vez mais na modernidade. Mais precisamente: a modernidade só foi compreendida como tempo novo a partir do momento em que as expectativas começaram a se distanciar cada vez mais das experiências realizadas. Já expliquei como a expressão "progresso" conceitualizou pela primeira vez essa diferença. Quero acrescentar que todo vocabulário político e social foi submetido a mudanças fundamentais a partir do século XVIII. A estrutura temporal interna dos conceitos políticos e sociais revela que as ponderações dos fatores de experiência e dos fatores de expectativa mudam completamente a partir desse século.

Uma avaliação da linguagem política desde Aristóteles até o Iluminismo mostra que seus conceitos registraram e processaram, em primeiro lugar, a experiência. Uma vez obtidas categorias como monarquia, aristocracia, democracia e seus modos de declínio, elas bastavam para tirar conclusões da experiência, assim processada, para o futuro. Isso valia a despeito das mudanças nas estruturas sociais. Aquilo que se esperava para o futuro podia ser deduzido diretamente das experiências feitas. Isso muda de forma radical a partir do Iluminismo. Analisemos o conceito geral "*res publica*", ao qual todas as formas de dominação eram subordinadas. O Iluminismo confrontou todos os tipos constitucionais com uma alternativa forçosa: só existe a república, todo o resto é despotismo. O ponto crucial nesse novo par antitético é sua temporalização. Ele atribui um indicador temporal a todas as constituições, pois o percurso histórico se afasta do despotismo do passado e leva à república do futuro. O conceito de "república", impregnado pela experiência, se transforma em um conceito de expectativa.

Tal mudança de perspectiva manifesta-se exemplarmente em Kant. Para ele, a república era uma determinação histórica, um objetivo que podia ser deduzido da razão prática. Para designar o caminho até esse futuro, Kant serviu-se de um termo novo: "republicanismo". O republicanismo indexava um movimento histórico cujo avanço era um mandamento moral da ação política.

O republicanismo era, portanto, um conceito de movimento, que cumpria na ação política aquilo que o progresso prometia para a história como um todo. Ele serviu para antecipar teoricamente o movimento histórico vindouro e influenciá-lo na prática. A diferença temporal entre as formas de domínio presentes em toda experiência anterior e a constituição vindoura, esperada e almejada, foi assim subsumida a um novo conceito.

Com isso, descrevemos a estrutura temporal interna de um conceito que ressurge em numerosos conceitos seguintes, e cujos esboços do futuro, desde então, tentamos ultrapassar e superar continuamente. Ao republicanismo seguiram-se o democratismo, o liberalismo, o comunismo, o fascismo. Do ponto de vista temporal, todos contêm um traço comum. Na época em que tais conceitos foram cunhados, eles não apresentavam nenhum conteúdo experiencial. Os conceitos constitucionais aristotélicos visavam a possibilidades finitas de organização política, fazendo com que cada uma pudesse ser deduzida de outra, mas os novos conceitos de movimento queriam abrir um futuro novo. Quanto menor seu conteúdo experiencial, maior a expectativa evocada – esta é uma fórmula abreviada para a assimetria temporal que caracteriza os conceitos modernos de movimento; na verdade, eles são antecipações.

Como se vê, podemos verificar a nossa premissa antropológica na semântica. A modernidade caracteriza-se pelo aumento da diferença e da tensão entre experiência e expectativa. É claro que as cotas de experiência e de expectativa mudam na mesma medida em que os sistemas projetados se realizam. Mas a tensão temporal caracteriza ainda hoje as nossas linguagens políticas e sociais. Sob uma perspectiva pragmática, os novos conceitos de movimento serviam para ordenar as multidões libertadas de uma ordem baseada em estamentos. Nesse sentido, eles também serviam como mote para a formação de partidos.

Os conceitos políticos e sociais se transformam em instrumentos de controle do movimento histórico em processo de mudança. Eles não indexam ou registram apenas fatos predeterminados. Eles mesmos se transformam em fatores da formação do consciente e do controle comportamental. Chegamos, então, ao ponto em que a análise linguística das experiências temporais se confunde com a história social. É claro que ela precisa ser diferençada detalhadamente quanto a seus estratos específicos e sua pragmática linguística, mas essas observações são suficientes para a nossa pergunta inicial. A comprovação linguística das experiências temporais mutáveis faz parte das contribuições especificamente históricas que precisam ser incluídas pela historiografia social, mesmo que ela seja orientada por outros aspectos sistemáticos.

Fiz três perguntas sobre os tempos históricos, que representam um desafio para a história social.

Primeiro, tentei demonstrar historiograficamente que, com a temporalização, começa aquela diferenciação da nossa história moderna que talvez só possa ser investigada adequadamente por uma "história social".

Em segundo lugar, tentei demonstrar por meio do par conceitual evento-estrutura que dependemos de uma divisão em diferentes níveis temporais para trabalhar em uma história social.

Por fim, com a ajuda das categorias meta-históricas da experiência e da expectativa, tentei demonstrar como uma mudança de tempos históricos pode ser comprovada empiricamente.

História, direito e justiça

A temática escolhida – história, direito e justiça – soa pretensiosa. Três conceitos de peso devem ser relacionados entre si, conceitos que, ao longo da *história* [*Geschichte*] (assim denominada somente a partir do século XVIII), significaram ou designaram fatos ou aspirações bem diferentes. Ninguém questiona a historicidade desses três conceitos. Caso contrário, eles não seriam tema e desafio das ciências que se compreendem como ciências da história e, especificamente, da história do direito.

No que se segue, porém, não tentarei rastrear ou esboçar uma história desses conceitos centrais.[1] Minha reflexão se dirige, antes, à relação entre a história geral e a história do direito. Tentarei tratar dessa questão com a distância do historiador geral, ou seja, do leigo profissionalizado. Evitarei o debate travado pelos historiadores do direito nas duas últimas décadas, pois me faltam conhecimentos em dogmática jurídica.[2] Quando essas disputas ocorreram no âmbito da história geral, as questões foram formuladas de maneira análoga àquelas que têm preocupado também os historiadores. A relação entre uma hermenêutica geral e a hermenêutica dos textos, as perguntas sobre os critérios de objetividade e o contexto social do historiador, sobre a estrutura, os acontecimentos e o processo, sobre a evolução da relação com ciências próximas, em particular com a história social e econômica, tudo isso tem sido debatido tanto pelos historiadores gerais como pelos historiadores do direito – por estes últimos de forma menos veemente, mais silenciosa e calma, sem perder a compostura. Mas é inegável a osmose entre essas áreas, seus traços comuns.

---

[1] Cf. Fritz Loos e Hans-Ludwig Schreiber, "Recht, Gerechtigkeit", in Otto Brunner *et alii* (orgs.), *Geschichtliche Grundbegriffe*, v. 5, Stuttgart, 1984, p. 231-311.

[2] Para evitar a necessidade de mencionar títulos individuais, remeto o leitor ao tratado crítico, orientado pela história social, sobre o debate dos métodos dentro das faculdades jurídicas de Marcel Senn, *Rechtshistorisches Selbstverständnis im Wandel. Ein Beitrag zur Wissenschaftstheorie und Wissenschaftsgeschichte der Rechtsgeschichte*, dissertação, Zurique, 1982, e a Diethelm Klippel, *Juristische Zeitgeschichte. Die Bedeutung der Rechtsgeschichte für die Zivilrechtswissenschaft*, Gießen, 1985 (Gießener Rechstwissenschaftliche Abhandlungen, v. 4), cujas premissas sobre a temporalidade serão diferençadas neste ensaio. Ambas as obras apresentam uma boa bibliografia.

A despeito das diferenças de detalhes, podemos obter um consenso relativamente amplo na formulação das questões, assim como em muitas determinações e respostas teóricas.

A seguir tentarei destacar algumas áreas centrais que remetem a história do direito à história geral e vice-versa. Evitarei as areias movediças do puro debate metodológico, mesmo que por isso eu venha a ser acusado de permanecer em um terreno demasiadamente geral: afinal, este é o único – e talvez duvidoso – privilégio a que o historiador geral pode aspirar entre especialistas que ocupam um lugar preferencial em todas as demais questões.

Usarei o mínimo de método, dando dois passos: primeiro, tratarei da relação entre história e justiça. Mais precisamente, da pergunta: o que se pode fazer para vincular a experiência histórica a algo que se possa chamar de justiça? Aparentemente, história e justiça permanecem em uma tensão constante e indissolúvel, que provoca sempre novas tentativas de resolução, mas sem que os dois conceitos consigam convergir. Como se pode interpretar cientificamente essa relação?

Segue-se então, como segundo ponto, que também a história e o direito – compreendido este último como manuseio e administração institucionalizada de uma concepção de justiça – sempre remetem um ao outro. Na segunda parte, sugiro algumas determinações temporais que nos permitem tratar de forma integrada a história geral e a história do direito, mesmo que elas possam ser – ou, como diz Luhmann, já sejam – diferençadas.

1. História e justiça

O fato de a disciplina da história [*Geschichtskunde*] e a historiografia [*Geschichtsschreibung*] estarem sujeitas ao *éthos* da justiça é um aspecto inerente à narrativa histórica [*Historie*] desde Heródoto. A metafórica que remete ao processo judicial – mesmo que, segundo Cícero, o historiador deva "proceder sem a rispidez dos procedimentos legais e sem os ferrões das sentenças judiciais"[3] – está em vigor: para se chegar aos fatos verdadeiros, é preciso interrogar as melhores testemunhas, suas declara-

---

[3] Cícero, *De Oratore* II 15, 64, trad. alemã Raphael Kühner, Munique, s.d., p. 151.

ções devem ser comparadas e contrastadas, e também a parte contrária deve ser ouvida. A despeito de todas as diferenças metodológicas, essa aspiração da ciência da história vale até hoje: os princípios de um processo justo[4] fazem parte da apuração da verdade. No entanto, depois da narrativa histórica proposta por helenos e cristãos, produziu-se uma ampliação que, desde Ranke, já não é aceita por todos: a de que o historiador deve ir além de determinar os fatos e além de falar sobre as pessoas envolvidas neles. Porém, a crítica à função de juiz, quando exercida pelo historiador, é tão antiga quanto a reivindicação dessa função. Faz parte da tradição retórica que o historiador deva, se possível, permitir que os fatos estabelecidos falem por si mesmos, para que o próprio leitor forme seu juízo. Por trás disso esconde-se a instrução indireta de que o leitor deve formular um juízo moral. Assim, duas advertências convergem: as afirmações científicas devem ajustar-se ao seu objeto; além disso, elas devem emitir um juízo legítimo sobre esse objeto ou, pelo menos, preparar o leitor para emitir esse juízo. Trata-se então de conceitos de justiça, um mais restrito, outro mais amplo; ou eles visam apenas a um procedimento metodológico justo, à apuração dos fatos, ou então a uma legítima formação de juízo. Em termos modernos, ambos os conceitos são usados na polêmica sobre o juízo de valor. Ambos – o que se refere ao método e o que se refere aos juízos de valor – remetem um ao outro. A apuração de fatos e a formação de juízo não podem ser separadas.

Por isso, quero reformular a pergunta ao historiador: não apenas seu procedimento e seus juízos devem ser justos – uma exigência com a qual, como disse, precisamos lidar desde sempre. Quero retomar a pergunta sobre o tipo de justiça a que se refere a história narrada ou construída pelos historiadores. Será que eles estabelecem uma história que reivindica algum tipo de justiça que lhe seja inerente? Será que, uma vez formulada, ela constitui uma justiça, de modo que o juízo resulte quase automaticamente dos fatos históricos e não de sua apresentação literária e estilizada?[5]

---

[4] Lukian, *Wie man Geschichte schreiben soll*, c. 41, org., trad. e apresentação H. Homeyer, Munique, 1965, p. 148.

[5] Veja a recente obra de Hayden White, *Auch Klio dichtet oder die Fiktion des Faktischen* (*Tropics of Discourse*, Baltimore, 1982). Trad. do inglês Brigitte Brinkmann-Siepmann e Thomas Siepmann, Stuttgart, 1986.

Essa pergunta se dirige primariamente à ciência da história e aos seus métodos. Podemos tipificar cinco respostas, que desenvolverei sucintamente aqui.

Primeiro: *a resposta de Heródoto*. Ele sempre oferece uma justiça que atravessa as histórias individuais.[6] Os homens produzem o próprio destino com arrogância e cegueira. São responsáveis, mas não soberanos, pois acima deles estão os deuses, e acima destes, o destino. Ao longo do tempo – mesmo que no decurso de gerações, como no Antigo Testamento –, esse destino garante que a injustiça seja punida, e os crimes, vingados. Todas as histórias contêm uma justiça que lhes é inerente, à qual ninguém pode fugir, e que o historiador deve encontrar e expressar. Ainda hoje podemos considerar plausíveis os padrões de interpretação da reflexão de Heródoto, que remete às histórias míticas sobre os deuses, com suas propostas de sentido. O historiador que investiga as campanhas de Carlos XII da Suécia, de Napoleão ou de Hitler na Rússia dificilmente se recusa a reconhecer que o deslumbramento selou esses destinos. Nesse sentido, é possível extrair da história uma justiça que lhe é inerente, quaisquer que sejam as explicações para as causas e o decurso dessas campanhas.

O diário secreto de Linnaeus,[7] editado por Lepenies e Gustafsson, registra histórias do cotidiano do século XVIII no norte da Europa. Seus padrões poderiam ser provenientes de Heródoto, como no relato que conta como o neto de um homem acusado de alta traição e perdoado por Pedro, o Grande mata o neto desse czar. Tal padrão interpretativo remete a uma justiça inerente aos contextos históricos. Essas histórias possuem início e fim, e nisso se parecem com os casos que encontramos nos processos penais, civis ou administrativos. Seria interessante investigar em que pontos eles se diferenciam. O juiz desvela a história tendo em vista aplicar a lei. Seu papel de administrar e aplicar a lei lhe confere uma posição mais importante que a do historiador na execução da justiça. Com sua narrativa, este último também constrói uma história depois de inter-

---

[6] Veja a opinião diferenciadora de Hermann Strasburger, *Herodot als Geschichtsforscher*, Zurique e Munique, 1980, esp. p. 54.

[7] Carl von Linné, *Nemesis divina*, org. Wolf Lepenies e Lars Gustafsson. Trad. do latim e do sueco por Ruprecht Volz, Munique e Viena, 1981. Veja J. H. Franklin, *Jean Bodin and the 16th Century Revolution in the Methodology of Law and History*, Nova York, Londres, 1961, 1966.

rogar testemunhas e analisar fontes. (O *Pitaval** oferece histórias para ambos, o historiador e o juiz.) Mas o juiz é obrigado a levar o caso até o fim, coisa que o historiador deve evitar.

Por último, uma das formas mais antigas da historiografia, as memórias, nas quais ator e narrador convergem, também é motivada pela ideia de justiça. César, Frederico, o Grande ou Napoleão contam as próprias histórias, influenciadas e parcialmente produzidas por eles mesmos: nenhum desses autores conseguiu fugir à pressão de se justificar, por mais sublimada que ela apareça. Isso também vale para as grandes histórias de guerra de Churchill, que delas participou em posição de liderança. Toda justificativa parte do pressuposto de que há uma justiça inerente à história, diante da qual cada um crê que precisa se justificar, seja de forma afirmativa ou defensiva.

Segundo: *o modelo de Tucídides.* Tucídides compreendeu que o padrão interpretativo de Heródoto não abarcava todas as experiências dos homens na história. O homem pode se ver diante de alternativas que ele não escolheu e ser responsável por situações que lhe foram impostas. O acaso também entra no jogo. Assim, o homem assume culpas que não podem ser justificadas por nenhum direito.[8] Tucídides rejeita um direito fundado pelos deuses. Ele escreve em um século em que o conflito entre o antigo direito e o novo produzia situações sem saída, que só podiam ter um fim trágico.[9] Tucídides nos ofereceu uma resposta teórica, sofisticada: a separação entre poder e direito. Com isso, propôs uma temática que nos ocupa até hoje.

No diálogo sobre os mélios, os atenienses apelam ao fato de que o poder segue suas próprias leis e não adianta recorrer ao direito. Diante do poder desnudado, a insistência no direito pode se transformar e até mesmo ter um efeito ofuscante que conduz à morte. Esse é um pensamento que d'Aubigné propôs de forma análoga durante a guerra civil religiosa:

---

* Famosa coleção de casos jurídicos e histórias criminais escrita por F. G. Pitaval (1673-1743). [N.T.]

[8] Tucídides, *Historiae* III 45, org. C. Hude, Leipzig, 1910, p. 220.

[9] Sobre tudo isso, veja Wolfgang Schadewaldt, *Die Anfänge der griechischen Geschichtsschreibung*, Frankfurt am Main, 1982, e Christian Meier, *Die Entstehung des Politischen bei den Griechen*, Frankfurt am Main, 1980.

quem apela à própria consciência se torna culpado; por isso, não pode culpar ninguém, senão a si mesmo.[10]

Tucídides também permanece sob a influência de Heródoto quando, ao extermínio dos mélios, agrega, sem mais comentários, a expedição dos atenienses à Sicília, cujos sobreviventes morreram nas pedreiras de Siracusa. Mas isso não muda em nada o fato de que os mélios assassinados, escravizados e vendidos continuam mortos, escravizados e vendidos; e de que sua cidade foi destruída. Tucídides não se permite estabelecer aqui uma conexão entre culpa e castigo; no máximo, deixa valer a lei de causa e efeito, embora a esconda por trás da descrição dos eventos. Se é mais fácil explicar o fim dos atenienses a partir de seu poder insuficiente ou de seu erro de avaliação, torna-se desnecessário recorrer a uma justiça inerente à história. Por contraste, o apelo dos mélios ao direito e à justiça, com suas referências à história, serve de pretexto para concluir que o poder – sua ascensão e seu declínio – cria suas próprias leis e contém em si a verdadeira natureza de todas as histórias. Dubček reconheceu isso em Moscou em 1968, quando repetiu com os russos a estrutura do diálogo mélio. O mesmo vale para o diálogo entre Háchas e Hitler, em 1939, em Berlim.*

Ao destacar a oposição entre poder e direito, Tucídides abriu um espaço de experiência que permite abordar e interpretar qualquer história em todas as suas variantes. A "história universal como história do poder" é um modelo cujas raízes teóricas remetem a ele, passam por Maquiavel e chegam a Cartellieri, criador desse título. É um modelo consistente, mesmo que venha acompanhado de lamentações sobre a falta de justiça.

Quem assumiria a responsabilidade de legitimar o desaparecimento de milhares de unidades de ação políticas, que sumiram no decurso da história sem deixar vestígios, e defender o domínio de um poder superior?[11] Tucídides nos ensinou que a história não executa uma justiça que lhe seja

---

[10] Agrippe d'Aubigné, *La Confession du Sieur de Sancy*, in *Oeuvres complètes*, v. 2, Paris, 1877, p. 369ss. Veja Reinhart Koselleck, *Kritik und Krise*, Frankfurt am Main, 1973, p. 15.

* Alexander Dubcek, secretário-geral do Partido Comunista Tcheco, liderou a chamada Primavera de Praga em 1968, esmagada pela invasão de tropas soviéticas. Emil Háchas foi presidente da Tchecoslováquia entre 1938 e 1945, período em que o país tornou-se um protetorado da Alemanha. [N.T.]

[11] Veja o monumento de guerra ironizado de Kienholz, coleção Ludwig, Colônia.

inerente. Sua interpretação destaca a diferença entre poder e direito, evocada até hoje. O poder é o silencioso fundo de interpretação do direito, e vice-versa. A história do direito internacional não pode ser concebida sem esses pressupostos. Em seu trabalho sobre a expansão europeia e o direito internacional, Jörg Fisch demonstrou como e onde direitos excepcionais se escondem nos princípios de igualdade do direito natural: por trás desses princípios manifestam-se outro poder e seus interesses.[12]

No fundo, todos os impérios são grandes latrocínios, observou Agostinho oitocentos anos após Tucídides. Isso nos leva à terceira interpretação, que compensa teologicamente a insuperável tensão entre poder e direito.

Terceiro: *o modelo agostiniano*. Agostinho adotou padrões interpretativos que a tradição helênico-romana lhe oferecia: enquanto a mão de Deus castiga as injustiças gritantes deste mundo ainda neste mundo (o que é compatível com Heródoto), as injustiças no exercício do poder provocam novas misérias (o que é compatível com Tucídides). Mas a resposta realmente nova que esse padre da Igreja deu à situação de crise por volta do ano 400 foi que a verdadeira justiça repousa apenas em Deus. Os cristãos podem participar dela através da misericórdia, mas sua execução certa só pode ser esperada para o *iudicium maximum* após o fim dos tempos.[13]

Assim, as histórias são desobrigadas da pretensão fútil de gerar ou executar justiça a partir de si mesmas, mas sem que os homens abandonem a noção de uma justiça superior invisível. Os juízos de Deus são legitimamente secretos e secretamente legítimos.[14] Esse padrão interpre-

---

[12] Jörg Fisch, *Die europäische Expansion und das Völkerrecht*, Stuttgart, 1984.

[13] Compare a história dos conceitos da língua jurídica de Hans Hattenhauer, *Pax et Justitia*, Hamburgo, 1983 (protocolos das reuniões da sociedade das ciências Joachim Jungius, ano 1, caderno 3).

[14] Agostinho, *Civ. Dei*, livro 20, cap. 19: os condenados seriam seduzidos; os seduzidos, condenados, sendo que os condenados seriam seduzidos de acordo com as sentenças ocultamente justas e justamente ocultas – "*judiciis Dei occulte justis, juste occultis*" –, com as quais Deus, desde a queda, nunca teria cessado de julgar a criatura racional. Sobre a conclusão forçosa de Dante de exigir que os castigos não executados no aquém fossem executados de forma impiedosa e eterna no além como prova da graça divina, que assim se transforma em executor radical e impiedoso da justiça, veja Hugo Friedrich, *Die Rechtsmetaphysik der Göttlichen Komödie*, Francesca da

tativo se baseia na fé indemonstrável em uma justiça de Deus, da qual o ser humano só poderá compartilhar no fim da história. Apesar da participação potencial dos homens na justiça de Deus, a justiça não pode ser consumada e executada neste mundo, onde só pode ser alcançada de forma imperfeita.

Esse modelo agostiniano provocou duas respostas interligadas, mas diametralmente opostas.

Quarto: *a história absurda*. A história em si – um pensamento que só pôde ser concebido a partir da teologia – se torna absurda quando se abre mão da justiça compensadora do Juízo Final. Mesmo que o ser humano seja encarregado de buscar e, se possível, executar a justiça, tudo que ocorre neste mundo se subtrai à *justitia* invisível. No decurso da história medieval, a posição extrema de Agostinho foi ultrapassada na medida em que sua assimetria dos dois reinos foi territorializada e aplicada a unidades de ação eclesiásticas e seculares. Se o reino de Deus podia ser representado pela Igreja e o reino do mundo se realizava no império cristão, os eventos históricos podiam ser explicados a partir dos padrões interpretativos tanto de Heródoto quanto de Tucídides. Mas o absurdo potencial e a injustiça irresolúvel na história, que Agostinho havia introduzido no pensamento, permanecem como um espaço de experiência possível; basta pensar em *Cândido*, de Voltaire.

Aquele que tenta compreender Auschwitz mediante analogias não pode se esquivar da ausência de sentido de uma justiça que se retira, se é que pretende compreender a história. Nenhuma atribuição de culpa e nenhuma explicação podem reparar esse acontecimento. Agostinho nos forneceu uma possibilidade de experiência que, apesar de se basear em uma esperança teológica, faz com que toda justiça desapareça no além. Nesse sentido, superou Tucídides.

Àqueles que interpretam a expulsão dos alemães do leste como castigo justo para Auschwitz – como a Declaração de Stuttgart insinua – podemos responder com Tucídides: a expulsão teria ocorrido mesmo sem

---

Rimini, Frankfurt am Main, 1942 (Das Abendland. Forschungen zur Geschichte europäischen Geisteslebens, org. Herbert Schöffler, v. VI). Sem interpretá-lo já de forma processual, manifesta-se aqui uma "posição intermediária" de Dante entre Agostinho e Hegel, que instiga outras diferenciações históricas, mas sem exigir que se abra mão de uma pretensão tipológica.

Auschwitz. Mas, seguindo Heródoto, poderíamos dizer: sem a obstinação dos alemães nenhum dos dois acontecimentos teria ocorrido. O que tornou Auschwitz possível foi a guerra desencadeada pelos alemães; como resultado dessa mesma guerra, os alemães do leste foram expulsos. Ambos os eventos podem ser remetidos a uma causa comum, mas sem que se estabeleça um vínculo causal entre ambos.

O evento em si – o extermínio de milhões de judeus e de outros grupos étnicos – não pode ser adequadamente interpretado, nem do ponto de vista moral nem do racional, por nenhuma ciência da história. Talvez seja necessário assumir o problema do absurdo ou, segundo Hannah Arendt, da banalidade do mal, mesmo que se continue aspirando a obter um ensinamento para o futuro, pois os homens – nesse caso, os alemães – precisam se responsabilizar pelos absurdos que cometem.

A experiência pós-agostiniana da negatividade, possibilitada pela interpretação do Padre da Igreja, caracteriza a nossa modernidade. Todo paralelo ou analogia estrutural com outras formas de "degeneração" falha como explicação. Quaisquer que sejam as explicações disponibilizadas, o fato de que existem histórias incomensuráveis com qualquer noção de justiça – e, por isso, absurdas – é um elemento da nossa experiência.

Isso nos leva à quinta posição, igualmente impensável sem Agostinho. Ela afirma o contrário: "A história do mundo é o juízo do mundo." Essa máxima de Schiller foi formulada pela primeira vez na versão revisada de um poema de amor para Laura. Depois, Hegel a sistematizou, e desde então ela pretende harmonizar as interpretações divergentes de Heródoto e de Tucídides, inserindo ambas no *ordo temporum* da escatologia agostiniana. A máxima está contaminada por Heródoto. Como prosseguiu Schiller: "O que se esvai no minuto / nenhuma eternidade pode devolver." Essa situação é irrecuperável, assim como cada época de Rank é imediata para Deus. O homem é responsável por todos os efeitos que ele, *nolens volens* [querendo ou não], causou. Erros ou ofuscações provocam vinganças irrevogáveis. Mas a justiça inerente à história se transforma em causa impulsionadora não só das histórias individuais, mas de toda a história do mundo, impiedosa e sem compaixão no Juízo Final.

Para Kant, a ideia de uma recompensa ou de um castigo que nos espera no além é profundamente amoral, pois determinações heterônomas, ou seja, a esperança da recompensa e o medo do castigo, depravam a moralidade pura. A moral precisa se justificar sempre no *hic et nunc* [aqui e agora], e não consolar-se com um além. Com essa exigência rigorosa, a determinação da diferença, por Tucídides, entre poder e direito se tornou ainda mais aguda – uma diferença que Kant nunca conseguiu eliminar, mas que foi nivelada pela simplificação de Hegel. A justiça também consagra a história do poder que se impõe de forma amoral e ilegal. O Juízo Final se manifesta na própria história: todo dia é o dia final. O pensamento de que o êxito não pode ser legítimo é anulado com Hegel: não há mais nenhum Juízo Final que garanta uma compensação, a própria história se transforma em processo e sua consumação se converte na última instância. Assim, o ser humano se vê exposto a uma enorme exigência que também chega às raias do absurdo.

A diferença estabelecida por Tucídides entre poder e direito se manifesta diacronicamente como veículo do Espírito para fazer vigorar um "direito superior". Também a história reduzida à história do poder se manifesta como história do direito no caminho para a liberdade. Aquilo que, em determinada situação, aparenta ser amoral ou ilegal pode se converter em direito ao longo do tempo. "Isso só é válido para o direito do Espírito absoluto e só podem ser consideradas as circunstâncias que propiciam um princípio superior do Espírito. Nenhum Estado pode recorrer a esse direito" – prossegue Hegel. Isso pode ser usado como objeção contra aqueles que interpretam Hegel só sob o aspecto do poder político: a história supera, para não dizer transcende, o homem que atua. Nesse sentido, Hegel é compatível com Agostinho. Unidades de ação políticas não devem tentar legitimar injustiças evidentes, reivindicando para si o direito supremo da história do mundo, por exemplo. "Precisamos respeitar o direito do Espírito contra as pretensões dos Estados." Hegel insiste em que nenhum ator político pode reivindicar para si que esteja agindo em nome da história mundial. Onde o manto de formas jurídicas encobre lutas pelo poder entre povos eruditos e bárbaros, entre cristãos e pagãos, entre muçulmanos e infiéis, "não há nenhuma legalidade", como Hegel pôde concluir de modo quase kantiano.[15]

Essa, então, seria a quinta posição aqui esboçada. Ela remete a fontes fragmentadas do idealismo alemão. O aspecto novo e comum é a tempo-

---

[15] Hegel, *Die Vernunft in der Geschichte*, org. J. Hoffmeister, Hamburgo, 1955, p. 147ss.

ralização consequente. A justiça, qualquer que seja, sempre se realiza no conjunto da história do mundo e através dela. A predeterminação do "sempre já" e do "ainda não" cria no homem a necessidade de converter, de forma reflexiva e autoconsciente, suas limitações em justiça. Assim, a história pode ser interpretada em sua diacronia como caminho para o estado de direito, para a sociedade das nações. Ela age conforme esses parâmetros.

Não é mais a história individual, como em Heródoto, que manifesta uma justiça que lhe é inerente. É a história do mundo que, como uma totalidade aberta, está submetida à necessidade racional de conduzir o desenvolvimento do homem a situações asseguradas pelo direito e, sobretudo, justas.

Sabemos que esse padrão interpretativo que sustenta a experiência moderna também impregna o historicismo e conduziu a todos os esboços de história – liberais, democráticos e socialistas. Mas também sabemos que nossa própria experiência se opõe a essa interpretação esperançosa e utópica da história. Mesmo assim, não podemos abandoná-la completamente, pois nossas possibilidades de sobrevivência dependem de um mínimo de ordem jurídica, mesmo que esta precise ser conquistada e reafirmada a cada dia.

A experiência registrada e interpretada pela historiografia pode ser útil a esse respeito. A remissão às três formas pré-modernas, acima mencionadas, de determinar a relação entre história e justiça testemunha a atualidade delas: a experiência, formulada por Heródoto, de que na multiplicidade das histórias individuais concretas pode transparecer algo como um destino adequado ao homem; a experiência, induzida por Tucídides, de que o poder social, político ou econômico não pode ser diretamente relacionado ao direito, seja tradicional ou recente; e, por fim, a experiência que Agostinho extrai do conceito teológico de que o homem não pode realizar a justiça neste mundo e que experimentar um mundo sem Deus é absurdo. Ainda precisamos recorrer a esses padrões interpretativos, pois eles nos lembram do fardo jogado sobre o homem, ser que é forçado a realizar o direito a fim de sobreviver. O *páthos* do desencanto se impõe quando história e justiça são remetidas uma à outra.

No entanto, todo especialista poderá demonstrar que os cinco modelos de experiência aqui descritos não abarcam Heródoto, Tucídides, Agostinho, Kant ou Hegel como um todo. E as variações da interpretação aumentam quando, nesse jogo de argumentos, introduzimos textos de outros autores ou lemos Agostinho não sob a perspectiva da recepção da teologia negativa, mas sob a perspectiva de uma doutrina estoico-cristã do direito natural.

Aqui pretendemos reforçar um argumento, elevando-o à condição de tese: existem experiências históricas que, ao longo do tempo, foram enriquecidas, refutadas ou ampliadas e que só puderam ser realizadas porque as histórias individuais e a história como um todo estão impregnadas de padrões interpretativos que remetem à ideia de uma justiça possível. Independentemente de ter sido compreendida de modos tão diversos ao longo da história, ela é uma condição necessária, embora insuficiente, para permitir a experiência do que é a história.

As cinco variantes que esboçamos podem ser estilizadas também como possibilidades antropológicas que convergem, após dois milênios e meio de experiência histórica refletida. Elevadas ao seu conceito, podem ser lidas como uma sequência da história do espírito. Todas as interpretações podem ser atualizadas, e sem elas a experiência histórica não poderia ser transposta para a ciência. Em outras palavras: os cinco padrões de experiência antecedem os passos metodológicos feitos pelo historiador ao investigar a história passada.

Todas as hipóteses modernas e representações científicas que propõem diagnósticos históricos podem ser remetidas a esses padrões de experiência. Implícita ou explicitamente, sempre são mencionadas a justiça ou a injustiça de uma situação histórica, de uma mudança ou de uma catástrofe. Isso não vale apenas para a narrativa histórica moralizante, praticada desde o helenismo, que sobreviveu a Ranke e a Max Weber, prosseguindo até hoje. Também os chamados enfoques não valorativos contêm, implícita ou explicitamente, uma justiça atribuída à história e que influi na formação de juízo. Até mesmo a aceitação do absurdo permanece vinculada à tradição judaico-cristã, na medida em que esta pressupõe um Deus justo, cuja morte provoca uma ausência de sentido que outras culturas não conhecem.

O terror da Revolução Francesa, por exemplo, foi vivenciado primeiramente em termos morais: pelos que o exercem, como execução de uma moral verdadeira; pelas vítimas, como uma ruptura com a moral até então em vigor. Mas já a geração seguinte de pesquisadores, após o precedente de Foster e de Lorenz von Stein, interpretou esse terror funcionalmente, ou seja, como um meio necessário para suprimir a sociedade dos estamentos, insinuando assim que os jacobinos teriam executado uma justiça superior. Essa criação de sentido "isenta de valores" se nutre de uma justiça inerente à história ou de uma *logificatio ex post*, que não se pode aplicar a Auschwitz. Ninguém que pretenda reafirmar um direito supremo na história mundial ousará interpretar Auschwitz como um passo necessário para a criação do Estado de Israel ou para a introdução de uma Constituição que valoriza a liberdade na República Federal da Alemanha. Conceber esse pensamento significa falsear os fatos. É aquele direito que os russos marxistas revindicavam ao exterminar os *kulak*, entendidos como uma injustiça em termos hegelianos.

Interpretar a história sob critérios de justiça é necessário, mas nunca suficiente. Com isso, tentei fundamentar minha primeira tese, que deve parecer evidente aos historiadores do direito. Chego, então, à segunda parte.

2. História e direito: algumas questões para a história do direito

Inicialmente, o exercício da justiça era interpretado como uma obrigação metodológica do historiador profissional; depois, tentou-se perceber a justiça como elemento de interpretação de toda história representada. Descobriu-se então que determinadas interpretações são compatíveis e outras se excluem. Mas nenhuma das interpretações oferecidas pode ser completamente invalidada ou é totalmente superada por sua idade ou por mudanças nas constelações. Seja por experiências realizadas, seja por se remeter a seus conceitos, tais propostas se repetem. A história oferece mais do que um decurso singular e único. Ela é isso também, mas é mais do que isso. Como os modelos de justiça da historiografia geral nos mostraram, a história está sujeita a uma sequência cronológica e, ao mesmo tempo, a uma estruturação sistemática.

No âmbito das ciências históricas não há uma disciplina especial mais capaz de confirmar esse diagnóstico do que a história do direito e – acrescento sem estabelecer diferenças – a história das constituições.

Lembro aqui as análises de Wieacker, realizadas para mensurar a contribuição da escola romanística do direito à adaptação do direito civil e mercantil às condições da industrialização. Determinadas regras jurídicas e propósitos formais sobre aquilo que se considera justo sobrevivem à mudança e à inovação no direito mercantil e processual, ao mesmo tempo que viabilizam essa mudança e essa inovação.[16]

A alternativa formulada por Betti e Wieacker, de uma história do direito mais contemplativa, preocupada com a descoberta das áreas temáticas passadas que devem ser reconstruídas, ou de uma história do direito mais preocupada com sua aplicabilidade – essa alternativa não pode ser determinada a partir de princípios; só pode ser usada pragmaticamente no âmbito da pesquisa. Ambas as abordagens não veem a história em sua singularidade diacrônica, mas sim como algo que se repete, seguindo estruturas determinadas. Precisamos então perguntar se, de modo análogo aos modelos de justiça que podem ser invocados desde a Antiguidade, também é possível recorrer a antigos diagnósticos jurídicos ou a regulamentos institucionais do passado para reivindicar sua validade ainda hoje, ou se eles remetem a equivalentes funcionais que pressupõem problemas comuns.

A possibilidade de repetir a história das constituições pode ser facilmente comprovada. A política aristotélica contém modos de procedimento e formas de domínio que, ainda hoje, poderiam ser formulados como regras jurídicas sem que perdessem sua força.

Formada a partir das *anfictionias* gregas, a história alemã oferece padrões de organização e regulamentações federais que não são singulares, mas transformáveis e aplicáves no futuro. Lembro aqui a Hansa, que, como liga de grandes comerciantes, não era idêntica à soma das cidades que eles governavam. Usando termos modernos, Estado e soberania nem sempre convergem, o que invoca a necessidade de regulamentações federais. Recordemos a Suíça e os Países Baixos, que, seguindo a tradição jurídica federal alemã, conseguiram conquistar a soberania estatal como

---

[16] Franz Wieacker, *Pandektenwissenschaft und Industrielle Revolution*, in Juristen-Jahrbuch, 9 (1968-1969), p. 1-28; Stephan Buchholz, *Abstraktionsprinzip und Immobiliarrecht*, Frankfurt am Main, 1978 (Ius Commune, Sonderhefte, Texte und Monographien, 8); Heinz Wagner, *Die Politische Pandektistik*, Berlim, 1985.

confederação. Ou recordemos a aliança aduaneira [*Zollverein*] que, em termos jurídicos, solucionou problemas análogos àqueles que hoje precisam ser solucionados pela Comunidade Econômica Europeia.

É claro que, em suas épocas, cada uma das ligas, alianças e associações mencionadas precisou lidar com desafios singulares. Os problemas políticos e econômicos do *Zollverein*, por exemplo, ocorreram à sombra do predomínio britânico, tendo como horizonte de desejo a unificação nacional. Já os problemas da Comunidade Europeia abarcam um território maior e lidam com um horizonte de interdependência global e com uma tecnologia altamente desenvolvida. Aceitando-se, então, a singularidade diacrônica, é surpreendente a analogia estrutural das formas de regulamentação organizativa e jurídica das instituições inter ou multiestamentais e inter ou multiestatais. A história do direito e a história constitucional são as disciplinas que, por sua temática, nos dão instrumentos para observar a aplicação repetida desses marcos legais.

O direito, para ser direito, deve ser aplicado de forma recorrente. Isso exige o máximo de formalismo e de regularidade que exceda o caso individual. A durabilidade relativa, assegurada pelas regras processuais, possibilita subsumir os casos individuais aos estatutos e à lei. Para expressá-lo de forma um pouco exagerada: as negociações que levaram ao Código Civil Alemão [*Bürgerliches Gesetzbuch*], como sequência de eventos, fazem parte da história política. Aqui, ocorreram negociações e acordos para sustentar o direito por meio de uma legislação. A promulgação do Código Civil, como ato jurídico que integra a história política, pode ser identificada diacronicamente em sua singularidade. A história do direito, porém, apresenta outra estrutura temporal. Tanto as normas jurídicas herdadas, adotadas, adaptadas, modificadas ou reformuladas, como também as leis promulgadas, que entraram em vigor em 1900, reivindicam uma aplicabilidade duradoura.

Ninguém impedirá o historiador do direito de investigar a gênese de obras legislativas, mas, do ponto de vista de uma teoria dos tempos históricos, ele se manterá na visão diacrônica dos eventos, enfatizando sua sequência singular. No entanto, a medida temporal do direito – de qualquer direito – baseia-se em sua repetibilidade estrutural, não importa se ele reivindica uma duração eterna ou se já prevê prazos de validade. Sabemos empiricamente que a história do direito segue adiante em ritmos temporais diferentes dos ritmos da história política e esta, por sua vez, em ritmos diferentes dos da história social ou econômica. O Código Civil permaneceu em vigor na Alta Silésia depois de 1945, mesmo com a ocupação. O *code civil*, na Renânia, e o Código Territorial Geral [*Allgemeines Landrecht*], em Ansbach-Bayreuth, também sobreviveram às mudanças no poder.

Podemos então dizer que, em termos teóricos, a história do direito também considera que as disposições legais singulares estão submetidas à necessidade de repetição e orientadas a uma aplicação recorrente, ou seja, dotadas de prazos e de duração relativamente longos. Ela trata de estruturas, não de eventos. O caso do moleiro Arnold* não é apaixonante como história individual, mas sim encarado, na história do direito, como sintoma de uma mudança estrutural que exclui a repetibilidade de algumas pretensões do poder, para colocar em vigor e fixar a nova regulação de procedimentos jurídicos independentes.

Esse aspecto temporal, que confere à história do direito uma participação genuína na história geral, tem consequências tanto para a exegese específica de fontes como para sua relação com disciplinas vizinhas e suas áreas de pesquisa. Para finalizar, quero esboçar isso rapidamente.

1. Os textos jurídicos que constituem fontes do direito visam à duração, à aplicação repetida, ao contrário de textos narrativos, mesmo quando estes tratam de assuntos jurídicos. Textos narrativos ou documentos se referem a ocorrências singulares, das quais eles dão testemunho. Textos que sustentam o direito, documentos que também resultam de atos, sentenças decorrentes de processos e leis preestabelecidos ou contratos resultantes de negociações criam uma fissura nas sequências de eventos e inauguram uma nova duração. A fim de viabilizar esse tipo de durabilidade, direitos consuetudinários são repassados oralmente de geração em geração ou fixados por escrito. Todos esses textos reivindicam uma aplicação repetida que ultrapassa sua aplicação singular. Nesse sentido, a relação da história do direito com os textos é análoga à dos teólgos com a Bíblia, pois os textos, por si mesmos, não permitem reconhecer a presen-

---

* O moleiro Arnold recusou-se a ceder seu terreno para permitir a ampliação do palácio de Frederico II, o Grande, em Potsdam. Recorreu à Justiça e venceu, levando o rei a proferir uma frase que ficou famosa: "Ainda há juízes em Berlim!" [N.T.]

ça do direito. A temática que expressam linguisticamente, sua terminologia, é diferente daquela que encontramos em discursos feitos por parlamentares para justificar uma nova lei e obter apoio da maioria. Uma declaração textual é conscientemente efêmera; a outra pretende perdurar.

Por isso, a dogmática se encontra igualmente na origem da história do direito, como uma hermenêutica que procura compreender o texto em sua singularidade. A profundidade da dimensão temporal, que nesse caso visa a uma duração relativa, confere às fontes específicas do direito um *status* próprio, que não deve ser confundido com o *status* de uma fonte política, comercial ou narrativa.

Existem, pois, fontes genuínas do direito que desde a origem visam à sua aplicação e cujo sentido não se reduz a uma situação singular ou à história de sua repercussão singular. Tanto as regulamentações processuais quanto as determinações de ordem material visam a ser aplicadas recorrentemente, têm uma estrutura iterativa, diferente das fontes que permanecem presas à história dos eventos.

2. Mas esse é apenas um aspecto. Precisa de um complemento. Com isso, chego à relação da história do direito com suas disciplinas afins. Todas as fontes têm em comum o fato de remeterem a uma realidade extratextual. As fontes jurídicas compartilham esse *status* com os textos de todas as disciplinas históricas. Cada texto pode se transformar em fonte para cada indagação histórica. Assim, os textos que ambicionam uma validade jurídica específica podem ser lidos também sob uma perspectiva econômica, política, sócio-histórica, teológica, histórico-linguística ou qualquer outra, sempre que dirijam perguntas a cada uma dessas áreas. Isso vale também na direção inversa. Os historiadores do direito aproveitaram essa mudança de perspectiva em prol de sua própria historiografia, subordinando metodologicamente as ciências afins, auxiliares, à história do direito. Lembro aqui os procedimentos de Fehr em história da literatura, de Ernst Rudolf Huber em história política e social, de Sohm em história eclesiástica, de Max Weber em história da economia, de Radbruch em história da arte: todos os gêneros mencionados, juntamente com suas fontes específicas, são interpretados pela história do direito.

Por isso, podemos traçar duas fronteiras entre a história do direito e as disciplinas afins. A delimitação mais estrita se concentra em textos que transmitam conteúdos genuinamente jurídicos e servem-se das disciplinas afins apenas como auxiliares. A outra, a delimitação elástica, é mais abrangente. Aqui se revela que a história do direito não consegue existir sem a história política, social ou econômica, sem a história das religiões, da língua e da literatura etc. Isso caracteriza a posição atual da nossa pesquisa. Apesar das reservas necessárias, essa dependência recíproca oferece vias de interpretação. Aplicando-se o modelo de Tucídides, todo direito pode ser interpretado como meio de proteção dos interesses dos poderosos, quaisquer que sejam os acréscimos ideológicos. Todo direito pode ser interpretado como resposta a calamidades sociais ou desafios econômicos, podendo se tratar, para mencionar alguns exemplos, da regulamentação da prática do aborto, do direito contratual ou do direito internacional, que necessita de uma base sólida para se apoiar. Todo direito pode ser interpretado como reação a problemas ainda não regulamentados, a problemas até então inexistentes ou a disputas que surgem em contextos extrajurídicos. Nesse sentido, a história do direito permanece inserida na história geral, na história política e na história socioeconômica; mais recentemente, também na história da técnica.

Essas dependências não se estabelecem de forma aleatória; resultam necessariamente de uma exegese das fontes, que é imanente à história do direito. Toda polêmica histórica sobre a interpretação de normas jurídicas feitas para perdurar nos remete a desafios que antecedem o direito ou que, não sendo abarcados por ele, exigem uma resposta nova. Toda determinação da diferença entre o que é e o que deve ser suscita a pergunta sobre fatores pré ou extrajurídicos que condicionam essa diferença. Quando uma antiga transgressão se transforma em um novo direito – como no caso do direito ao divórcio durante o Iluminismo ou da atual regulamentação da prática do aborto –, predomina a necessidade de adaptação extrajurídica por motivos sociais ou políticos, e a pressão desses motivos pode gerar uma nova qualidade jurídica.

Mas também as inovações jurídicas, que surgiram sob as pressões da industrialização e que ainda surgirão sob as pressões dos crescentes condicionamentos globais e ecológicos, também elas só podem adquirir qualidades jurídicas se ajudarem a criar estruturas que possam ser repetidas. Aí aparecerá seu conteúdo de justiça. Isso vale tanto para os atos da administração e as sentenças jurídicas quanto para as leis e os tratados internacionais.

Para mencionar um exemplo histórico conhecido: as leis de reforma de Stein e de Hardenberg reagiram a uma mudança na estrutura social, em médio prazo, e a uma catástrofe política e econômica, em curto prazo. Seu impulso inovador pode ser avaliado de diversas maneiras; no entanto, o êxito da inovação dependia da repetibilidade das novas ordenações jurídicas. Em sua ordenação das cidades, Stein recorreu a antigos padrões estamentais. Tratava-se de uma reforma civil burguesa, e por isso foi bem-sucedida. Regulamentou-se o mínimo de delimitações estamentais para garantir o máximo de autonomia na administração financeira e civil. Sem o recurso aos costumes e às regras jurídicas estamentais, provavelmente a ordenação das cidades teria fracassado. As reformas econômicas de Hardenberg apresentavam uma força inovadora maior e, em parte por isso, fracassaram. Elas modificaram e decompuseram simultaneamente a ordem jurídica das cidades, estabelecida por Von Stein, insistindo numa ordem econômica estatal comum a todos os habitantes da Prússia. Foram necessários numerosos decretos administrativos e sentenças judiciais, além de leis e tratados interestatais adicionais, para configurar o espaço econômico que se pretendia criar, regido por regras jurídicas comuns.

Interesses – e direitos – dos antigos estamentos opunham-se aos novos interesses e às reivindicações jurídicas da burguesia, que exerce pressão para uma mudança acelerada. A resposta especificamente jurídica aos desafios dessa situação social confusa foi a busca de regulações jurídicas, que precisavam ser aplicadas repetidamente para comprovar sua eficiência, assim garantindo justiça. Analisar esse fenômeno é a tarefa genuína de uma história do direito que não queira se perder em uma história social genérica, mesmo que queira se ocupar com seu próprio núcleo de questões.

Se minhas informações forem corretas, a teoria administrativa de Lorenz von Stein, saturada de história social, foi a primeira e, até agora, a última tentativa de analisar essas interdependências e propostas, tanto em termos sistemáticos quanto em termos de uma comparação entre diversos países. Partindo dos métodos diferenciados e das novas abordagens de hoje, essa teoria precisaria ser reescrita.

Nossa estrita limitação a uma história do direito vinculada a fontes jurídicas genuínas nos levou a ampliá-la e a incluí-la em outros ramos das ciências históricas. Mas não devemos nos satisfazer com as dependências constatadas, que remetem a história do direito a outras disciplinas, como quando relacionamos o direito com os interesses e as constelações de poder. Melhor seria dizer que certas condições mínimas da história geral só podem ser compreendidas e explicadas por uma história do direito. A redução da história do direito a mudanças de interesses e a histórias diacrônicas do poder destrói o conteúdo próprio de uma história do direito cuja estrutura temporal visa à repetibilidade. Quero, então, inverter a pergunta: que aspecto teria a história geral se não perguntássemos o que nela foi possível, mas só prestássemos atenção no que foi juridicamente condicionado e juridicamente estruturado?

Nossa pergunta inicial sobre a justiça imaginável, possível ou impossível foi ocultada. Em outras palavras: a história do direito é condição necessária, mas não suficiente, para a história geral. Por isso, deveríamos exigir uma história integral do direito. E poderíamos ter oferecido uma relação saturada de dados empíricos para sustentar minha primeira tese, a de que nenhuma interpretação da história pode excluir a pergunta referente à justiça.

A realização de uma história integral do direito deve identificar as diferenças temporais geradas pela reivindicação de perdurabilidade e repetibilidade de todo direito. Existem diferentes ritmos de mudança na história política, social, econômica, linguística e jurídica que interagem e convergem nas experiências do dia a dia de ontem, de hoje e de amanhã, consideradas como uma unidade. Suas diferenças objetivas também produzem atritos, e uma das tarefas duradouras do direito é ajudar a solucioná-los. Por isso, suponho que a história do direito escoe de forma mais lenta, com um ritmo de mudança diferente nas sequências de eventos, pelo menos quando comparada com a história política. Ela precisa de seu tempo. Talvez por isso os juristas sejam mais conservadores do que seus demais colegas: mais conservadores não por motivos políticos, mas porque têm todo o direito de sê-lo.

Alemanha, uma nação atrasada?

1.

Em 1935, foi publicado na Suíça um livro importante. Seu título era preciso, mas – como o autor afirmaria mais tarde – um tanto complicado, além de provocar expectativas falsas no leitor: *Das Schicksal deutschen Geistes im Ausgang seiner bürgerlichen Epoche* [O destino do espírito alemão no fim da era burguesa]. Tratava-se de conferências que Helmuth Plessner havia feito em Groningen, no exílio holandês.

De fato, a semântica do título corresponde ao uso de linguagem cultivada pelos nacional-socialistas. Falar do destino ou do espírito alemão estava em voga na época, e também a despedida da era burguesa fazia parte dos *topoi* evocados com frequência pelos estudiosos, que nem sempre se distanciavam do marxismo, mas nisso até pareciam concordar com ele.

O que distingue Plessner é que ele levou muito a sério a história do espírito alemão [*deutsche Geistesgeschichte*] e procurou entendê-la, para então criticá-la e questioná-la de maneira ainda mais fundamentada. Usou repetidamente a segunda pessoa do plural, coisa que, como fugitivo, não tinha nenhuma obrigação de fazer. Como filósofo, antropólogo e fenomenólogo, ele sabia que participava das ocorrências que analisava. Ao interrogar os quatrocentos anos de história antecedentes em busca das razões de longo prazo para o deslumbramento dos alemães, ele nunca assume a postura do sabe-tudo moralista. Não invoca nomes, descreve estruturas: as estruturas da sociedade e das correntes intelectuais e como elas interagiram, cada uma da sua forma. Assim, criou uma obra que merece ser mencionada junto com dois outros livros da mesma época, escritos por dois filósofos que também haviam sido denunciados pelos nacional-socialistas como judeus: *Die Krisis der europäischen Wissenschaften und die transzendentale Phänomenologie* [A crise das ciências europeias e a fenomenologia transcendental], de Edmund Husserl (publicado em 1936, em Belgrado), professor de Plessner, e *Von Hegel zu Nietzsche*, de Karl Löwith (apresentado em 1939, no Japão, dedicado a Husserl e publicado dois anos depois na Suíça). Na época, os livros eram praticamente inacessíveis aos leitores alemães.

Os três autores são mestres na história filosófica do espírito. Husserl, em termos histórico-universais, serve-se de argumentos teleológicos referentes ao próprio ensino; Löwith limita-se às grandezas intelectuais alemãs do século XIX, mas as interroga sistematicamente e as expõe à irrecuperabilidade, comum a todas, de seu passado clássico ou cristão; por fim, Plessner, que foi o primeiro a incluir toda a história europeia para comparar com ela a história alemã, e também para demonstrar os pontos em que a história alemã pode representar a história europeia como um todo. Ele também constata, em 1933, certa irreversibilidade, predeterminada pela decadência da filosofia clássica, que teria permitido ou liberado pretensões ideológicas das teorias biológicas das raças humanas. Plessner é o que mais trabalha de forma histórico-sociológica, comparando e reunindo fatores que aparentemente falam por si, mas que então remetem a constelações políticas maiores, que sofrem mudanças dramáticas. Assim, ele identifica uma dialética fatal, que surge da Reforma, entre interioridade alemã e eclesiologia estatal dogmática. Aos alemães teria faltado aquela era dourada que teria favorecido britânicos, holandeses ou franceses, nos séculos XVI e XVII, e até mesmo o comportamento social, que falta aos cidadãos alemães – independentemente da grandiosidade de sua música e de seus sistemas filosóficos. Mas o vínculo com o Estado e os ideais estatais nunca foi estabelecido, permitindo assim que um saudosismo imperial pré-estatal e uma ideologia popular extraestatal pululassem e crescessem. Uma condição dessa constelação estaria na diferença constante entre a região de língua e cultura supraestatal de todos os alemães assentados na Europa e uma territorialidade estatal pré-moderna, que nunca conseguiu abarcar todos os alemães. As nações ocidentais continuaram sendo exemplos traumáticos; tornou-se impossível alcançá-las após a Guerra dos Trinta Anos. As tentativas seguintes de recuperar o atraso, principalmente durante a rápida industrialização, nunca teriam conseguido desenvolver aquela cultura que invoca o Estado-nação e não um corpo popular – em grande parte apolítico. Plessner faz referências claras ao papel dos vizinhos, por exemplo, dos franceses em Versailles, em 1919, que evitaram que os alemães se unissem com os alemães-austríacos para exercerem a soberania do povo – desejada num sentido ocidental – em um Estado comum. Mas ele confere mais importância a complexos mais estendidos no tempo ou mais profundos, que teriam impedido a autodeterminação dos alemães. À falta de autonomia política correspondem falhas intelectuais. Os cientistas naturais transformaram o povo em uma raça com pressupostos aparentemente biológicos, enquanto os filósofos aceitaram um papel secundário extracientífico, ocupando-se com a epistemologia formal ou elevando "decisões" sem conteúdo ao nível de modos de execução existenciais.

O leitor, de então ou de hoje, pode não concordar com Plessner nesse ou naquele ponto, pois se sente provocado a criticá-lo pela abundância de afirmações cuidadosamente avaliadas, mas mesmo assim inequívocas e ricas. Importante é sua demonstração de que todas as oposições dualistas – entre economia e política, entre Estado e sociedade, entre protestantismo e catolicismo, entre espírito e vida – nunca nos levam adiante, pois sempre precisam ser investigadas em suas estruturas imanentemente ideológicas. Em decorrência disso, Plessner – com Thomas Mann – também não aceita a tese das duas Alemanhas – por exemplo, da Weimar boa e da Potsdam malvada. Antes, vê nos aspectos especificamente bons da história alemã também o mal, que surgiu do bem.

Isso pode lembrar Goethe ou Hegel, mas nem por isso precisa estar errado. A conquista de Plessner consiste no fato de ele nunca ceder à tentação de seguir trilhas ideológicas baratas, que podem ser percorridas sem nenhum custo. Nunca procura desculpas, antes tenta compreender e explicar, também para revelar responsabilidades. Ainda mais que a situação a ser diagnosticada havia se transformado de forma imprevisível após a Segunda Guerra Mundial e o extermínio dos judeus – mesmo que as estruturas de longo prazo e as constelações de médio prazo da história alemã não tivessem mudado. Por isso, para incentivar ou aguçar a reflexão, a consciência e o conhecimento, Plessner publicou uma segunda edição de sua obra em 1959. O texto permaneceu o mesmo, com exceção de alguns acréscimos. Isso poderia ter lhe causado orgulho, mas tal sentimento era contrário à sua personalidade. Mas ele mudou o título, que agora passou a ser: *Die verspätete Nation, über die politische Verführbarkeit bürgerlichen Geistes* [A nação atrasada – sobre a corruptibilidade política do espírito burguês]. Com esse novo título que fala de uma nação atrasada, em vez de tratar do destino de um chamado espírito alemão, o desenvolvimento da tese de Plessner se desloca por uma nuança pequena, mas decisiva.

Falarei disso daqui em diante.

2.

O texto, publicado pela primeira vez em 1935 e reeditado em 1959 – ou seja, 24 anos depois –, permaneceu inalterado, mas o título foi mudado. Com isso, as sutis análises da história alemã, que sempre haviam sido feitas a partir de comparações com os países vizinhos, de repente ficaram submetidas a uma perspectiva teleológica: só pode se atrasar quem não se atém a um itinerário. Mas quem determina o itinerário que uma "nação" deve seguir? As nações vizinhas? A nação que se submete às normas dos vizinhos? Ou a nação determina seus próprios objetivos? Existe um itinerário da história mundial que deve ser seguido pelas nações, desde que sejam aceitas como as portadoras das ações mais importantes?

Em termos morais e normativos, a fórmula de uma nação atrasada é sugestiva e eficiente. Mas nos termos de uma teoria da história, ela se mantém sobre pernas fracas. Ela proclama uma teleologia exclusiva *ex post*, que só permite uma alternativa: realização ou fracasso. Essa alternativa forçosa tem a vantagem de que aquele que a defende sempre está certo. Ou o itinerário normatizado é cumprido ou resulta em atraso. *Tertium non datur*. Pelo novo título, o ponderado trabalho de Plessner sofreu um aguçamento que não encontra correspondência no texto em si. Mas foi assim que ele repercutiu desde então: como julgamento normativo. Os alemães não podem culpar ninguém, além de si mesmos, por não terem formado um Estado-nação cultivado, fundado em princípios humanistas, como seus vizinhos do oeste, os franceses, os holandeses e os britânicos. Quero levantar algumas objeções contra esse julgamento moralizante.

Primeiro, precisamos relativizar a alternativa normativa forçosa. Os alemães não se atrasaram, mas avançaram depois dos franceses, dos britânicos ou dos holandeses na determinação política de formar um Estado nacional. Avançaram mais ou menos simultaneamente aos italianos, antes dos poloneses, dos tchecos ou de outros povos da Europa Oriental e Central, que só agora, sob grandes sacrifícios, começaram a desenvolver seus próprios Estados homogeneizados.

Se, então, submetermos a categoria temporalmente normativa do atraso a uma perspectiva comparativa – que destaca aquilo que acontece "antes", "simultaneamente" e "depois" –, devolveremos à história alemã seu contexto europeu.

Assim, podemos levantar a pergunta inversa: quando, então, a nação alemã poderia ter se formado como Estado-nação para poder cumprir a suposta norma dos exemplos ocidentais? Lembro aqui que o conceito de povo alemão – se excetuarmos os humanistas pioneiros, por volta de 1500 – só se formou, lentamente, no século XVIII. Ainda no século XIX ele representava um conceito de expectativa, de esperança, ao qual não correspondia nenhuma realidade político-constitucional até a criação do chamado pequeno império alemão [*klein-deutsches Reich*], que excluía 1/3 dos alemães da nova criação estatal. Fato é que, empiricamente, não existia um povo alemão. Tratava-se de muitos povos que falavam uma língua semelhante e cultivavam aspectos culturais comuns, mas, politicamente, viviam em numerosos Estados territoriais. Por volta de 1800, a designação correta era "etnia alemã". Esse conceito abarcava tanto a multiplicidade de povos individuais – prussianos, saxões, bávaros, austríacos etc. – como também seus mínimos aspectos comuns nos campos férteis da cultura e da língua-padrão compartilhada.

Essa pluralidade nos remete à Idade Média Clássica. Só por volta de 1200 a expressão "alemão" tornou-se uma autodenominação. Antes disso, o adjetivo "alemão" designava apenas aquelas pessoas que não falavam a língua latina – ou seja, as pessoas ainda um tanto bárbaras, até pagãs, que não faziam parte do clero. Mesmo iletradas, elas podiam ocupar cargos em domínios principescos.

Também por volta de 1200, "os alemães" só eram usados como autorreferência pelos príncipes que tinham o direito de eleger o imperador e eram obrigados a participar das excursões a Roma [*Romfahrten*]. Era aquele pequeno grupo da alta nobreza que, de modo segmentado e alternado, dominava o Sacro Império Romano-Germânico e governava uma multiplicidade de povos, dependendo das terras e dos domínios nos quais esses povos viviam.

Era, portanto, uma elite de domínio, que só no século XV usou o nome de nação alemã para se referir a si mesma. Lutero também havia mencionado essa nação da nobreza, para obrigá-la a aceitar uma educação cristã. Falava-se de terras alemãs, às vezes também de Alemanha, mas não de um "povo alemão". Isso não mudou enquanto existiu o Sacro Império Romano-Germânico, durante a aliança alemã de 1815 e, em termos de um direito do povo, também durante o Segundo Império Alemão [*zweites Deutsches Reich*], que havia sido formado como aliança entre os príncipes. Ainda em 1914, por ocasião do início da guerra, Guilherme II, que jurava não conhecer nenhum partido, apenas alemães, dirigiu-se aos povos e às tribos do Império Alemão. Seus colegas monarcas certamente não teriam aceito que ele eliminasse seus povos. Só um decreto administrativo do Ministério do Interior de Hitler fez com que os cidadãos alemães fossem identificados em seus passaportes primeiramente como "alemães" e apenas em segunda linha como prussianos, saxões, bávaros etc.

Registramos então um diagnóstico surpreendente, que se estende desde a Idade Média Clássica até o século XX. Ele revela estruturas que se alteram lentamente, mas, fundamentalmente, se repetem na história alemã: ela é e permanece a história de muitos povos, que podem ser distinguidos tanto em termos do direito estatal e dos povos, do direito dos feudos, das cidades e da terra, como também em termos da história social e da mentalidade, mesmo que, como etnia, todos apresentassem muitos traços comuns. Sobretudo, eram dominados por uma nação alemã da nobreza. Nisso, a alta nobreza alemã parecia as altas nobrezas polonesa, húngara e italiana, que também dominavam diferentes povos, enquanto a alta nobreza francesa fora forçada a abandonar suas posições de domínio graças a Richelieu e Mazzarin já no século XVII. Apenas a alta nobreza britânica, flexível em relação à burguesia, conseguiu preservar seus privilégios, garantidos pelo Parlamento até o século XIX – com estruturas comparáveis aos estamentos de domínio alemães, que se reuniam no Reichstag de Regensburg.

A multiplicidade de povos alemães permaneceu entrelaçada com a multiplicidade das famílias nobres regentes, internacionalmente integradas. Até ter sido eliminado, o Sacro Império Romano-Germânico também era uma união de domínio europeia. Isso aparece nas fronteiras osmóticas, que não permitiam uma definição inequívoca entre interior e exterior: basta lembrar as uniões Hanôver-Inglaterra (até 1837), Dinamarca-Schleswig-Holstein (até 1866), Países Baixos-Limburgo-Luxemburgo (até 1867), a forte união Brandemburgo-Prússia e a união concorrente entre Saxônia e Polônia, como também a união Áustria-Hungria, que perdurou durante séculos, sem falar nos domínios da Casa de Habsburgo na Itália, que só foram eliminados em 1866. Todos os príncipes e estamentos dos países mencionados eram, ao mesmo tempo, membros da constituição do Reich e regentes autônomos na Europa, fora do Reich.

A essa delimitação elástica, que perdurou até bem depois do estabelecimento dos Estados soberanos, correspondia a designação semântica "Alemanha", que se escondia por trás disso. Os nomes são tão numerosos quanto os vizinhos, que chamavam os alemães de alamanos, saxões, germanos, teutões, também de alemães ou ainda de "povo de língua incompreensível" – e os percebiam desse modo. A osmose fronteiriça se estendia até a semântica, oferecendo um caleidoscópio político que, em termos geográficos, colocava os alemães em perspectiva. Tanto de dentro como de fora, era difícil formar um Estado-nação único, comum e legitimado pela soberania popular. Para Plessner sempre foi importante deixar isso claro – até o impedimento forçado da unidade do povo alemão, como aquela que teria sido possível pela primeira vez em 1919, após a derrota, quando uma convincente maioria de austríacos "da grande Alemanha" e de alemães "da pequena Alemanha" queriam se unir.

Isso suscita a pergunta: quando o Estado-nação alemão deveria ter se formado a tempo de não ingressar com atraso na realidade?

Nos tempos de Lutero, quando começou o cisma confessional? Na Guerra dos Camponeses, que liberou potências democráticas, mas foi encerrada de forma sangrenta pelos cidadãos suábios, por cavaleiros e, sobretudo, pelos príncipes – e isso num tempo em que todos os fatores militares e econômicos trabalhavam para o fortalecimento do poder principesco?

Ou poderia ter se formado uma nação alemã na luta defensiva contra os turcos no leste, os franceses no oeste, os espanhóis no sul, os suecos no norte? Em 1648, com muito esforço, havia sido possível fortalecer as formações estatal-territoriais tanto dentro do império quanto fora dele para que a guerra civil de trinta anos pudesse terminar.

Ou teria sido possível formar um Estado nacional na Guerra dos Sete Anos, que fixou o dualismo austríaco-prussiano por mais de um século? Ou será que uma nação alemã poderia ter se legitimado nos termos de um direito estatal e se erguido na luta defensiva contra as invasões francesas que, desde a Revolução, inundavam a Europa Central em ondas e a reestruturavam politicamente o tempo todo? A expulsão de Napoleão só se tornou possível graças à aliança com a Rússia e a Inglaterra, as quais não queriam um poderoso império alemão nacional-estatal. Essa solução também não era apoiada pelas forças dominantes nativas da Áustria ou da Prússia, a despeito de todas as invocações e aspirações nacionalistas.

Ou será que uma nação alemã poderia ter se formado em 1848? Isso exigiria a solução dos conflitos fronteiriços com a Dinamarca e a Polônia russa, no interior da Boêmia e da Hungria, na Itália e no oeste – sempre à custa da grande potência europeia, a Áustria-Hungria, que participava parcialmente da aliança alemã e, fora dela, representava uma monarquia que abrangia mais de uma nação.

Ou deveria a Prússia ter se aproveitado da Áustria em 1859, quando esta foi envolvida numa guerra com a França e a Saboia por causa de suas posses italianas, apenas para extinguir forçosamente esse reino de muitos povos em prol de uma grande Alemanha que nenhuma das grandes potências europeias teria tolerado? Assim, nossa série de perguntas termina nas guerras de unificação de Bismarck que, paralelamente às guerras de unificação de Cavour na Itália, criaram aquela solução mínima: um reino da pequena Alemanha, ou seja, um império imperfeito, com um gasto comparativamente pequeno de "aço e sangue", se o compararmos com o processo de formação da nação por meio das guerras revolucionárias francesas, com a Guerra de Secessão norte-americana na mesma época, com a Guerra da Crimeia ou até mesmo com a Primeira Guerra Mundial. Todas essas exigiram sacrifícios centenas de vezes maiores.

Precisamos perguntar: qual, então, teria sido o momento oportuno para formar a nação alemã, se é que sua criação na segunda metade do século passado deve ser considerada "atrasada"? Nossa retrospectiva dá a entender que essa pergunta está mal formulada. Ela procura estabelecer, retroativamente e por meio de uma teleologia *ex post*, normas para a formação de uma nação, normas que só podem ser cumpridas se escrevermos uma história no optativo. A inabalável facticidade da história passada nos proíbe de falar de "nação atrasada". Porém, é possível falar de uma formação nacional incompleta ou – como sugeriu Theodor Schieder – imperfeita. Assim, podemos incluir em nossas reflexões o futuro aberto ou aquele que se acredita ser desejável ou realizável, ou pelo menos planejável, com maior participação de todas as classes, com a inclusão dos austro-alemães em um Estado comum para impor uma democratização nacional de um povo alemão. Como sabemos hoje, todas essas esperanças – e utopias – fracassaram depois das duas guerras mundiais.

Um Estado-nação alemão, como o pretendido por Plessner, só existiria a partir de 1990, após a reunificação das Alemanhas separadas pelas potências vitoriosas; após a formação de um Estado-nação austríaco autônomo a partir de 1955; após o reassentamento de todos os alemães que viviam fora da atual República Federal da Alemanha na "Alemanha" – um processo iniciado em 1919, forçado pelas SS em 1939 e imposto com métodos terroristas. Depois de 1945, esse processo continuou com o amargo retrocesso da expulsão, e só nesses anos foi relativamente concluído, com o retorno dos transilvanos e dos alemães do Volga para uma Alemanha que eles haviam deixado 800 e 250 anos antes, respectivamente. Em vista dessas dimensões temporais, o termo "atraso" adquire dimensões surreais.

3.

O caminho dos alemães para a formação da nação que eles alcançaram agora foi um caminho de sucessos aparentes, catástrofes amargas, crimes seculares cometidos por eles e, por fim, um contentamento que nos faz compreender por que o conceito de um Estado-nação alemão hoje é usado sem peso emocional.

Isso nos leva a outra pergunta: até que ponto é adequado usar o conceito de Estado-nação alemão para caracterizar os eventos e as estruturas de uma história que possa ser chamada de "alemã"? Tentamos demonstrar que o conceito de atraso é teoricamente fraco e empiricamente inadequado para explicar uma história "alemã". Agora, quero levar nosso ceticismo adiante. Também o conceito de uma "nação" pode, pelo menos hipoteticamente, amontoar dificuldades que talvez precisem ser removidas para permitir uma visão desimpedida das peculiaridades da história alemã.

No uso linguístico alemão, o conceito de "nação" representava mais peculiaridades culturais, geográficas ou étnicas, apresentadas, por exemplo, pelos sorábios, dinamarqueses ou poloneses, ou também pelos saxões ou bávaros na união do Reich alemão. "Povo", por sua vez, era um conceito superior, que reunia significados políticos e teológicos (sem mencionar os significados sociais). Por um lado, era uma tradução de "*populus*" e, na tradição do direito natural, visava ao povo político da nação (que pode reunir em si muitas nações étnicas). Por outro, "povo" continha as mensagens bíblicas e teológicas de ser eleito, no sentido de um plano da salvação: aqui, o conceito de povo se aproxima do conceito de nação dos franceses, britânicos, poloneses ou italianos no século XIX, que, como nação, também reivindicavam para si uma missão especial no progresso da história mundial.

Os significados das palavras "nação" e "povo" podiam até se contradizer no uso linguístico alemão ou ocidental: no entanto, em termos estruturais, elas expressavam as mesmas pretensões e os mesmos estados de coisas. Não foi só o povo alemão que, no século XIX, apelou às suas peculiaridades e à sua união linguística e cultural. Também a nação francesa reclamou sua língua como motor de uma civilização, em nome da qual os dialetos das minorias teriam que recuar. A oposição entre uma "nação da língua", ou "nação da cultura", e um "Estado-nação", que apelava igualmente à língua e à civilização, só pode ser levada a sério em termos político-funcionais, mas não pode ser substancialmente fixada. As pretensões nacionalistas eram iguais, aquém e além das fronteiras. O que parecia se excluir reciprocamente nos termos de uma política dos eventos era estruturalmente igual – ou pelo menos parecido, para argumentar com maior cautela histórica.

Precisamos, então, reformular nossa pergunta sobre se o conceito de "nação" é adequado para compreender a história alemã de modo analítico. Nem nação nem povo – esse conceito tão específico para a assim chamada ideologia alemã – são categorias adequadas para investigar as peculiaridades da história alemã. Lembremo-nos: o povo alemão só existiria a partir do século XVIII, quando se formou como conceito de expectativa, que apontava para uma realização vindoura. Em termos de uma história social e da mentalidade, esse povo alemão – como conceito abrangente, desenvolvido para abarcar povos divididos em estados territoriais – só existiria a partir do desafio francês de formar uma "nação". Esse povo alemão só se tornou realidade, nos termos de um direito estatal compulsório, como soberano da Constituição de Weimar. A Constituição de 1867 e 1871 ainda era uma aliança de príncipes alemães – para a proteção do povo alemão –, que deram à sua liga o nome de Reich alemão.

Com isso, chego à minha tese final. A nação alemã, que se manifestou de modo tímido e eufórico pela primeira vez em 1871, até então sempre havia sido impedida de se tornar uma nação, pois as estruturas de longo prazo da história alemã nunca foram nacionais; sempre tiveram uma orientação federalista. As estruturas federais da história alemã nos diferenciam daqueles países vizinhos que conseguiram formar uma nação antes de nós. As estruturas federais impediram durante séculos que se formasse algo como um Estado-nação alemão em sentido democrático.

Desde a Idade Média Clássica, os estamentos alemães de domínio se organizaram de forma federal: os príncipes-eleitores, os príncipes, os cavaleiros, os habitantes das cidades e também os camponeses. Seja nos mesmos estamentos ou na associação interestamentária, a história alemã se realizou em formações federais sempre novas. Contrárias às diferenças feudais da constituição do Reich, elas se organizavam de forma paritária para serem capazes de agir. Esse princípio de organização continha até uma componente republicana, que também se impôs na constituição distrital do início da modernidade.

As estruturas federais da história alemã não podem ser subestimadas caso se pretenda explicar as especificidades alemãs, comparando-as com os países vizinhos. Nunca foi criada uma monarquia que abarcasse todo o Estado, pois os estamentos gozavam de liberdade para formar associações que permaneciam ativas contra a hierarquia feudal. Os estamentos foram eliminados sucessivamente: primeiro os camponeses – na chamada Guerra dos Camponeses, na qual perderam sua liberdade de coligação –, depois os cavaleiros, também no século XVI, seguidos pela burguesia nas cidades, principalmente a Hansa, que, na Paz de Vestfália, não conseguiu ser reconhecida nos termos do direito dos povos. Os vencedores foram os vizinhos do exterior e os príncipes que, dentro do Reich, preservaram sua liberdade de coligação. A forma mais eficiente foi a aliança dos príncipes [*Fürstenbund*] de 1785, que impediu definitivamente uma constituição imperial sob chefia da casa de Habsburgo.

A liberdade de associação estamentária – que, no direito do Reich, nunca foi completamente legal, mas foi preservada de forma consciente – teve consequências de longo prazo:

1. Sob as condições em que se realizavam as comunicações nessa época, o império era grande demais para que pudesse ser institucionalizado como Estado. Por isso, a criação de um povo alemão, politicamente organizado num Estado, não foi possível. As refrações estamentárias só permitiam povos de Estados territoriais, cujos príncipes podiam fazer coligações regionais ou suprarregionais.

2. Mesmo assim, essas alianças ou associações, limitadas por razões pragmáticas, podiam alcançar o *status* de grande potência. Elas assumiram as funções que, no oeste – por exemplo, na França –, favoreceram a formação do Estado. A Liga Suábia foi a única organização militar constituída politicamente. Sendo mais forte do que todos os príncipes individuais, foi capaz de reprimir brutalmente a proliferação epidêmica de levantes camponeses no sul e no centro da Alemanha. Em 1525, ela era uma grande potência europeia.

3. No entanto, a liberdade de coligação dos estamentos podia também contribuir diretamente para a formação de Estados, como ocorreu nos cantões suíços e nos Países Baixos, que, localizados na fronteira do Reich, se emanciparam de forma quase ilegal dessa união do Reich. Isso foi favorecido pelo fato de que seus senhores territoriais pertenciam à dinastia dos Habsburgo; por isso, a separação da casa imperial facilitou a separação do Reich. Mas seu padrão de estabelecimento foi federal, o mesmo praticado na história do Império Alemão.

4. A liberdade de coligação, existente desde a Idade Média Clássica, teve outros efeitos, que poderíamos chamar de histórico-mundiais. Ela permitiu que as alianças militares confessionais para a proteção da Reforma e da Contrarreforma ainda pudessem ser feitas de modo tradicional, pré-confissional. Independentemente de quão sangrentas tenham sido as batalhas das uniões e das ligas, o resultado da paridade confissional só foi possível porque os estamentos imperiais ainda podiam se aliar regionalmente do modo tradicional – mesmo que agora apenas para proteger sua confissão. A tolerância, finalmente firmada em 1648 – por falta de alternativas –, foi também um resultado da liberdade de alianças dos estamentos alemães, estruturalmente pré-determinada antes da Reforma.

Nisso, a história alemã se distingue em longo prazo e estruturalmente das histórias dos países vizinhos. Na França, as chances federais dos estamentos, principalmente da nobreza calvinista, foram sucessivamente solapadas e finalmente destruídas em prol de uma Igreja estatal intolerante, uma das precondições do Iluminismo radical e da Revolução Francesa.

A guerra civil na Grã-Bretanha destruiu todas as possibilidades federais entre a Inglaterra, a Escócia, a Irlanda e o País de Gales. Venceu uma Igreja estatal anglicana que, com ajuda do Parlamento, degradou todas as outras confissões ao *status* de denominações apenas toleradas, até que uma tolerância confessional – e, com isso, também política – pôde se estabelecer no século XIX com grande dificuldade.

A república polonesa, com sua monarquia eletiva e suas federações em muitos aspectos parecidas com a constituição do Reich, não pôde evitar que a Igreja Católica se impusesse como Igreja estatal exclusiva, favorecendo uma intolerância nacional que se manteve até o nosso século, quando o Estado polonês voltou a existir.

A multiplicidade de Estados italianos, com suas liberdades federais que haviam servido de exemplo para as alianças alemãs na Idade Média Clássica e na Baixa, não conseguiu preservar sua força autônoma de aliança no início da modernidade. As dinastias das casas de Bourbon e de Habsburgo, assim como a de Saboia, controladas do exterior e fiéis ao papa, mantinham uma política católica que não permitiu que a tolerância religiosa, com algumas exceções como Livorno, assumisse a posição de política estatal.

Podemos dizer que as estruturas federais da história alemã possibilitaram uma peculiaridade surpreendente na Europa: mesmo que de maneira não intencional, mantiveram e preservaram institucionalmente a tolerância confessional. Nesse aspecto, o Reich (não a monarquia de Habsburgo) era considerado exemplar no século XVIII, e nisso eram parecidas a Confederação Helvética e a União dos Estados Holandeses, cujo potencial de tolerância continuava a ser determinado pelo federalismo.

Essas estruturas federais também sobreviveram ao declínio do Sacro Império Romano-Germânico. Na verdade, elas desenvolveram toda sua força somente após 1800, seja na periférica Confederação do Reno, de Napoleão, que usou as determinações federais apenas em sentido instrumental e egotista, seja na Confederação Alemã de 1815. Ela serviu para impedir a formação de uma nação alemã, tendo em vista, nas palavras de Wilhelm von Humboldt, evitar o surgimento de um bloco de poder no centro da Europa, reunindo, mesmo assim, força suficiente para proteger-se contra as ameaças da França e da Rússia.

Um antigo aspecto do direito imperial permitiu a formação de confederações especiais dentro da união política. A aliança aduaneira se baseia, nos termos de um direito estatal e dos povos, em uma antiga estrutura de repetição pactual desse tipo. Sob hegemonia prussiana, ela reuniu cada vez mais Estados alemães para garantir a liberdade do comércio dentro de fronteiras comuns e aumentar as rendas aduaneiras de todos. Assim, a Áustria, em termos políticos e econômicos, foi relegada ao *status* de país em desenvolvimento, que foi ultrapassado pela aliança aduaneira. Podemos identificar aqui uma precondição federal do futuro Segundo Reich alemão. O primeiro parlamento comum do futuro Reich da pequena Alemanha [*kleindeutsches Reich*] foi o parlamento aduaneiro de 1867, que nem sempre estava disposto a votar a favor da Prússia.

Isso não significa que a unificação do pequeno Reich alemão pudesse ser deduzida diretamente das alianças de interesses econômicos. Mas as possibilidades constitucionais federais, com antecedentes seculares, se ofereciam para abrir novos caminhos para uma unificação alemã.

Nos termos do direito constitucional, o pequeno Reich alemão foi primariamente uma confederação de príncipes soberanos, que deram à sua associação o nome de Deutsches Reich [Império Alemão]. Sem a subordinação das reivindicações do povo alemão a uma soberania imediata – por mais que Bismarck tenha sabido se aproveitar dessas exigências –, o segundo Reich alemão nunca teria sido formado. E sem as determinações estruturais, já existentes, de uma federação de estados territoriais, que Bismarck também soube aproveitar, o Segundo Reich tampouco teria se formado.

Quem se atreveria a condenar essa solução intermediária federal – principalmente em vista das catástrofes vindouras – como atrasada ou anacrônica? Até então, as determinações federais seculares haviam impedido a institucionalização de uma única nação alemã, mas nas guerras de unificação elas ofereceram a oportunidade única de formar uma nação alemã nos termos de um direito estatal: como Estado federal. As experiências especificamente federais da história alemã diziam que apenas uniões paritárias entre grandezas desiguais podiam garantir a igualdade de desiguais e que apenas o mínimo de compromissos assegura o máximo de sucesso. Essas lições haviam sido assimiladas durante muitas gerações pelos príncipes e cidades imperiais alemães. Bismarck soube aproveitá-las com grande argúcia, por mais que os liberais e os democratas se revoltassem contra isso, para então constituir um único povo alemão de forma enfática e nacionalista.

Na medida em que voltamos nossa atenção para essas estruturas de repetição seculares de organização federal – que, adaptando-se de situação em situação, só se alteraram lentamente –, então a pergunta sobre a nação atrasada perde importância ou se transforma em algo ideologicamente determinado. Plessner reconheceu isso claramente em suas análises. Graças às condições federais gerais, a história alemã sempre foi ao mesmo tempo pré-nacional ou pós-nacional. Ela exige, como ele escreveu, "uma solução ou no sentido de uma ideia imperial ecumênica pré-nacional ou no sentido de uma organização pós-nacional dos Estados Unidos da Europa. Em todos os casos, é um anacronismo, pois é de anteontem ou de depois de amanhã" (p. 27 da primeira edição, p. 40 da segunda edição).

Essa formulação no exílio holandês de 1933 revela uma visão extraordinária do passado e do futuro. Pois o nosso desafio não é, como sugere o título da segunda edição, formar uma nação no momento certo, mas perguntar sobre as formas de organização intra, inter e supraestatais que impedem as nações de permanecer como últimas instâncias normativas, sem alternativas comuns.

Sob essa perspectiva, a história da nação alemã, que só se solidificou como história nacional alemã na guerra contra a França de 1870 e nas duas guerras mundiais, adquire um significado peculiar. Um espaço de experiência comum só foi criado por essas guerras – assim como, para os franceses, as guerras revolucionárias legitimaram a missão histórica de sua nação, renovada na Guerra da Crimeia e na guerra italiana contra a Áustria, e fracassada traumaticamente na guerra contra a Prússia-Alemanha de 1870-1871.

Só a Primeira Guerra Mundial gerou a comunidade de um povo alemão, à qual, depois, todos os partidos precisavam apelar para serem aceitos e permanecerem capazes de agir. Mas também o Estado de Weimar permaneceu uma federação. Em 1919, a Baviera insistiu em não repartir a Prússia em subestados, e em 1932 tentou em vão impedir a subordinação da Prússia social-democrata ao poder imperial ditatorial. A destruição da estrutura federal mínima da República de Weimar, o desmantelamento da Prússia autônoma, foi o primeiro ato que possibilitou a ascensão dos nacional-socialistas ao poder no ano seguinte.

O que se seguiu foi executado em nome e com a aprovação do assim chamado povo alemão: "Um povo, um Reich, um Führer." Foi o trauma nacional que levou Hitler ao poder. Mas os planos e objetivos que Hitler passou a perseguir após 1933 ultrapassaram todos os direitos e justificativas que apelavam a um ideal estatal nacional capaz de ser aceito na Europa e que também Plessner ainda reivindicava no exílio holandês. Hitler e seu partido usaram reivindicações antigas e reconhecidas, mas, na prática, logo as abandonaram. Ele mobilizou massas, malgrado sua legitimação nacional, e invocou razões para estabelecer um sistema de terror que destruiu todos os direitos sociais, étnicos ou sociais à autopreservação. A extinção dos judeus e dos ciganos e de milhões de pessoas definidas como escravos – sem mencionar os outros grupos denominados de outra forma – foi realizada pelos alemães, mas suas máximas de ação já não eram mais justificadas nacionalmente. Eram justificadas em termos de raça e de forma supranacional, cuja pretensão salvífica só se aplicava aos assim chamados super-homens [*Übermenschen*].

Plessner não se cansou de analisar esse desvio ideológico que se afastou dos antigos conceitos nacionais, substituídos por materialismos racial-biológicos. Em sua obra, escrita em 1933, ele identificou prognosticamente traços da história alemã que, após a catástrofe e com todo o direito, pôde definir como "corruptibilidade política do espírito burguês". Procurou explicações na sociologia e na história do espírito, mas sem vinculá-las a constantes nacionais predeterminadas. Já em 1933, o texto voltou-se contra uma ideologia que, depois de 1968, se disseminou sem nenhuma oposição crítica: a ideologia do "caminho particular" alemão [*deutscher Sonderweg*].

4.

Em vista dos assassinatos em massa, inimagináveis até 1940, que depois foram levados adiante com o fanatismo frio dos seus autores, impõe-se a necessidade de ir à procura dos motivos que possam explicar esse complexo de eventos da história alemã. A tese do caminho particular alemão tenta deduzir da história alemã, causal ou geneticamente, esses monumentais crimes singulares. Mas essa tese – como a da nação atrasada – também tem um fundamento inseguro.

Assim como a tese da nação atrasada é – como demonstramos acima – uma teleologia *ex post* sem alternativas, a tese do caminho particular alemão sugere uma sequência causal forçosa *ex ante*, que, inevitavelmente, precisava levar à catástrofe culposamente causada. Essa tentativa de explicação apresenta várias falhas teóricas, que Plessner tentara evitar em suas análises.

A insinuação de um caminho particular alemão implica a afirmação de que a história alemã não é apenas singular – como o são todas as histórias nacionais –, mas é algo muito especial, extraordinário. O assassinato em massa dos judeus também é diagnosticado como algo extraordinário, como se fosse necessário explicar causalmente o monstruoso extermínio dos judeus por uma história monstruosa. Nessas afirmações, apresentadas como axiomas, se escondem vários erros lógicos.

Em primeiro lugar, a tese de um caminho particular inerente apenas à nação alemã força à conclusão de que todas as histórias nacionais também – *per definitionem* – seguiram caminhos particulares. No nível das sequências de eventos, todas as histórias nacionais são singulares e podem, por comparação, ser definidas como caminhos particulares. Nesse caso, a história francesa é um caminho particular se comparada com a história britânica; nesse caso, a história russa é um caminho particular se comparada com a história polonesa; nesse caso, a história de Mecklemburgo é um caminho particular se comparada com a história da Prússia etc. etc. O axioma da singularidade, que sempre é correto no nível das sequências de eventos, nos proíbe de definir um caminho como mais particular do que outro.

Se, no entanto, em segundo lugar, a pergunta se volta para a comparação em si, para investigar diferenças ou aspectos comuns entre as diversas histórias nacionais, o resultado não pode ser um caminho particular extraordinário e singular em si. Nesse caso, é preciso pressupor aspectos comuns mínimos que permitem identificar diferenças. Nossa tentativa de confrontar a formação de Estados nacionais na Europa com as estruturas de ação federais apresentou uma gama de possibilidades que nos levaram da Polônia ao Reich e daí à Suíça e aos Países Baixos, até a Itália, a França e a Grã-Bretanha. Na base dessa comparação, podemos afirmar que a história alemã se distingue por apresentar estruturas federais que impediram e retardaram a formação de uma nação, mas sem que a nação alemã tivesse surgido "tarde demais". A tese do caminho particular, moralmente normatizada, pode ser dispensada.

Isso nos leva à última pergunta, que tem um efeito nevrálgico sobre a tese do caminho particular. Até que ponto a sequência causal deve recuar na história, a fim de poder dissecar e afirmar o caráter extraordinário da história alemã? Até Armínio, até Carlos Magno, Lutero, Frederico II da Prússia, até Napoleão ou Bismarck, ou apenas até Hindenburg e o próprio Hitler? – para mencionar simbolicamente apenas os nomes daqueles que há muito são positiva ou negativamente invocados na argumentação da tese do caminho particular. Não existe um início teoricamente indispensável de uma sequência causal que pudesse ser construída *ex ante*. Cada evento e cada contexto de eventos podem ter um número de razões equivalente ao número de eventos precedentes ou de contextos que possam ser construídos. Se, por exemplo, procurarmos a história antissemita anterior aos assassinatos dos judeus a partir de 1933, no corte transversal de 1905, apareceria muito mais a França, onde grassava o "antidreyfusianismo", ou a Rússia, onde pululavam *pogroms* e excessos antijudaicos, enquanto o Império Alemão parecia ser relativamente favorável aos judeus. Para identificar na Alemanha de 1905, em termos genético-causais, a pré-história dos assassinatos posteriores dos judeus, precisamos de argumentações mais sutis, psicologicamente irrefutáveis e imunes a qualquer crítica, como, por exemplo, identificar o recalque de uma inimizade aberta contra os judeus como origem dos brutais assassinatos desses mesmos judeus.

Uma vez que um evento ocorreu, é fácil invocar uma aparente necessidade desse evento por meio de uma duplicação causal. Mas justamente aqui se encontra a insuficiência desse tipo de explicação. Um evento nunca ocorreu com maior necessidade pelo fato de ter sido necessário. Por trás dessas linhas causais escondem-se erros e simplificações – *post hoc, ergo propter hoc* [depois disso; logo, por causa disso]. Tudo pode ser provado assim. Mas o que se perde com esse tipo de axioma é justamente aquela pretensão moral reivindicada pela tese genético-causal do caminho particular. Pois a livre responsabilidade daqueles que agiram, isto é, dos verdadeiros autores, é ocultada por uma história prepotente, que não teria oferecido nenhuma alternativa ao caminho particular alemão. Com isso, o desafio moral, que deveria encontrar sua resposta na tese do caminho particular, se dissipa completamente. Isso vale também para as teses de Goldhagen.

Vale a pena ouvir com atenção as palavras de Plessner em 1933. Ele tentou revelar constelações que limitavam as margens de ação da nossa história alemã, mas que também as mantinham abertas para outros e novos caminhos. Tais constelações dependem também das condições dos países vizinhos e de seus povos, tornando necessário incluir na reflexão o mínimo de interação para reconhecer a singularidade ou o caráter inconfundível de uma situação especificamente histórico-nacional.

O fato de as estruturas federais terem nos permitido caracterizar a história alemã como pré-moderna e, como se costuma dizer hoje em dia, pós-moderna deveria nos desafiar a fazer reflexões adicionais. Pois nessas estruturas estão contidas variantes de ação que não foram criadas por nós mesmos, mas que, ainda assim, podem nos incentivar à ação. Em lugar nenhum está escrito que a nação é o alvo da história, que sua realização é uma obrigação temporal e que, em caso de atraso, somos castigados. Mas existe a certeza de que a capacidade de ação política só pode ser preservada pela capacidade de fazer concessões e de que o reconhecimento de minorias – ou seja, a igualdade de direitos de partes desiguais – é uma precondição de toda comunidade de povos europeus: ambas são antigas máximas de experiência de uma história estruturada em formato federal.

1ª impressão, agosto de 2014

Impressão e acabamento: Gráfica Stamppa, RJ
Papel da capa: Cartão supremo 250g/m²
Papel do miolo: Pólen bold 70g/m²

Tipografia: Minion 11,5/14